U0481311

人间烟火

毛泽东的家居生活

龙剑宇 著

中共党史出版社

图书在版编目（CIP）数据

人间烟火：毛泽东的家居生活 / 龙剑宇著 . -- 北京：中共党史出版社，2023.11

ISBN 978-7-5098-6360-2

Ⅰ.①人… Ⅱ.①龙… Ⅲ.①毛泽东（1893~1976）－革命文物－介绍 Ⅳ.①A757 ②K871.7

中国国家版本馆CIP数据核字（2023）第158746号

| 书　　名：人间烟火——毛泽东的家居生活
| 作　　者：龙剑宇

| 出版发行：中共党史出版社
| 责任编辑：王兵
| 责任校对：申宁
| 责任印制：段文超
| 社　　址：北京市海淀区芙蓉里南街6号院1号楼　邮编：100080
| 网　　址：www.dscbs.com
| 经　　销：新华书店
| 印　　刷：北京汇林印务有限公司
| 开　　本：710mm×1000mm　1/16
| 字　　数：386千字
| 印　　张：24.25
| 版　　次：2023年11月第1版
| 印　　次：2023年11月第1次印刷
| 书　　号：ISBN 978-7-5098-6360-2
| 定　　价：58.00元

此书如有印装质量问题，请联系中共党史出版社读者服务部　电话：010-83072535
版权所有·侵权必究

前 言

我们就要迎来一个特别的纪念日——毛泽东130周年诞辰。毛泽东，这位与中国现、当代历史最不可分的伟大人物离世快47年，给我们留下了一笔巨大的思想、精神、文化遗产，也留下了承载他的思想、精神、文化遗产的大量物品，本书将把目光投向毛泽东的家居。

毛泽东一生居家最重要的是三个地方：韶山、延安和北京。本书将重点关注韶山冲和中南海，这两个地方一个是他出生的地方，一个是他终老的地方。

我们将看到，无论是韶山冲的故居，还是中南海的故居，都溢着自然的美、环境的美、建筑的美、文化的美，更主要的是一种精神的美。她们有着古朴的历史由来；她们写满毛泽东一家的生活和故事；她们也有秀美的自然环境；她们都是一衣带水，像古老的太极图形；她们的山、水、田、屋、烟、树、竹，无一不可入诗入画；她们左右对称的建筑式样则蕴藏着深厚的传统美学；她们的建筑构件错落有致，变化中藏着智慧和玄机；她们有时又大智若拙。当然，相对来说，韶山冲的故居更加简约，而中南海的故居却有些华丽，尤其是被人浓墨重彩地装饰之后。毛泽东不喜欢浓墨重彩，他喜欢简约，所以在1966年8月，他一怒之下搬到了比韶山的故居还要简单的游泳池。

韶山冲的故居和中南海的故居，都留下了毛泽东生前使用过的大量家具和生活用品。家具的式样，许多透露着天圆地方，是方、圆中的哲学；一些小件，则有着浓重的中国传统文化和民俗文化的影子。

毛泽东用过的家具甚至带有一些"蛮"性。本来他可以搜罗到他想要的一切，例如明清古家具、红木、檀木、鸡翅木……但名贵木材或者古董，在他的家里一件也找不到。而农家的本色，从韶山冲到中南海，没有改变，尽管他的地位和所处的环境发生了天翻地覆的改变，但他对家居生活的要求一点没有改变，那就是简单、实用，绝不奢华。

我们在本书中将特别关注毛泽东的家居，从环境到建筑外形，从整体到局部，从不可移动的大件到可以移动的小件。变化是显然的，不变却是深藏的，我们都试图找到并加以展示。

本书以物为观照，以毛泽东的家居为切入点，揭示毛泽东的人生价值观与当代中国核心价值观之关系。本书着眼点在韶山，我们把毛泽东故居视为一件最大的遗物，而毛泽东故居内的各种陈设、物品则是一个遗物群，其中蕴藏着湖湘的文化与精神、韶山的文化与精神，我们将对她们一一地从美学的层面、从物质与精神结合的层面进行解析，并通过艺术化的摄影、素描和动人的文字描绘、背后故事的讲述，把她们外在的物质美和内在的非物质美展示出来。

毛泽东1910年走出乡关，从此带上了家乡的文化、精神与气派，也带着一种文化与精神的美。在经历83年漫漫人生旅途，在写下一部部波澜壮阔的历史巨著之后，他离我们而去，他没有把自己"还"给韶山，但在1990年，他晚年用过的大部分物品又回到韶山故里。

我们将用对比的手法，把他早期和晚年用过的物品一一地进行类比和对比，既反映他人生历程的巨大变迁，更揭示出那从早年到晚年贯穿始终、永远不变的东西，那就是他的人格、他的精神、他的价值观，也包括那些属于湖湘、属于韶山的文化层面上的东西，甚至包括一些属于民俗方面的东西，我们可以透过毛泽东早年和晚年的遗物来折射中国的优秀文化传统，包括民间文化传统，把一个文化的毛泽东和人民的毛泽东再现于读者面前。

目录

第一章 山水家居
一、从韶山冲到中南海 2
二、树、鸟和气候 20
三、上屋场、丰泽园、游泳池 29

第二章 简约而居
一、韶山之家的沧桑 38
二、上屋场的细节 44
三、丰泽园的细节 71
四、细数居家物品 79

第三章 布衣领袖
一、早年的穿着 97
二、青年到中年的穿着 102
三、从延安到北京的穿着 108
四、毛泽东衣物翻箱底 113

第四章 淡饭粗茶
- 一、早年的饮食器具　129
- 二、晚年的饮食习惯　135
- 三、菜谱和食谱　144
- 四、伟人生活账　150
- 五、吸烟的习惯　153
- 六、无意而成的"主席用瓷"　161
- 七、其他几样餐、酒、茶用具　169

第五章 休闲时光
- 一、艺术视野中的家居　180
- 二、居家获取信息的渠道　192
- 三、人生一大乐事：游泳　195
- 四、棋、牌、球之类的娱乐　212
- 五、不信补药信锻炼　221

第六章 勤读不倦
- 一、读书习惯之养成　244
- 二、早年读书之星星点点　252
- 三、晚年读书轨迹　264

第七章 家在路上
- 一、早年坐船多　302
- 二、南征北战骑马多　306

三、从延安到北京，马和汽车交替用　310
　　四、新中国成立后坐专列、汽车，还有舰船、飞机　319
　　五、把"家"带在路上　338

第八章　居家交友
　　一、独特的交友观　348
　　二、与党内外贤人密切来往　358
　　三、把朋友交到世界　371

　　后　记　382

CHAPTER 1
第一章
山水家居

中国人择居本是按照传统文化中天地、阴阳的太极理念来的，一衣带水正是这一理念的形象描绘。人们喜欢圆形，或近圆形，山向上，水向下，山为静，水为动。仁者乐山，智者乐水，这是对人居环境的解悟，也是符合现代环境科学理论的。

古代韶山山水图。毛泽东堂曾祖父毛兰芳于清朝光绪年间所绘

毛泽东居家的理念正是中国传统文化中居家理念的表现，但并非刻意为之，而是在一种自然的状态中的追求，既符合环境科学，也符合养生理论，与地理学、军事学也是相宜的。只是，毛泽东并没有成为纯粹的居家人，他的足迹遍布大江南北，而行踪主要是向北。

一、从韶山冲到中南海

毛泽东一生最重要的家居之地是三个地方：清泡秀丽属于江南丘陵的韶

山、苍凉粗犷属于西北高原的延安和雄浑博大属于华北平原的北京。毛泽东择居有他的标准。方位,他喜欢"东"。父亲给他所取名字中的"东",经过考证,与他出生的时辰有直接关系。《中湘韶山毛氏族谱》记载他是"清光绪十九年癸巳十一月十九辰时生",这就是说,他出生在1893年12月26日早晨的7—9点,即一轮红太阳从东边天际冉冉上升的时候。"東"字的造型是"日自木中出",古人造字的时候还属于森林时代,他们所见太阳之升起,常常是从远近山上的树木中"拱"出来的,"東"字记录的正是毛泽东120年前在韶山冲出生的情景,也是至今我们能在韶山冲看到的情景。韶山方言称太阳升起为"出山",称夕阳西下为"落山",也是此意。

韶山冲,墨绿的基调,起伏的群山,连绵的松林。韶峰在远远的南边天际高耸着,有灰色的雾,好像韶乐凝固在这个山村里……

除了"东",毛泽东比较喜欢的另一个方位是"南",这是与"东"相关联的。他的家乡属于江南,温暖,湿润,太阳出山之后总是南移,最后在西边"落山"。他的革命征程,大方向是由南向西再向北再向东。新中国成立后,他无数次南巡、东巡,却较少北巡(仅有东北之行),而几乎没有西巡。

从"塘"到"海",他潜意识里总是喜欢傍水而居。他的名"泽东",

字"润芝",与"水"结缘。他少年时代启蒙读书的私塾前有一口南岸塘,那是他最早游泳的地方。郭沫若说毛泽东"少年游池塘,青年游湘江,老年游长江"。在北京城,长期的居住地则是中南海,同样有一个"南"字,同样是一方水面。家居,有意无意,他总喜欢一衣带水。

水塘在韶山家居时有防火之用,也是饮用和洗漱之需,同时可调节气候:炎热的夏天,水带来丝丝清凉;南岸塘还养着鱼,少年毛泽东享受着钓鱼之乐,也享受着得鱼后的口福;下塘嬉戏又是另一个有趣的方面。

一衣带水的"衣"是指的山。韶山民间称屋周围的山为"衣领围子","衣"与"依"同音,借指山是屋的依靠,也是人的依靠,人就住在屋里。山当然是风景,出门可以看山,开窗可以见山,美哉!欣赏,这是有闲阶层的雅趣,但山可以挡风,山可以御寒,山可以防盗贼,山还可以提供用材和柴薪,甚至吃、用的动植物,包括鲜嫩可口的菌类,这正是山的妙处。韶山冲就是这样一个地方,毛泽东在韶山的家就是这样一个地方。

从山上往山下看,韶山冲上屋场真像一座"摇篮",密密丛丛的树里有无穷的生命蓄藏。人类早先生活在森林里,这幅图好像诠释着人类的初态:那么沉稳,那么安静,一座"摇篮"就安放在树林的环绕之中……

1910年秋,他离开了家乡,从此,他与韶山离多聚少。不过,他择居常常还是以家乡为参照。

离乡之后他来到的第一个地方是湘乡县的东山高等小学堂,这里也是一衣带水。水是涟水,许多时候,毛泽东去游泳,许多时候,他坐木船过河。学堂里还有一条人工河,叫便河,环绕着东山书院和校舍。它的形状有些像太极,整个东山书院和小学堂就构成一个太极图的模样,据说这是一块宝地,曾经为曾国藩看中,清光绪年间办成书院,从此人才辈出,毛泽东即在这里求学半年,也算得上这儿培养的一位英才。

东山高等小学堂的山叫东山,书院和小学堂的名字即因此山而得,此山又名东台山,学堂就在山麓,山上有文昌塔。谣曰:"涟水腾蛟,东山起凤。"《东山书院记》则说:

> 传曰:深山大泽,必生龙蛇。人杰地灵,理固然矣。
>
> 湘乡治左,有山曰东台,俯瞰清涟,形势盘屈,盖一邑之关键也。

毛泽东没有在东山高等小学堂待太久,他随后到了长沙。长沙城也是一衣带水。水是奔腾北去的湘江,江中有橘子洲,毛泽东无数次地由洲上下水游泳,"到中流击水,浪遏飞舟";长沙的山是岳麓山,衡山山脉的第七十二峰,即最后一峰,也就是衡山的落脉(韶山的韶峰是第七十一峰)。此山是长沙的依靠和屏障,毛泽东在诗中说:

> 云开衡岳积阴止,天马凤凰春树里。
>
> 年少峥嵘屈贾才,山川奇气曾钟此。

麓山与湘江山水相依,湘江映照着山上的青松和火一般的红枫,岳麓山给湘江以大地的精魂,湘水则给麓山以上天的滋润。

毛泽东在长沙求学七年,在湖南第一师范就有五年,同样地,湖南一师依着湘江,那里也有一座山,就是妙高峰。

第一师范位于长沙南门外书院坪,坐落在留下许多名人足迹的妙高峰下,面临奔流不息的湘江,遥望岳麓山,东靠由北而来的京广铁路。东南丘陵参差,北边楼房林立。毛泽东就是在这里打下了他一生的学问基础,他的审美观和人生观都在这山水相依的环境中得以成形。从1911年春到长沙,1918年春从第一师范毕业,当年第一次来到北京,他如此描述30年后他将作为首都的这个地方:

> 故都的美对于我是一种丰富多彩、生动有趣的补偿……在公园里，在故宫的庭院里，我却看到了北方的早春。北海上还结着坚冰的时候，我看到洁白的梅花盛开。我看到杨柳倒垂在北海上，枝头悬挂着晶莹的冰柱，因而想起唐朝诗人岑参咏北海冬树挂珠的诗句"千树万树梨花开"。北京数不尽的树木激起了我的惊叹和赞美。

这段描写，让我们又想到了他的故乡，仿佛故乡的一些因子也存在于北京城。

自从离开养育他的韶山，毛泽东居家的地方，便发生着变迁，在长沙的学校生活时间比较长，也算得上居家，以后，随着征程转换，武汉、上海、广州，他都有或短或长的家居，却算不上真正的家居，因为在那些地方他并没有稳定的生活。耐人寻味的是，这些地方都在水边，水就是长江、珠江、东海、南海，只是，毛泽东不能长居，所以我们不把他在这些地方的居住视为他的家居。至于后来他上井冈山，当起"山大王"，住过的茅坪、茨坪，山是大山，水是小水，他终究还是带领着他的队伍下山，挺进赣南闽西，此后一段时间居无定所。

各个地方的家居，都能够找到故乡的影子，尽管毛泽东仍然不会刻意地去追求居家的环境，处在战争的年代，他不能不从地理学、军事学方面多做考虑。对这些地方居住环境做仔细考察，或许也会得出同样的结论：毛泽东一以贯之喜欢伴水而居。

井冈山茨坪，毛泽东住过的地方

离开江西进行战略大转移，长征途中，路上有无数的短暂停留，但都不能算居家，而长征的终点是陕北。在瓦窑堡，他有短暂的停留。

毛泽东于1936年7月11日到达保安（一直住到次年1月）。保安是一座千年古城。金大定十二年（1172年）置县，属保安州，蒙古忽必烈废县入州，复降为县，属延安路，明清属延安府。1934年改为保安县，刘志丹在红军东征中牺牲后，改为志丹县。

毛泽东来到保安，住县城炮楼山石壁上的窑洞。这个窑洞年久失修，门窗破旧不堪，窑壁被烟熏得乌黑，四壁滴水，睡觉的炕凿入石壁，又小又低，上炕只能坐不能站，不小心就碰到顶。洞内，地下放着一张白木桌、一个粗制盒，供毛泽东办公用。他吃的是小米，外加土豆、白菜、辣椒。这样的居住环境，毛泽东也能怡然。

延安则是毛泽东居家长达十年的地方。延安有一条延水，是黄河的支流，延水的水量不足，不是丰水的季节，可以看到它的黄色石头的河床。延安是黄河支流延河中段的一个小盆地，海拔943—1525米。清朝赵廷锡《祭河神文》描绘这里的地形云：

　　处万山峡谷之中，水势分南拱北冲之要，三山鼎立，二水带围，观风者占为胜概。

延安也是黄土高

1935年12月至1936年1月，毛泽东在瓦窑堡住过的地方

保安窑洞内毛泽东卧室

第一章　山水家居

原上的一座文化古城。

五千年前，中华民族的共同始祖黄帝及其部落就繁衍生息于这块热土，后沿洛河而下东渡黄河，定居于今河北涿鹿，击败蚩尤与南方的炎帝，一统天下；又创中华文明：做衣冠，造舟车，养蚕桑，定算数，订律历，创医学，制书契，冶铜铸鼎，发明指南车等。他死后叶落归根，安葬于现延安的黄陂桥之巅。

秦汉之际，这里曾建过翟国，隋唐以来，这儿一直是陕北的政治、经济、文化和军事中心。延安还是一方佛教圣地。九层宝塔对面的清凉山（一名太和山），分布着大大小小18个石窟，供奉着众多石佛。太和山是清凉山最高峰，古称万佛洞，初凿于六朝（420—589），落成于北宋神宗元丰四年（1081年）。另有主要凿于明代的三世佛洞、弥勒佛洞、释迦洞等。隋炀帝大业年间此处及东坡是肤施县城一部分，山顶建有五花莲城，内有奉国佛寺。另外，道教也曾在延安盛行。延安历史文化，以黄帝华夏正统文明为宗，后又派生出边塞尚武之风，南北朝至唐代和明清，佛、道盛行，并呈合一之势。

延安与众多名人有缘。秦始皇灭关东六国，北击匈奴，筑长城，修直道，曾借重与依托陕北，终成就千古帝业；秦将董翳在此建翟国；汉武帝时，飞将军李广曾驰马陕北，抗击匈奴；南北朝，代父从军的花木兰，就是延安人氏；大唐名将尉迟恭镇守延安，督修延安城，特别坚固的瓮城和城墙就是他创修的；安史之乱中，中兴名将郭子仪依延安恢复大唐江山；大诗人杜甫到此，留下不朽诗篇："今夜鄜州月，闺中只独看。遥怜小儿女，未解忆长安。香雾云鬟湿，清辉玉臂寒。何时倚虚幌，双照泪痕干。"一代书圣颜真卿，以御史身份来延安平冤狱；北宋西夏的百年战争，延安是边关重镇，名臣大将韩琦、范仲淹、种世衡、种谊、种谔、狄青、沈括等先后驻守

黄帝手植柏

于此；沈括于戎马倥偬之余，实地考察延安的石油，给以科学命名（800年后石油之名为世界公认）。

延安本土的名人则有抗金名将韩世忠，南宋名将刘延庆、刘光国、刘光世。明末农民起义领袖李自成、高迎祥、张献忠也出生在延安附近。

延安，虽处偏远，却拥有如此深厚的历史文化，而它在20世纪30年代中后期，接纳了远自南方炎帝之域来的毛泽东。

毛泽东在延安居住长达十年两个月零五天，共换了四个住址、五个居处。

他来到延安最初的居地是凤凰山。凤凰山在延安城东北延河边，与清凉山隔延河相望。

凤凰山因"叶生吹箫引凤"的传说而得名，与韶山的引凤山得名由来完全一样。清《延安府志》载："城跨其上，雉堞巍然……"凤凰山居地的环境，与毛泽东韶山的家也颇为相似。只是因为地处干旱的大西北，风沙甚重，山上也难得见其翠绿。

凤凰山毛泽东住过的小院，简单、实用，没有一点多余的构件，住房则掘进山崖中，称作窑洞，却有些像用于修行的佛窟。事实上，凤凰山不远的清凉山有许多佛像就是"住"在这样的洞中。窑洞全是用红色石头砌成。韶山没有这种石头，韶山的石头是青石，所以有人把韶山山脉称作"青龙"。在四川和重庆，红石却特别多，被称作"红岩"。毛泽东到重庆与蒋介石谈判时，就住过到处是红色石头的红岩村。

1937年1月至1938年11月，毛泽东在

凤凰山毛泽东故居

凤凰山居住，写下《实践论》《矛盾论》《论持久战》《反对自由主义》等著作。1938年11月20日，日军飞机轰炸延安，旧城严重毁坏。中共中央及毛泽东随即迁往城西北的杨家岭。

杨家岭更像韶山冲。一道山沟迤逦进去，树木不多，在直立性很强的坡上，有一溜又一溜的窑洞。羊群时常在洞顶潮水一般漫过，牧羊人则唱着粗犷的信天游。

毛泽东喜欢这里。这儿安静，适合他读书和思考，而且他又刚刚与江青建立新家。

杨家岭的家好的方面是冬暖夏凉，不好的方面是不太通风，而且窑洞有时还会发生坍塌。这个家比韶山的家还要简陋，没有水，院内有一口一人高的缸，毛泽东也会像在故乡一样挑着水桶去取水。韶山不缺水，上屋场屋前就有两口塘。杨家岭却没有这样的便利，必须走两三百米，顺着山路到中央大礼堂前坪去，那儿有一口深得摇轱辘才能摇得上水

杨家岭，左边墙内就是毛泽东住过的院子

的井。这口井井绳下去得有七八米才能探到水面。干燥的夏天和秋天，水位更低。但在贫瘠的陕北这算得上是好的家居了！

毛泽东在韶山冲经历过艰苦的山区生活，陕北的生活他是非常容易适应的，他也号召他的队伍中每一个成员适应这种生活。毛泽东在杨家岭住到1943年10月，这是真的"穴居"。远古的黄帝和后来的周人、秦人可能就这样穴居过，他们都是从这一块土地上向东方发展而成强大王朝的，而毛泽东的这种"穴居"，长达十年。

杨家岭的夏天，绿意还是颇浓的。秋冬则颇为萧瑟。杨家岭有一座延安时期特有的建筑，倚山就势，做成木桥，还有上下几层，像一座城堡，用的都是当地产的红石头，结实而耐看，被柳树和榆树包围着，毛泽东就住在桥

这一头的一个窑洞院落。他每天从土坡上下来，总要走走这木桥，或者靠在木栏上看远近的山，听一听信天游。延安文艺座谈会也是在这个"城堡"里举行的。毛泽东与路易斯·斯特朗关于"一切反动派都是纸老虎"的谈话

杨家岭毛泽东住过的窑洞和院子

则是在他住的院落里进行的。笔者于1995年曾经在毛泽东住过的院子旁边（董必武住过的窑洞）住过三晚。

在延安，毛泽东以后还在枣园、王家坪住过。

1943年10月间，毛泽东率中央书记处从杨家岭迁到枣园。他住延园靠山的一口窑洞内。枣园是延安西郊的一个村子，村边沟口有一个大院，大院前门两边的石柱上刻着两个醒目的大字——延园，里面种着桃、梨、杏和枣。园林中的一座半西洋式大房子，人们称作"小礼堂"，毛泽东和书记处经常在这儿开会，毛泽东也在这里接待客人。

这里杏子树和核桃树浓荫匝地，这种土墙颜色倒是与韶山冲毛泽东出生和住过的上屋场颇为相像，它的门也是方形的木板门，却与呈辐射形的窗户结合在一起，而韶山他家的门是与窗户分离的，门是门，窗是窗。

枣园的墙、路、树

11

第一章 山水家居

枣园毛泽东故居

比较一下韶山的家门和窗，上屋场也是与枣园窑洞一样的色调，大部分是黄色的土砖，少部分是用田泥拌谷壳做了粉刷

枣园比杨家岭要平坦得多。那时从凤凰山搬迁到杨家岭是为躲避日军飞机的轰炸。在枣园的时候，日军的进攻重心已经不是山西更不是陕北，他们在努力打通南下交通线，所以派飞机来延安轰炸的机会少了，毛泽东就搬到山下的村子里来住。这个房子经过黄泥的粉刷，所以看不到里面的样子，应当还是红石；仍然是窑洞的式样，只是门上还伸出石头的横梁，应当不完全是作装饰之用的"打门锤"，而主要是起承重作用。

毛泽东在延安王家坪的住地虽然不是窑洞，它的门窗却还是与窑洞的风格相似，四面是墙，却还是做成窑洞的样子。1946年1月，毛泽东由枣园迁到这里。1947年3月18日，他由此撤离，从此再也没有回过延安。

王家坪的山上到处是窑洞和半屋半洞的居所，不知道这种穴居的方式是不是中华民族祖先的居住方式，可能这些窑洞中的许多竟然就是远古的遗存。这种居住方式原始却实用。毛泽东和他的战友们在经历二万五千里大转移后，来到陕北，安然地过起了这种原始的穴居生活，或者，他们在有意无意地体味着远祖们的穴居生活，他们更在继承着远祖们的那种艰苦奋斗精神，因为他们肩负着重大的历史使命，那就是再创华夏的辉煌。

毛泽东让他的儿子毛岸英也过上了这种生活。岸英生在长沙城，在广州、上海和武汉生活过，在韶山冲住过半年。他经历的苦难不会比父亲少：父亲远离，母亲牺牲，在上海街头流浪，在苏联经历过反法西斯战争……当他回到国内，父亲让他过另一种生活：住窑洞，到贫瘠的黄土坡上耕耘……

毛泽东离开延安后，又经过两年艰苦转战，从城南庄、花山转到河北省平山县的西柏坡，指挥三大战役。

毛泽东在城南庄的住屋，房子简陋，外墙粉刷成黄泥色，这与毛泽东一生主要居所的颜色保持一致，特别是与韶山的屋一致。门、窗和屋内陈设也相当简单，只是北方的窗户与南方的窗户不一样，虽然都是木的，韶山家的窗是竖立的棂，而这儿是横竖交错形成许多小方格。

城南庄的院子与西柏坡的院子十分接近，毕竟两地相距不太远，都是河北的乡村，房屋的式样也一样，泥坯土墙，连屋顶也是平的、泥的，不像韶山的房子那样盖瓦，却也不像延安的窑洞那样有厚厚的顶（顶就是山崖，因为窑洞是掘进山崖去的）。

城南庄毛泽东故居

西柏坡中央军委作战室是毛泽东在西柏坡住过的院落，这儿的房子与韶山上屋场的房子和延安住过的杨家岭，特别是枣园、王家坪是完全一样的色调。不过这里的房子外形介于上屋场的房屋和延安的窑洞之间，它不同于韶山上屋场的是比较低矮，屋顶也几乎不盖瓦而是土的平顶，这些与延安的房子倒颇相仿，只是它并非掘进山壁的窑洞，显然，其冬天的保暖性和夏天的避暑功能要比窑洞差许多。

西柏坡可以说是毛泽东从延安到北京的过渡，甚至可以说是毛泽东一生当中从乡村的家居到城市的家居的过渡。在这里，他能重温延安十年那种山区特有的单调和纯净，以便让他

西柏坡中央军委作战室

深入地做哲学与战略的深度遨游，所以，在延安他完成了他的思想，在西柏坡，他则完成了他的决战。

而在闲暇，他漫步河边田畔时，似乎又回到了故乡韶山。这让他想起他的父亲、母亲和别的亲人（此时，他一家为国献出了五位亲人的生命）。他在这里的巨大成功，可以告慰他们了，他就要以得胜者的姿态进入千年古都。他第一次到北京的时候，母亲还在，在长沙就医，盼望着他的归来，毛泽东从北京回来，便把京城的风貌描述给母亲听。北京也是毛泽东1918年和1919年曾经与杨开慧共涉爱河的地方。

西柏坡位于太行山东麓滹沱河边的柏坡岭前，村前有一片苇塘，碧绿的苇叶冲出水面，是一派水乡情景；村后却又是连绵的山峦，长着柏树。滹沱河水在村前急促地流过，一道小溪由北向南汇入滹沱河，把村子分成东西两部分，以一座不长的桥相连。

滹沱河西上就是巍巍太行山脉，东下则为广阔的华北大平原。

柏坡一带村庄稠密，有80多户人家，320多人，依山傍水，滩地肥美，稻麦两熟，拥有土地686亩，年产粮食26万多斤。附近的洪子店、黄夹峪、郭苏也都是千人以上的大村庄，郭苏和洪子店还是当地主要的集市。

这儿的山水地形，自然而然地让毛泽东有了家的感觉！

这里的人们没有像延安人那样住窑洞的习惯。房子都像火柴盒一样方正，房顶多用泥土或白灰做成，极少用瓦。这种房子造起来简单，省工省

料，但冬不保暖夏不遮阳，雨天时常漏水。

刘少奇提出给毛泽东造一座冬暖夏凉、可以防空的窑洞式房子。西柏坡盛产青石板，很快，在后山沟，一溜三眼青石板砌成的拱形窑洞出现了。

这栋房子本来是给毛泽东造的，但他没有去住。显然，砌房子的人们还带着浓浓的延安情结，所以把它造成窑洞的样子，其实，西柏坡本土的屋是平房而非窑洞。

"窑洞"建好，毛泽东来了，他赞赏着工匠的手艺，听说是专为他修的，神情便严肃起来，说："我不能住这里。总司令年纪大了，这座房子安静些，请他搬来住吧。"

朱德却不愿再搬家，结果，这座新房子一时空起来。后来把手枪连安在那里，连长高富有和他的妻女住其中一间。有人开玩笑说："连长住得比主席、总司令还好。"

毛泽东在西柏坡住的院子，是一个小小的门庭，门前有盘石碾，平顶。就是在这么一个不起眼的地方，他指挥了决定中国前途与命运的大决战。

在西柏坡，他竟然能听到蛙鸣，就像故乡的夏夜。

毛泽东的住处，在河与塘边（只是新中国成立后修建了水库，把原来的居地淹没，毛泽东住地向山上做了整体搬迁，即我们现在见到的样子）。毛泽东仍然喜欢山水相依的环境，事实上，西柏坡的山、水、田、村、屋的确颇有些像韶山冲。

村前的苇塘景致宜人，塘水深，芦叶青，端阳节，百姓采来新鲜的苇叶包粽子，这种粽子鲜翠嫩香，叶儿还可以编织筐篓和凉席。

从塘里传来阵阵蛙声，勾起了毛泽东浓浓的乡情，那久违的故乡的感觉出现在他的眼前——韶山，每到春夏，蛙声阵阵，萤灯点点，间或有夜行人的脚步……

卫士们却认为蛙鸣影响了毛泽东的休息。于是有了毛泽东与高富有在苇塘边的一段对话：

主席，你看这苇子地里，尽长害虫，蚊子多，青蛙也叫，到了夜间叫得更响，吵得人睡不了觉。

青蛙叫，很好听么。

好听？吵得人睡不着，还有什么好听？

我们来了还不久，还不习惯，听久了就习惯了，习惯了就好听了。

吵得太厉害了，还不如把这些害人虫统统轰走呢！

轰走，怎么轰？

要轰，我还是有办法的。

是谁说的？

不然，闹得谁都休息不好，那怎么行呢？用枪打、炸药炸、用人赶……这些办法都行。

听到这儿，毛泽东停下来，摆摆手："同志呀，使不得，使不得！"

高富有说："我想过的，是有把握的，一定能把它们制住。"

毛泽东说："不能打！青蛙不是害虫，是益虫。如果我们那样做了，青蛙该叫的时候不叫了，老乡们是会有意见的。我们住在这里，时间或者长些，或者短些，都是暂时的，老乡们呢，他们是永久的，要尊重他们的意见。"

毛泽东常常由夹裕村到河边去散步，每每就要细听这蛙声。

西柏坡也像韶山一样，生长着水稻，稻苗长得郁郁葱葱，无用的杂草也跟着长出来。毛泽东加入农人当中。他脱下鞋子，下到田里，问起这儿稻子的种法。他对种稻是熟悉的，这是他曾经在故乡做得最多的活计。不过，北方种稻与南方还是有些不一样，西柏坡的老乡说："这里的通常都是在麦垄里种的，好年头一亩能打二三百斤，不好也能打100多斤。"毛泽东说："这么好的地只打200斤，产量也太低了，这种种法不行。在南方都是插秧，一亩能打好几百斤，你们以后也插秧多好。"

毛泽东便向老乡们介绍起如何插秧如何耕耘收打来。后来他离开了西柏坡，还曾写信，要西柏坡的老乡到水稻产量高的地方参观，改变旧的耕作制度，争取丰收。

西柏坡的夏天却与韶山冲的夏天一样炎热。

8月酷暑，从上午10点到下午3点，毒花花的阳光，火焰一般炙烤着山坡、田野和房屋。毛泽东住处是一间房子外加接出去的一个棚屋，与瓜棚一样简陋，两侧各竖起三根立柱，架着横梁，上覆苇席。左边的立柱砌在墙里，靠右的暴露在墙外。

这个房子又矮又小，没有窗户通风，周围树木也很少，屋内闷热如同蒸笼。毛泽东习惯白天睡觉，不时被热醒。

高师傅用改善伙食的办法来弥补毛泽东的睡眠不足。他在大米里加些小米，买来滹沱河的鱼和青辣椒，有时还做一碗扣肉给毛泽东吃。

中午，毛泽东又从熟睡中被热醒，他烦燥地在屋内走了几步，问："这附近有没有清凉一点的地方呀？"阎长林说："有。后沟礼堂旁边有片树林子，顺河往东十多里的苏家庄和郭苏镇都有树林。""那我们现在就到那里去休息休息，好吗？"卫士都说要得。

毛泽东把桌子上的文件、资料和几本书装进帆布包，卫士又搬来一个可半躺的帆布靠椅，拿了个热水瓶。

毛泽东与众人乘车来到苏家庄。

果然一个好去处！树林边有一个大水塘，树荫下一时凉风习习。毛泽东连说好，"以后再热得没办法，就到这里来"。说着仰靠到躺椅上闭起眼睛。但只一会儿又取出文件看起来。

这个夏天，他便好几次到这个树林里办公。①

离开西柏坡，毛泽东进入北京城，从1949年开始，直到1976年，大部分时间住在中南海（刚进北京时一度住香山），除了中间多次的外巡。

那是1949年1月31日，人民解放军进驻北平城，这是一个具有极伟大象征意义的大事，一段新的历史隆重地拉开序幕。3月23日，早餐后，11辆吉普车、10辆大卡车组成的车队聚集在西柏坡各机关驻地。11点，毛泽东登车，他说："今天是进京的日子，进京赶考去。"周恩来说："我们应当都能考试及格，不要退回来。"毛泽东说："退回来就失败了。我们决不当李自成，我们都希望考个好成绩。"

北京处于华北平原与太行山脉、燕山山脉的交接处。东距渤海150公里；东南部为华北平原西北边缘；西部山地为太行山脉东北余脉；北部、东北部山地为燕山山脉西段支脉。

这里已有3000多年的文字记载历史和悠久的城建沿革。远在50万—

---

① 参阅阎长林：《为了建立新中国》，《毛泽东同志九十诞辰纪念文选》，第296—301页。

70万年前，北京猿人便在京西南的周口店等地繁衍生息，可谓人类祖先的发祥地。公元前586年，周朝的封国燕国，在此建都，名"蓟"，"燕京"之名流传至今。公元前3世纪后，此地历为秦、汉、隋、唐各朝北方重镇。公元10世纪初，契丹族建立辽，将这里作为陪都，名南京。1125年，女真族兴起，灭辽而建金朝，正式于此建都，定名中都，并大兴土木，建起36座豪华宫殿。中都城在今广安门一带，1215年毁于兵火。这一年，蒙古族举兵南下，相继灭金朝和偏安杭州的南宋王朝而统一中国。1267年，元朝以金代的大宁宫（今北海公园）为中心重建都城，改名为大都。1368年，朱元璋推翻元朝，建立明朝，都城设南京，将大都改称北平。1403年，朱棣夺得皇位，迁都北平，改名北京，北京之名从此始。不久兴建紫禁城等，经过15年于1420年建成，1421年正式迁都北京。1644年清军入关，明朝灭亡，清朝也在北京建都。各朝在此建都共达800多年历史。1949年新中国成立后，古老的北京获得了新生，被确定为新中国的首都。

古老的北京城，经过历代劳动人民的伟大创造，在此留下中华民族极其光辉灿烂的文化。全城建筑以紫禁城为中心，从南到北贯穿一条全长八公里的中轴线。其前朝后市，左祖右社（太庙与社稷坛）；街道纵横，殿宇辉煌；坛庙神奇，园陵壮美；河湖穿绕，风光如画。全城既有平面布局，又有立体造型。北京历来以丰富的名胜古迹和迷人的自然风光著称于世。这里有天下奇观的万里长城，世界之最的皇宫建筑群，美不胜收的古典园林，以及宏伟壮观的坛庙、帝陵、古塔、石刻等，而且有十渡、松山、龙庆峡、石花洞等自然景观和1919年五四运动等众多史迹纪念地。

从新华门这个角度看中南海，北海的白塔依稀可见。与五台山上毛泽东住过的塔院寺那座白塔非常相像。

中海和南海合称中南海，还有一"海"是北海（北海公园），北海、中海、南海合称三海，位于故宫西侧。中南海面积约1500亩，其中水面700亩。"海"是蒙古语"海子"的简称，是水域的意思，因为地处北京中南方位，故称为中南海，此名始于元代，一直沿用至今。海其实也就是湖，青藏高原上多有这种"海"的称呼，而北京附近真正的海是渤海，北京城里的"海"则是人工湖。中南海宽阔的水面既是北京最美的一道风景，也大大调节了北京城的气候，包括温度和湿度，给北京人营造了家居的环境，尤其是海子边，成为中国政治的中心和毛泽东晚年居住的地方。

韶山冲相比中南海，山多，树多，虽然也有水，但只是小水，一条小溪和一方方像南岸塘这样的小"海"（直到1959年，在韶山冲东北入口处拦河筑坝，形成一方差不多有中南海这么大的水面，毛泽东称之为"青年湖"），视野不是那么开阔，但安静、神秘，她是伟人的摇篮，毛泽东波澜壮阔的一生从这儿起步，而最终，他在北京，居住在中南海，在这儿度过了27年时光。

中南海的水和路，碧波荡漾，绿草如茵，像不像韶山冲毛泽东故居前的那口南岸塘呢？春天来到中南海，使人疑心就是江南水乡，事实上这儿属于比较干燥的华北平原

韶山冲上屋场的水和路。南岸塘边，毛泽东的家掩映在松树、柏树、枫树、柳树和竹林中

北海在景山西侧、故宫的西北面，与中海、南海合称三海，本是互相连通的水面，全园以北海为中心，面积约71公顷，水面占583市亩，陆地占480市亩。这里原是辽、金、元建的离宫，明清时辟为帝王御苑，是中国现存最古老、最完整、最具综合性和代表性的皇家园林之一，毛泽东第一次来到这里的五年后，1925年开放为公园。毛泽东喜欢上了北京，他喜欢的首先是这里的文化，既有古老的文化，又有新文化，北京正在把中国自己的文化与西方的文化加以融合，欲酿造新时代的新文化，毛泽东敏感地接受着这种变化，这是

他喜欢北京的第一个原因；而另一个原因则是这里的自然环境，毛泽东一直生动地记忆着，所以在事隔差不多20年之后还动情地向美国记者斯诺做出生动的描绘。

二、树、鸟和气候

毛泽东的家和周边的山、水、田、树、鸟、屋，构成了一个淳朴而充满乐趣的家园，随着时序的变化，一年四季有不同的景致。这儿也是少年毛泽东的乐园，又是毛泽东从事农耕生活最早的地方，母亲还在这里教给他许许多多做人的道理。毛泽东一生对真善美的追求和为之付出的不屈不挠的努力，都是从这儿起步。同时，在这儿也发生过无数次与父亲的冲突，这实际上是母亲的人生观、价值观、处世方式与父亲的人生观、价值观、处世方式的冲突，因为毛泽东是赞成母亲的，并跟从母亲做着善事，他是反对父亲为小家而不顾别人、别家的。在这儿（土地冲和韶山冲）演绎着关于少年毛泽东的许许多多的故事，这些故事或为毛泽东本人多次提及（如1936年在保安与斯诺谈起），或为韶山的百姓（与毛泽东同龄、不同龄的人们）津津乐道，口口相传。

毛泽东走过了漫漫人生路，当他在中南海停留下来，在那里安家后，他不免还要时时回忆少年的时光，他也会不由自主地保留着儿时的许多习惯、兴趣、爱好，这表现在他家居生活的方方面面。

毛泽东居家喜欢树木，喜欢鸟鸣，喜欢有山，喜欢有水。他所喜欢的就是一个自然与人和谐的环境。

韶山冲上屋场有许多枫树，或斜倚水上，矗立山间，或迎风飘逸，或默然沉思。这种树是韶山民间的吉祥树，寓意着人们"丰收"的愿景；北方不会有枫树，毛泽东晚年居地却有一个"丰"字，即丰泽园。

像他家乡的老百姓一样，毛泽东也喜欢枫树。韶山民俗中，植树有讲究，"前不栽苦，后不种棕"。忌讳在屋前种苦栗树（此树名中有一个"痛苦"的"苦"字），而棕树的"棕"与"争"谐音，有争吵、纷争之意，韶山人种树严格遵守着这一禁忌。人们最喜欢的是在屋前种上枫树，"枫"与"丰"谐音，意味着丰收，就像北方人喜欢种植"多子多福"的石榴或葡萄一样。

韶山民众过年，腊月三十晚，总要在灶前的火塘里燃起枫树蔸。

韶山冲田、山、水、树、人、鸟和谐的环境

这种树蔸是早早地准备好的，从山上挖来，晒干。待到年底，外出的游子归来，团圆在火塘周围，大家吃着零食，回味着一年的收获，展望着来年。枫树蔸的火烧得越旺，预示着来年越兴旺，枫香把丰收的气息和憧憬传达给烤火的每一个人，大家闻着这馨香，感到格外振奋。

毛泽东曾经在他的诗词中描绘过美丽的枫树，"看万山红遍，丛林尽染"，与古人"停车坐爱枫林晚，霜叶红于二月花"异曲同工，毛泽东所描述的就是他生活过的岳麓山，秋天，山上那令人惊醉的无数枫树。

上屋场屋前长着许多茂盛的枫树。笔者最近做过实地观察，靠近毛泽东家门口共有九棵，其中五棵大叶枫，四棵小叶枫。屋檐下有大叶枫一棵，塘边有大叶枫三棵，对面的山上不远处还有大叶枫一棵。这些枫树枝繁叶茂，形状各异，屋正前方塘边，岸边相对的两棵则格外打眼，它们挺拔、

毛泽东家屋门前的塘和塘边的老枫树（刚刚绽放出新叶时拍摄）

第一章 山水家居

21

伟岸，不蔓不枝；而在南岸塘堤，靠毛泽东家池塘这一边的则如虬龙，盘根错节，倾斜着，向着水面生出两根枝干；另一株小叶枫也是这样根盘如龙；另外几株，却都隐隐出露于众多的树木当中。

这许多的枫树，构成毛泽东家的一道风景，特别是秋天，经霜过后的枫叶，红得让人心醉；屋前的枫树与山上的枫树连片，整个韶山冲都处在烂漫之中，比春天杜鹃盛开时还要烂漫。

毛泽东也喜欢他家乡的映山红，这种红，红在春天，红在山坡，漫山遍野，只是，这种红总是与悲壮的故事连在一起，例如，"庄生晓梦迷蝴蝶，望帝春心化杜鹃"。杜鹃花是毛泽东家乡最常见的花。

毛泽东喜欢红色，喜欢故乡的杜鹃红，只是，他更喜欢枫叶红，在《沁园春·长沙》中描写"万山红遍"既是写岳麓山的红枫，也寄托着他对故乡韶山的红枫情结！

韶山的红杜鹃

毛泽东出生和成长在山区，他对树木有独特的情感，他以后选择居地也常常关注植物。延安是一个树木不多的地方，那儿气候恶劣，降水不足。1944年，抗战胜利前，毛泽东下令八路军三五九旅向他的故乡湖南做一次长途穿插，11月1日，王震率部在东关机场誓师南下，毛泽东、朱德、刘少奇、周恩来、任弼时亲临检阅。毛泽东给南下将士讲话，即用树木为例鼓励大家：

你们要以最大的毅力去克服各种困难，上下一心，团结一致。要像"王者之师"那样，遵守三大纪律八项注意，真正做到纪律严明，秋毫无犯。要同群众打成一片，忠实地为人民服务。要学松树和柳树，松树在严寒中巍然屹立，松树有原则性；柳树插到哪里都能生根，一到春天，枝长叶茂，随风飘扬！

毛泽东手书

毛泽东提到的松树和柳树正是韶山冲常见的树种。

松树在毛泽东的一些诗中也经常出现，如：

暮色苍茫看劲松，乱云飞渡仍从容。
天生一个仙人洞，无限风光在险峰。

松是毛泽东居家常见的树种，松与柏同类，不畏严寒，不怕风霜，是君子的象征。松、柏相比，松或更平民化，而柏则更加贵族化。他的故乡也有柏树，相对松树却少得多。

他家屋周围和南岸塘边就有几棵柏树，是人工手植，而松树多为野生。

因为对松、柏的喜爱，晚年，他选择了院内有六棵高大的清代古柏的丰泽园居住（周恩来则选择了有许多海棠树的西花厅）。

丰泽园的院子里生长着松树的同类：柏树。毛泽东韶山的家一侧的南岸塘边也生长着三棵这样的柏树

1957年5月11日，毛泽东作《蝶恋花·答李淑一》，借杨、柳的意象赞美两位烈士：

我失骄杨君失柳，杨柳轻飏直上重霄九。问讯吴刚何所有，吴刚捧出桂

第一章 山水家居

23

花酒。寂寞嫦娥舒广袖，万里长空且为忠魂舞。忽报人间曾伏虎，泪飞顿作倾盆雨。

毛泽东居家特别喜欢的还有梅、竹和菊。韶山上屋场的屋后满生着翠绿的楠竹，竹间也间杂着梅树。而一到秋天，屋前的田埂、山坡上，最美的一道风景是金黄的野菊花。毛泽东在他的诗歌中多次咏叹过梅、竹和菊。

雪中的毛泽东故居

1961年12月，他读陆游咏梅词，反其意而用之，作《卜算子》咏的是梅：

风雨送春归，飞雪迎春到。已是悬崖百丈冰，犹有花枝俏。
俏也不争春，只把春来报。待到山花烂漫时，她在丛中笑。

1962年12月26日，毛泽东69岁生日，写《七律·冬云》自勉，说"梅花欢喜漫天雪"。

1961年，他在《七律·答友人》中咏赞的是竹：

九嶷山上白云飞，帝子乘风下翠微。
斑竹一枝千滴泪，红霞万朵百重衣。
洞庭波涌连天雪，长岛人歌动地诗。
我欲因之梦寥廓，芙蓉国里尽朝晖。

当然，里面也提到了芙蓉，即荷花（一说指木芙蓉）。

毛泽东咏叹菊花的句子出现在他率领红军转战赣南闽西的时候。1929年10月，他作《采桑子·重阳》：

人生易老天难老，岁岁重阳。今又重阳，战地黄花分外香。

一年一度秋风劲,不似春光。胜似春光,寥廓江天万里霜。

显然,战地黄花就是指的野菊花。

毛泽东晚年居住在中南海的菊香书屋,他颇为喜欢书屋的这个"菊"字。

毛泽东居家喜欢植物,尤其喜欢枫、松、竹、梅、柳。花中第一喜欢的是梅花,其次是菊花,这种喜好并非刻意追求,而是与他早年的生长环境有颇大的关系,同时也与他本人的性情和品格有颇大的关系,所以后来他的居家有意与无意地常与这些植物相伴。

毛泽东韶山的家,屋前的荷叶在他小时候并没有,但湘莲是湘潭的乡土作物,也是一道风景,后来人们在这里种下荷花并无不妥

森林总是伴随着鸟类。人当然不可能选择居地的鸟类,鸟儿飞来飞去,候鸟更是这个季节光顾,另一个季节又离去。但可以肯定,森林茂盛,鸟类会比较喜欢留下。过去,韶山多喜鹊、乌鸦,在民俗中,两种悲喜特征突出的鸟类能共生共存,透视着人生的深刻哲理。

上屋场横屋的阁楼上有个燕子窝。燕子是最喜欢与人类亲近的候鸟。毛泽东的母亲信佛,她总是带领全家与燕子友好相处,燕子年年都要来上屋场,人与燕子和平共处的景象也是毛泽东一辈子乐见的。

毛泽东特别喜欢大雁,他总能远远地看到高飞的大雁,儿时,他和伙伴们在春秋两季都能看到大雁排着队从韶山冲的上空诗意地飞过,他和伙伴们总要拉长声音对着那些大雁呼唤:飞人字,飞竹篙。

那些雁儿也善解人意,一会儿飞成"人"字的队形,一会儿又飞成"竹篙"(一字)的队形,少小的毛泽东和伙伴们便认定雁儿听懂了他们的声音,听从了他们的呼唤,大家便有了一种特别的快乐。其实,他和伙伴们喜欢看

大雁，是因为他们觉得大雁把他们的梦想带到很远很远，他多么想如大雁那样高飞！飞向广阔的天地！多年以后，他在《西江月·六盘山》（1935年10月所作）中，深情地写道：

天高云淡，望断南飞雁。
不到长城非好汉，屈指行程二万。

　　鸟类中，毛泽东还喜欢鹰。鹰在故乡韶山十分常见，韶山人将其叫作"鹞子"。鹞子常从苍穹扑下来抓鸡，与鹞子的争斗，是农人的诸多抗争之一。而毛泽东更多地看到的是鹰的神勇，它飞得那么高远！

韶山毛泽东家屋西侧的老树、老藤

它不是候鸟，它的家就在韶峰和滴水洞内无人能上去的高崖上，它盘旋之时，那么从容，那么淡定，而一旦瞄准目标，毫不犹豫。同样地，鹰从来只能高高地出现在毛泽东的视野里，像大雁一样，他从来没有近观过，正是这种距离，使毛泽东心中生出无限的向往。他后来多次描写过鹰："鹰击长空，鱼翔浅底，万类霜天竞自由"，鹰是强者、战斗者；"一片飘飘下，欢迎有晚鹰"，鹰与人又如此和谐！

　　除了鹰、雁这些强势的鸟，属于优雅一类的鸟，在毛泽东家居时也能见到或听到它们的声音。"若问杭州何处好，此中听得野莺啼"，这是他1955年夏秋在杭州所闻。毛泽东比较喜欢莺，他1965年5月在《水调歌头·重上井冈山》中又写道："到处莺歌燕舞。"莺在毛泽东笔下常常是快乐、闲适的象征。

　　在毛泽东的家乡并没有"莺"的名称，却有一种特别逗人喜欢的画眉鸟，韶山当地俗称"黄皮鸟"，这种鸟在毛泽东家前山后山特别多。它还有一个"特异功能"：能预报天气。少时的毛泽东和他的父母常常通过听黄皮鸟的叫声来判断晴雨，如果叫"打菜汤，打菜汤"，那是告诉他们天要下雨，如果叫"天晴晴丽，天晴晴丽"，那是告诉他们天要放晴，十次有九次靠得住。这种鸟生得漂亮，性格温驯，叫声甜蜜、悦耳，深得毛泽东喜欢，所以他后来在杭州、在井冈山听到这种鸟叫，禁不住生出诗意！

据毛泽东的战友回忆，在西柏坡时，夏夜里，毛泽东常听到一种叫"王刚哥"的鸟的叫声。杨成武曾描绘：

> 西柏坡的夜，一片静谧，偶尔传来"王刚哥"鸟的啼叫和哨兵换岗的脚步声。部队和老乡都已酣然入梦，只有毛泽东住的那间平房还闪着灯光。[①]

"王刚哥"应当就是毛泽东家乡在春夏间可见到的布谷鸟，或者如《诗经》"关关雎鸠，在河之洲"中所说的斑鸠。

这种鸟常见于河北蓟县等地山区，外形酷似布谷，昼伏夜出，专门在山崖石缝中筑巢搭窝，叫声奇特，"王刚哥，王刚哥"一声连一声，凄厉哀怨，似人在喊叫。这种鸟，还有一个关于妹妹找哥哥的凄婉故事，这样看来，它有可能就是神话中"杜鹃啼血"的杜鹃鸟了。毛泽东本人从来没有提到过这种鸟，虽然与这种鸟相关的杜鹃花是韶山春天里最烂漫的鲜花，或许与之关联的故事太让人伤心，容易让他想起他一家牺牲的六位亲人，也容易让他想起革命征途中牺牲的无数战友，他从来不提杜鹃花，也从来没有提过杜鹃鸟。在西柏坡听到"王刚哥"悲凉的叫声，也只能让他下最大的决心取得决战的胜利！

毛泽东诗歌中多有植物的意象，也多有鸟的意象。对于鸟，有正面赞扬的，也有反面讽刺的，正面赞扬的除了他在家居中印象极深的鹰、大雁之外，还有带神话色彩的庄子曾描述过的"大鹏"，而与之对比，作为讽刺对象的则是麻雀。

毛泽东少时在家，麻雀特别喜欢他家的茅草房，它们在屋里砌窝，时常把茅草搞得乱飞，是捣蛋和吵闹的祖宗；它又喜欢啃食田间、坪里的谷，真是令人讨厌，毛泽东非常讨厌这种鸟，他写过一首讽刺诗，借鸟来说人与事：

> 鲲鹏展翅，九万里，翻动扶摇羊角。背负青天朝下看，都是人间城郭。炮火连天，弹痕遍地，吓倒蓬间雀。怎么得了，哎呀我要飞跃。借问君去何

[①] 据杨成武：《毛主席指示我们进军绥远》，《毛泽东同志九十诞辰纪念文选》，第279—285页。

方，雀儿答道：有仙山琼阁。不见前年秋月朗，订了三家条约。还有吃的，土豆烧熟了，再加牛肉。不须放屁，试看天地翻覆！

在这首词中，鲲鹏是如此博大、雄奇，气吞山河，麻雀却是如此卑微、可怜，幼稚可笑，虽然毛泽东并非就写鸟而写鸟，对这种鸟儿的喜恶却全在词中。

毛泽东刚刚进北京的时候发生过"为鸟请命"的事。

那时他还住在香山，卫士长随毛泽东开会回来，才下车，正有几名警卫干部"打靶归来"，毛泽东听到欢笑声，望了一眼，突然停住脚，问："你们拿的什么？""打了几只家雀。"有人将那串麻雀举起炫耀。那些鸟羽毛上沾满鲜血，甚至有一滴血被甩出来滴落到毛泽东脚下。毛泽东神色显出悲戚，退了半步，突然说："拿走，拿开！我不看。"那人吓得赶紧将滴血的麻雀藏到身后。"谁叫你们打的？"毛泽东责问："它们也是生命么。麻雀也是有生命的么！它们活得高高兴兴你们就忍心把它们都打死了？招你们了惹你们了？"大家无言以对。"以后不许打，任何人不许打！""是首长们先打的。"卫士长悄悄解释，"后来大家才跟着打……""今后任何人不许打，什么首长不首长，告诉他们，我说的，任何人不许打！"

不知道毛泽东居丰泽园的时候或者居游泳池的时候，周围的树上是不是有"莺啼"（据我所知，莺应当是南方才有的鸟，除非有人在花鸟市场购得这种鸟，中南海不会有"莺啼"），鹰在北京城内也是见不到的，在北京的郊外也许能见到高飞的鹞。我所见过的是北京的喜鹊和乌鸦特别多，喜鹊时常在高低的树上喳喳叫，让人高兴。毛泽东爱听喜鹊的叫声，在他的家乡，喜鹊叫意味着有客人要来，或者有喜事要来，中南海是有喜鹊的。乌鸦则喜欢成群地掠过北京的天空，黑色，带着"呱呱"让人心寒甚至产生悲凉的感觉，它们在傍晚时分还常常待在万寿路这样比较安静的高高树上。同样地，麻雀在北京也特别多，中南海是它们的乐园，它们甚至在天安门前的灯柱上砌窝，令人奇怪的是，毛泽东少年时代在故乡时常见到的这三种鸟，后来在韶山竟然难得一见了。

毛泽东喜欢鸟，鸟却并非总是那么可爱。中南海的树木茂盛，鸟也就特别多，在高大的榕树、槐树上叫个不停，严重干扰他的休息。卫士们常常要在大白天赶鸟。卫士赶鸟特辛苦，他们不能吆喝，只能用长竹竿悄无声息地赶。赶鸟时的动作还不能太重，重了会使鸟叫个不停。卫士做的这些，毛泽东当然并不晓得。

到 1958 年，毛泽东视察农村，老农诉说麻雀一起一落，粮食丢万担。有专家也说麻雀是害鸟，不但偷粮，还糟蹋更多粮食。毛泽东听后，紧锁双眉，他这次没有阻止打鸟，结果，麻雀与苍蝇、蚊子、老鼠一起列入"四害"，一度在全国兴起打麻雀运动。但后来，有专家说，麻雀也吃毛毛虫，功过各半，毛泽东慎重研究后，指示改正这一错误，不再把麻雀列入"四害"，而将臭虫列入其中。

三、上屋场、丰泽园、游泳池

毛泽东的出生地，准确的名称是南岸上屋场。"上"，是相对位置比较下的"下屋场"而言，也就是相对南岸私塾而言。"南岸"本是毛泽东故居与南岸私塾的统称。所谓"南岸"，是因为它在韶河之南。

南岸上屋场——毛泽东韶山的家。这是一个吉祥的名字，人们总是喜欢"上"这个字，因为它意味着"蒸蒸日上"。这座屋场已然化成"中国人民从此站起来"的图腾，从 1949 年开始，一拨一拨的人到这儿来参观，是怀着崇敬、追思，是带着心愿、梦想，是来表达感恩、回报？或许兼而有之。

南岸下屋场——毛泽东启蒙读书的地方，原为邹姓的公屋。前面这口塘叫南岸塘，后面的大山土名车箩拱（像一个倒扣的车箩，车箩是韶山乡村放在土车上运载货物的竹织长筐），又叫云富坨大山，与韶峰相邻。

上屋场所处之地群山环拱，像花瓣重叠，前面又有两个碧波荡漾的水塘，而毛泽东出生地就处在这样一个山清水秀的自然环境中。周围的山远有韶峰、石鼓峰、黑石寨，近有象鼻山、韶山嘴。毛泽东故居背后的山叫"猪婆侧"，名字虽然不太高雅，但是"猪"在老百姓眼里是十分吉祥的，因为"猪"象征着财富。若按旧时的说法，韶山冲可谓是"物华天宝"之地了。

韶山冲，冲连冲。上屋场所在的山冲叫土地冲，这个名称表达了先人对赖以生存的土地的崇拜。毛泽东故居旁就有一个小小的土地庙，供奉土地菩萨。土地冲由山、水、田组成，呈弧线形。毛泽东故居前有相连的两口池塘，上面那口植

南岸私塾即南岸下屋场，简称南岸，是毛泽东接受启蒙的地方

有莲藕，下面这口养着鱼儿，是毛泽东少年时代经常游泳的地方。南岸与上屋场之间本来隔着一个小山包，上屋场就好像被大地之母温暖的大手所拥抱着。为了游客进出方便，这个山包在20世纪50年代被搬掉了。

毛泽东故居和山、水、田、树，构成太极图的味道。韶山冲的田园依山就势，数量用"丘"和"亩"表示，每一丘最大的也只有20亩（毛氏宗祠前的田比较平坦也比较大），多半在一亩左右，毛泽东家的这些冲田则都是梯田，春季靠天得水，如果碰到夏旱，要靠上、下屋场的池塘取水，如果上塘干涸，则要用水车从下塘一级一级提水。

现在我们把目光转向毛泽东在北京的家，以便有一个对比的感觉。丰泽园为两组四合院式建筑，位于中南海瀛台之北，建于清康熙年间，相传园前原有禾田数亩，园后种桑数千株。康熙、雍正、乾隆皇帝每年春季都来此演耕，至光绪时这个制度还保存着。民国初年，袁世凯初入中南海时，也曾在此办公。园内有颐年堂、澄怀堂、菊香书屋。

新中国成立后，丰泽园曾是周恩来进京后的临时居处。周恩来比较各处房屋，感觉还是菊香书屋综合条件好些，便请毛泽东去住，他自己搬到西花厅。

毛泽东喜欢中南海，或许因为这儿有故乡的某些影子，虽然原本是皇家公园，而他故里的土地冲上屋场不过是一处社会底层的自然与人（农民）和谐相处的生活家园，但这两个地方的确有某些相似之点。

韶山最不缺的是山和树，也有水，中南海最不缺的是水，树也不少，只是，韶山的山、水、树都是天然的，中南海的山、水、树却都是人工的，毕竟在闹市，在千年古都。北京城郊也有大山，先辈们在中南海也造出一些山水相依的景致。

丰泽园的紫色花大概为"紫气东来"的寓意，丰泽园的紫云轩与此是同一个意思。这当然是早就有的，并非为毛泽东而种

距离丰泽园不远，有个样式别致奇特，有佛宇梵阁风格的静谷，是一个独立完整的院落。毛泽东经常到静谷散步。

静谷建筑风格与丰泽园大不同，它的营造者极力要用园林来表现他们对"山水"关系的理解，这可能就是毛泽东喜欢这个地方的原因，或许，设计者悟透其中的哲理，因而在闹市当中营造出这样一个不必亲历山水相依的实景而能得其雅趣的所在。

静谷有一棵乾隆年间留下的"人字柏"（"连理树"），"连理树"在韶山山间比较常见，毛震公祠后山就有一棵，像静谷这样大的特别又是柏树的则少见。此树高达20米，树干下部分两干，上部却相交而成一棵，只有一个巨冠，其双干一棵干周长1.8米，一棵干周长1.6米，两干相距约2米，人可以从中间穿过。

沿纯一斋漫步西行，距长廊不远为春耦斋，为静谷主要建筑。平台宽敞，立于水上，由玉石栏杆围护。这里有叠山仿苏州狮子林，黝然深邃。

清代，春耦斋本属丰泽园一部分。乾隆写的《春耦斋记》说，建丰泽园，就是为表"民本食天""知稼穑艰"之意，所以"园之内有斋，兹以春耦名之"。毛泽东出身农家，早年有亲身的农事经历，对此当然是非常认同的，这也正是他选居丰泽园，又特别喜欢这静谷的原因。

春耦斋内还藏有唐朝画家韩滉的《五牛图》真迹。韩滉是唐开元至贞元年间的画家，德宗初任右丞相，做地方官时，曾组织百姓"沿水养鱼"，擅长画"田家风俗、人物、水牛，曲尽其妙"。他的作品以描写农村生活风俗为特点，尤善画牛。《历代名画记》说他画"牛羊最佳"。乾隆曾作诗咏"五牛致十五，考牧可因通"，并誉为"艺苑盛事"，又特撰《题春耦斋》：

> 春耦邻丰泽，无非稽事从。
> 五牛贮图寓，三白幸畦封。
> 绨几憩言便，虿窗倚望重。
> 迹虽疏举趾，意实不忘农。

如此看来，丰泽园和静谷虽然是大都市的园林，却深深地藏着"农"的情结，这个情结与毛泽东时时发生着共鸣：农村、农民情结恰恰是毛泽东骨子深处最浓厚的一个核心，这可能是中南海能够长期留下他居住的原因，虽然这里的园林、山水外形上与他的故乡韶山冲有太大的不同，但一些关键性的环境符号，如水、树、山特别是内在的文化符号（农），是彼此完全相通的[①]。

毛泽东的其他寓所，在北京，除菊香书屋、游泳池，还有玉泉山和新六所。玉泉山有温泉，毛泽东偶尔去休憩。新六所在万寿路，是新中国成立后中央修的六栋小楼的总称，五大书记一人一栋，警卫、服务人员一栋。毛泽东太劳累或完成一项大任务后，有时到新六所住几天，1959年后就基本不住了。

毛泽东到外地视察，没有专为他修的住处，他到上海、杭州、武汉去得最多，住得也最久。在上海住宾馆，在杭州住别墅，在武汉住东湖宾馆。晚年到长沙去得多，住省委接待处九所一、二、九号楼。

唯一专为毛泽东修造，也为毛泽东接受的是他故乡韶山滴水洞的一号楼。1959年6月，他回韶山住松山一号，从1966年6月底到7月初，在此住了12天。

毛泽东从1966年8月舍弃丰泽园，原因是工作人员趁他外巡，对房屋内外大装修，出巡回来，毛泽东发现这个变化，大怒，从此不愿再住，而搬

[①] 以上关于静谷的介绍参阅徐焰编著：《中南海往事追踪报告》，中央文献出版社2010年版。

到比韶山故居还要简单的游泳池，直到去世。

毛泽东搬到游泳池，可以说更加突出了"水"，他可以随时下到水中。或许从平衡学或环境学、心理学的层面考虑，这种选择并非科学和明智。这样一来，就脱离了毛泽东选择住地历来的"一衣带水""标准"，多了"水"却少了"衣"。

毛泽东在游泳池一住十年，这十年伴随着太多的变化！

毛泽东到游泳池居住，带有"赌气"的成分，他"赌"的是不经他同意，擅自把丰泽园全面装修的"气"，从更深层次上来说，哪怕不怎么豪华的装修都是与毛泽东择居的低标准和生活的低要求相违背的，如此看来，与其说毛泽东是与人"赌气"，不如说他要给装修者一个教训，总而言之，他搬到游泳池居住，没有人再敢对这个实在是太简陋的地方做装修，于是，毛泽东的居地只能因陋就简。

毛泽东最后的居地，整个建筑的中央是游泳池，这是让他喜欢的，可以说这是他允许自己拥有的唯一"奢华"。但这个泳池原本就是存在的，并非专为他而建。过了游泳池，一进门有个门厅，里头两边是更衣室、淋浴室，南面是一个大厅，可以用作会客，东南角是一间住房，这就是毛泽东休息的地方。

工作人员只是对那个休息的房间做了修理。最初铺的房顶有些漏雨。老房顶上面铺的是油毡，时间长了，老化了，修建科的工人们在上面又加一层石棉瓦顶。

参与修缮的田恒贵说："毛主席特别喜欢室内游泳池，一是那里的房间比较高，起码有五六米高，二是房间前面全是大玻璃窗，很有气派，也特别敞亮，相比之下，菊香书屋的房间就感觉有些憋屈。所以毛主席后来时不时就住在了游泳池，我因此除了在修葺室外游泳池时在这里见到他以外，后来还多次在这里遇见他。游泳池这边的建筑内没有厨房，他住在这里的时候，还得从原来的住处厨房做饭，给他送饭过来。我多次看见毛主席身边的服务人员往这里送饭。"

如此看来，毛泽东最后的家居其实是在极其简陋的中南海游泳池。这个地方实在太简单，以至我们无从下笔去描绘，或者，毛泽东本来就只是把这里作为"临时"的住所，只是这一"临时"竟然延续整整十年！

也许我们更应当去对比和研究韶山冲的上屋场与中南海的游泳池，我们不得已还是拿上屋场和丰泽园来对比，毕竟丰泽园在毛泽东人生当中占据17年，正好与毛泽东在韶山上屋场生活过的17年一样，何况丰泽园曾经是毛泽东选择和认可的最后居所[①]，若没有工作人员擅自装修，他应当会在那里终老，直到1976年。

[①] 毛泽东去世后移交到韶山的毛泽东遗物，也就是本书要花大量笔墨描述的物品，多半原来都保藏在丰泽园，包括在游泳池用过的物品也移到了丰泽园，只是我们永远也不要忘记游泳池这个地方，它是毛泽东终老的地方。

CHAPTER 2
第二章
简约而居

在说毛泽东家的房子之前，有必要讲述韶山人们的居住习惯。毛泽东的家是众多农家的一分子，彼此的家居有许多共性。

据毛泽东早年的邻居们回忆：韶山农家居住条件差，多为土砖茅舍，间有土砖青瓦，富家则有青砖青瓦大围墙。韶山民居是北方四合院的减半，即所谓"一担柴式"，一排三间，两边各竖数间，建在两端的称榉头，榉头墙外再加搭的称披梢，只在一端出榉的称推扒钩。一个大门进去，左右对称，呈"凹"字形。大门稍讲究的有"打门锤"，即突出在门楣上、刻有《易经》乾、坤符号的两根圆木，表示对天地的尊敬；大门内则有神龛，供奉佛像、财神、祖宗主位。堂屋两边多为正房，榉头为横屋、厨房、畜舍和杂屋。

韶山农家的厨房颇有特色，因为是用柴做燃料，灶一般都打得大，用土砖砌成弧形，似是太极图的一部分，较讲究的外涂石灰，有三个大灶膛，分别为煮饭、炒菜、煮猪食之用，灶膛之间安铁或陶质瓮坛以热水；灶口上端有一缺口放瓦壶。另在大灶旁还常有火炕，为冬天围炉烤火之用，并设一个可上下移动的钩子挂瓦壶烧开水或煮饭。灶屋没有烟窗，自然地从瓦缝出烟，所以常见炊烟袅袅。吃饭有的在灶屋，有的另设吃饭屋，当中摆一八仙桌，四周是长条凳。

卧室依不同的经济条件，有不同的陈设，无非是床、柜、桌、椅或外加梳妆台、镜，床从简易木板到架子床、雕花床不等。床上用品均为家织土法造，白或蓝色的蚊帐，蓝色印花被、床单（下垫稻草），谷壳枕头，床前有的有踏板。被子需要用针缝合，不像现在有被套。

小地主、富农、中农常有自己的大米加工屋（碓屋）和粮仓及猪、牛栏等。

建房颇重朝向，一般坐北朝南，依山傍水，向阳背阴。韶山过去没有楼房（一些大富豪除外），最多也就是带个小阁楼，很少有天花板。这样的房子夏天凉爽但冬天容易进风，显得冷。

毛泽东的家居既有韶山民众的一些共性，当然也有个性，毛泽东在1910年就走出乡关，他在居住方面也像他的所有方面一样，对多种文化进行了兼收并蓄和批判吸收。

毛泽东生活起居和用度方面有"极少""简约"倾向，他早年在故乡与父亲一起生活长达十多年，父亲的生活简单（这是一种被动的简单，因为上屋场处在由贫困向富裕过渡的阶段），毛泽东对这个观念加以吸收（后来毛泽东的简单却是主动的简单，即在可以过非常富贵生活的情况下仍然过着简单的生活）。父亲的目标是通过生产和节约来致富，或者叫作"原始积累"，毛泽东的生活却不是这个目的，他不赞成对别人的"刻薄"，特别是反对自私，他和他母亲曾经慷慨地帮助别人，以弥补父亲的"刻薄"，只是他并没有完全抛弃父亲的信条，那就是"开源节流"。他转而把父亲对别人的"刻薄"用之于自己，即自身在生活上极为节俭，对别人却常常大方，时常无私地给予帮助，他一生也以救国救民救苍生为己任。在他当政之后，他更把节约的理念向全党全国人民推广，更从党、国家、民族的存亡和民心的向背方面做深入的思考，把他自己的节俭习惯和艰苦奋斗精神与廉政风范推而广之，从而构造中国共产党的廉政文化体系。

毛泽东一生与中国传统文化有着千丝万缕的内在联系，其中，墨家文化对他的影响是十分深刻的。对于代表处在社会底层的普通劳动民众利益的墨家思想，毛泽东颇有研究。1939年4月24日，他在延安"抗大"大生产运动的初步总结大会上，说："墨子不做官，但他是比孔子高明的圣人。"

"节用"是墨子经济思想的核心。"节用"的基本要求是节约一切生活开支，以满足人的生理需要为准。在古代，生产力水平低下，能够利用的资源有限，财富极端匮乏，少数人的浪费就会危及多数人的生存，所以，从理论上说，只有节约用度才能维持社会的正常运作。因此墨子提出"俭节则昌，淫佚则亡"，"无不加用而为者"，即对财物和人力的使用，都要切合实用。衣，以"冬加温，夏加清"为限；室，以"冬以圉风寒，夏以圉暑雨"为限；车，以"加轻以利"为限；食，以"足以充虚继气，强股肱，耳目聪明"为限。

需注意的是，墨子节俭，并不是为了个人累积财富，而是为了国家百姓人民之利。墨子把节俭看作治国安邦的一项基本国策。毛泽东汲取其精华，1957年2月，他在《关于正确处理人民内部矛盾的问题》的讲话中强调："要使全体干部和全体人民经常想到我国是一个社会主义的大国，但又是一个经济落后的穷国，这是一个很大的矛盾。要使我国富强起来，需要几十年艰苦奋斗的时间，其中包括执行厉行节约、反对浪费这样一个勤俭建国的方针。"

墨家"节用"思想还包含着较多的人民性内涵，"节于身，诲于民，是以天下之民，可得而治"，这实际上就是关于官吏勤政廉洁的政治主张，毛泽东节俭的另一个方面正是表现在他的清正廉洁上。

毛泽东的"节用"体现于日常起居的方方面面，包括住、行、食、衣和所有物品的使用上。这一切，我们都得从韶山讲起，无疑，韶山是他的一切，包括节用思想的源头。

一、韶山之家的沧桑

韶山冲上屋场在毛泽东的整个童年、少年时期并不是现在我们看到的样子。那时，房子全部是土木结构的茅草屋，数量也只有五间半，远没有这般大的规模。今天人们看到的毛泽东的家，是经毛泽东的父亲在1917年7月扩建形成的（共13间半瓦房）。新中国成立后，各级管理部门对这栋原本破烂的房子，包括周边的环境又做过多次的大修、整理，结果，毛泽东家看上去有些像一处"庄园"，事实上背离了毛泽东小时候的居所的实际情况。

毛泽东的先祖于明朝初年迁居韶山冲。毛泽东属于"震"房，房祖叫毛震。毛泽东是毛震的第16世孙。

毛泽东先人原居滴水洞附近的东茅塘，并非现在的土地冲。上屋场的房子最早为毛克宇和李姓人共修，共11间，毛克宇和李姓人各五间半。清朝光绪初年，也就是毛太华的第17代传人——毛泽东的曾祖父毛祖人在世之时，祖辈传留下来的东茅塘那几间破旧的房子和十多亩水田，无法满足子孙成家立业的需要。毛祖人有两个儿子。"树大分权,崽大分家"。毛祖人于1878年借钱在韶山上屋场买下李家的五间半房子和几亩水田。1888年,毛祖人给两个儿子分家,因上屋场离祖居地太远,田质又不好,谁都不愿意去住。毛祖人只好请来族人当中人,用"抓阄"的办法定夺,结果,大儿子毛恩农抓到,却坚决不肯去土地冲,忠厚老实的二儿子毛恩普,也就是毛泽东的祖父,主动让步,说服18岁的儿子毛顺生搬到上屋场。

毛恩普刚到这里时,承继父亲,欠下别人许多债,日子不好过。1893年12月26日,农历十一月十九日清晨7到9点(辰时),毛泽东出生在上屋场的茅草屋里。按照《韶山毛氏族谱》规定的世系(辈分),毛泽东属"泽"字辈,又为纪念他的祖居地,更为记录他出生的时辰——太阳刚刚从东边出来的时候,取名"泽东"。

毛泽东出生时家境贫寒。三年后,他的弟弟泽民又降世,家计更难维持。祖父欠下的债转到父亲身上,仅有的15亩田也典当出去。为生计,母亲带着年幼的泽东、泽民兄弟俩住到湘乡县唐家坨即孩子们的外婆家去了,而父亲出外当兵。

毛顺生当兵多年,见了大世面,开阔了眼界。他看到中国城乡商品经济在沿海省份兴起和江浙一带来来往往贩运谷米的船只,怦然心动,他终于明白"无商不富"的道理。同时,军旅生涯培养出他的精明强干。20世纪初,他回到家乡,着力兴家,以摆脱贫困。他还把泽东和泽民从唐家坨接回来,让大儿子泽东进南岸私塾就学。

毛顺生寻找到的发家之路是经商。

他一边继续种田,一边致力于商品交换——虽然中国在毛氏迁入韶山的明代即有了资本主义的萌芽,韶山冲直到毛顺生这一些人才开始较大规模地搞商品经济。他最先从事的是谷米生意。他在自家碓房将谷子加工后,运到银田寺下河,到湘潭城出卖,从异地差价中获得盈利。他还兼做生猪贩运生意……慢慢地,他积了些钱,还清了债,赎回了田产,到1904年前后,他在不欠债的情况下,拥有15亩田,每年可收谷60担,除家庭消耗掉35担外,尚有25担可用来做生意。资本增加之后,他的生意不限于自家的剩余谷米,还到岳母家湘乡大坪坳成批购进稻谷,加工成大米,运销湘潭城里。

毛顺生于1904年又从堂弟毛菊生那里买进7亩田(毛德臣三个儿子分

家，各分田 5 亩，毛菊生未分房子，多分田 2 亩），这样，毛顺生的田达到 22 亩（后来卖给谢家屋场 1 亩多，自己扩建房子占用几分），还有柴山两块（面积约 4 亩）。

于是，毛顺生家业昌盛起来。毛恩普，即毛泽东的祖父得以过上一段顺心的日子，于1904年安然合上双眼，躺到滴水洞大石鼓去了。

上屋场达到富农的地位。全家共有 5 口人，夫妇俩和 3 个儿子，有水田 22 亩。此外还典进别人一些田，又雇长工 1 名，专事田间管理。到这一时期，毛顺生一年中大部分时间花在生意上。米生意开头是变换自家多余的粮食，后来还从外面买进一些谷；开头是自己加工，后来还请人帮工；开头是在本地零售，后来大部分请人送到银田寺下河运往外地；猪生意开头是自己喂一两头卖给人家，后来喂得多起来，送到银田"长庆和"出卖；开头是送自己喂的猪，后来还买猪并请人送；牛生意，是买母牛给人家喂，喂的人家得牛力、牛粪，毛顺生得小牛，他再把小牛卖掉赚钱；牛死则由双方分摊损失。毛顺生极精明，他有时还借出一些粮食或银元以获利息。

毛顺生的发家，当然也有赖于妻子文素勤的贤惠能干，据韶山老人回忆：毛泽东母亲在世时，家里整洁，地上没有一根屑子，喂猪后猪槽都洗干净，炉筒钩都要抹得通红，小孩子到他家去了，不管一天去几回，每次都要给点东西吃。

毛顺生中晚年的经济活动颇为活跃（毛泽民是得力助手），他与韶北的"忠义顺堂"、郭家亭的南杂店、永义亭的"李福胜"、银田市的"长庆和"、湘乡章公桥的"彭厚锡堂"都有密切来往。他在银田市"长庆和"米店入了股，他发行了"毛义顺堂"油票（类似于股票），与湘乡"吉春堂"（一个经

明清古镇银田的老商业街，毛顺生经常到此做生意

营药材、肉食、南杂的大商号）流通，他在桥头湾周少班家押进过几百两银子（或说千余两）准备买田……可以想见，只要三个儿子齐心协力，不需十年，他便可以变成韶山冲的一位大商人、地主，甚至成为一名资本家——那时，他的家业会大大超过唐家坨。

少年时代的生活对毛泽东的影响是深远的。父亲创业之艰难、稼穑之劳苦、持家之节俭，给毛泽东留下极深刻的印象。父亲艰辛创下的家业也为毛泽东的成长准备了必要的物质基础，而对毛泽东兄弟影响最大的则是在创业过程中产生的不畏艰难、克勤克俭的精神。父亲的许多优良品性深深地影响到毛泽东的一生。

毛泽东于1910年秋就离开上屋场，离开了韶山，而他的父亲在毛泽东离家7年之后，1917年到1918年，才把那5间半茅草房改建和扩大成13间瓦房，也就是今天我们能看到的样子。

毛泽东父亲新建和扩建的房子，包括退堂屋、厨房、横屋、毛顺生夫妇卧室、毛泽东兄弟三人各自的卧室，还有农具室、碓屋、谷仓、牛栏、猪栏、柴屋及与邻居共用的堂屋。

毛顺生极尽艰辛，日久成疾，他与妻子文氏仅仅在新房子里住了一年，即于民国八年和九年相继撒手人寰。

毛泽东深知这份家业来之不易，然而为了全民族的解放，1921年春节过后，却毅然舍弃小家，领弟弟妹妹走上革命之路。

这里有必要补充说说毛泽东家的邻居，因为两家关系密切，堂屋还是共用的。毛泽东的邻居变过好几个人，最早和最久的（或者说原始邻居）是毛克宇，住西头的五间半房子。毛克宇去世后，儿子毛恩苞（字竹平）因家庭生活困难，于1914年将房子卖给族上"天地公"[1]。房子卖出后，毛竹平一家继续留住五年。

1919年，毛竹平搬出西头房舍，随即由一个叫毛庙生的人搬进。毛庙生本人不大出名，韶山冲的人都知道其妻即毛四阿婆。毛四阿婆和毛泽东家曾有一个小故事，这个故事说的是毛泽东小的时候，有一天下暴雨，毛泽东不顾自家禾场里晒的稻谷，而去帮助毛四阿婆收谷，因而遭到父亲的责怪。

---

[1] 即作为韶山毛氏家族的公屋。

毛庙生与毛泽东家为邻的时间不长。毛庙生搬出后，毛伏胜住进来。1925年8月，毛泽东以"养病"为名，在韶山开展农民运动，湖南省长赵恒惕电令湘潭县团防总局派兵捉拿他，是毛伏胜和另一位农民周汉生冒着生命危险护送毛泽东离开韶山。1929年，毛伏胜不再是毛泽东的邻居，邻屋由曾给毛泽东家帮工做饭的邹湘庭居住。邹搬出后，毛润民一直住到新中国成立之初的土改。

1927年马日事变后，许克祥派兵包围韶山，到处捕捉与毛泽东有关系的人，谁都不敢在毛泽东家居住，就算邻屋也不敢住，免得受牵连。1929年，国民党湘潭县党部将整栋房子没收，房产归县团防局所有，租给别人居住。章元丰住进来，一直住到全国解放后湘潭县政府决定开放毛泽东旧居让人参观为止。湘潭县人民政府为了收回毛泽东旧居，退给章元丰1000多斤押金谷。

如此看来，毛泽东走出乡关之前，他的邻居是毛竹平。此人有两子两女。长子毛爱堂，出生于1895年，比毛泽东小两岁，自小经常与毛泽东在一起，深受毛泽东影响。1924年3月投身革命。1925年加入共青团，1926年加入中国共产党。次年，在湖北武昌被反动派逮捕，英勇就义。毛竹平的次子毛爱桂，谱名毛贻业。他虽然出生于1914年8月，比毛泽东小21岁，却大毛泽东一辈，毛泽东成为国家首脑之后，仍称其为"爱桂叔"。1954年4月，毛爱桂和大姐毛春秀应毛泽东之邀去北京住了颇长时间，参观了许多地方。离开北京时，毛泽东给毛爱桂200元，给他大姐300元。时过不久，毛泽东又给毛爱桂的大姐毛春秀寄去600元，指示有关部门为毛爱桂在湖南安乡的二姐毛淑元解决了住房困难的问题。1959年6月26日，毛泽东在韶山接见毛爱桂，与他合影留念，晚上设宴招待父老乡亲，还让毛爱桂坐了上席。

毛泽东离开韶山后，他的故居几经沧桑。起先，由附近的农民彭桂禹等人相继佃居。1929年，国民党当局把它没收了，里面的家具、农具有一部分散失，房子也被火烧掉。第二次国共合作期间，毛泽东的故居被退回，毛泽覃的妻子周文楠送他的母亲周陈轩、兄周子渔、儿子毛楚雄到韶山，就住在上屋场。新中国成立后，毛泽东的出生地得到妥善保护，从而为人们留下一份极珍贵而独特的毛泽东遗物。

毛泽东故居在新中国成立后也差一点被毁坏，那是发生在1950年的事。地方政府准备在上屋场和南岸之间的稻田里重建一套像样的房舍，以代替毛泽东故居。眼看已经在备料、打地基，毛泽东知道了这件事，于1950年9月20日写信给黄克诚、王首道、邓子恢严词制止：

据说长沙地委和湘潭县委现正进行在我的家乡为我建筑一所房屋，并修一条公路通我的家乡。如果属实，请令他们立即停止，一概不要修建，以免在人民中引起不良影响。是为至要。

毛泽东写信给黄克诚、王首道等，不准地方上修缮自己的故居

1950年冬，毛月秋、王淑兰将征集到的家具、农具44件，革命文物6件，在毛泽东故居内复原陈列，并在大门上挂了一块匾，用印刷体写上："中国人民的伟大领袖毛主席的家"。不久，这块匾又改写成"毛泽东同志故居"。上屋场就是这时正式向人们开放的。

毛泽东故居在1961年3月由国务院公布为全国重点文物保护单位，当年5月，根据刘少奇的意见，门匾改为"毛泽东同志旧居"。1983年，邓小平给上屋场题写"毛泽东同志故居"几个大字。

上屋场的大门。匾是1983年挂上去的，邓小平亲笔手书

二、上屋场的细节

结构和功能分区

毛泽东韶山的故居，从结构与功能上大致分为三个区域，一个是敬神区，也就是堂屋。这儿正面高高的南墙上，安放着肃穆的神龛，龛下有用于摆供、上香的四方桌和长条高凳；这个堂屋是公用，所以往东西两边各开一门，分别通往毛泽东家的灶屋和邻居家，而在神龛两侧则开有角门通往退堂屋。堂屋是整个上屋场最高处，也是最肃静处，平日里小孩不能在此嬉闹，全家人出入的主门也不是堂屋的大门而是横屋的门，免得"惊扰神灵"和祖宗。

全屋场第二个区域是人的生活区，包括灶屋、退堂屋、横屋和卧室。值得注意的是，毛泽民、毛泽覃的住房并没有安排在生活区，而是在第三个区域即生产区和家畜区。

生产区是上屋场的后院。从毛泽东的住房出来，是一个大天井，天井边东西两面屋檐下有走道，而东西两头，东头是半敞开的农具室（与加工大米的碓屋及厕所串在一起），西头猪栏，通往后门有一块空地，一边是牛栏（后来为便于参观，把牛栏门改在东边屋檐下的走道开门，实际上应是向后门外的一块空地开）。

毛泽覃的卧室门正对着牛栏门，现在看来不可理解，泽覃最年幼，在家最得父母疼爱，怎么会把卧室设在这个地方？其实，如前所述，牛栏门应当是向户外开着的，新中国成立后修缮时为参观方便而改变了方位。另外，毛泽覃童年和少年都由父母带着睡，稍大（1918年，即13岁时），由大哥带到长沙读书，而上屋场扩建成形也到了1917年7月，所以泽覃并没有在这屋里住过几天，要说现在的卧室，也是在他长大后偶尔回家时住过的而非他小时候在家住过的地方。

与毛泽覃卧室一样，毛泽民的住房也没有安排在主生活区。毛泽民的房在全屋场的后侧门靠近山的角落,说明父亲把毛泽民放在看管后门的重要位置,因为在毛家,毛泽民是最能吃苦耐劳也最得父亲真传,在父亲眼里是最适合接他发家致富的班的人。

韶山的家是毛泽东早年用过的物品最集中的收藏、陈列场所,可称为一座乡村博物馆,其中属于毛泽东和他的亲人使用过的原物就有堂屋中的两张方桌、两条板凳、神龛;退堂屋中的水桶;厨房中的大小水缸、碗柜;横屋中的方桌;父母卧室中的床、衣柜、书桌、长睡椅、折衣凳;毛泽东卧室中的床、衣柜、方桌;农具室中的石磨、水车、收谷大木耙;碓屋中的米碓、糠碓、风车等。

"打门锤"上的辩证法

"打门锤"是过去韶山民间经常要讲的一个词,对读书人的字要求写好,说"字是打门锤"。这"打门锤"为何物?缘何这件物什能与写字联系起来?

这件物什肯定是建筑上的东西,是门上的东西,看看毛泽东家的正前门和侧、后门,必能恍然大悟,原来它就是大门门楣上的那两根柱子。

值得注意的是,这两根左右对称,突出于门的横梁中间的方或圆形柱,除可能有一点受力的作用外,它们存在的价值更在其他方面,要不然在当代韶山民间建筑大门上方为何再也难得一见这件物什?

它的主要功能应当不是承重!

过去,贫穷的农家也难得一见这样的"打门锤",稍稍好一点的农户,只要砌得起屋又读过一点书的人家,大门上大约都得有这个物什,不然也不

毛泽东家正门上的"打门锤"

这是笔者所摄河北省平山县西柏坡毛泽东住过的地方，其院门上竟然也有"打门锤"，且一对为方形，一对为圆形，式样、色调与韶山上屋场何其相似！只是"打门锤"上并没有乾、坤的图样；而细看方形的那对，把四角切去了，于是形成八角形，似乎暗寓着八卦的意思

会有"字是打门锤"这句俗语。

"字是打门锤"的意思，其实就是因为"打门锤"位置在一座房子进门的正上方显眼处，而读书人给人的第一印象恰恰就是他写的字（过去是这样），因此，字就像"打门锤"一样显眼，是给人的第一印象，当然要练好。

如果再从文化的深层考虑，"打门锤"乃是一件镇宅、安宅之物，特别是毛泽东韶山的家正门和后门居然还端端正正地用类似篆刻或浮雕的手法，在"打门锤"的正中制作了中华文化最古老的两个符号，那就是乾、坤两个卦象（刻在柱子的正中）。

韶山毛泽东家后门上的"打门锤"，是圆形的，与正前门的方形共同构成"天圆地方"的理念

在《易经》中，乾和坤的组合是泰，为六十四卦之第十一卦。《彖》曰："泰：小往大来，吉，亨。""天地交而万物通也；上下交而其志同也；内阳而外阴，内健而外顺；内君子而外小人，君子道长，小人道消也。"《象》曰："天地交，

泰。后以财成天地之道，辅相天地之宜，以左右民。"

这就是中国官、民住宅多用乾、坤符号做成"打门锤"的原因。原来，两个符号的组合正是人们居家、出入所祈盼的"泰"，即"太"或"大"，既平安，好运，又能日渐而大！

韶山毛泽东家侧门（通横屋）上也有"打门锤"，不是方形而是圆形，也没有刻乾、坤的符号

乾、坤是《易经》最核心和最基本的两个符号，可以说是万事万物的源和根。毛泽东的父亲在改扩建上屋场时，按照邻居们（当然是经济条件稍好又有一点文化的人家）的惯例，把乾、坤的卦象认认真真地雕刻在前正门和后门上，大有深意。

下面我们不妨拿毛泽东家与古都北京的大四合院的"打门锤"对比一下。

按标准说法或者北方的说法，"打门锤"即"户对"，所谓"门当户对"，就是讲的两件物什，门上的叫"户对"，门前的叫"门当"。

"户对"，即置于门楣上或门楣双侧的砖雕、木雕。形状有圆形与方形之分，圆形为文官，方形为武官，"户对"大小与官品大小成正比。拿这个概念比照一下韶山毛泽东的家，正门用的是方形，后门和侧门用的是圆形，即是文武双全，而

北京四合院门上的一对"打门锤"，是六边形的，没有雕刻乾、坤卦象

第二章　简约而居

由武到文（最后落于"文"），令人称奇！

正规的"户对"按官位，一到五品可以为六个，六到七品可以为四个，以下只能为两个，普通大户人家也可以有两个。典型的为圆形短柱，短柱长一尺左右，与地面平行，与门楣垂直，它位于门户之上，且取双数，有的两个一对，有的四个两对，故名"户对"。"户对"用短圆柱形还有一个意思，那就是代表了人们生殖崇拜中重男丁的观念，意在祈求人气旺盛、香火永续。

"门当户对"后来演化成地位相称的意思，其实反映着中华文化中的平衡理念，也是建筑学上的一个科学概念，当然，它的实用性要大大让位于它所蕴含的深刻哲理和寄托的一种理想，那就是平安、和谐。

用鼓做"门当"，只因鼓声宏阔威严，厉如雷霆，百姓信其能辟邪，故民间广泛用石鼓代"门当"。石鼓镌刻花卉图案，表明该宅第为经商世家；如果石鼓为素面无花卉图案，则为官宦府第。

无论"门当"，还是"户对"，都可以视为屋场的一种图腾式文化符号，这个符号不一定是乾、坤卦象，也可以是动物如龙、狮、鹿（这种动物形象常常用于"门当"或祠堂、庙宇的屋脊；毛泽东读过书的湘乡东山学校大门也有一对石鼓，鼓面绘的是奔鹿）或文字如福、寿。

我们不能简单地说"打门锤"之类只是表达房屋主人的一种迷信心理，是为的辟邪、驱邪（这是南方文化中常有的），我们还应当把文化与民俗的东西考虑进去，把以上的各种因素综合考虑进去。

毛泽东家没有"门当"（但毛家祠堂有），而只有"打门锤"（"户对"），这是与毛家当时的经济地位、政治地位有关的。北京的大四合院住的往往是官宦人家，所以常

毛氏宗祠的石鼓。石鼓鼓面绘的图案似乎是莲花，有一点像中华民国的国徽，由此推断，这对石鼓应为民国初年所立

常既有"门当"又有"户对","户对"也不止一对,而是四个,"门当"则是精雕细刻的大石狮或石鼓(毛氏宗祠的石鼓比较小,只有不到两尺高)。

从经济状况来看,毛泽东家在毛泽东出生之前和年幼的时候尚属贫困,在毛泽东少年时代才上升到中等偏下的人家,在毛泽东青年时期,因为父亲和弟弟毛泽民经商活动的日益频繁而上升到中等(按韶山的标准)的经济地位,现在我们看到的毛泽东家的房子就是1917年毛泽东快满24岁的时候由他父亲兴建的(毛泽东本人未参与其事,也未寄钱回家),此时毛泽东并不在韶山,而是在长沙读师范。那么,他家屋子的"打门锤",当是在他少年时代之后,可能是直到他青年时期即房子扩建的时候才出现的。

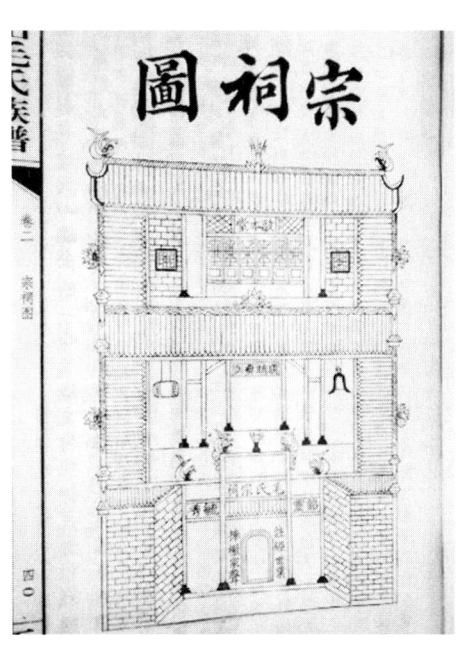

韶山毛氏宗祠大门两侧有一对古老的石鼓,但查清光绪年间编的《韶山毛氏族谱》中的毛氏宗祠图,并无石鼓

毛顺生并不是一介儒夫子。他只读过几年私塾。毛泽东比父亲读书多得多,毛顺生之所以要在新砌房子时在屋前和屋后门楣上各做一对"打门锤",并让木工雕刻乾、坤两卦,多半是顺应韶山当时起房子的通例,而不是因为毛顺生本人对《易经》多么有研究或者多么喜爱,当然也不会是出于此时已经对中国文化经典《易经》有接触和研究并开始得其精髓的毛泽东的建议。

毛泽东虽然对传统文化有过精深的学习和研究,但在父亲改扩建上屋场的时候,新文化运动正在中国大地兴起,俄国在这一年还爆发了十月革命,毛泽东把这些消息带到了韶山他的家,他正从传统文化中走出来,他将对中国传统文化进行"吸收其精华,剔除其糟粕"的全面改造,对于《易经》这部中国最古老的典籍,他将保留其辩证法,在与西方的辩证法特别是马克思主义辩证法融合之后,成为制胜的法宝之一,至于《易经》中的卦象这个形

49

式上的东西，他并不会原封不动地照搬。

不管怎么说，可以肯定，上屋场的"打门锤"让我们不能不正视这一事实：韶山地方文化和毛氏家族文化中，对中华古代经典《易经》是充满敬意的。韶山民间文化中对道家文化是推崇的，所以民众常常要把道家的一些文化符号，包括一些画像甚至雕塑都要用到他们的建筑当中，是作为装饰也好，是用于辟邪、驱邪也好，或者是有所寄寓也好。实际上，韶山因为地处南方山区，古属苗蛮之地，后来又有舜帝南巡和历代移民，多种文化对这个地方影响都相当深远而广泛，这些文化就包括着道家文化，而演绎道家八卦的一个极重要的人物恰恰是湖南人周敦颐。

周敦颐，宋朝道州营道（现今湖南道县）人，著名哲学家。他是理学派开山鼻祖，是湖湘文化中一位极重要的承上启下的文化大师。

毛泽东一生对儒家、道家等多种学说融会贯通，应该说，他在故乡就开始感受像周敦颐这样的大师留在湖湘民间的文化气息的熏陶，特别是在长沙差不多十年，更跟从杨昌济先生等人精深地研究过这些大师的学说，包括对《易经》也有过钻研。

我们站在这个角度去观察毛泽东早年的生长环境包括他的家居，尤其是家居中的一些细节，是有特殊意义的。

与福建土楼类似的砖墙

土砖的墙上有蜜蜂们蛀下的无数的小洞，蜂们在春天不去筑巢，它们伴着暖暖的夕阳从漫山遍野的油菜花间飞回，总喜欢在上屋场的金色的土墙上去年它们自己或者同伴打下的小洞里住下来，儿时的泽东和后来稍稍长大的他带着小弟，喜欢看这些蜂儿进进出出；黑色的瓦上结了青苔，瓦与墙相接的地方还长着鸟儿衔来吃掉果肉剩下的种子发芽长成的小树⋯⋯

这是对毛泽东家的屋的一段散文式描绘。

是的，毛泽东韶山的家上屋场整个儿都是土砖墙。收割之后，一般是秋天，田泥尚存水分，但也不是太浆，用锄头把泥挖拢来，堆成一大圈，在里面混入稻草筋或谷壳，中间挖开，灌进去水，然后牵一头牛来，让它在这些田泥上不停地转圈子，大约半天的时光，田泥被踩得非常有黏性，就是做砖的原料。木范长一尺，宽、高各约半尺，把这些泥挖起来填到木范里，筑紧，以手抹平表面，然后搬到预先准备的干爽地面，一个一个整齐地从木范里放出来，晾上十天半月，一块块土砖便可以充当建筑材料了。这种材料成本低，方便实用，也能耐得上百年，是韶山延续使用过500余年的砌屋的基本材料，从明朝一直使用到20世纪80年代。看到韶山的土砖屋，容易让人想到福建客家人的土楼，那儿筑楼的材料竟然与远在千里之外的湖南韶山毛家惊人地相似。

毛泽东家上屋场的土砖屋

毛泽东的祖上并非韶山的土著，而是明朝初年从江西吉水辗转云南澜沧（今丽江永胜）而来的，同样也是"客家"，或许韶山的客家与福建的客家有某种习俗与文化上的渊源。可以肯定的是，毛泽东家保存着典型的农家特点，他们生活在平民的阶层，他们喜欢用田野、山间的现成材料构筑他们的家居，包括房屋的本体（墙、架、顶和室内的家具、农具），这种习惯一直持续着，到毛泽东的少年和青年时代。

福建南靖的一座方形土楼：庆南楼。显然是稻田里的熟泥筑成，过去了100多年（与毛泽东故居的年龄差不多）仍然完好。田泥能筑成这样的规模实在让人难以置信，它的形状、规模颇像北京的城楼

试对比一下福建的土楼。福建的土楼规模要大得多，如同城堡，竟然有些像北京城的城楼如德胜门、前门。房屋可达到数百间，一般是整个家族聚居的地方，又有圆形与方形之分，而韶山的土砖屋则是半四合院，即如当地所称的"一担柴式"，最大的也就十多间屋，一般是一家一户地居住。

令人肃然起敬的神龛

中国传统民居中常有神龛，是放置神、佛塑像和祖宗灵牌的小阁，大小规格不一，依祠庙厅堂宽狭和神的多少而定，大的神龛均有底座，上置龛。

神佛龛与祖宗龛形制有别：神佛龛为开放式，有垂帘，无龛门；祖宗龛无垂帘，有龛门。神佛龛座位不分台阶，自上而下设位（个别多姓合祠者，也各依祖宗辈序列台阶）。因此，祖宗龛多为竖长方形，神佛龛多为横长方形。龛均木造，雕刻吉祥如意图案和帝王将相、英雄人物、神仙故事等。

远古人类多生活在傍水的山林或岩洞里，他们多有神灵崇拜，他们敬神的地方当然多半是山崖上和或天然或人造的洞穴里，后来，人们才脱离野生状态筑屋而居。经历二万五千里长征到达陕北的时候，毛泽东和红军还能看到远古人类生存状态的遗存，那就是经过了人工修整的洞穴即窑洞，这正是古代的遗俗，毛泽东自己后来也长期乐于在这

在韶山，毛泽东家的堂屋，正中是神龛，龛内分两层，分别供奉神佛和祖先牌位；龛下靠墙放着上香桌和上香凳

种洞穴里居住。

北方的古佛，如洛阳龙门石窟、山西大同的云冈石窟，还有甘肃的莫高窟，也包括延安清凉山的石窟，佛像都是被供奉在洞穴的龛里的，这样看来，韶山毛家上屋场的神龛嵌在土墙里面，与古代在洞窟里供奉神灵有着内在的联系。

至于神龛里的木主（韶山俗称主位牌子），书面上叫神椟，是设置在神龛里的祖宗灵牌，全国各地均有。传说古时桑浦山下有母子俩相依为命，儿子不孝，动辄打骂母亲。有一日儿子入山砍柴，见一鸟窝，母鸟正衔虫喂养小鸟，往返飞忙，终于昏倒在鸟窝里，众小鸟咻咻待哺，状甚可怜。儿子寻思自己不孝之过，有悔改之意。忽见母亲自山下送饭来，急奔下山迎接。不料母亲误解，以为儿子嫌她迟送饭来，欲来殴打，慌忙丢下饭团飞奔，竟然一头撞死在树上。儿子抚尸痛哭，便砍下这棵树，制作一木椟，写上母亲姓名与生辰死日，逢时祭拜。后来，不孝儿勤耕力作，生活富裕，子孙繁衍，人们便仿效他制作木椟，如此祭祀祖先。

上屋场正堂屋墙正中的神龛，纯木制，用桐油、生漆漆成黑色，外形像一个牌楼，对比一下毛氏宗祠，这个神龛其实是毛家大祠堂牌楼的具体而微。

上屋场堂屋的神龛与毛氏宗祠的功能完全一样。这个地方是全家人敬祖敬神的地方，也是全家告祖、议事的地方。堂屋有一张八仙桌，还有四条长高凳，这并非全家人吃饭之所（除非是来客，横屋坐不下，或者是在七月半接完"老客"之余饮祖先之福），这里的桌子是摆供品、上香烛的，

毛泽东家的上香桌与韶山农家吃饭的桌子没有两样，在当地叫方桌，凳子则叫高凳（手绘图）

神龛颇高，必得站在凳子上才够得着，所以凳子就是上香凳。

堂屋只能算与邻居家公用的屋，毛顺生只有一半的产权，所以他在扩建房子后，总共是13间半瓦屋，而堂屋的西边一半却是邻居家的。

神龛分上下两层，起初，按规矩和韶山习俗，上层是"天地君亲师"位，第二层才是近代先人位，近代先人就是毛泽东的太高祖父、高祖父、曾祖父、祖父：

十五派祖

运选长子际耀，字光前，行一，乾隆三十五年庚寅二月二十九酉时生，道光二十九年己酉三月十七戌时没，葬契买本邑七都七甲韶山坪上屋对门庐山侧大坨中埂寅山申向，有碑墓，坟山上齐嵛顶，下齐田边，左右齐埂分水。

配庞氏，乾隆三十五年庚寅十二月初七午时生，道光二十二年壬寅五月初九戌时没，原葬滴水冲新屋后，改葬滑油冲下嵛沟中埂内，干巽兼戌辰外戌辰兼辛乙向，有碑墓图。

子四：祥焕、祥麟、祥彦、祥玕；女二：长适何，次适周

十六派祖（高祖父）

际耀长子祥焕，字其有，行一，乾隆五十九年甲寅十月初九卯时生，道光十九年己亥三月二十四戌时没，葬韶山李伯冲东茅塘老屋下手头山倒挂金钩午山子向，有丈禁碑墓图。

配张氏，嘉庆七年壬戌十月二十二子时生，道光十二年壬辰七月初九巳时没，葬合夫冢右，同向。

子一：祖人；女二：长适文，次适赵。

十七派祖（曾祖父）

祥焕子一祖人，字四端，清道光三年癸未九月三十申时生，光绪十九年癸巳十月初三辰时没，葬韶山契买七都七甲苘蒿冲，后改葬滴水冲龙头山沟坨中乳庚山甲向。

配周氏，清嘉庆二十五年庚辰十月十二卯时生，光绪二年丙子五月初十辰时没，葬韶山滴水冲铁子山穿坳，丁癸兼丑未向，有碑墓志。

子二：恩农，恩普；女一：适沈。

十八派（祖父）

祖人次子恩普，字寅宾，号翼臣，行四，清道光二十六年丙午四月二十七辰时生，光绪三十年甲辰十月十七寅时没，葬韶山滴水冲大石鼓辛山乙向。

配刘氏，清道光二十六年丙午八月初二未时生，光绪十年甲申四月二十六戌时没，葬韶山东茅塘回阴坨尖峰下常房坟侧，丑山未向，有碑墓。

子一：贻昌；女二：长适张，次适贺。

毛顺生去世后，毛泽民又把父亲的木主恭恭敬敬地放到神龛里，族谱里对父母亲的记载是：

十九派（父亲）

恩普子一贻昌，字顺生，号良弼，行一，清同治九年庚午九月二十一辰时生，民国八年己未十二月初三辰时没，葬韶山南岸楠竹坨卯山酉向。

配文氏，清同治六年丁卯正月初八辰时生，民国八年己未八月十二辰时没，葬合夫冢，同向。

子五：长次殇，三泽东，四泽铭，五泽覃；女二：殇。

毛泽东的父亲原来不信神佛，母亲却信得非常虔诚，为的是保佑全家的安康，特别是保佑孩子们的安康，因为母亲曾经怀过两个孩子，都不幸夭折，到生第三个孩子即毛泽东时，母亲开始信佛，毛泽东也从小跟从母亲信佛。为了能使儿子"长命百岁"，母亲让毛泽东拜七舅妈为干娘；她还替泽东向南岳观音菩萨许愿，答应将来他长大成人后去还愿，母亲还让泽东拜"石观音"为干娘；自己则吃"观音斋"。从两岁到八岁，毛泽东主要是在外祖母家度过的，由于外祖母虔诚信佛，每逢观音菩萨的生日、成道日和涅槃日，都会让舅父、舅母领着向"石观音"礼拜。

母子俩还曾费颇大的工夫劝说父亲信佛。父亲相当长一段时间不听劝，后来因为在一次做生意回家的路上劈面碰到一头老虎，母亲认为是得罪了神灵，毛顺生将信将疑，从此也开始信佛，还顺应文氏的要求，把佛像（观音菩萨）请到家里，供奉在神龛上。这样，神龛里供奉的除天地君亲师位、祖宗牌位和毛顺生信奉的财神位，又有了观音菩萨。

1936年，在陕北保安，毛泽东与前来采访他的美国记者埃德加·斯诺谈道：

> 我父亲毛顺生早年和中年都不信神，可是我母亲信佛却很虔诚。她向自己的孩子灌输宗教信仰，我们都因为父亲不信佛而感到伤心。我九岁的时候，曾经同母亲认真地讨论过我父亲不信佛的问题。从那以后，我们好几次想把他转变过来，可是没有成功。他只是骂我们，在他进攻之下，我们只好退让，另想办法。但他总是不愿意和神佛打交道。

1951年5月，毛泽东在北京接见他的表兄文运昌等人时曾经回忆道："我小时候有个乳名叫'石三伢子'。那时候我母亲信迷信，请人算八字，说我八字大，不拜个干娘难保平安。母亲带我去唐家坨外婆家，发现路上有一块人形巨石，便叫我下地跪拜，拜石头为干娘。因此，母亲又给我取名'石三伢子'。"

1959年6月26日，回到韶山的毛泽东，在这个堂屋里，他看着保存依旧的神龛和上香桌、凳时带笑地说："这里是过去我和母亲初一、十五'工作'的地方。"

毛泽东所说的"工作"就是指上香、敬神，包括敬神龛上所有的"神灵"。时间是每月的初一和十五，这时必烧香打供饭，除此，在一年中几个节日则更加虔诚，那就是大年三十团年饭之前的告祖敬神、二月十九的观音"生日"、七月半中元节的接老客，当然还有几位近代先人的"冥生"（上面所列）。至于其他大的祭祀活动，都会在祠堂里举行，毛泽东兄弟会随父亲去参加。

周恩来曾在《学习毛泽东》的报告中谈道：

> 毛主席常说，他也是从农村中生长出来的孩子，开始也还是迷信的，甚至某些思想是落后的。他最反对晋察冀一个描写自己十岁时就反对迷信的读本。他说，恰恰相反，他小时候也是信神的，而且信得很厉害。当母亲生病的时候，他去求神拜佛，你看这样还不够迷信吗？那个读本写毛主席的故事，把他反过来，说他从小就不迷信，打破迷信，生而知之。毛主席说，这是不合事实的；而且，一般的说，在那样的封建社会，不管农民家庭出身也好，劳动工人家庭出身也好，一下子打破迷信是不可能的。

不过，毛泽东对"神灵"的敬奉慢慢变得懒散起来，这与父亲正相反，父亲先不信后来却越来越信，毛泽东则是先信而后来越来越不信，他自述说：

可是，我看的书，逐渐对我产生了影响，我自己也越来越怀疑了。我母亲开始为我担忧，责备我不热心拜佛，可是我父亲却不置可否。后来，有一天，他出去收账，路上遇到一只老虎。老虎猝然遇见人，慌忙逃跑了。可是我父亲却感到更加吃惊，对于他这次脱险的奇迹，他后来想得很多。他开始觉得，是不是得罪了神佛。从此，他开始比较敬佛，有时也烧些香。然而，对于我越来越不信佛，老头儿却不加干涉。他只有处境不顺当的时候，才求神拜佛。

毛泽东本来受母亲影响虔诚礼佛，随着视野的开阔，他越来越怀疑神佛的存在。母亲开始为他担忧，责备他不热心拜佛[1]。毛泽东的表兄文运昌回忆：

毛泽东的母亲敬神是十分厉害的。家中每至朔望（初一、十五）早晚，总要抬香奉神，尤其新年元节的半个月，晚上点神光贡香茶，成了一个日例。母亲说：石三，代我去收香茶。毛泽东即提灯去做。走到正堂的神位前，看所陈设的茶，杯杯均满，他想：为什么要恭敬这位纸书贴壁的菩萨？神啊，你不爱茶吗？我给你喝。他端起茶杯，突然向写有神位的纸上泼去，见那茶水却仍流了下去，神并没有"吃"。

次日早晨，母亲见家堂神位的纸上泼了些水，就变了脸色，转问儿子。毛泽东说：昨日夜晚，这些菩萨都没有喝动你老人家贡到的香茶，怕是天寒不口渴，怕是礼未清；我就把我母亲诚敬的几小杯又浓又冷的香茶向前一敬：请喝吧！这些菩萨老爷却不开口接喝。满满地向那红纸、黑字的神，一杯杯敬去——喝得少，流得多。毛泽东说及此，竟笑起来："今晚上不上茶啊！"

母亲听了，神情忧郁起来，连连叹气。[2]

---

[1] [美]斯诺：《西行漫记》，东方出版社2005年版，第109页。
[2] 毛泽东表兄文运昌老人1960年8月关于毛泽东的回忆，原件存韶山毛泽东同志纪念馆。

各式各样的农具

毛泽东整个童年、少年时代，长在乡村山野、田间地边；他生活的故乡，是日出而作、日落而归的环境；他生活的家庭也是劳动者的家庭。早在五六岁时，他就开始零星劳动，在唐家坨的劳动如扯猪草、放牛、捡柴，尚带娱乐性，回到韶山冲后，他便正式从事父亲领导的振兴家业的生产活动。

九岁以前在外祖家的劳动，毛泽东是把它作为娱乐的。

带着个小铲或剪刀，表兄弟们一大群，叽叽喳喳，跳跳蹦蹦，扦那星子般散布于早春干田的黄花草。待青青草长，待紫云英绿，打滚、翻筋斗、摔跤，重述从外祖母、舅舅那里听来的故事，哼母亲教的儿歌……吆着牛，徜徉于田间、山径，采野果、玩游戏——在不知不觉中，猪草扯满了篮，野粪收满了筐，耕牛吃饱了肚，筻箕装足了柴……小和尚一般到泉边汲水，小当家似的到塘里洗菜……嘿，儿时的乐趣，让毛泽东享尽了！

1902年，对毛泽东来说，是一个转折，从此，他必须收敛他的痴顽了，他面临着父亲的严厉管教，劳动强度开始加大，劳动便也失去娱乐的意义，而变成一种务实的、功利的生产活动。而对于毛泽东一生，却有着积极的意义。

毛泽东在劳动中学会了一定的组织能力。据毛乾吉老人回忆：

毛泽东除了砍柴、种菜、喂猪、养鱼外，还要看牛和参加田间耕作。他家里喂的是一头大黄牛。他常和附近的小朋友一块看牛，他想了个办法——把大家分成三队，一队割草（带回去），一队摘野果，一队看牛。牛吃饱了，野草和野果也堆起来，由毛泽东来分配。他把大家的草箕子摆成一条线，而总是把自己的那只放在最后，平均分，有时轮到最后少了一点，他也不计较。野果也由他分，有时为了引起别人的兴趣，他把自己的一份往空中一抛，让大家去抢，谁抢了就归谁。玩够了，毛泽东有时还给大家讲故事，所以小朋友都要和他在一起看牛。

1902—1910年这九年间，毛泽东的劳动锻炼过程大约可以分为两个时期：轻微劳动时期，即1902—1906年间，也就是读私塾期间，主要劳动是当父母的帮手，看牛、喂猪、打柴、扫地、担水、煮饭……繁重劳动时期，即1906—1910年，父亲停他的学，带强制性地把他当作劳动力使用，一方面是因毛顺生的田产增加，确需增加人手；另一方面是对儿子不服管教的惩罚。对于这种惩罚，虽然毛泽东当时反感，但他采取的仍是积极的态度，而这三年地地道道的农民生涯，建立起他一生与泥土，与泥土上生长着的农民最贴近的联系。积极的影响在于，毛泽东由一个旁观者，变成参与者，使他能最自然地体会到劳动的艰辛，他从犁田、耙田、下种、插秧、"扮禾"、晒谷、入仓、舂米之中，真正领会"锄禾日当午，汗滴禾下土。谁知盘中餐，粒粒皆辛苦"的深意。

　　停学对他的好处是，他在天地之间，在大自然与农民之间，学到私塾里绝对学不到的更重要的东西，这使他没有发展成一个脱离民众的"纯儒"，而能在日后成为一位知民情的革命领袖。

毛泽东家里的农具室，像一个乡村博物馆。靠墙的地方长长的是水车，毛泽东少年时代时常与父亲一起用这种水车引水灌溉。图上地面从左到右，依次是水车（用手操作的，俗称手车）、石磨、耒（耙），墙上依次为斗笠、蓑衣、犁、谷耙

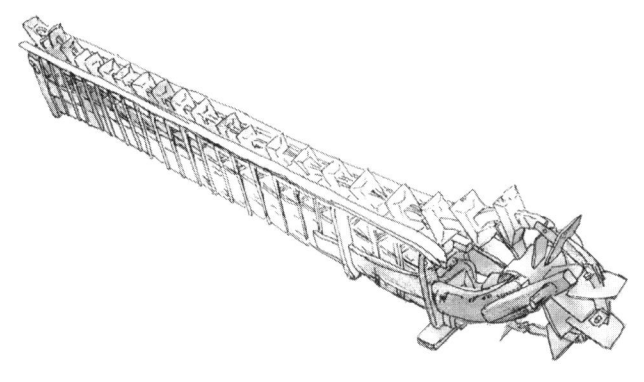

毛泽东用过的给稻田提水的手车（手绘图）。手车没有坐人的木架和踏槌，手持类似船桨的长木把，摇动木轮，把水车上来

在田间，毛泽东虽然觉得辛苦，干起来却是极认真，曾与他一起劳动过的毛林生老人回忆：

毛主席从六岁起便开始在田里劳动，八岁上学以后，每天早上和下午放学回家，帮助家里放牛割草。农忙时还整天下田劳动。毛主席注重精耕细作，别人的田只扯两遍草，他却要搞三遍，有时候就不论遍数，看见草就拔掉。毛主席很喜欢种各种各样的菜，他总是爱修整自己的菜地，有时间就在菜园里摸，土里行间很整齐，从来见不到一棵小草，菜长得好，一家人还吃不完。毛主席劳动时很踏实，有始有终，即使是在田里扯拖泥豆，他也是从田头扯到田尾，按步进行，一竿子到底，搞得蛮细致的。

韶山的家保留着毛泽东与父亲、弟弟一起劳作用过的大量农具。

毛智珠1960年回忆：

有一个热天，天旱，禾快干死了，大家都去车水，每天他清早起来，不去自己田里车，却帮别的农民去车，今天帮这家，明天帮那家，父亲知道了，骂他，他说，人家没劳力，禾会干死，积欠吃饭不成，我家有兄弟，勉强对付得过去。

水车这种古老的灌溉用具，全为木制，一个长长的水槽里，叶片和木轮连缀在一起，车水人脚踏在木槌上不停地踩动，叶片会把沟渠里的水由低到高"赶"上来，达到灌溉的目的。水车有手车、脚车之分。

毛泽东家的田多为冲田，上下有梯级，雨少，需要车水，所以水车是他家最大的一件器械。这种器械在韶山一

这是比较大型的脚车，由两个人坐在横板上，脚蹬车叶，不停地踩，把低处溪沟里的水引到高处的田里。这是毛泽东在韶山时常要做的一个重体力活

直用到新中国成立之后，大约在20世纪80年代，机械化逐渐普及，才退出生产领域，而为电动抽水机和更加简易的泵式抽水设备替代。

毛泽东停学期间做的农活颇多，乡间一年四季所有农活他都做过。他与毛春成一起用土车子推粪，毛春成要他少推一点，毛泽东讲："你老人家能搞得，我也搞得。"结果，他硬是推满满一车，咬牙上肩，下坡时没掌得住，车轮一扭，车子翻了。他并不泄气，把散满一地的粪撮起来装好又推。毛春成怕出事，便喊毛母文氏来劝他不要推这么多。

毛泽东干农活也非一味"霸蛮"，他会动脑提高效率。他与表哥一起看牛，上下屋一共十几头牛，七八个人一起放，每早要放两三个小时，每个人带一个箩筐和刀，他让两个最小的看牛，两个大一点的砍柴，另两人割草。放牛回来，又分了草，又分了柴。

他对帮工文福生说："文四哥，你跟我看牛，我要去得早些；早上的草好些，中午去割草，草热一些，中午天又热，就不要去了。"

韶山乡间常用的运载工具是土车。运肥料、运谷米和其他所有货物，都是用这种土车，现在在韶山乡间还偶尔能看到

毛泽东家的柴篓和耙子

毛泽东喜欢把牛放到塘里去，用篦子篦牛毛；热天蚊子多，他把割来的青草放在牛栏门口让牛伸出头来吃，这样，牛栏里干净些，就不会招蚊子。他每天还要打扫牛栏，以免牛弄脏容易生病。

插田后要砍柴，毛泽东与文福生得出经验：砍柴时刀叶子要跟柴棍子去，要砍得平，蔸子要砍得矮；一方面第二年能多发孙①，又不伤刀，还要连树叶包了砍。毛泽东批评湘乡那边柴砍得不好，捆得不好。说捆柴时下面的、上面的都要伸出来一些，砍一些枞树捆在上面，这样又捆得紧又捆得好看。

靠山吃山，毛家日常做饭、烧水和烤火用的燃料是山上的柴草，一般在秋天，山上的灌木还未凋叶，毛泽东就要带上弯刀，到山上砍柴，用现成的长藤一捆一捆绑好，再用禾枪（一种两头尖的长木）穿入柴捆，一边一捆上肩，挑到屋垛下或晒谷坪，让其慢慢晾干备用；而另一种打柴的办法就是用耙子和柴篓。每当深秋，山间的松树和各种灌木在地面掉下厚厚的叶，就像铺上一张以金色、红色为主调的软毯，这时，扛着柴篓和耙子独自或结伴来到山间，唱着歌儿，把这厚厚的落叶扒成一堆一堆。

光绪三十年，毛泽东到屋对面坳山去扒柴，摔了一跤，把脑壳摔破了。

扒柴更多的时候是乐趣。下过雨之后，叶儿中间会有一窝一窝的蘑菇。韶山最好的蘑菇是松菇，出现在大雁南飞的季节。雁群飞过韶山的上空，据说它们会中途落下，在山间平地的松树林落叶上歇息，采食刚刚成熟掉落到地下的毛栗子和各种野果，而在它们离开之后，它们待过的地方就会长出一

毛泽东家就有图中这样的犁和套在牛脖子上用于牵引犁的"牛歪子"

---

① 指发新芽。这一段资料据毛泽东家的帮工文福生回忆。原件存韶山毛泽东同志纪念馆。

种蘑菇，这就是雁鹅菌（松菇）。毛泽东每每在扒柴的时候要采到雁鹅菌，还有油螺菌（松茸）和别的菌子，这总能给他意外的惊喜。毛泽东特别喜欢吃雁鹅菌。他的晚年，家乡人常给他送去浸着这种菌子的茶油，让他享享儿时享受过的口福。

拖拉机耕田在20世纪70年代初才在韶山乡间出现，90年代后，小型的犁田机多起来，在此之前，牛犁田持续几千年，现在也还能见到。韶山丘陵多，山田多，许多田并不适合机械耕作。毛泽东少年时代犁田全然是图上这样的把式。经过一段时间的经验积累，他甚至可以给一些成年的农民提一些好建议。二三月，要犁田了。毛泽东和文福生交流经验：头一道犁板田要深一点，第二道不要犁得太深。田塍每年要挖一次，要填，要把土打烂就好填些。

水田翻耕并用耙打碎泥坯，灌入大量的水，再用梯子平过之后，就要插秧。插秧的季节总要打山歌，俗语：插田不打歌，禾少稗子多。插田首先要找一个目标才插得直，插时屁股要坐水，腰直一点，能看到前面；退架子要退直，腿稍微向里面一点，退到一条线上。

韶山还有一件独具地方特色的农活，那就是踩田，一人一根竹或木的棍子，把裤脚挽得高高的，来到田边，小心地走到禾苗的间距中，用脚把与禾苗争肥的杂草，如鸭舌草、灯芯草、芥兰草、荸荠草，通通连根踩到泥里（使之因缺氧而死），再同样用赤脚把刚刚踩出来的坑洼抹平。这也是毛泽东喜欢的活计，累是累，主要是弄得腰疼，太阳也晒人，但与到山上扒柴一样，也会有惊喜，那就是在田间浅水中往往得到活蹦乱跳的鲫鱼，而且最容易捉；也有泥鳅，只是泥鳅不容易捉，一受惊就钻进泥里；也有鳝鱼，鳝鱼相对容易捉，只是那时却不懂得怎么吃，反而视而不见。踩田时会把田里的水放干一点，水不太多，鲫鱼跑不掉。

上屋场墙上挂着斗

踩田场景

笠、蓑衣，都是雨具，用材天然。斗笠全为竹篾编成，呈柔和的圆形。蓑衣则为棕编，韶山乡俗不在屋前栽棕（谐音"争"，不吉），却喜欢在山边栽棕树，因为这是极有用的树种，叶子可做扫把，也可用于穿鱼挂肉，而棕纤维则是极牢固的做绳子的材料，也可做成防水的蓑衣。看到毛泽东家的斗笠和蓑衣，总让人想起唐朝张志和的《渔歌子》：

西塞山前白鹭飞，桃花流水鳜鱼肥。
青箬笠，绿蓑衣，斜风细雨不须归。

毛泽东家的石磨和蓑衣

张志和诗中的情景正是毛泽东在家乡时经常见到的。吆牛在春雨中犁田或让牛在毛毛细雨中吃草；或者下雨天到溪里捉鱼，总要戴着这样的斗笠，穿着这样的蓑衣。为了防止牛淋雨生病，专门给牛也准备了蓑衣。

劳动使毛泽东获得农业生产的技能，也帮他练出强健的体格。他童年时身体并不十分好，七岁时曾害过一场大病[①]，后来凭着一双铁腿，走过天下最难走的路，干出轰轰烈烈的事业，这都得益于早年的体力劳动。烈日下的曝晒，狂风中的穿行，大雨里的"沐浴"；赤足履尖石，钻荆棘，塘里摸鱼，树上采果……挑担、挖土、掌犁、舂米……既是粗笨的农活，又是工艺的劳作，更是积极的锻炼。到十五六岁时，毛泽东已长得结结实实。

新中国成立之前直到20世纪60年代，韶山的禾都是用"扮禾"的办法脱粒。"扮"在韶山方言中是"摔打"之意。为防止谷粒掉落到田里，在桶外还要加竹的挡遮（竹篷）。如今韶山早用上打稻机和收割机。这种原始脱粒的方法已失传，只在湘西和贵州一些山区还能见到。

谷子收回来后要加工。磨子和碓子、风车就是谷米加工用具。半年的辛劳有了收获，把杂有禾毛的谷用箩筐担到高坡上阳光充足的坪里筛选、晾晒。

[①] 据李季：《毛泽东少年时代的故事》，中南人民出版社1951年版。

有一个发生在毛泽东少年时代的故事，流传甚广，源自当地老人的回忆：

有一年秋收时节，天气突然变了，就要下雨。毛泽东家人都赶紧收自己家的谷，毛泽东却去收邻居毛茂生（一说毛四阿婆）家的。收完回到屋里，衣服都打湿了。父亲发现，问："刚才喊你没看见，为什么衣服都湿了？"父亲知道原委后责备他，他说："毛茂生家的田是佃的，田里进的银子是借的，扮了禾后交了租谷还要还息，禾镰上壁就没得饭吃，如果被雨再冲掉，那就更不得了。我家吃谷有剩，损失一点不要紧……"

收谷时先用小耙把平铺或呈波浪形在阳光下晒的谷子收拢，然后再使用大耙。大耙需要两个人配合，用两根绳子牵引，一人在后面扶耙，一人在前面拉绳子扛在背上拉扯，耙就像闸门一样把厚积在坪中的谷子拢成大堆。

毛泽东家有专门的晒谷坪，在屋的东侧坡上，面积约100平方米，地势高爽，阳光充足，在这儿可清晰地看到上屋场远处的黑石寨大山，好像一圈黛色屏风，遮挡在西边。毛泽东与邻家屋前的小坪也可晒谷，但阳光只在上午和中午才可照进来。

毛泽东家收谷用的大耙（手绘图）

谷晒干并用风车把没有米粒的壳风净，大部分入仓，挑出格外壮实的做来年的种子。

风车可不是一件玩具（虽然农闲的时候，毛泽东兄弟的确把它当作一件玩具），它是用来吹谷壳和糠的。总感觉毛泽东家的风车既是一件古老的实用工具，又是一样深含中国传统文化、具备几何学美感的器具，圆、椎、方，多种形状在它身上达到融合。从美学上来说，它是和谐的统一体，不单单指多种形态的合一，也指在使用过程当中的和谐：轻重的和谐（谷与壳），

第二章 简约而居

力度的和谐（风轮转动与谷流速度），等等。

谷晒好之后，需把轻而无米的空壳吹净，方法是用箩把谷倒进风车上部的斗桶内，这个斗有一个可控制谷米下漏速度快慢的机关，就像汽车的挡位，用一块长木片与一根长轴连缀，再加一块长竹片，竹片不用时（或设置好"挡位"不需调整时）搭在左边竖柱的卡子上，操作者一手摇动车轮把手，圆形的鼓产生大小可控制的风，风往后部吹；一手轻轻放下漏谷的机关，谷子慢慢落下，轻的被吹走，从风车后部的大口中飘向空中，再慢慢落下，而重的、实的谷则从中部的大漏斗里源源流出。

毛泽东家用过的风车

谷壳与谷实分离后并非无用。它是修房屋制作土砖和粉刷外墙必加的筋料，还可用来制作牙粉：它燃烧后的残留物表层有一层带碱性、含钾的"白灰"，是效果不错的洗衣和漱口的清洁原料。

把谷变成米，在脱壳之后，要使米、糠分离，也是用同样的办法。这在后面我们要说到。

与风车同在的四足、竹篾织成的圆形器具叫推子，连同碓一起，是南方乡村最古老的谷米加工（舂米）用具，估计其持续使用时间长达数千年，在韶山，直到20世纪60年

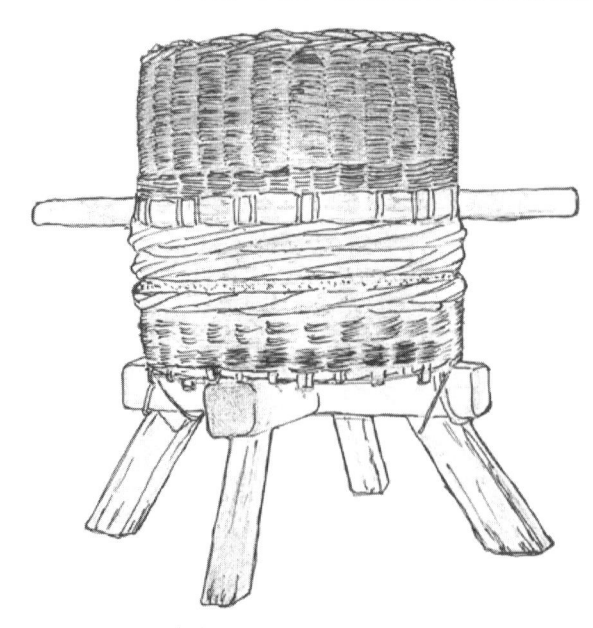

毛泽东家加工大米的推子（手绘图）

代初（1963年前后）才被柴油（后为电动）打米机取代。

春米在韶山冲叫整米。一个壮劳力一天能"整"200斤谷，一般每月整一次，像毛泽东家这样做谷米生意的人家，除自家食用，还要贩运到银田市和湘潭城做些生意，加工要频繁许多，用工也要多得多。推谷是其第一道工序，将半箩谷（约一皮撮）倒入推子的斗内，扶着木把顺时针或逆时针方向推动，不停地转圈，通过推子内相叠的木片的摩擦作用，谷壳与米粒分离，只是在用风车吹过之前，米、壳还是混在一起的，流到干净的三合土地面，堆成堆，再把这些米、壳的混合物倒入风车，像前面风谷一样的方法，使壳、米分离。

风出来的壳可在碓坑内进一步加工成猪食用的糠，也可通过燃烧做成白灰或肥料。而风出来的米却还是粗米，需要放到碓里进一步加工。

碓又分米碓和糠碓。米碓是用来把粗米变成精米的，是一个小碓。粗米在碓坑放到一大半，一人踩，一人不停地搅动，如此，糠碓（大的、用石锤的那个）慢慢把推子推出的谷壳加工成细糠，而米碓（小者）则把粗米表层的一层糠分离出来，粗米变成细米，

毛泽东用过的加工大米的工具（手绘图），典型的杠杆原理，脚踏驱动倾斜的锤子，落下时砸在石臼中，去掉刚刚用风车分离出来的粗米，使之变成精米，《新论》："因延力借身重以践碓，而利十倍"

而从粗米上脱下的一层是上好的油糠，贫家用于人食，富家则用于喂猪，当然，要使精米和油糠彻底分离，还得用上风车。

值得一提的是，整米这一项繁重的体力劳动也有些许乐趣。许多人家会在踩脚的这一头地里安装一个陶坛，每次踩动碓锤时，木头都会击打陶坛，发出动听的、有节奏的"哐"的声音，毛泽东儿时有一首童谣曰：

> 舂冰"哐"碓冰"哐",
> 舂粑粑,接细满,
> 细满没回,
> 粑粑起哒铜绿霉。

"哐"是舂米时发出的悦耳的声音。童谣描绘舂米做糍粑,盼望嫁出去的"细满"(韶山土话称姑姑为"细满")回家一同过节,可是"细满"没有回来,等啊等,直等到做好的糍粑生了霉还没回来。

毛泽东的父亲做谷米生意,整米的任务重,毛泽东十五六岁时担当这项工作的主力,虽然极累,却有收获,收获的是父亲的微笑——父亲看到儿子卖力总是一改平时的威严;也收获了父亲因为获利而给家庭带来的财富。除此之外,毛泽东的收获还有属于他自己的,即强壮的体魄。秋冬时节,他在这种运动中不必穿棉衣,可以打赤膊,在不停的运动中,热气升腾,舂米的机械变成了"健身器",少年毛泽东身上的肌肉就在这种运动中一块块出现,这为他以后征战南北,甚至徒步万里长征,打下了强健的体质基础。

在碓房里,每每看到白花花的大米在碓坑里出来,又一箩箩在推子里细加工过后倒入风车吹净,再装入麻袋,用土车运到城里赚钱,毛泽东心里会有不平。因为,在他的邻里,还有那么多人没有饭吃,长年饥饿,许多时候,当毛顺生不在家,乞讨者会来到毛家的屋侧、碓房的旁边,毛泽东总要从那些刚刚加工出来的白花花的米里匀出一些给他们。

这样的事,母亲总是支持的,母亲总要帮助邻人和一切来她家寻求帮助的人,她用这种办法来弥补丈夫因为急于发家而造成的对别人的"损害",只是她和儿子也不能明着做。毛顺生是生意人,肩负着全家的生活重担,他的"自私"不是为一己之私,而是为一家之私。他辛劳、勤勉,他在一切方面带着头,包括吃和用的节省,他给孩子们创造了衣食无忧的生活,还能送他们去读书。毛顺生操持着这个家,按他的逻辑,通常中国人共同的逻辑。毛泽东和母亲的想法却不同,他们认为利己不能损人,相反,要多做善事,做好事,帮别人,甚至损己利人。

毛顺生做谷米生意用得最多的两件量器,一件是斗,量米之用,一件是秤,称猪之用。

其实，量具有大小之分，日常在家煮饭量米的为一斤左右的升子，母亲施舍的时候也常用升子；而与别家或生意场上的来往，小者用斗，一斗10升，大者用斛，一斛10斗。再大就是石了，一石大约相当于现在的120斤。

毛泽东家的秤不是用来称谷、米的，而是称猪的，有大小好几条，都是古老的杆秤，杆子越长，秤砣越重，能称的物品就越重，最大可以称到上千斤。秤杆通常是

毛泽东家的大秤和量米的斛桶（手绘图）

上好的山茶木制，有秤星做刻度，而秤砣则是铁的，俗语"公不离婆，秤不离砣"。使用时用下端的钩钩住重物，上端的圈子则为提手之用，物太重，需要两人抬杠，即拿一根杠穿插到麻绳或铁丝的圈内把重物连同秤抬起，秤砣挂在杆子上，依平衡的原理向后移，得出重量，不是百分之百准确，却也有约定的标准，即秤杆翘到怎样的状态才算平衡（商家也可以自带杆秤作为对比，直到两相认可）。

这个活计毛泽东做得不多，他不愿意经商，他不喜欢做生意时难免出现的"损人利己"。他的大弟弟帮父亲却做得多，也非常熟练，后来毛泽东还是发挥弟弟的优长，让他当革命的管家。父亲的许多方法，被毛泽民用到发展革命的经济上。

毛泽东不是没有经济头脑。他敌视的是"过分"的小利益，而希望让大家都得到利益，都有饭吃，都能富起来，这最初是母亲教给他的人生观，他一步一步地把这种人生观放大，他母亲只可能在韶山冲做一些小的善事，做儿子的则要把母亲的心愿推而广之，做利国利民的大"善事"！

毛茂生家穷，他做着毛泽东家的田，按三七开分成，毛泽东家得七，他只得三。毛泽东问毛茂生能分多少谷，茂生讲客气，说："做了你家的田，

托了你父亲的福，赚得一些谷子。"毛泽东心里清楚。他要茂生交租时少量十担。茂生说不行。毛泽东说试试看，我父亲收租时你莫肯。你把纸条子拿来，毛泽东将条子改去十担，还盖上章。到收租时，茂生少量十担，说那十担现在没有，心里就只盼毛泽东快回，毛顺生却不放过，茂生只得照实说了：你家三少爷要我少量十担！毛顺生气愤，说：他在外教书，没得钱回，还把屋里的搞出去！毛顺生不相信，看毛泽东改的条子，却是真的！后来毛泽东回家，硬是把父亲说服。

这是发生在毛泽东稍大以后的一个故事。

这样的事与他后来做的一件件大事比起来，只算得九牛一毛，但毛泽东人生的起步就是从做这样的小事开始的，没有这样的小事的累加，特别是没有他把母亲的人生观一步步放大，就不可能在日后做出那些惊天动地的大事！

毛泽东家的猪栏，在20世纪初的山间农家，也算不小，全部是用松木制成。猪栏一般都比较潮湿，松木防腐。上部还有一个架子，是堆放稻草的，稻草用来在冬天给猪保暖，放在上面可以挡风，铺到栏里让猪休息，尤其是母猪下崽之后，大小猪都特别需要这些干草。下面的猪舍又隔成两部分，一边是喂架子猪即肉猪的，一边是养猪婆子和猪崽的，栏并不高，韶山的土花猪不擅长跳高，不用担心它们跳出去。每边栏前都有猪食槽，是用麻石雕成的，材料与碓坑完全一样。

毛泽东家的猪栏

猪在韶山是吉祥物。毛泽东家后山的形态就像一头带崽的猪侧卧着，所以土名"猪婆侧"，在毛泽东的父亲看来，这座山的名称预示着财源滚滚。

与土地和土地上的农民的"亲近"，对毛泽东的心灵产生了重要影响。

他最自然、最深刻地认识到劳动的艰辛、劳动者的疾苦，他由此培养出农民式的生活习性，尤其是与农民一样的喜怒哀乐，他时常能站在农民的角度、立场思考中国社会的问题，这也正是他一生特别重视农村的原因，并成为他事业成功的关键。

这位"农民"显然还有与一般农民的不同之处。在一定的时候，他将从农民中走出来，站到领袖的高度……

三、丰泽园的细节

丰泽园位于中南海西北区，两扇大门门楣上横挂着一块大匾，上题秀穆的"丰泽园"三字。

颐年堂为丰泽园的主体建筑，原名崇雅殿，乾隆皇帝多次在此大宴皇族宗室。清末为慈禧皇太后祝寿时改名颐年殿，民国后再改名为颐年堂。院内东西厢房上悬匾"云山画""烟雨图"，为慈禧太后的手书。

颐年堂东为菊香书屋，后为澄怀堂，是康熙初年儒臣给皇帝进讲之处。菊香书屋小院清幽典雅，院内有康熙的题联：

庭松不改青葱色；盆菊仍霏清净香。

《国朝宫史》载："西苑宫室，皆因元明旧址，唯丰泽园为康熙年间新建之所。""园内殿宇，制度唯朴，不尚华丽。园后种桑十株"。康熙"万几余暇，则于此劝课农桑，或亲御耒耜"。雍正则"数年以来，履行亲耕之礼，皆豫演礼于此"。《燕都丛考》载丰泽园"南向，门五楹，门前有稻田数亩，圣祖尝亲临劝课农桑。雍正年间，每年耕藉演耕于此，乾隆年间踵行"，而《大清会典事例》载："丰泽园在中海，有稻田十亩一分，内演耕地一亩三分"。

据载：康熙三十七年，四月辛丑，皇上在丰泽园召见诸大臣，问大臣入园时曾看见所种稻田否，诸臣奏道，曾见稻苗长成，约有尺余，此时如此茂盛，北方所未有也。上曰，初种稻时，见有六月成熟者，因收藏作种，年年播种，均至六月成熟，所以四月间如此茂盛。若是寻常成熟之稻，断难如此茂盛。学生们记定此事，天地生物，并没有永远不变之理，好种变成坏种，坏种变成好种，半在地力，半在人力，若是全凭地力，虽有佳种，亦恐不能长久。丰泽园的早稻，由于人力培成。现今讲求农学，选种之法，当奉此为良法也。

又《翁文恭日记》载：

戊子二月二十七日，上诣丰泽园演耕。巳正一刻驾至黄幄少坐，脱褂摄袵。户部郎中嵩申进犁，顺天府尹高万鹏进鞭，龢及孙贻经播种，孙贻经执筐，臣龢实播之。府丞阿桂芳执青箱，汉戈什爱班从御前侍卫扶犁，老农二人牵牛，凡四推四返，毕，至幄次进茶，还宫。

这样看来，丰泽园其实原本是一个朴素的农耕园。在清朝康熙盛世时，是皇帝躬耕的地方，所种的竟然是南方才有的水稻，说明这里原属郊野，河渠、池塘众多，是华北平原上的一处水乡（故康熙给园子取名丰泽，丰者，稻子丰收也，亦表达着他对全国农业五谷丰登的祈望，泽者，水分充足，润泽天下也），气候宜人，所以能种水稻，而皇帝躬耕的盛事，从康熙一直延续到光绪帝，毛泽东对这段史事不会不知道。

丰泽园大门

典籍对丰泽园的描绘，不禁让我们自然而然地想到毛泽东的家乡韶山冲，当毛泽东了解到丰泽园的历史之后，一定也生出亲切感。当然，他来此居住的时候，已不复能见到水稻。

丰泽园后来演变成居家的地方，虽然不复有农业、农村景象，却也还是水面环绕，树木葱茏。可惜的是这个地方后来却变得富丽堂皇起来，一改原有的"制度唯朴，不尚华丽"，毛泽东不喜欢，一怒之下不再住此。

无论到韶山冲还是到丰泽园，我们都要忍不住抬头看看这两个地方毛泽东的家的屋脊，可能的话还要做一番对比。

上屋场的屋脊是长方形的风火墙，盖的是小青瓦，上部往两边披开，屋脊是垒在一起的瓦。与主体的墙不同的是，这堵墙全部是青砖砌成的。

比较一下丰泽园的屋脊，与韶山上屋场的平民化完全不一样。这是雍容华贵的京城贵族建筑，虽然不及皇宫，却全都是青砖精心建筑而成，瓦也是贵族化的筒瓦，滴水为琉璃，雕梁画栋，还有蹲踞的瑞兽。这种兽在百姓的房屋上是不会有的，叫角兽，数量越多表明越富贵。数一下，丰泽园屋脊有五个角兽。此外，与避雷的金属丝相连还有一个鲤鱼头（或者鳌头）的造型。

看过了屋脊看外墙。

上屋场的外墙呈黄色，全部用田泥混合谷壳粉刷而成，是纯的大地本色，与后来毛泽东住过的黄土高原上延安的本色和西柏坡房屋的本色完全一样。门窗也全用当地杉木或松木制成；地面则是红土、沙子、石灰的三合土；屋上的瓦为柴草窑烧成的青瓦。

上屋场屋后的墙壁，上部没有粉刷，

丰泽园屋脊

上屋场风火墙

完全是泥土的本色。墙前是一片菜地。后门是谷米、柴薪和猪牛的出入口。唯一打眼的是这个门上有两个雕刻了乾、坤二卦的"打门锤"。

丰泽园的外墙属于皇城,全粉刷成大红,故这种墙又叫红墙。墙上覆瓦也是精制的官窑出的灰色长筒瓦带琉璃的滴水,整个儿透着宫廷贵族气,颇有威严感。

毛泽东住的地方正是在丰泽园当中,是大院右侧的院落即菊香书屋。

毛泽东平生爱菊,他1929年10月作《采桑子·重阳》说:"人生易老天难老,岁岁重阳,今又重阳。战地黄花分外香。"菊花秋开,与丰收同行,也是严霜降临的时候,万花纷谢,独有秋菊傲霜。毛泽东就像爱梅花一样爱菊,他爱菊的高洁。他爱菊,或许还含有怀念他的小弟泽覃的因子,因为泽覃字润菊。他最疼爱的小弟泽覃出生在菊花盛开的季节(1905年9月25日)。

菊香书屋内,毛泽东的起居室叫紫云轩。这名儿,也特别,李白有诗云:"东海泛碧水,西关乘紫云。"所以后来有"紫气东来"的成语。

在紫云轩,最初的确也摆着两三盆菊花,在南窗上沐浴着温暖的阳光,以与"菊香"名实相副,不过,毛泽东爱菊爱的是其内在精神,而不是停留在赏花吟菊上。

菊香书屋院内外一度花香扑鼻,因为毛泽东要来住,花匠在院子里摆了许多盆鲜花。毛泽东散步回来,看到这花的海洋,他发话了:"过去,这里是公共场所,由他们随便布置,我们不干涉。可现在我住这里,就不要摆这么多花了。少摆几盆花,再摆一点松柏树就可以了。你们知道,到我这里来的人很多,以后还会有工人、农民的代表来。他们来了,就是为了看看我,看看我住的地方。如果我这里摆了那么多漂亮的花,那他们也会上行下效,向我看齐,养成这种风气就不好了。"

毛泽东让人撤掉中南海的花房,花匠也改行。丰泽园内的花搬走了,在院子的十字路口换上一盆棕树,一盆无花果;凉台上则放两盆绿草。

一天晚间,毛泽东却摆起一桌"菊花"宴。餐桌中间放着一个火锅,火锅的蔬菜料当中,有一碟洁白如雪的菊花。毛泽东的保健医生王鹤滨大感诧异。毛泽东从卧室出来,见王鹤滨惊奇的样子,说:"王医生,吃吃看,咱们不赏花了,来吃它吧。"

王鹤滨遵命夹起一筷菊花，在翻滚的火锅汤里一涮，菊花立刻软了，吃在口中异常清嫩，只是带一点药味。毛泽东微笑说："怎么样，还可以吧！我们的老祖宗很早以前就晓得吃菊花了。"说罢，他也夹一筷在火锅里涮一下，放在嘴里慢慢品味着。"你知道屈原吧，他就是'朝饮木兰之坠露兮，夕餐秋菊之落英'。"毛泽东解释说，"看来，那时吃菊花大概算是清贫之举了，我们也来个'夕餐秋菊之落英'吧！不过这菊花是工人同志特意采来的"。说着，他又夹起一筷伸向锅内。

菊香书屋建于 18 世纪，是宫廷式的四合院。飞檐走壁，青砖青瓦，风格古朴，只是尚不能与皇宫的富丽堂皇相比。院里没有什么特殊的布置，生人来往往感到幽僻。东西南北两条小路交叉成十字形，把院子对称分开。院子里还长着七棵老槐和苍柏，鸟儿时常在树上啁啾。

菊香书屋面临碧波荡漾、垂柳依依的南海，毗邻假山叠翠、溪水叮咚的静谷。真是一个读书养性的好地方！

院内，四面各有一排房子，每一排都是五间。紫云轩是菊香书屋的主房，高大宽敞。

走入紫云轩大门，就见过厅内放有一张方桌，四周是四把椅子，西边两侧墙根放着一个木制大衣架。这是毛泽东吃饭的地方。他常常坐背朝院子即靠近紫云轩大门的椅子。

江青的居室在过厅的西头两间中靠过厅的一间，里间与西房相通，是毛泽东的藏书室。

毛泽东起居喜欢在东。他韶山的故居，卧室在父母亲房的东侧。说来也巧，他一生的轨迹也总是向东，或由西向东。新中国成立后视察，东边去得多，西边去得少。他说过一名名言：不是东风压倒西风，就是西风压倒东风。毛泽东的诗文中经常褒东而贬西。实际上，道理非常简单，太阳从东方升起，东方象征光明灿烂；而"西"有栖止之意，象征日落西山，黑暗将至。何况他父亲给他取名就取了个"东"字，毛泽东喜欢"东"这个方位是颇容易理解的，既是个人的特点也是顺应着民众的心理或中国传统文化的影响。

"丰泽园紫云轩东房"即暗藏了"泽东"二字。毛泽东在紫云轩的东房内，居住十年之久。

毛泽东的住房是未严格区分的两间，即卧室和办公室，中间并无隔墙。卧室里有一张大床、一套大沙发、一张写字台和几个书架。室内一应陈设，都是新中国成立初接收的，只有温度表是新添的。

毛泽东正式搬到这里之前，卫士从居仁堂抬来一张高级弹簧铜床放在屋子偏北正中，向南形成一个"丁"字形，毛泽东却让人把弹簧床换成硬板床，就是我们熟悉的那个一边高一边低的大床。

丰泽园菊香书屋毛泽东的卧室

毛泽东的床架上安着两个电铃钮，电线接往机要室和卫士值班室。床边还有一张桌子，桌上摆着有玻璃柱的台灯，上面是绿纱灯罩；灯旁是一个玻璃烟灰缸、一个白色骨制小烟嘴、一个笔筒。

毛泽东的卧室西墙根还放着四把椅子，供临时来汇报、谈话的客人用。南侧有一个两开立柜和一个三角形衣架。床南侧中间放两个小沙发，江青、孩子或客人来时坐。屋子东侧是两个三米高、两米宽的大书柜，放常看的书。南墙正中挂着有半尺多长的木质温度表。

室内青砖铺地，常常显得潮湿，卫士曾提出铺上地毯，毛泽东不同意。现在我们看到的地毯并非毛泽东在这里居住时就有，毛泽东居住时并无地毯。

菊香书屋的过厅里还留有被堵上的、相对称的门的轮廓，可见原是与南、北的西厢房相通的。被堵上的北侧两间房，正是毛泽东书房的一部分。

从紫云轩过厅出北门是后院，与中南海岸边公路仅一墙之隔。院内有一个简易防空洞，是毛泽东住进来之后由卫士挖的，毛泽东从未使用过。后来，通后院的门也不开了。

菊香书屋除北房还有南房、东房和西房。南房与北房结构一样，东侧两间是江青的起居室，西侧两间是孩子们的住处，中间是过厅。西房也是五间，过厅门楣原挂有"菊香书屋"匾；北侧两间是毛泽东的藏书室，毛泽东在这里会见过金日成。

南侧两间曾放过乒乓球台，又是临时来客休息室，毛岸英曾住在这里。东房五间即过厅和两侧各两间，其中中厅是毛泽东办公时间用餐处，北侧两间是毛泽东的办公室，南侧两间是会议室。

东房，即毛泽东的办公室。西窗下放一个大写字台，呈东西向，与西窗呈"丁"字形。一把转椅靠南边墙，毛泽东办公是背南朝北，借西窗光线。宽大的桌面上铺着绿色绒布衬里的玻璃板。桌子西头放着待办文件和办公用纸，中间放笔、墨、砚、铜墨盒以及脱了漆的铁皮铅笔盒。铅笔盒里面插着长短不一的十多支铅笔，旁边有一块橡皮。办公桌东头有笔筒、台灯、茶缸和烟灰缸及来往信件、审批过的文件。

这个写字台极为普通，台面靠右手一端漆已脱落，着腕处则有一道深沟。就是在这里，毛泽东起草了一系列决定当代中国命运的文章、指示、命令……

毛泽东办公室靠北山墙摆着两个三米高、两米宽的书柜，靠北山墙也有一个这样的书柜，放满常用的书籍。这些书柜是1952年用稿费制作的。在做书柜之前，书都放在靠北山墙根的几个大箱子内。室内中间有一个圆柱撑住房顶，柱旁摆着长方形茶几，上面有红黑两部电话，红的是直通，黑的要手摇。

室内偏北由北向东、南呈弧形摆一组沙发，其中一个大沙发（后也换成小沙发），六个小沙发，沙发前摆三个小茶几。毛泽东的座位是靠东偏北的那个沙发，这个位子长期不变，后面有一个落地灯，看书时打开。

会议室与办公室仅隔一过厅，其内有好几个大沙发和茶几。这个会议室毛泽东用得很少，因为一般在办公室就可解决问题，人多则到颐年堂。

毛泽东办公时间就餐在东房的过厅，那里平时放一个方桌。有客人或人多时临时到招待科搬一张圆桌。毛泽东在这里接待过程潜、章士钊、张友渔等。党内领导人在东房开会后需就餐，一般也在这里。过厅还摆了个专供客人用的板式大衣架。

菊香书屋虽然充满神秘，它的内部结构与陈设其实颇为简单，它的布置，只是围绕一个中心，即如何有利于工作和学习。这里没有一件奢侈品，甚至没有一点不实用的东西，例如，原有的盆菊，也被毛泽东撤掉。

当然，毛泽东住进来之后，也因陋就简添建了一些必要设施。院子原没有厕所，上厕所必须走到后院去，毛泽东和客人深感不便，工作人员和修缮队提出一个方案：在紧靠毛泽东办公室后窗处按卫生间的要求盖一间平房，然后把办公室的墙打一扇门与之相通。平房修好，趁毛泽东睡觉时把门打开，毛泽东起床后突然发现办公室的新变化，非常惊奇和高兴："这样就方便了，你们多费心了，谢谢大家。"

现在我们看到的毛泽东的卫生间内有搪瓷洗手盆，盆左侧放肥皂；洗手池上还放着一个木边镜子，镜下有一块横放的玻璃，上面放牙刷、牙粉；毛巾则挂在南墙木板挂钩上。北墙窗下有一个浴盆，西侧是坐便器，前面放一把木椅，椅上有烟盒、书报。南墙、西墙间横一道铁丝，用于晾毛巾。

菊香书屋院内各房，以前都靠烧地炉取暖，因年久失修，火道不通。卫士提出要装锅炉和暖气片，这样既能取暖，又能烧开水、热水。毛泽东只要打开热水龙头，就可以在澡盆里洗个痛快。他称赞说："现在好了，自动化了。"

有些必要设施，毛泽东同意添建，有些在他看来是多余的、浪费的设施，他就决不让建。他的卧室在北房，办公室在东房，从卧室到办公室，须经过院中心，刮风下雨特别是冰天雪地，来往困难。卫士提出建一个走廊，使之相通。毛泽东没有同意。

丰泽园的大门、各处油漆剥落，有的柱子连里边的麻皮也露出来，工人们搭起脚手架，准备重新油漆，毛泽东制止："告诉行政部门，这里不需要刷油漆，过几年再修吧。我住的地方不要像公共场所一样花那么多钱，搞得那么漂亮。"

菊香书屋的优点是清静，房子因古老而陈旧，又多年未修缮，四合院通风透气不好，潮湿，采光不足，卧室、办公室、厨房隔了一段距离。行政处多次提出大修，毛泽东始终不同意。1958年，毛泽东外出视察，有较长时间不在北京，有关部门趁机做了修缮，这就是现在我们看到的样子。毛泽东回来后大怒，一气之下搬到宽敞简陋的游泳池。起初，因为一应物什还留在菊香书屋，他还回来住过几次，从1966年8月开始，再也未回来住过了。

四、细数居家物品

毛泽东对家居物品没有什么特殊要求，简单、实用即可，在他的家里看不到一点"贵气"，然而，在普通当中自有一种大气。

毛泽东的家居物品，形状、材质随遇而安，有什么用什么，他不会刻意地去追求，如果要说追求，那就是把复杂的东西搞简单，把多余的东西去掉，把豪华的东西换成普通的。

奇特的硬板床

毛泽东常对工作人员说："人生命的三分之一是在床上度过的，我在床上的时间可能还更多些，所以一定要搞舒服。"毛泽东讲这个话，并不意味着他睡觉多。他睡觉时间实际比常人约少一半。他在床上时间多，是因为他有在床上读书看报、批阅文件的习惯。

毛泽东所谓一定要把床搞舒服，其实在一般人看来，恰恰是不舒服。毛泽东对床的要求首先是要硬、要凉快。陕北的火炕睡不惯，他怕热不怕冷，所以走到哪里都睡硬板床。夏日天热，他尽量在硬板床上少铺些东西，枕头上垫几张旧报纸，报纸常被汗水弄湿弄破。他还

1932年4月，毛泽东在福建漳州芝山下的红楼住处睡过的简易床

要求床足够大。

　　毛泽东一生的睡具，除木板床，就是火炕。火炕在北方是十分常见的，就像日本的榻榻米，只是多用土坯或砖石砌成。宋代范成大有诗云："稳作被炉如卧炕，厚裁绵旋胜披毡。"看来，这呆呆笨笨的土炕还能激起人们的诗意！而毛泽东平生最著名的辞章《沁园春·雪》正是在北方的炕上写成的。

　　1935年10月，他率中国工农红军长征到达陕北后，便有十余年告别他喜爱的硬板床，而睡起北方的土炕。1936年2月5日，毛泽东与彭德怀率东征军来到清涧县袁家沟，住在农民白育才家，他睡的就是土炕。主人在炕下生上火，热烘烘的，又搬来

凤凰山的窑洞，毛泽东不习惯睡火炕，便让人在炕上架一个木板床

一只黑漆小炕桌——这是给毛泽东晚上办公用的。毛泽东整夜整夜伏在这小桌上，凭借如豆的烛光，谋划东征战略。

　　2月6日，陕北普降瑞雪，袁家沟的山峦被大雪覆盖啦！毛泽东立在户外，眺望这熟悉而又陌生的雪景——故乡的雪是秀丽的，她飘柔，她逶迤，她轻拂，再大，也把青松的绿叶遗在外面；可这陕北的雪，尤其那黄河两岸的雪，如此粗犷，如此厚重，仿佛一个威猛的披羊皮袄的大汉，在黄土高原上吼着信天游……自然的博大雄奇，冲撞着毛泽东诗意的洪钟巨鼓，他情不能已，三步并作两步，回到窑洞里的土炕上，在小炕桌上磨墨铺纸，挥就瑰丽华章：

　　北国风光，千里冰封，万里雪飘。望长城内外，惟余莽莽，大河上下，顿失滔滔。山舞银蛇，原驰蜡象，欲与天公试比高。须晴日，看红装素裹，分外妖娆。

江山如此多娇，引无数英雄竞折腰。惜秦皇汉武，略输文采；唐宗宋祖，稍逊风骚。一代天骄，成吉思汗，只识弯弓射大雕。俱往矣，数风流人物，还看今朝。

谁能想到，一阕如此气势磅礴的词篇，竟是在一个普通的北方小炕桌上一气呵成！

毛泽东离开袁家沟，房东似乎感觉到这几个夜晚的不同寻常，把这张小炕桌悉心保管，作为珍宝传给后代。1972年6月，延安革命纪念馆将其展出。它与一位伟人，与一首瑰丽辞章连在了一起，小炕桌被定为一级革命文物。

毛泽东一生喜欢睡硬板床，这既是他一辈子的生活习惯，更是他不务华靡、安于清贫的精神体现。

1948年春，毛泽东、党中央由陕北东渡，经晋绥解放区，5月26日到达河北省平山县西柏坡，3月，经涿县到北平。毛泽东在清华园火车站下车后，在颐和园益寿宫的四合院里吃了饭，休息了一会儿，便前往西苑机场检阅部队，举行入城式。之后，毛泽东来到双清别墅。

毛泽东在袁家沟用过的小炕桌

他一踏进院子，看见大白天亮着电灯，不由得皱起眉头，走上去把灯关了——这是他到香山做的第一件事，给卫士留下深刻印象。随后他来到卫士们给他整理出的办公室兼卧室。他打量着里面的陈设，半天不吱声。原来，卫士给他准备了一张又厚又大又软的弹簧床。

毛泽东长期以来一直睡硬板床，直到晚年，仍然如此。早在少年时代，他就习惯于坐在硬板床上，借着桐油灯微弱的灯光，披览各种书籍。富户的床往往在额上装有花板，刻着种种精美的雕花，毛泽东和他父母亲一样，睡的仅仅是简陋的架子床，床板是硬的，架子简简单单，没有任何装饰，铺了稻草，再垫上旧棉絮，算是享受了。毛泽东诞生在这样的床上，他也在这样的床上度过了整个少年时代。

只要注意一下毛泽东各个时期在全国不同地方的住处，我们会发现，他的床全部是硬板床。愈到

毛泽东在韶山家的卧室

晚年，式样、构件愈加简化，最后用于挂蚊帐的架子也没有了，而只剩下躺卧的部分。

毛泽东进了北京，仍不改爱睡硬板床的习惯。尽管在卫士们看来，毛泽东睡一张弹簧床并不过分——卫士们甚至觉得能为主席准备一张好床而高兴，毛泽东早该"舒服一些"睡弹簧床或沙发床了。

大家都还记得，长征路上，在一个岩洞，卫士陈昌奉先为毛泽东用木板搭了一张床，毛泽东不高兴地说："要记住，最重要的是工作。每到一个地方，要首先把办公的地方弄好！"那是在炮火纷飞的战争岁月，现在是和平年代，戎马倥偬半辈子，他也该"享受享受"了。谁也想不通的是毛泽东却对此十分恼火。他一看见这张弹簧床就说："为什么要给我买这样好的床？这床比木板床要多花多少钱？为什么昨天能睡木板床，今天就不能睡了？我睡木板床习惯了，木板床很好，我不喜欢这个软床，赶快把它给我换掉！"

卫士们看到毛泽东生气，有些害怕。在西柏坡睡过的木板床没有带来，也来不及换。没办法，卫士们请主席先"将就"睡下，答应明天再找管理科搞木板床。毛泽东不买账，宁愿不休息也不睡这个弹簧床。卫士们只得赶紧跑到管理科，请求换木板床。回答却是："没有现成的木板床。""没有也得赶快想办法做，要不主席会发脾气的。"卫士恳求。

管理科的人万般无奈，忙去找木工，给毛泽东赶快做了一张木板床。毛泽东住到中南海之后，睡的仍然是这张木板床。

"积习难改"用在毛泽东身上是再恰当不过。他甚至在国外也是如此。

1949年12月6日晚，毛泽东动身出访苏联，这是他第一次出国。12月16日中午12点，专列抵达莫斯科北站，1点30分，毛泽东到达住地姐妹河斯大林第二别墅。这是斯大林在卫国战争期间的住所。饭后，毛泽东由师哲陪同去看他的办公室和卧室。毛泽东眼前，出现一间极气派的卧室：高级床，高级被褥，鸭绒枕头。毛泽东直皱眉头，又用手按了按，说："我睡不了这种沙发床，把我用的东西和书拿来。"又指着枕头说："这能睡觉？脑壳都看不见了。"

夏夜乘凉，毛泽东在韶山睡过的竹躺椅（手绘图），后面的靠背可调节倾斜度

毛泽东喜欢睡躺椅，这是他在城南庄用过的躺椅

卫士出了个主意：把垫子掀开，铺上木板。毛泽东点头，又嘱咐不能麻烦人家。卫士提出请中国驻苏联大使馆帮忙，使馆工作人员很快将木板送来。于是大家给毛泽东做起"新床"来，即把高级被褥全部换掉，代之以毛泽东带来的旧褥子、白床单、灰毯子、毛巾被、荞麦皮枕头。这引起苏方工作人员的误解，以为毛泽东嫌弃苏联的东西。师哲向他们解释毛泽东有睡自己的被褥、用硬板床的习惯。苏方人员还是不理解，直耸肩膀，满脸疑惑，但还是主动插手帮忙。斯大林的

第二章 简约而居

卫队长——苏方特派的警卫别里别契,将这个情况报告上级。最后,师哲向别里别契详细地介绍了毛泽东的生活习惯和朴素品格,总算把误会消除。

毛泽东晚年,睡硬板床的习惯仍未改变,他把他人生最后一点体温也留在硬板床上。不过,随着年事渐高,体弱多病,行动不便,他的硬板床也做了一些细微改动。在临终前几年,他常常整天坐卧在床上看书,毛泽东的硬板床,既是睡具又成了"办公桌"。他的床也改成一种奇特的样子:它宽达五尺,为便于放书,有意做成一边高一边低,即靠墙大半边低,全部被书籍占据。龙钟的老人,便斜靠在外部小半边上看书,虽精神不济,却兴味盎然,仿佛又回到少年岁月,欲从知识海洋中再寻觅动力,发起新一轮的人生搏击。

理发箱里有故事

毛泽东遗物中有一套专门的理发工具,用一个箱子装着。这是一个牛皮制成的箱子,呈深棕色,长方形,外盖有提手,有锁匙。盖侧和背面等处有铆钉,箱里衬着淡黄色的绸布,还有一个布袋和嵌着镜子的布框。给毛泽东理发的工具都放在箱内,有手推、剃刀各一把,梳子、剪子、刷子各两把,还有生发油瓶、发乳瓶各两个,以及剃刀布、粉盒、剃须膏、棉球等。毛泽东理发用的都是老式的那一套,尚未用上电推、电吹风之类。

这套理发工具还是1958年成都会议时购买的。1972年,王海容从德国带给毛泽东推子、剃须刀等,更换了旧推子、剃须刀。梳子则是在常州定做的。这些工具一直用到毛泽东去世之前。

毛泽东对发式是比较讲

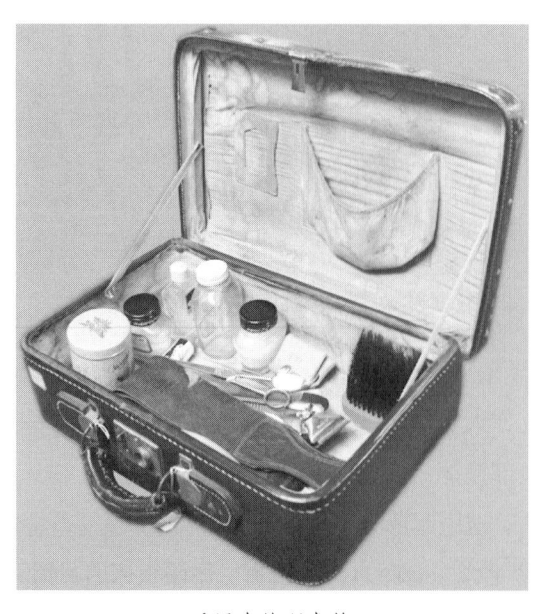

毛泽东的理发箱

究的。当然，他的这种讲究不是赶时髦，而是有自己的一套审美标准，不同的年龄段有不同的习惯。

毛泽东曾留过辫子。他是清光绪十九年十一月十九日生的，做过18年的"大清子民"，所以从幼年起即留辫子。1911年春，全国反清浪潮汹涌，毛泽东此时正在湘乡驻省中学就读，他带头剪掉辫子，表示与腐败的清政府彻底决裂。剪辫子后，他留过近十年的平头（其中1917年7月，毛泽东有一次大的行动是徒步漫游湖南五县，行前，他干脆剃了光头）。

从他早年的留影，如1919年与母亲、父亲的合影中，可看出这一时期他的头发短而齐，完美地衬托出饱满的天庭、俊秀的脸庞。到中国共产党成立和第一次国共合作，他不再留小平头，他的脸部更加饱满，从纯粹审美角度看，这时的毛泽东留的发式介乎平头与西式头之间，不长也不短，显得年轻潇洒。

毛泽东有过一段不修边幅的时期，那就是1927年到1936年近十年，即他当"山大王"被蒋介石穷追到陕北之时。他那时头

1913年毛泽东在湖南第四师范时

发长时间不理，可谓"长发披肩"，只从中间分一条缝，这真是一个叛逆者的形象！也许毛泽东此时就像周恩来一样有一个大决心：不打败蒋介石，决不理发（周恩来是不剃胡子）。毛泽东到陕北后的头几年，头发依然较长，埃德加·斯诺这样描绘他：

我到后不久，就见到了毛泽东，他是个面容瘦削，看上去很像林肯的人物，个子高出一般中国人，背有些驼，一头浓密的黑发留得很长，双眼炯炯有神，鼻梁很高，颧骨突出。

毛泽东的发型从解放战争开始基本定型，即从中间往两边梳，露出宽阔

的前额，左右的头发对称。这种发式一直到晚年始终不变，只是愈往后，头发量愈少，额头愈宽。

毛泽东喜欢让卫士给他慢慢地从前往后梳头，他坐在椅子上，微闭双目，感受这片刻的宁静，以疏通血脉，蓄聚精神。他晚年则配有专门的理发师，大约也只有理发师敢在毛泽东那充满机谋和睿智的脑袋上捏来捏去，甚至还能对毛泽东"发号施令"。

20世纪50年代初，有一次毛泽东准备接受外国新任大使递交的国书，隆重的仪式前，理发师王惠给他修饰头发。王惠上了年纪，光着头，白须飘飘，面孔清癯，仿佛庙里的老方丈。他戴一副大老花眼镜，仍然视力不济，总是歪着头，伸长脖子，眯缝着两条细长眼左瞧右瞧。他左手按着毛泽东的头顶，侧脸歪头瞄啊瞄，右手慢慢伸出，剃刀停在毛泽东的鬓发下沿，像持刀杀人的架势。他就那么将刀架在头上半天不动，旁观的卫士都忍不住了，他才"唰"地运了一刀。毛泽东看了看表，说："你快点。"

哪知王师傅一点也不忙，还责备似的对毛泽东说："别着急，别着急呀。"他唠叨着，换个位置，刀又架在毛泽东头上，在脸另一侧比画着，握刀的手颤个不停，好一阵才又刮了一下。接着退后一步，仔细欣赏，端详不止。毛泽东开始烦躁，催促："王师傅，你快一点好吗？"毛泽东欠了欠屁股要动，却被王惠从头顶上一把按住。他仍然慢声细气："叫你不要急就不要急，我不误你去就行嘛。"

好不容易刮完脸，毛泽东出汗了，以手擦额，抬身欲走，王惠又把毛泽东的头按住："怎么不听话呢？我叫你不要着急，不会误你……"毛泽东哭笑不得，只能说："我要你快点。"王惠却做了一个惊人之举，令在场的卫士目瞪口

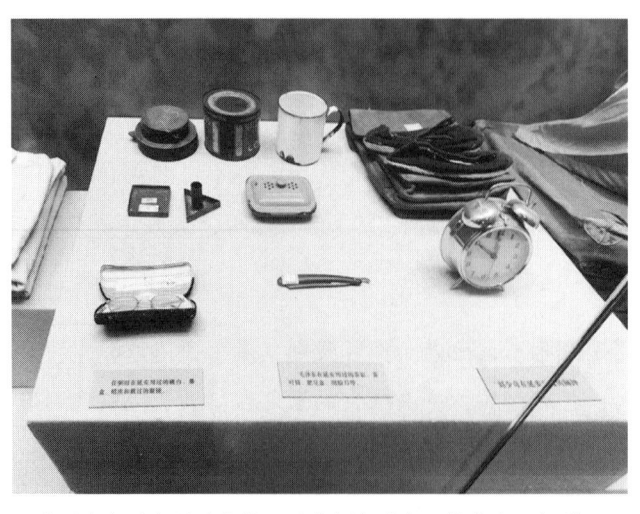

毛泽东在延安用过的物品（中间部分），其中有一把剃刀

呆。他像拍孩子脑壳那样随随便便拿手在毛泽东后脑上拍了两下，说："沉住气，听我的，给你刮干净再去。"

毛泽东没有发脾气，只是无可奈何地叹一口气。王惠得寸进尺，边为毛泽东刮后颈，边唠唠叨叨"教训"："你是国家主席，主席要有主席的样子。再说，这是我的手艺，剃不好人家会说王惠不行，王惠也不光彩嘛……"

毛泽东晚年也曾有过不修边幅的时候，1972年年初，毛泽东生病达一个多月，头发很长，胡子也好久未刮。尼克松抵达北京的当天中午，毛泽东提出要见尼克松，理发师赶紧给他理发、刮脸，还在头发上擦了油，梳理一番。

洗漱用品含人生哲学

毛泽东遗物中有不少毛巾，从用途上可以分为两种：洗脸用的大毛巾和擦嘴、擦手用的小方巾。

毛泽东喜欢淡雅素静，他只用白毛巾，其他颜色的都拒不使用，所以他的所有毛巾一律是清一的白色。

毛泽东的洗脸巾都晾在卫生间，为便于取用，工作人员为他牵上一根高度适中的铁丝。而在他的卧室、客厅等常活动的地方，保健医生建议用一个个小白碟子盛放着几块消过毒的小方毛巾，这是为饭前饭后擦手、脸，以预防疾病。毛泽东起初不以为然，医生一再解释和劝说，他只得听从，久之也就习惯。

毛泽东用过的小毛巾

毛泽东用毛巾也特别注意节约，他的毛巾总比别人的耐用，他从不在毛巾上打肥皂，一辈子都是清水洗脸，这样就避免了肥皂的腐蚀。毛巾用破后他也从不轻易丢掉，而是要工作人员保存下来，用于缝补毛巾被等。毛泽东的遗物中有一床毛巾被打了50多个补丁，都是用破毛巾补的。

节俭是毛泽东的习惯，这与他的农民出身不无关系。他终身过着朴素的生活。在延安时期，他只有一条毛巾，既洗脸又擦脚。李银桥曾对他说："主席，这样不卫生啊，还是再去领一条吧！"当时，毛泽东正率领中央机关几百号人与胡宗南部队在黄土高原上兜圈子，每天徒步行军几十里、几百里。他反问："银桥，我们每天这么行军打仗，你说是脸辛苦还是脚辛苦？"李银桥想了想说："那当然是脚比脸辛苦呗！""这就对了，既然脚比脸辛苦，为什么要把它们分开呢？分开就不平等了嘛！"毛泽东说。"那就让新毛巾擦脚，旧毛巾洗脸，这样脚就没得意见啦！"李银桥说。毛泽东笑了："你真聪明！以为这样就平等了么，脸会不高兴呢！我看还是让它们'有乐同享，有难同当'吧！"后来，李银桥又劝过，他仍然不肯接受，还语重心长地说："我们现在很艰苦，能够节约的就要节约。每个人都少用一条毛巾就可以节约一大笔开支，就能支援前线打一场大仗。"他仍然混用一条毛巾。

条件不好时，毛泽东拒绝享受，这是带头艰苦奋斗，一般人都能理解。但条件改善了时，毛泽东仍然拒绝享受，这便让他身边的工作人员感到难以理解了，他常常这样说："几十年都是这么过来的，我习惯了！"

毛泽东在韶山的时候，家里的洗漱用具有脚盆和桶子，还有木的洗脸盆和竹的勺子。脚盆是用来洗澡、洗被子和衣服的。被子泡在盆里，在塘边，一桶桶水倒入盆里，人整个站在被子上，用脚不停地踩，凉凉的水泡着脚，暖和的季节倒是舒服，在冬天或者初春，凉水刺骨，那就难受了。少年毛泽东时常帮母亲做这个活计。衣服当然是用搓衣板，斜放在脚盆内，来回地搓，这是母亲的事。母亲许多时候也会让泽东提着一桶或挑着两桶衣物来到潺潺的韶水边，母亲爱整洁，她喜欢流动的河水，母亲挥动着木的棒槌，总要在溪中把一家人的衣服浆洗，泽东陪伴着她，还有小弟泽覃也总跟着他，在落日的黄昏，月慢慢地升起，把韶峰一带青山的影子投在水面，耳边流动着歌谣：

月光光，

夜光光，

河里担水洗衣裳；

一姐洗二姐浆，

打发哥哥进学堂……

这是多么美好的少年时光！

韶山洗衣服清洁剂用得少，一般人家用不起"洋皂"，用的是土办法，即天然的草木灰。草木灰带碱性，清洁效果还不错，只是需要反复地漂洗。还有就是取自皂角树上的果实。皂角树在韶山有不少，也是韶山人家过去通常的洗涤剂来源。

毛泽东早年在韶山冲的生活，让他产生了珍惜自然和崇尚自然，主张过一种简单生活的个性。在革命的征程中，他对个人生活方面的这种个性不仅没有消失反而在强化，尤其在来

毛泽东用过的肥皂盒，它是浅棕色塑料制成的，一般放在卫生间的盥洗台上

到延安之后，国民党军对这个地方的封锁，使本来自然、社会条件就相当艰苦的边区更加清贫，毛泽东能过这种清贫生活。为了这个国家的未来，他发动了大生产运动，也带头节约。

延安时期，毛泽东的衣服一般由工作人员洗。他管着大事，一些时候却也关注小事，他规定不能总是用肥皂，说："有的衣服比较干净，有的比较脏，要区别对待。我们后方的同志要时时处处注意节约。一个人节约一块肥皂、一条毛巾也许微不足道，但一万个人、十万个人都来节约，就可以多造多少子弹枪炮支援前线啊！"

在他看来，物资紧缺的时期，小事也是大事！

解放后，生活条件明显改善，对于用肥皂这样的小事，毛泽东仍然没有放松，他说："我的衣服不必每个地方都擦肥皂，只要擦领子、袖口等比较脏的地方就行了。这样可以节省肥皂，衣服也耐穿。"

毛泽东一般都用清水洗脸洗脚，工作人员有时在卫生间放一块香皂，他却用得少，许多刚来的人不理解，他笑着说："清水不是很好的么，已经习惯了。"当然，他也并非完全拒绝肥皂，只是用也是用一般的肥皂，即他故乡所谓的"臭肥皂"。饭后，手上沾油污或办公后手上有墨汁时才抹点。每次练完书法，走进洗手间，擦上肥皂，擦干手，发现指头上还残留有墨迹，他试着用洗衣粉，发现效果比肥皂还好。此后，手上特别脏时，他也用洗衣粉。

毛泽东留下未用完的洗漱用品还有一样是牙粉。

他使用牙粉的习惯可能跟他少年时代在韶山老家的生活有关。韶山乡间，早就有用"牙粉"清洁口腔的做法。那种"牙粉"并非工业品，而是一种"土特产"，即用谷壳烧剩

毛泽东在韶山家中盛牙粉的竹筒

下的"白灰"，这种白灰，富含钾素，呈碱性，有极强的清洁功能。用它刷牙效果不错，其中的微量元素还可进入体内，也不需要拿钱去买。毛泽东的家和韶山冲别的许许多多家一样，都是用这种既经济又实惠的"牙粉"。至今，在韶山毛泽东故居厨房的墙壁上，仍悬挂着一个楠竹做的用于盛白灰的竹筒。

解放后，牙粉渐被牙膏取代，市面上极少有牙粉出售，毛泽东仍习惯用牙粉。李银桥劝他："主席，现在大家都不用牙粉了，您以后也用牙膏吧！"毛泽东说："我不反对你们用牙膏，用高级牙膏。生产出来就是为了用的嘛。

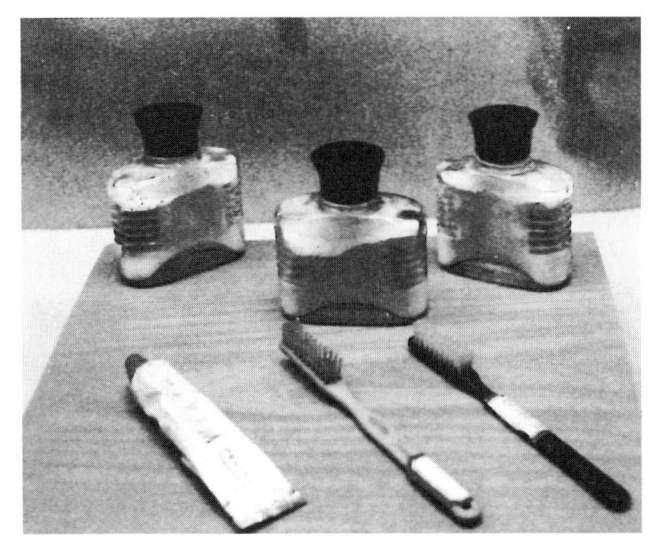

不消费还能发展吗？不过，牙粉也可以用嘛。我在延安用的就是牙粉，我已经习惯了啊！""如果没有工厂再做牙粉了，主席会不会改变习惯使用牙膏呢？"人们私下里嘀咕。毛泽东笑着说："牙粉还是会生产的，因为还有人用它嘛。今后如果每个人都用上牙膏了，我就不再用牙粉啦！"

毛泽东的牙具，瓶子里盛的是牙粉

毛泽东的话也的确有几分道理，直到他去世，牙粉也未完全从中国大地上绝迹，毛泽东自然也就一直没用上牙膏。

与牙膏相关的是牙刷。他在韶山时当然不会有牙刷，清洁牙齿的办法就是简单地用手指沾一些白灰涂在牙齿上来回地"刷"，手指即是"牙刷"。后来，毛泽东不再用这个方法，他也用上牙刷，只是一把牙刷他常要用多年。有一回，工作人员看到一把牙刷开始秃了，请求换新的，毛泽东说："我看还可以用呢，再说旧的比新的好用噢！"

CHAPTER 3
第三章
布衣领袖

毛泽东一生的穿着既保持着他在故乡时养成的习惯而又有所变化，始终不变的实质精神则是俭朴。不必看延安时期他穿着打了大补丁的衣服给八路军将士们作报告，只要拿他住过时间最久的两个地方：韶山冲上屋场和北京中南海作一比较，便能知道，从1910年到1976年，横跨半个多世纪，毛泽东由一个山村少年成长为国家领袖，但66年来的节俭习惯一点未变。

上屋场他的卧室，架子床、板柜、家织粗布蚊帐、印花被、蓝被单、书桌、墙壁上的桐油灯。中南海他的卧室，木板床以及枕头上打着的补丁；两件用毛巾布做成的睡衣，缝补的次数难以计算，一件有67个补丁，一件有59个补丁，一直穿到去世；一双底磨穿底的拖鞋，一根用作拐杖的竹棍……

世界上诸多伟人中，毛泽东毫无疑问是最为节俭的了，虽然以他地位之尊，以他稿费之丰，足可以气派得多，却时常穿着那几件旧衣服，只在外头套上数量有限的中山装——这种服装，一度曾被人称为"毛式服装"。其实，毛泽东伟岸的身躯并不需要许多华贵的服饰去装点。

毛泽东穿着特点分析表

种类	颜色	款式	质地	特殊喜好
外衣	灰色居多，开国大典时穿黄色将校呢礼服，访问苏联时短时间穿过黑色中山装，"文化大革命"时期穿过绿色军装(共有八套)	少年穿短装；青年着长袍，亦着工装（多竖领）；秋收起义后穿军装但多为便服(披领)；进入北京后正式场合多穿中山装	一生以棉质为主，无名贵材质	喜欢随意，有时不修边幅，延安时期打有补丁

(续)

种类	颜色	款式	质地	特殊喜好
衬衣	白色、黄色居多	常见尖领样式	乔其纱、白纺绸或的确良	居家不喜欢穿衬衣，只在正式场合和外出时穿，并常用假领假袖代替
外裤	灰色居多	多一般式样，也有少量带背带扣的	多棉质	少年时代依韶山当地习惯穿；战争年代有什么穿什么；进京后正式场合和外出一般与上衣同色，不喜欢黑色
衬裤	白色、淡黄色	一般式样	多棉质	不讲究
内衣	白色、淡黄色	特别宽松，无领圆口套头	全为棉质	轻、薄、软，喜旧厌新，常是补丁摞补丁，许多是加长、拼大、改制的
睡衣（现存20多件）	白色、黄色	带有口袋	毛巾布、木薯棉、薄棉绒	喜欢大、宽松，补丁最多，有一件打了73个补丁
大衣	灰色	访苏时穿过斗篷和皮毛大衣		极少穿
风衣	多灰色，也有蓝色	常见式样	棉	冬天穿得较多
棉衣	灰色、黑色	常见式样	棉、毛	喜欢宽大
棉裤				极少穿
羊毛衫	浅黄色、灰色	无领套头	羊毛	大而宽松

(续)

种类	颜色	款式	质地	特殊喜好
帽子	黑色、灰色	红军时期戴过八角军帽、毡帽；重庆谈判时戴盔式帽；新中国成立后戴便帽；访苏时戴黑色宽边礼帽；"文化大革命"中戴过绿军帽		较少戴帽子
围巾	灰色			较少用
长袜	棕色居多	韶山过去常穿的式样，长及膝盖，有的上了底	棉纱	无论春夏秋冬都喜欢穿，冬天穿厚的，夏天穿单纱的，多打有补丁；不喜欢尼龙袜
皮鞋	多棕色	一般为三节头式、夏天有网眼、冬天有高帮圆头	牛皮	不喜欢黑色，非正式场合不大穿
布鞋	全为黑色	家常式样	棉、布	特别喜欢黑色，在一些正式场合（如会见英国前首相希思、美国总统尼克松时）也穿
拖鞋	棕色（游泳时穿草编的）	常见式样	牛皮、草	恋旧，补了又补
凉鞋	棕色	常见式样		不常穿
手套	白色	常见式样	棉	很少戴，翻阅珍贵古书时用
假领	白色	衬衣领子部分	棉	会见客人或开会前穿上
假袖	白色	衬衣袖子部分	棉	会见客人或外出开会时穿

一、早年的穿着

毛泽东出生和度过他的童年、少年的时候，他的家乡还处在典型的小农经济时代，虽然也出现了像他父亲这样亦农亦商的人，数量还相当少，就算他的父亲，也保存着千百年来的生活方式，即节俭、勤劳，衣、食则常常是取之于本乡本土。

衣着方面，韶山民众既有古苗人的一些遗俗又有江西老表的一些特征，也综合了中原地区的习惯。一般人家多着家织大布（原色是白色，用植物染料染成黑色、蓝色，没有其他花色），夏季则为麻葛（鲜布）。女性着大襟布扣上衣，衣襟在右下，男穿大襟、对襟两种。男女都穿宽裆、宽腰扎头裤。富家妇人系长裙，男人着长衫、绸袍、棉袍，外套马褂。韶山冲人还常在头上缠一块布，叫罗汗巾，冬天可当帽子御寒，夏天可做毛巾擦汗，可能是苗人的遗俗。鞋子多为草鞋、布鞋，男人夏天赤足。留长辫，小孩有的理光头。

毛泽东在家乡的时候不可能脱离这些风俗。他早年穿的都是自家的土布。

土布有两种，一种是棉布，用棉花车纺成线，再用手工的机械织成布。韶山当地较少产棉花，棉花多从湖区由生意人贩来。最有地方特色的是麻布。苎麻是多年生、宿根性草本植物，是重要的纺织纤维作物，也称白叶苎麻。其单纤维长、强度大，吸湿和散湿快，热传导性能好，脱胶后洁白有丝光，可以纯纺，也可和棉、丝、毛、化纤等混纺。

这种麻生命力特强，如果在水分充足的地方，它可以连片地蔓生（毛家的屋后就是这样），并不要人打理，年年茂盛。当然，如果要形成经济价值，还得种植。毛泽东家早年常用这种野生植物的皮制作麻布和麻绳，用途非常广泛，且成本低廉，上屋场的床上用品几乎都是这种植物的皮加工后织成的。

葛麻也是一种多年生草本植物，根肥大，含淀粉，可以食用。可以做药材，纤维可以织葛布。韶山野生的葛茅藤也特别多，其纤维也可用，只

韶山毛泽东家里的衣物柜（手绘图），通常放蚊帐、被子和日常的衣物

是当地用它制麻的极少，在粮食不足之时，挖掘它的块根充饥倒是蛮多。

用苎麻做成的布叫夏布。制作的步骤是，先从老的麻秆上把皮剥下来，在水中浸泡过，再把这层皮的表层去掉，剩下中间一层柔韧性极好的晾干，再把一片片的粗麻分成一丝丝的细麻。下一步就是要技术的"寂麻"，即把一丝丝的麻不着痕迹地接起来，一圈圈放入麻桶，再一丝不乱地绕成麻线砣，交给织布匠，织成一匹匹麻布。布织成后需要漂白，用的是石灰水，放在铁锅里煮，毛泽东家横堂屋里那口锅就是做这个用的。煮过之后拉开，浮在池塘里漂洗再晒干，这样，家制的大布（麻布）就成了，可以做蚊帐，做衣服；还可以染成蓝色染出花样。毛泽东家的蚊帐和被面、床单都是用大布做的。

麻一年可以采三次，头一次的最好，二道麻就差一些，第三道最粗，只能用来做麻绳。

麻布相对比较硬，而棉布就柔软得多，毛泽东父亲、兄弟穿的衣服通常是母亲文氏用棉花车纺线织成的棉布做的。

有诗描绘韶山世外桃源般的生活，其中提到当地民众的穿着：

> 天膏地醴自油油，不食五湖人间橘。
> 远谢江海独自闲，别锁水陆桃源室。
> 三山半水二分田，一乡耕六渔樵七。

蒲丰五月葛衣新，白饭鳞鳞香必必。

青黄你接我利收，载米征鱼无刀笔。

1918年3月，乍暖还寒的时节，毛泽东（四排右二）即将在一师毕业，他与同班同学合影留念；标准的学生装，仍然是竖领、青灰色

传统的纺织品除棉、麻质地，还有蚕丝织物。韶山也有桑树，却基本上没有养蚕的行当。可能是因为这儿的水土并不适宜大规模养蚕，也因为丝织工艺太复杂；苎麻种植方便，一般农家也穿不起丝绸衣服。

毛泽东在韶山常常穿的就是家织的大布衣服，包括棉布和夏布（麻布），可惜我们现在已无法直观地看到那时毛泽东穿着的样子。

1910年秋，毛泽东离开家乡去湘乡县东山高等小学堂读书，他的穿着开始发生变化，毕竟学堂里与乡间还是有颇大不同的，只是他决不会刻意地去追求穿好衣服，他的心思不会放在外表上面。

他个子高，喜穿短装，冬天冻得两手绯红，也不着棉袍，在他的影响下，穿长衫上体操课的怪现象就绝迹了[1]。他后来对人说："我的穿着比别人都寒酸。我只有一套像样的短衫裤……我平常总是穿一身破旧的衫裤，许多

---

[1] 据《毛主席在东山学校学习情况综合材料》，存韶山毛泽东同志纪念馆。

阔学生因此看不起我。"

毛泽东也不是没有一件像样的衣服。家里曾给他做一件长袍子，他却喜欢穿粗布短衣，他先是把那件长袍放在席子底下，后来，有个老师借去穿，他就把它送给了老师。他还带了两床被，看到一个校役的被子烂得不像样子，把一床送给他，自己则与别人共睡一个床[①]。

毛泽东在东山高等小学堂保持着韶山冲人的节俭。当时请人洗衣服只要花20个铜板，他总是自己洗。但他并不吝啬，他的纸、笔、墨、砚乃至衣物，不分你我，大家都可以用。

毛泽东穿长装（冬天为长袍，夏天为长衫）应当是从湖南一师毕业开始。这是当时学人的通常打扮。

毛泽东在《讲堂录》中说"咬得菜根，百事可做"，"安贫者能成事"。他在长沙读书总共仅用160块钱，其中三分之一用于订报，余钱也多花在买书上。他从不坐人力车，从未进过戏院，唯一的享受是到火宫殿吃过臭豆腐。他的衣服是校方发的一套青色呢制服，一直穿到毕业，已破烂不堪；另有一件灰布长衫，四季常穿，冬穿用"加法"，夏穿用"减法"，即在里面增减衣服。1919年4月，毛泽东和两位弟弟陪母亲在长沙合影留念。照片上，毛泽东穿的就是这件灰色长衫。

这时，毛泽东三兄弟的年龄分别是26岁、23岁和14岁，长、幼两人离家在外，唯泽民在家。同年的农历九月二十一日，毛泽东接父亲到长沙看病、散心，也留下一张合影，仍然

1919年11月13日，毛泽东与父亲的合影照上穿的是竖领灰白长衫

①　舒融涛，湘乡县山枣乡城江村人。在东山学校与毛泽东同学，新中国成立后与毛泽东有书信往来，毛泽东曾寄钱给他。1961年病逝。这是他的回忆。

穿着那件灰白长衫，只是他手臂上戴着黑纱，显然还在为八月间去世的母亲守孝；父亲和堂伯父的打扮则是纯粹的乡间绅士。此次大弟弟毛泽民没有同来，小弟弟泽覃在长沙上学，他换上了标准的学生装。

1919年12月18日，毛泽东第二次到北京。此次他是带着一个团队来向当局请愿的，目的在驱逐湖南督军张敬尧。1920年1月8日，毛泽东与进步团体辅社成员在陶然亭合影，毛泽东的打扮有些像他父亲，短上装，袍式长下装，连颜色都一样，上青下灰，当然，他不会戴绅士帽。这时的毛泽东应当是一生中最注重穿着的时候，毕竟他已经有了工作（在一师附小当校长），也就有了收入，何况他与他的团队来到的是一个文化厚重的地方，他得与各界人士打交道，所以在穿着方面也就要得体一些。

毛泽东（左四）第一次到北京留影

毛泽东早年的穿着，经历了这样几个阶段的变化：少年时代在韶山是完全的农家子弟打扮，衣服是家制的土布（韶山俗称大布）短装；到湘乡东山学校读书的时候，他仍然喜欢穿短装；到长沙之后，他曾经当兵半年，在部队当然是统一地着军装；退伍之后，进一师之前，他的穿着没有定式，基本上是从韶山带来的几件旧衣服；进入湖南四师（后并入一师），着统一的学生装，为短装，深蓝色，分夏服、冬服两种；从一师毕业开始，他着长衫，到一师附小任职后，服装并入当时知识界和教育界的主流式样即通常是短上衣加长袍（中式），留西式头，也有许多时候是着长衫。

从服装和打扮上也可以看到毛泽东在经历由传统到现代的巨变，这种巨变的发生正是以1919年的五四运动为分水岭。

二、青年到中年的穿着

1921年6月29日傍晚6点，毛泽东与何叔衡启程前往上海参加中国共产党第一次全国代表大会。这一时期唯一对毛泽东的穿着作过描绘的是张国焘，张国焘回忆说：毛泽东"脱不了湖南的土气，是一位较活跃的白面书生，穿着一件布长衫"。

张国焘长期在北京等大城市生活，而且他们也较多地接受西方文化，常常穿西装。毛泽东却仍然是中式的长衫，不免要让张国焘看不起，即使表面不说，心里却这样想。他们不会想到，正是这个湖南"土包子"后来成为党的领导人，把中国整个儿翻了个个，让所有的"土包子"成为国家的主人。

竖领，白衬衣，长衫，这是毛泽东在参加中共一大前后的衣着，显得颇为精神

毛泽东在1920年冬天当了新郎官，他当新郎时打扮又是怎样的？

9月间的秋高气爽之日，湖南一师附小内，毛泽东请校工邹湘亭搬来几张桌子和凳子，在其大弟泽民（时任庶务）在天鹅塘租的房子内，花六块钱摆了一桌酒菜。毛新梅、毛泽民、王淑兰、毛泽覃、赵先桂、文东仙、毛福轩、毛远智是全部的客人。学校的同事早打算要来"闹场伙"，但没让他们晓得。

毛泽东穿着灰布长衫，笑吟吟站起，说："今天我和杨开慧结婚，自己家里的人都接了，外婆家有文东仙代表，毛家有毛福轩，其余都是自己的兄弟。"毛泽东和留短发的杨开慧互相鞠了一躬，"婚礼"便告结束。大家吃着

苳瓜炒牛肉，品着米酒，祝福这一对新人①。

毛泽东没有时间去度"蜜月"，他倾全力于社会革命。秋凉的日子，在长沙城外协操坪旁边的公共坟墓场里，有几个人在散步。他们一时沉默地站在坟堆子和墓碑中间，一时在坟墓中间的小路上走动，彼此热烈地谈论着。大家的眼里，毛泽东高高的身材，背略有点弓，仍然是着那件长衫，他的旁边，走着宽肩膀、矮矮身材、一口黑胡子的何叔衡，还有彭平之、陈子博、易礼容，这五个人正在讨论组织湖南共产党支部的问题。

1921年10月1日，湖南共产党支部成立。毛泽东任支部书记，支部办公地点设在清水塘。清水塘在长沙城小吴门外，是一栋青砖平房。这个地方住的多为菜农，非常僻静，满眼碧绿的菜地间有两口水塘，上塘水浊，下塘水清，故名。毛泽东与杨开慧倚下塘而居，门牌是22号。

在湖南建立起共产党组织之后，毛泽东的工作重点转到发动工人运动上来，他开始着工人式的短装。

10月，他由湖南劳工会领袖之一张理全陪同第一次来到安源煤矿，住了一个星期，了解工人生产、生活情形。着长衫的打扮，直到此时才有所改变，但我们看到的一张由刘春华创作的《毛主席去安源》的油画，毛泽东的打扮仍然是着长衫。不过，他到了矿上之后，则改穿短装，以后几年他组织领导工人运动，许多时候都是短装打扮。

1922年10月的长沙泥木工人大罢工，毛泽东指挥队伍前行。他着的是对襟衫，含一只口哨，如赛龙舟般，不断挥手，吹一声，工人喊一句，连吹连喊，甚为壮观。在此前后，毛泽东还领导了长沙理发、缝纫、织造、笔业、人力车、鞋业、洗衣各业工人罢工，他都是做工人打扮，代表工人讲话。此时，毛泽东抽空给舅父母写一信报平安："身体尚好，唯学问无进"，"生活奇窘，不足为戚友道也"。

1924年1月中旬，他与国民党部分代表同船，又一次经历从东海到南海的长途旅行。他是去广州参与筹备中国国民党第一次全国代表大会的。

---

① 韶山毛泽东同志纪念馆藏《毛主席青少年时代的故事》《毛主席的青少年时代》。毛泽东的表弟文东仙回忆，1973年2月、1978年4月采访记录。

1924年5月5日，毛泽东（后排左二）参加国民党上海执行部举行的庆祝孙中山就任非常大总统三周年纪念活动的合影。从照片上看，大部分人都是着长袍马褂

毛泽东着长衫或长袍，从1918年从湖南一师毕业时算起，持续到大约1927年8月，时间将近十年，当然，我们现在能看到的毛泽东着长袍马褂的唯一一次留影是1920年1月8日在北京与进步团体辅社成员在陶然亭的合影，他大多数时间只是着长衫或长棉袍，而非绅士式的那种长袍。

长袍通常为立领，大襟右衽，平袖端，左右开裾，直身式，又俗称"大褂"，至民国时期作为礼服所用者概称为"袍"。礼服之袍统用蓝色面料，纹饰均为暗花纹，不做彩色织绣图案。

马褂，立领，对襟，平袖端，身长至腰，前襟缀扣襻五枚。马褂原为清代的"行装"之褂，后逐渐成为日常穿用的便服，至民国时期又升格为礼服。统用黑色面料，织暗花纹，不做彩色织绣图案。

当然，已经是新文化运动过去好几年，中国人的穿着也呈现着多元化的情形。除了长袍马褂之外，还有不少人开始着西装，还有人着风衣，毛泽东的打扮算不上"洋气"。这时他生活得依然"奇窘"，他没有经济条件讲究打扮，他也从来不会去过于讲究打扮。

此后许多年，毛泽东存世的照片极少，难得一见他的穿着，在1927年发动秋收暴动之前,他基本上都是长衫和短装交替着穿,在一些会议和比较正式的场合,他通常都是着长衫,包括1925年回乡开展农民运动和1927年考察湖南农民运动,其间多次参加国共两党的会议都是如此。这个时候他更多地与下层工农打成一片,他号召人们:

> 跑到你那熟悉的或不熟悉的乡村中间去,
> 夏天晒着酷热的太阳,
> 冬天冒着严寒的风雪,
> 挽着农民的手,
> 问他们痛苦些甚么,
> 问他们要些甚么。
> ……①

这时,他自己总要脱掉长衫,改穿短装。

毛泽东参加中共中央政治局于1927年8月7日在汉口召开的紧急会议时,有张留影,虽无法看到他全身装扮,但可看到他着深蓝色竖领装。会上,他说:"我要跟绿林交朋友,我定上山下湖,在山湖之中跟绿林交朋友。"

也是从这时开始,毛泽东的着装发生剧变:长装将换成短装,他还将穿上草鞋。八七会议后,他回到湖南,安顿好妻儿,随即赶往湘东地区,由弟弟毛泽民护送(一直护送到浏阳张家坊)从长沙上火车往株洲②。他此时身体不大好,有点清瘦。时值八月炎夏,他化装成司炉工,坐在火车头锅炉旁,挥汗如雨。由株洲到安源,秋收暴动的部队组成,他成为这支部队的总指挥。毛泽东做完部署,乔装打扮

1927年,毛泽东在武汉留影

---

① 参阅《毛泽东年谱》上,中央文献出版社2005年版,第168—169页。
② 罗章龙:《湖南省委领导秋收起义的回忆》,1985年1月采访记录,见《湘赣边界秋收起义》,湖南人民出版社1987年版。

成安源煤矿采购员，自称姓张，带潘心源、易子义、刘建中赶往铜鼓。这个时候，人们看到他此时的装扮是：上身穿白线裌子，下身着白细布长裤，足蹬草鞋，手头拿着一件短上衣[①]。

9月26日，大雨滂沱，毛泽东率部到达莲花县城，这时，他穿一件灰色汗褂，一条灰色裤，颈上围披一条又长又粗的罗布手巾，脚上穿一双草鞋，卷起裤脚，手里撑一把雨伞。

刚刚到达井冈山的一段时期，红军给养困难，毛泽东和战士们一样，吃穿都成问题。

毛泽东与他的队伍穿着都非常破烂，不像一支正规的军队。他穿着自己仅有的一件长袍。因长途行军，毛泽东的脚被草鞋带子磨烂，只能拄一根棍子行走。

这段时间，毛泽东时常着短装，散着纽扣，裤子肥大，显得落拓不羁，特别是那久未整理的长发，随风飘洒，与其说是一个军人，不如说更像一个造反的文人。这是他与朱德会师之时留给人们的印象。

1929年1月10日，他与朱德、陈毅率领红四军主力开始集结茨坪、小行洲，计有军部、特务营、独立营、二十八团、三十一团共3000多人。13日，司号员吹起了集合号，红四军在小行洲山坡上集合了。冬天的冷风，在这高山上嘶叫着，刮落了树上残留的叶子，一面褪色的红旗，镰刀、锤头的标志闪现着。

人们看到的毛泽东的装扮：粗布灰军装和草鞋。

1929年2月13日，红军进占宁都县城，在此筹得布300匹，草鞋、袜子7000多双，银元5500块。次日拂晓，红军战士都换了新鞋、新袜，第一次得到10多个银毫子的零用钱。

毛泽东和红军（起初称革命军）战士的穿着相当长一段时间是五花八门，直到部队打下更多的地方，特别是在福建获得了被服厂，服装基本上就统一起来。1929年3月12日的长汀之战，歼敌2000余人，缴枪500余支，并夺得一个拥有新式缝纫机的军服厂和两个兵工厂，这样，毛泽东和他的部队的着装才走向正规化，逐步统一起来。

---

① 参阅陈伯钧：《毛主席率领我们上井冈山》，《回忆毛主席》，人民文学出版社1977年版，第95页。

1931年11月苏区中央局一大期间毛泽东与中央局委员合影。毛泽东的着装是比较标准的四个口袋的"官服",只是他仍然不习惯戴帽子

　　毛泽东从中年开始,着装有了大的变化,领子由竖领改成披领,通常有口袋,以后,他再也没有穿过竖领的衣服。

　　毛泽东的这种穿衣式样,是战争年代中国共产党及其军队的标准服装,基本取法于中山装,但正规的中山装质地、做工都要精细得多。毛泽东的穿着制式在1929年前后稳定下来,一直延续到新中国成立之后,只是颜色脱不了灰色、蓝色,质地都是棉布。

　　在陕北保安,毛泽东的穿着随意,他散着纽扣,随意地戴着一顶帽子,美国记者斯诺虽然入乡随俗,比这位徒步二万五千里到达大西北的中共领导人还是要"正规"许多。在这里,斯诺给毛泽东拍下一张光彩照人的军装照。那是在1936年8月初的一个上午,天空瓦蓝,阳光普照,毛泽东工作一夜,吃过早饭,正在院里散步。黄华陪同斯诺和马海德来,两位洋人都穿着红军服装,毛泽东笑道:"要是蒋委员长看到你们这身服装,又要骂共产党把你们赤化了。""要说赤化么,确实把我们赤化了!"主客都哈哈大笑。谈笑一阵,斯诺拿出照相机。

　　其时红日由寨子山顶直升中天,金灿灿的光直射到毛泽东住的窑洞。毛泽东说:"斯诺先生,就在窑洞前拍吧!保安的石窑洞养育了我们,它对革命有功啊!"

斯诺先是给毛泽东拍了一张全身照，拧过胶卷，说："再照一张半身的。"又说："您的头发太长了，最好戴上帽子。"斯诺把自己的帽子取下递给毛泽东，给毛泽东拍下一张着蓝色军装、戴五星帽的经典照片[①]。

这是红军最标准的着装，毛泽东向来随意，极少有穿得如此整齐的时候，他着正规军装的照片也很少。当然，这张照片是经过加工的，原版并没有这么光鲜。

毛泽东在保安的一张经典照

三、从延安到北京的穿着

毛泽东的生活习性，既与少年时代父母的影响有关，也直接源于他在延安度过的十年艰苦生活。延安十年，物质是最匮乏的而精神达到最高境界，毛泽东与抗日军民共同创造的延安精神，至今仍在鼓励着中国民众自力更生、奋发图强。正是延安十年，毛泽东得出这样一个结论：即使在物质条件低下的情况下，不屈的精神可以创造人间奇迹！

延安早期的毛泽东，个子很高，背微驼，留着黑而浓密的长发，颧骨突出，两眼炯炯有神。这是来红色区域进行采访的第一位西方新闻记者埃德加·斯诺到达延安后对毛泽东的印象。斯诺还这样描绘：

毛泽东和他的夫人住在两间窑洞里，四壁简陋，空无所有，只挂了些地图。比这更差的他都经历了，但因为是一个湖南"富"农的儿子，他也经历过比这更好的。毛氏夫妇的主要奢侈品是一顶蚊帐。除此之外，毛泽东的生活与一般红军战士没有两样。做了十几年红军领袖，千百次地没收

[①] 参阅竞鸿、吴华编著：《毛泽东生平实录》，吉林人民出版社1998年版，第552—554页。

了地主、官僚和税吏的财产，他所有的财物却依然是一卷铺盖，几件随身衣物——包括两套布制服。他虽然除了主席以外还是红军的一个指挥员，他所配的领章，也不过是普通红军战士所配的两条红领章。

毛泽东在延安时期穿过的一件黄色羊毛衫留存至今，长60厘米，肩宽55厘米，胸围110厘米，袖长50厘米。没有领子，是圆口套头衫。领口左右两边都断线磨损了，后领缝有"惠罗公司，标准货品"的长形布条和"44"小布条。前胸有16厘米的开缝，并钉了一黄一灰的胶扣，另一颗扣子脱落了；右袖肘部还补有一块浅灰色棉纱布，前后有6处用棉线手工缝补痕迹。整件衣服上有大大小小10多个破洞。1949年，毛泽东参加开国大典时还是穿的这件羊毛衫。

图为1937年1月10日毛泽东与朱德、周恩来、秦邦宪合影。照片上，毛泽东仍然有些瘦削，但显得开心而自信。毛泽东的着装与秦邦宪的式样、颜色完全一样，只是散着纽扣，也没有像朱德那样系着皮带。外衣里面，是一件开胸羊毛衫和白衬衣

毛泽东从延安穿到北京的羊毛衫

中年的毛泽东可用"农民加知识分子"来描绘，他时常穿着皱巴巴的上

衣，领子破损，右边上衣口袋扣子也掉落或者没有扣上；上嘴唇和下巴则有短短的胡须；他的头发还是像年轻时一样往两边分，只是不再留长发，这个发式也基本定型。

中年得女，毛泽东是那么的开心。他抱着可爱的女儿，繁忙的工作和写作之余，这是极好的休息和放松。

毛泽东的穿着从延安起定型，即不再穿竖领，外衣通常都是中山装，有四个口袋。1943年春，他题写"自己动手"，天气显然还有些冷，他穿着厚厚的棉袄，衣服的式样没有变化。

1945年8月28日，毛泽东穿一身蓝灰色布中山装，头戴深灰色的巴拿马盔式太阳帽出现在延安机场。他曾经在1932年4月打下漳州进城之时戴过这种帽子。这种帽子是从海外热带地区传进来的，越南就盛行这种帽子，后来甚至被该国军人作为军帽。孙中山也有戴这种帽子的形象。

毛泽东的这顶帽子本是一位爱国华侨、青年司机林琼秀从南洋带来的，后转赠郭正，郭与周恩来的警卫龙飞虎熟悉，又以此送龙飞虎，龙飞虎再转送给周恩来。毛泽东临去重庆时，穿上叶剑英特地给他买的皮鞋和在北京定做的一套蓝灰色中山装。江青则从苏联医生阿拉夫那里借来一顶礼帽。毛泽东穿戴完毕，接受周恩来"检查"，周恩来说礼帽太小，便摘下自己的盔式帽给毛泽东戴上，正好合适[1]。

毛泽东不大喜欢戴帽子，戴这种帽子可能纯粹是为

毛泽东与蒋介石相对敬酒，看看他们的衣着，一个是军装笔挺，口袋上方还有标志着至尊地位的标徽，口袋里则插着钢笔；毛泽东的穿着则要简单得多，是普通的中山装

---

[1] 据上海《党史信息报》2004年3月10日第4版。

了遮阳。他身上的衣服也是难得的笔挺。

毛泽东平时的穿着可没有这样"精致"。他身上的棉衣穿了整整四个冬天，还是"南泥湾"牌的，那是在大生产运动中由根据地军民自己生产的。这套棉衣本色是灰的，经过多次拆洗，原来的颜色早就看不出来，衣服也破了。1947年冬天，警卫排排长从供给处领了一套新的，毛泽东却不同意换，说："洗洗、补补还可以穿嘛！"排长只得将新棉衣退了，在旧棉衣上打了两个补丁，毛泽东仍高兴地穿着。1948年初冬，天气特别寒冷，毛泽东的旧棉衣被拿出来，只见胳膊肘上的补丁又磨破了。排长领来一件新棉衣，毛泽东又说："能穿就不要换。"结果，毛泽东还是把旧棉衣穿在身上。

为劝毛泽东换新棉衣，警卫排长专门开了"诸葛亮会"。新来的战士小张自告奋勇："这事儿我包了，俺保证完成任务！"排长说："主席惦记全国人民的冷和暖，唯独不想自己。棉衣两年前就该换了，可是主席到现在还不肯换。这是一项艰巨的任务啊！"

1943年10月毛泽东视察南泥湾，穿着常见的四个口袋的延安本地产的"干部服"，下面口袋和右上口袋鼓鼓的；头上戴的则是一顶黑色的比较厚的八角帽

午饭后，小张抱了新棉衣来到毛泽东的房间，说："主席，天气冷了，您换上吧！"毛泽东看了看小张，又看了看他抱着的新棉衣，若有所思，爽朗地笑道："好吧，我收下，你的任务完成了！"

次日，小张来拿旧棉衣，却看见毛泽东仍穿在身上。毛泽东正在对生活科长说："你把这套棉衣带走，和机关节约下来的其他物资一起，送给我们前线的战士们。"

毛泽东有一条白底蓝条的衬裤。这条衬裤在西柏坡时就至少穿了四五年了，单面绒磨光，变成平纹布，膝盖、裤脚都打补丁，有的粗针大线，有

的细针密缝，显然经过几个人的手补。勤务员小韩拿这条衬裤缝起来，用力稍大，线把衬裤带了个窟窿，看来真不能再穿。"对！今天刚好发军装，趁这个机会给主席换一条！"小韩想。小韩把这个意思说给另一位工作人员老王，老王拿过去一看，说："还不能换！"小韩急了："怎么？前方打胜仗，后方发展生产，经济条件一天比一天好，咱们工作人员还穿新军装呢，让毛主席穿这样的衣服？"

老王说："小韩呀！你是新同志，还不了解情况。为换这条衬裤我跟主席说过多少遍了，他总是说，不要紧，还能穿嘛！主席还说，没有他的允许，谁也不要随便给他添东西。"老王拿起一把旧笤帚，说："你看它，都散了，主席还让把两把并一把，捆捆再用。"

小韩去找毛泽东，毛泽东拉过一把椅子，让她坐在对面。小韩拿着那条衬裤说："主席，我给您提一个意见。您看看，这条裤早就该换，大家都有意见了！"毛泽东哈哈大笑，说："噢，这个意见呀！好，我看看还能穿不。"毛泽东接过衬裤看了看，不无歉意，说："还是请你费心再补一次吧！能多穿一天就多穿一天，前方每天都在打仗，战士们比我更需要衣服，新衣服应该留给他们穿。"毛泽东微笑着又把衬裤递给了小韩。毛泽东吩咐："告诉老王，今年我的军装一件也不要换！"就这样，这条衬裤由小韩缝缝补补，到北京时，已和夹裤差不多了，进京后，毛泽东还穿了两年。后来，工作人员将其作为珍贵的纪念品保存了下来。

1949年11月，毛泽东从双清别墅搬到中南海菊香书屋。他身上的一条毛裤还是延安时期的，他从延安穿到西柏坡，又从西柏坡穿到北京。北京的冬天十分寒冷。毛泽东把卫士李家骥叫到跟前，让他取出毛裤来穿。李家骥将毛裤找出来一看：唉呀，补丁压补丁，实在不能再穿。但他不能自作主张换新的，就拿旧毛裤给毛泽东看，说："我到管理科去给你领一条新毛裤穿吧。"毛泽东摇着头说："毛裤是穿在里面，外边还要套裤子，这又不要什么好看，还是麻烦你想想办法给我修补修补，又可以穿上一冬天。"

李家骥说："主席，你看看你这条毛裤补了多少次了，还是请换一条新的吧，你是主席，再节省也不在乎你穿一条毛裤呀，我真是想不通。"

毛泽东耐心地说："不管是谁，该节省的就得节省，一分钱也不能浪费。我们是为人民服务的，都是人民的勤务员，当主席也不能比别人特殊……现在国家财政还很困难，灾区还有上千万的灾民在挨饿受冻，等着救济，他们连我这样的旧毛裤也没有呀！他们要有我这条毛裤，今年过冬就不愁了，还是请你给我修补修补，不要花钱买新的了。"

四、毛泽东衣物翻箱底

毛泽东在穿着上内外有别，相对新中国成立之后，战争年代，他是有什么穿什么，外衣也无法讲究，也不讲究，与一般的战士没有区别，甚至许多时候比战士还穿得简单、随意。成为国家领导人之后，他在许多场合，尤其是与国际友人和党外人士交往的时候，他的外衣就得注意些了，只是这种注意也是以大方、整洁、得体为度，他不会去讲究布料或式样。

进京时，毛泽东准备接见沈钧儒、李济深等民主人士。为了表示对客人的尊重，他让卫士李银桥找一件好一些的衣服。李银桥翻箱倒柜也没有寻到一件像样的衣服，李银桥着急，毛泽东安慰说："不必了，我想他们也不会太在意人的穿着。"就这样，毛泽东穿着带了补丁的衣服会见了沈钧儒等人。

当然，毛泽东毕竟是人民领袖，他的形象不仅代表个人，更代表着国家、民族和全党。因此，新中国成立伊始，中共中央办公厅决定为毛泽东等党和国家领导人制作一些衣服。毛泽东不便反对，高兴的则是他身边的工作人员，因为主席也终于可以穿上新衣服了。

毛泽东的衣服不少打着补丁，新中国成立前这样的衣服尤其多，外衣也是这样。新中国成立后，相对来说，外衣较少补丁，里衣补丁常见，甚至补丁叠补丁，江青打得整齐些，别的人打得就有些五花八门，蓝布头、黄布头、灰布头，有什么布就打什么补丁，有时找不到布头还拿用过的医药纱布做补丁。毛泽东说："我的标准，不露肉不透风就行。"

新中国成立前，韩桂馨为毛泽东补一件衬衣。一不小心，手指头在袖子上捅出个洞。她仔细打量，发现这件衬衣上面打了太多的补丁，她去向卫士组组长反映："主席的衬衣全糟了，补不住，换件新的吧！"卫士组组长说："不行啊，主席不同意，谁也不敢给他换新的。"小韩拿了衣服直接去找毛泽东。

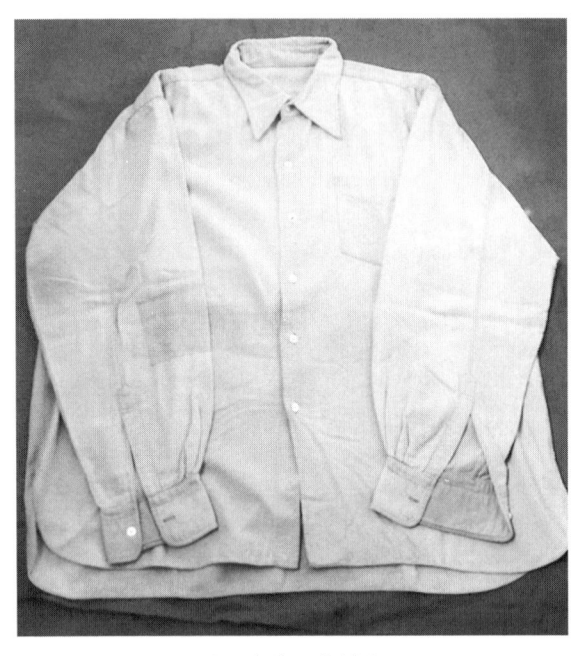

毛泽东的一件衬衣

毛泽东在写作,听过小韩的陈述,说:"小韩,麻烦你了。我们现在还困难,一切为了前方,节约一点。你就辛苦点吧,谢谢你了。"小韩只好一针一线补起来。她需要特别小心才行,否则越补,洞眼会越多。终于补好,小韩长舒一口气。

战争年代,毛泽东说:"我节约一件衣服,前方战士就能多一发子弹。"和平年代,他则说:"现在国家还穷,不能开浪费的头。"又说:"没条件讲究的时候不讲究,这一条好做到。经济发展了,有条件讲究仍在约束自己不讲究,这一条难做到。共产党人就是要做难做到的事。"

这的确难做到,毛泽东做到了。过去,因为与一般群众交往多,而较少礼仪上的来往,毛泽东甚至外衣上也打满补丁。他留下的不少照片,即是这种打补丁的形象。新中国成立后他对补丁略有"讲究",那就是让人尽量选用与衣服本色相同或相近的布,形状也尽量整齐规矩。他说:"找块好布,帮我配合适了。外衣要给外人看,太刺眼了对人不礼貌。"

外人看不到的内衣他就颇不讲究。卫士帮忙给他穿衬衣,一不小心,后背开了一尺长的口子。卫士说:"主席,衬衣张大嘴了!"毛泽东也笑:"缝缝以后再穿。"卫士又拿一件稍好一点的穿上。破衬衣被缝上一块白布,几天后,换衣服时,毛泽东称赞:"你的针线活还不错呢!"又叮嘱:"这衬衣可值钱了,没有我的同意谁也不能丢掉。"

不久,毛泽东要会见客人,卫士准备找一件新一些的衬衣,毛泽东却非要那件刚补过的不可,卫士暗暗叫苦。原来,毛泽东访苏归来,卫士清理毛泽东的衣服,看那件衬衣又破了,无修补价值,自作主张送给警卫班李凤华的孩子当尿布。经手的卫士只得说:"找不到了。"毛泽东坚持要他找,嘟囔着:"难道这中南海还有人偷我的衬衣?"卫士只得向卫士长汇报。卫士长出了个主意:"不吭声就行。"叶子龙来,问怎么回事。他得知详情,连说:"坏了,非挨批评不可。""那我们商量一下如何共同挨批评吧。"卫士长说:"不用,我先去说,缓和一下矛盾。"经手的卫士躲开了,毛泽东生气地说:"把他给我找回来!"

大家都慌了神。经手的卫士只得硬着头皮来见主席,毛泽东铁青着脸:"你是不是把我的那件衬衣丢掉了?我不是讲过没有我的同意谁也不能丢掉吗?"卫士想了半天做检讨的话,急中生智,说:"主席,我哪敢随便丢掉呢?我见李凤华的孩子没衣服穿,又见那件衬衣确实不能修补了,就想用它给孩子改一件小衣服不是挺好吗,这也不算浪费……"卫士把送给李凤华的孩子做尿布说成是改一件小衣服,算是扯了个善意的谎。毛泽东脸色舒展,"嗯"一声:"好,很好。"再说那李凤华,他哪里舍得把毛主席穿过的衬衣给孩子做尿布,他把这件衬衣珍藏起来做了留念。

毛泽东一生坦坦荡荡,他与人交往,从来是以诚相待,给我们留下一个"真人"的形象,哪怕是缺点,他也不掩饰。可是,他在日常生活上,却也有一种"使假"的情况,那就是穿假领、假袖。

笔者在清理毛泽东的遗物时[1],发现有不少假衣领、假衣袖口。原来,这是工作人员和服装师专为毛泽东接见外宾时设计的。毛泽东的衬衣,以长袖白衬衣为主,也有棕、蓝、咖啡色、米黄色的纺绸、府绸衬衣,不过后者穿得少。到临终前几年,毛泽东已不能外出视察,多半待在北京住处,在床上看书、工作,可谓"深居简出"。所以穿睡衣、趿拖鞋的时候多。因为这样省时、方便、舒适。

毛泽东会见党内同志是比较随便的,会见民主人士与外宾则非常注意仪容。他认为只有穿着整洁才礼貌,才表示尊重对方。他又嫌临时换衬衣麻烦,所以就用上这假领、假袖。他的时间安排得紧凑,客人到达前20分钟,他才整理自己:理发员给他理发,他专心看有关材料。外宾就

---

[1] 本书作者从1996年起到2003年,直接参加毛泽东遗物管理、保护和研究,后成为这项工作的负责人,亲手整理、保护、研究过移交韶山的毛泽东的每一件遗物,对这些物品进行了认真、细致的整理、分类、编目和抢救性保护,历时共达七年。

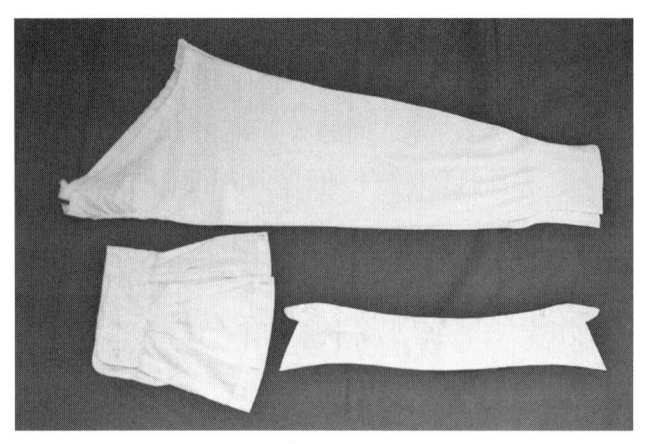

毛泽东的假领、假袖

要来了，他脱下睡衣，戴上白色假领、假袖，外罩灰色中山装，换上棕色皮鞋。顿时，刚才还显得随意的他，一下子又以挺拔、洒脱的领袖姿态出现。

所谓假领、假袖，实际上是"真领""真袖"，它们是一件完整衬衣的分解，只是把其余部分省略，仅留下领和袖。现保存并展出的一副假领，长48厘米、宽9厘米；另一副假袖，长25厘米、围38厘米，都是白府绸质地。

假领、假袖典型地反映着毛泽东晚年的生活特征，也是他在穿着上给人印象最深的地方之一。假领，大多数人都知道，笔者也曾用过。那是在冬天，内衣穿得多，在毛线衣上套个假领，看上去是穿衬衣的样子，穿西装时既可戴领带又可不挨冻，真是两全其美。毛泽东用假领也有类似的功能，只是不限于冬季。

假袖则恐怕很少有人知道了。毛泽东的假领、假袖有白棉布的，也有绒布的，还有浅黄色棉毛的。除上面所说的会客时用，有时也在冬季用于保持手臂温暖。另外，它也节省了布料，这无疑是符合毛泽东反对浪费的习惯，这大概也是他用假领、假袖的一个重要原因吧！

下面我们来看毛泽东的睡衣。新中国成立初，毛泽东需要"换装"，这不是毛泽东自己的意思而是工作人员的主意，毕竟在乡下和城里不一样。在大家看来，这也是由农村向城市的转变。衣服做出来了，工作人员担心又难过主席这一关。不过这一次，毛泽东见到新做的一堆衣服倒是没有表示什么，当看到几件又大又长的薄睡衣时，他高兴了。他选中一件米黄色木薯棉质地的，一件浅黄色薄棉绒质地的，说："这两件留下，其余的拿走！"从此，毛泽东在家办公、学习、会客时都穿着睡衣。工作人员知道毛泽东不喜欢大红大紫或质地考究的面料，于是又选用浅色棉织品多做了几件。

这算得毛泽东的一次"奢侈",他过去可是从来不曾穿过睡衣!而睡衣恰恰符合他的个性:宽松、随意,正是他在穿着上的要求。

毛泽东生性节俭,衣服非到无法再穿时不许更换,解放初期添置的几件衣服,他一穿就是几十年。1952年至1963年,整整十年,工作人员未敢为毛泽东添置一件新衣。

1962年,毛泽东换下的那件米黄色木薯棉睡衣被送到洗衣店,睡衣被洗破一大块,工作人员非常紧张。毛泽东却说:"不就是洗破了么?补一补还可以穿。"此后工作人员再也不敢送到洗衣店去,而由自己手洗。只是,这件睡衣太旧,稍一用力就破,大家把睡衣放到泡满洗衣粉的水盆里,提起,用清水漂一下交差。大家盼望毛泽东下令更换睡衣,却一直不见声响。毛泽东说:"我们的国家还很穷,发的布票很少,我不能开浪费的头。这件衣服我感觉还很好,你们补一补就可以了。"

毛泽东发现一位工作人员也穿了一件补丁衣服,似乎抓到论据,说:"你们只要我穿新衣服,你不也穿补丁衣么?你能穿为什么我不能穿?难道因为我是主席?"

工作人员实在不敢也不愿再洗这件睡衣,时常找机会劝说主席换一件。劝多了,毛泽东会发脾气,再到后来,毛泽东连脾气也不发了,一句话也不说。

1971年,这件睡衣终于到了一穿到身上就破的地步,毛泽东再也没有理由不换。这年冬,这件陪伴毛泽东20多年的睡衣被收进仓库,

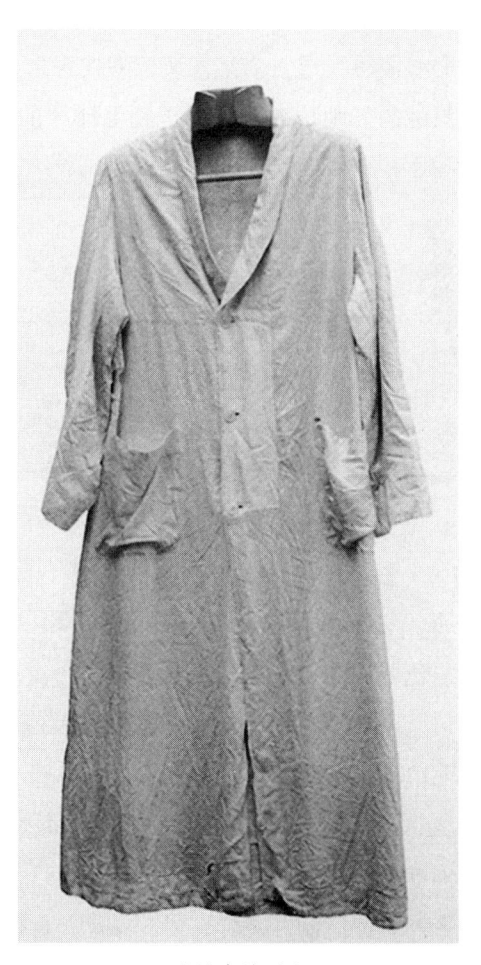

毛泽东的睡衣

毛泽东去世后，人们特意数了数它上面的补丁，竟达73个之多！

毛泽东的床上用品，简单，实用。他在故乡时，家庭生活已较一般农民为好，至少温饱不愁。他的卧室陈设齐全：板柜、长方桌、折衣凳……床铺是较为精致的架子床。床上用品有南方常见的大布蚊帐和蓝底印花被，床单也是蓝色的，是家制土布做成的；床单下是旧棉絮和干爽的稻草；夏天则有竹凉席，谈不上豪华，也还够用。

让人意想不到的是，毛泽东成为国家领导人之后，他的卧具反而更趋简单：在韶山时睡的那种架子床变成无架的大木板床，即取掉了上面挂蚊帐的架子，连蚊帐也不用，而床上用品也简单至极。

枕头是白布做的，里面充满荞麦皮。他喜欢躺靠在床栏上办公或看书，这时就拿这个枕头垫背，再把一床旧军毯盖在枕头上。宋庆龄晓得毛泽东这个习惯后，送一个又大又长的枕头来，花条布，没有套子，非常软和，像是鸭绒的。她特地派卫士送到毛泽东的住处，为了表示尊敬，毛泽东接受了。在床上摆一段时间后，毛泽东说："我享受不了，我还是习惯用荞麦皮做的。"这样，毛泽东让卫士把宋庆龄送的枕头收入储藏室，而仍用自己那只旧枕头。

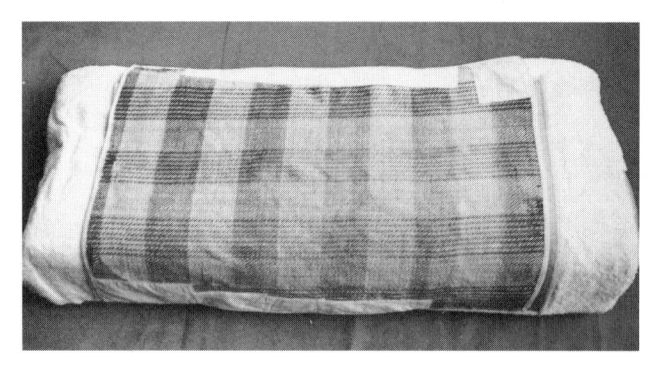

毛泽东晚年睡的草席枕头

毛泽东对鸭绒、驼绒被褥都不喜欢，更讨厌的确良布。他喜欢棉布做的，色调越淡越好，这是一种大众化的爱好。看他的卧室，尤其床铺，常以白色调为主，被褥则里外都是白布。这可能与他爱雪有关。

毛巾被是什么样？毛泽东夏天盖一条单被或一条毛巾被，冬天要盖三条毛巾被，不冷不热时则是两条毛巾被。有一条毛巾被打了54个补丁，毛泽东从20世纪50年代用到1972年。那是一条长方形，白、蓝、红、绿相间的棉纱织物，长有215厘米，宽有183厘米。是上海做的，一端印红色的"太平洋织造厂制"字样，另一端印"600""六尺美术床巾"红色字样，还画一个红色圆形图案。上面有大大小小十多处磨损。

毛泽东怕热不怕冷，这与他长期生活在南方亚热带山区有关，也与他体形较胖有关。在故乡时，在燥热的夏天，纳凉的方法是在床上铺凉席，在枕头上也放竹编的枕席。毛泽东以后一直偏爱竹、草编织物。他的遗物中即有竹、草枕席各1件。其中竹枕席系著名的竹乡益阳所产，是通过湖南省委接待处定做的。枕席编织得相当精细，每片竹篾宽仅1毫米，整个席子长68厘米，宽40厘米。四边用白布包边，两头各有一个套枕芯的白布条。引起人们注意的是，正、反两面各打有两块白布补丁。

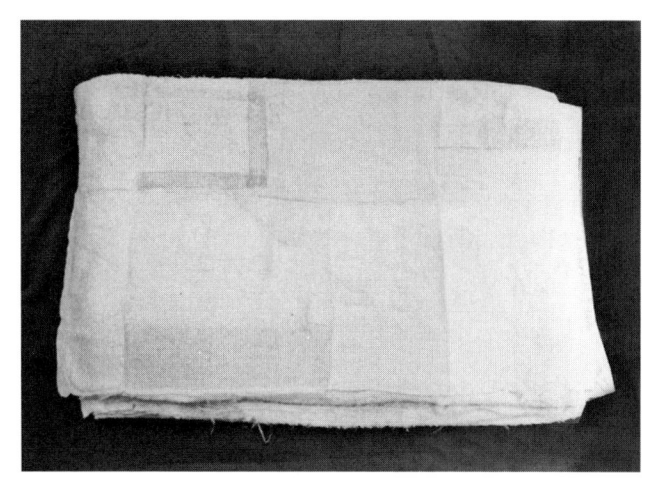

有54个补丁的毛巾被

毛泽东留下来的另一块枕席是草编的，产自浙江宁波。长有67厘米，宽有48厘米，系用黄绿两色草料编成，四周也用白布包边。在它的反面有3个白色补丁。

对于一般人来说，毛毯的功能也许只限于御寒保暖，毛泽东却不局限于此。他早年就不喜欢盖厚重的棉被。在延安时，即使是寒冷刺骨的冬天，也只盖一床薄棉被。有时实在太冷，便在棉被上加盖军毯或军大衣。他认为健康的身体是革命的本钱，必须时时刻刻经受风霜雨雪的考验。在青年学生时期，他就十分注意锻炼身体，常年坚持冷水浴、风浴、雨浴，还为《新青年》杂志写过一篇《体育之研究》的论文，大力提倡体育运动。他的身体一直不错，也使他能够经历许许多多的艰难困苦，而保持良好状态。也正因为如此，他的御寒能力才特别强。

到晚年，他开始怕冷怕热，只是依然不改过去的生活习惯。工作人员在他的卧室里准备了一床保暖性能良好的棉被，他拒绝使用。他认为棉被盖在身上太沉，睡不安稳。春夏温暖季节，他只盖一床毛巾被过夜，而秋冬寒冷时分他也仅加一床毛毯。此时，毛泽东已是高龄老人，不能不防备他着凉生病，这样，人们在丰泽园安装了取暖设备，每到冬季便时刻保证毛泽东卧室、办公室、客厅等房间的供暖，毛泽东常常活动的房间里还安装温度计。这种温度计很大，就钉在墙壁上，工作人员定时查看，保证室温在22摄氏度左右。毛泽东比较适应这个温度。

这样，战争年代用过的那床旧军毯，一般不再用来保暖，而主要用来当靠背，军毯就搭在床一端的木架上，毛泽东每天背靠着军毯工作、读书。

毛泽东有一根牛皮腰带，从长征到延安，再到转战陕北、指挥三大战役，这根皮带一直使用到解放后。

工作人员见皮带太旧，买了根新的，毛泽东却还是喜欢那根旧的，后来皮扣断了，毛泽东说："带子还蛮好的，换个扣子还可以用呢！"

从延安时起就系的一根皮带

毛泽东到杭州，这根刚刚换的皮带扣突然又断，卫士慌忙来到一家皮革店："请赶快修好，要得急！"修皮带的师傅是一位老人，他翻来覆去，左看右看，说："我这一辈子也不知道给人修过多少根皮带了，从来没遇见过有人拿这样一根破皮带来修。我看你还是买根新的算了。"卫士不便说出皮带的主人是谁，只是恳求师傅帮忙。师傅还是那句话："没办法修哇，修好了又会断，还是买根新的吧！"卫士只得买一根新的带回去。毛泽东见了不高兴，问："为什么买新的？我那根皮带呢？"过后，工作人员只得又联系一家皮革店，终于修好。毛泽东高兴地说："这不是很好么！"

毛泽东还留下好几双黑布鞋，都是厚实的碎布底，椭圆的鞋帮，式样"老土"，毛泽东却格外喜欢。

战争年代，毛泽东一双布鞋往往一穿多年。他是农民出身，他不但不避讳这个身份，反而以此为荣。

1937年，工作人员想给他做双新鞋，他不同意。他这时正在写《论持久战》，延安的冬天格外地冷，一盆木炭火陪伴着他的写作，夜深，门外的警卫员忽然闻到一股浓浓的烧焦味，慌忙奔进去，只见毛泽东正光着一只脚，拍打着一只冒烟的布鞋。真是有惊无险！卫士说："我去请人做一双新的给您。"毛泽东说："不就烧了一个洞么，补一下就可以了。"又说："延安的老百姓很苦，我们不能增加老乡的负担。"几天后，鞋补好，毛泽东穿上，高兴地说："补得好，哪个看得出来！"

延安时期，毛泽东得到一双新皮鞋，他穿了没几天就不肯穿了，说："穿皮鞋不自由，我还是穿布鞋好！"儿子岸英从苏联回来，毛泽东见他脚蹬一双黑皮靴，就把自己的新皮鞋给了儿子，说："你穿松一些再还给我。"

进了北京，工作人员根据毛泽东的喜好订制了几双黑布鞋。"内联昇"鞋店的鞋质量特别好，毛泽东穿上非常满意。从此，他的鞋大多由"内联昇"做。另外，京郊有一位老大娘也很会做布鞋，工作人员特别去定做了几双。1972年2月，毛泽东的脚浮肿，所有的布鞋都穿不进。美国总统尼克松即将访华，工作人员急忙找"内联昇"联系，用最快的速度做了一双特大号的布鞋。

毛泽东当然不是所有场合都穿布鞋，他也有穿皮鞋的时候，只是，他穿皮鞋也有自己的特点。他不喜欢穿新鞋，说新鞋夹脚，不舒适。工作人员在他穿新鞋前，总要想办法把鞋子弄得宽松柔软一些。一个最简单、最常用的办法，就是新鞋让卫士或者身边工作人员先穿，然后再由毛泽东穿，毛泽东决不会嫌旧。

毛泽东偏爱黑布鞋，但他一辈子都不穿黑皮鞋。1956年，他准备在中南海勤政殿会见印度尼西亚总统苏加诺。会见前他去勤政殿检查布置情况，陪同的是公安部部长罗瑞卿。毛泽东一边看一边与忙碌的工作人员打着招

毛泽东留下的一双布鞋

呼。他突然在一台收音机前停了下来，仔细地打量着，问："这是哪里生产的？""德国。"有人回答。毛泽东皱起了眉头，说："中国也可以生产收音机嘛，为什么摆外国的？"

罗瑞卿发现毛泽东穿着一双棕色旧皮鞋，说："主席，您还是换一双黑皮鞋吧！"毛泽东转过身来，盯住罗瑞卿的黑皮鞋，问："为什么要穿黑色的？"罗说："按国外惯例……""为什么要按外国的？"他打断罗瑞卿的话，跺了跺自己的棕色皮鞋，"我们中国人要按中国人的习惯穿！"此后再没人敢在毛泽东面前提皮鞋的颜色，毛泽东也我行我素，经常穿着棕色皮鞋会见外宾。

毛泽东穿鞋只求宽松舒适，不求质地品牌。他欣赏周恩来的一双网眼皮鞋，认为网眼可以散热透气。他问："总理那双皮鞋是在哪里做的？"工作人员去打听，回报："是北京做的，师傅叫王凤德。"毛泽东点点头，不再作声。大家晓得毛泽东喜欢这种鞋，找到王凤德。王师傅精选国产鹿皮做网眼，托上内衬，然后用西德产"三马头"牛皮做鞋帮，花好几天时间，一针一线，做出一双雅致的网眼皮鞋！毛泽东试穿，果然满意。1963年夏，他穿上这双鞋，想起做鞋师傅，问："王凤德哪里去了？"

毛泽东居家喜欢穿布鞋、拖鞋，工作人员在北京买来一双牛皮拖鞋，他穿得特别多，穿久了，鞋面褪色，工作人员想换新的，毛泽东不允。20世纪60年代初，毛泽东视察杭州，下榻在中共浙江省委招待所。服务员见皮拖鞋太旧，用招待所的新拖鞋换下来，准备把毛泽东的那双留作纪念。毛泽东身边的工作人员赶快制止："不行！不经主席同意，不能换任何东西，不然要挨批评的。"

又一年，毛泽东视察到武汉。拖鞋鞋面突然断裂，工作人员送到鞋店，修鞋的师傅非常惊讶："这么破了还补什么？"怎么恳求他也不肯补。工作人员只好自己找一块擦汽车的麂皮补了一下。到长沙，毛泽东住蓉园九号。执勤战士在走廊里见到这双破拖鞋，不晓得是毛泽东的，当作垃圾随手扔掉。毛泽东外出回来，工作人员找半天也未找到，一问哨兵，才知原委，狠狠地批评了他。哨兵也颇感委屈，嘟囔着："哪个晓得一双这样的鞋也舍不得丢。"他赶快从垃圾堆里把破拖鞋捡回来。

1966年6月，毛泽东回到韶山，住滴水洞，又发生同样的情况——毛泽东的拖鞋实在太破旧了。

20世纪60年代末，这双拖鞋破得连工作人员也不愿意补，更不用说鞋匠。毛泽东还是不准丢，有时，他要得急，一时又找不到合适的皮革，便有什么就补什么，一双拖鞋变得五光十色。70年代初，不管再怎么努力，这双鞋也再没法补，毛泽东终于同意更换。

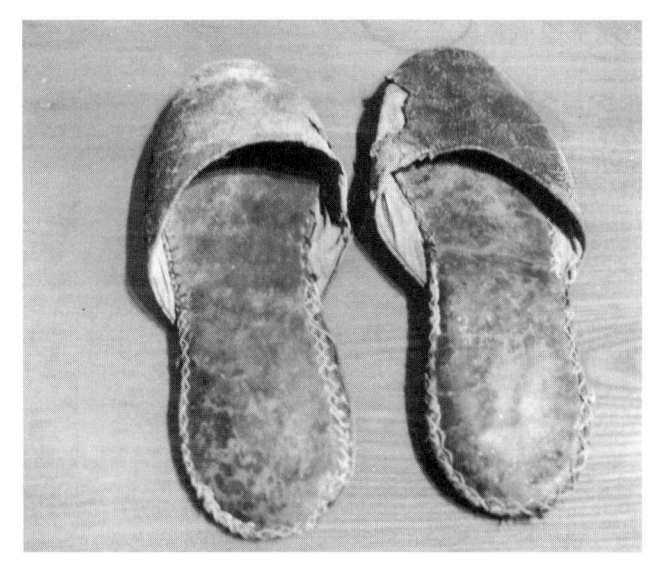

毛泽东穿了20多年的皮拖鞋

一双拖鞋竟陪伴他20多个春秋！

相对于居家的衣物，毛泽东出现在公众的视野里的时候，总是那么大方、得体。新中国成立后，中国共产党将中山服定为中华人民共和国"国服"。此后毛泽东和其他领导人在公开场合一般都穿中山服。

1949年年底，毛泽东准备出访苏联。叶子龙、汪东兴、李银桥具体负责为毛泽东定制衣服，周恩来根据国际惯例指示要做黑色礼服、黑皮鞋。毛泽东说灰色更好看，也更庄重。周恩来即让叶子龙、汪东兴同时做黑色和灰色两种。

给毛泽东做礼服的是王子清。王子清曾在法国巴黎学过裁缝，在北京名气不小。李银桥与王子清一起挑选了面料，决定用中山装式样。

做出来的礼服共四套，黑、灰各两套。毛泽东知道后不安地说："新衣服做

毛泽东访问苏联时戴过这顶礼帽

第三章 布衣领袖

得太多了,如果在西柏坡就不会做这么多。花钱不少啊!我毛泽东也开始浪费了!你们记住,今后不能再做衣服了,这些衣服够我穿一辈子!"

1949年年底,毛泽东率中共中央代表团抵达莫斯科。毛泽东与斯大林会谈,签订《中苏友好同盟互助条约》。在这些正式外交仪式上,毛泽东接受周恩来的建议穿的是黑色中山装。

毛泽东此次访苏的穿着,当是他一生最"洋气"和气派的,也是集中做衣服最多的一次,包括斗篷、毛皮大衣、礼帽和毛帽他都用上了,而在过去是从来没有过的。

1956年,中共中央办公厅从全国各地调集12位技术精湛的裁缝进京为党和国家领导人做衣服。田阿桐是其中之一,他被安排在北京红都服装厂工作。此后,毛泽东的服装大多出自田阿桐之手。

1957年,毛泽东应邀出席苏共二十四大暨十月革命四十周年庆典。动身是11月2日,20日回到北京。虽然也是冬天,还没有到莫斯科最冷的时候,而且这次他是坐飞机,在路上的时间比上次去苏联要短得多,在飞机上也没有在火车上那样冷,所以此次他的穿着要简单得多。行前,田阿桐为毛泽东做了一套黑色中山装,他初次为毛泽东做衣服,对毛泽东的身高、体形都没有准确数据。中央办公厅安排对毛泽东进行了一次目测。

做出来的这套中山装衣领依然沿袭以往的小领(后来为适应毛泽东的身材,所有中山装的衣领均改为尖阔

访苏时穿的就是这件大衣

形）。毛泽东穿在身上，大小正合适。他穿着这套中山装出席苏共大会，归国后却马上脱下，从此再也没有穿过。

毛泽东留下的衣服，黑色的就只有这一套，其余大都是浅色的。无论在什么场合，毛泽东都只肯穿灰色舍米呢中山装，而这在国际礼仪中却是罕见的。因此有些人一直希望毛泽东能够在外交场合改穿黑色礼服。

外宾来访，礼宾司的人自作主张给毛泽东制作了一套黑色中山装。会见前夕，毛泽东恼火地说："为什么做黑色的？我不穿！"工作人员解释："主席，这是外交部特意定做的，说是按照国际惯例……"毛泽东大声说："为什么要听外国人的？我是中国人，按中国的习惯穿。谁做的谁穿，反正我是不穿！"

此后，人们再也不敢擅自变更服装的式样和颜色，未经毛泽东本人同意，也不敢给他做衣服。70年代初，毛泽东经常穿的一套中山装磨损严重，裤子屁股部分也磨破，打满厚厚的罗纹补丁。工作人员多次提醒换新的，毛泽东不准。不久，罗纹补丁又破了，工作人员认为没法再补，准备换新的，说："主席，你看，还穿就要现丑了。"毛泽东不以为然："谁会注意看屁股？再说，我坐着不起来，不会现丑。"

毛泽东第二次访苏时穿过这件中山装

1976年5月12日上午，理发员给毛泽东理了个发，又刮了脸——晚年的毛泽东因为病痛的折磨，常常只能穿着睡衣，整天躺在床上，他的头发也要许久才理一次。今天，他要会见的是新加坡总理李光耀。会见前一小时，工作人员从专用的大衣柜里拿出那套灰色中山装。

毛泽东穿这套中山装会见的最后一位外宾是巴基斯坦总理布托。布托到中国几天了，一直在等待会见。这时毛泽东身体状况很差，甚至没办法站立。5月27日，布托要回国了，又一次提出要拜会毛泽东，得到报告，

125

毛泽东点头答应。尽管正犯心脏病，又刚吃过安眠药，他还是换上了灰色中山装。

毛泽东去世后，为便于遗体告别，工作人员把他的睡衣换下，外面穿上那套会客时才会穿的灰色中山装。毛泽东静静地仰卧在他平时最喜欢睡的那张大木板床上，显得那么平和、安详。

1972年毛泽东会见尼克松时穿过的中山装和黑布鞋

毛泽东临终穿的中山装上衣长76厘米，肩宽51厘米，胸围130厘米，袖长65厘米。上衣是毛料面子，里面衬了灰色的羽纱。裤子长111厘米，腰围112厘米，裆长57厘米，臀围144厘米。裤腰、后袋及前开衩的地方，钉了灰色的小有机玻璃扣子，共有12粒。

田阿桐被请来，他要给他敬重的伟人做最后一套衣服：水晶棺中穿的衣服。

他派人专门到上海挑选纯毛、真丝、纯棉面料，没有化纤的——这都是根据毛泽东的生前爱好。田阿桐双眼噙着泪，为永别了的主席精心做着衣服。灰色的旧中山装需要换下来，为了不惊扰老人家，从衣服两袖腋下起全部剪开，把两片前叶也剪掉了，裤腿则从前面剪开。在给这位伟人穿新衣服时，同样地，也把上衣后背和领子剪开，纽扣则用不锈钢材料制成。这就是我们今天来到北京毛主席纪念堂瞻仰遗容时所能看到的水晶棺中的那套中山装。

CHAPTER 4
第四章
淡饭粗茶

早年的饮食习惯无疑对毛泽东有深刻影响。韶山饮食的共性,主食是大米,不足时添加红薯,日食三餐,闲时和冬月两餐。过去常煮捞米饭,即水一开即将涮米(半熟米)捞出,再放入有甑皮的锅中蒸熟,两餐的饭一次煮熟,米汤则喂猪。毛泽东在故乡时常吃的就是用这种方法煮熟的饭。煮饭的锅子是生铁做成的,陀螺形圆口尖底木盖,也有用砂锅的。红薯常洗净放在饭中蒸熟或埋入柴火灰中煨熟,各有风味。

菜肴,一般农户以蔬菜为主,品种较多,冬春季的白菜、萝卜、冬苋菜、莴笋,夏季的冬瓜、南瓜、丝瓜、苦瓜、茄子、豆角,秋季的芋头、白薯等。来了客或请匠人,一般加鸡蛋、小鱼,贵客才称肉打酒。过年过节,宰鸡杀鸭。初一、十五吃点猪肉打牙祭,猪肉是上品,狗肉牛肉不上席,大喜事则摆海参席、蛋糕席。水产以鲤鱼为贵,草鱼不可招待大亲(女方亲人)。菜的做法除蒸、煮、炒,尚有醋泡或开水泡和做成坛子菜即腌制及熏成腊味(鱼、肉、香干、红薯)。特别喜欢的配料菜有腐乳(当地称霉豆腐)、辣椒。其中辣椒是餐餐必不可少的。

韶山人们还喜欢晒小菜,盛夏瓜果多,阳光充足之时,由妇人将紫苏、辣椒、马齿苋、黄瓜、南瓜、冬瓜、茄子、豆角、刀豆之类晒成小菜。

这儿的乡土水果是桃子(有芒种桃、毛桃)、李子、梨子等,品种单一。饮料仅有两种即茶和酒。茶为自制绿茶,清明、谷雨前茶为佳,采摘青叶炒熟除水,用枫球、黄藤烘烤成黑色。喝茶是真的吃茶即把水和茶叶统统吃掉。到了过年则另有芝麻、豆子、橘饼、红枣、姜丝茶,那是待客上品了。

酒为自家酿制,多为米酒或谷酒。贫家难得喝上一口。工匠喝酒,先以食指往后、左、右各弹一次,表示敬师。

毛泽东的饮食习惯,是地道的湖南山里人口味,辣是嗜好。他爱吃红烧肉，认为红烧肉补脑。他一生中最大的"浪费"，是吸烟。

毛泽东的日常生活可以概括为两个字：简单。他的菜谱最能反映这一特点。他的饮食随便，总是有什么吃什么。这与他少年时代的生活经历有关——他的父亲生活极为节俭，对孩子的要求也是如此。在当时，毛泽东对父亲的"刻薄"和"小气"是难以理解的，随着年龄的增长，他越来越明白父亲的良苦用心：父亲是在从小训练他的吃苦、节俭精神，而毛泽东的确也慢慢养成了这种习惯，并保持终身。

一、早年的饮食器具

毛泽东的生活习惯是地地道道的韶山特色，早在少年时代里，父亲的严格要求，就打上了上屋场的印记。

我家吃得很俭省……他（父亲）每月十五对雇工们特别开恩，给他们鸡蛋下饭吃，可是从来没有肉，对于我，他不给蛋也不给肉。

这便是毛泽东1910年以前在故乡时与他父母、弟弟们的生活情形。

对于父亲毛顺生来说，他恪守"好吃如小赌"的信条，为了积累资财，他领着全家过着清教徒式的日子——除了四时八节和来客的日子，桌子上是不见荤腥的，就连食用油也是从山里摘了茶籽榨出来的清油。不过，这与毛母文氏之吃斋信佛是非常相宜的。最能忍受这种生活的是母亲，最能克制自己食欲的是终日为生计奔忙的父亲，而最不能理解的

毛泽东在韶山家中的厨房

是毛泽东。

这样，毛泽东少年时代的饮食，便几乎全属于"素"的范围了。耐人寻味的是，简单的饮食，最初由父亲强制实行，后来却成为毛泽东的习惯，甚至到他成为党和人民的领袖，有足够的条件讲究饮食时也不改。

上屋场的厨房，是一个厨具博物馆。放在地下的，从左到右，依次是碗柜、水缸、土灶（左为饭锅，中为菜锅，右为猪食锅）、火叉、火钳，烧火时坐的小靠背椅，烤火时坐的长条凳；挂或搁在高处的依次是茶叶篓、饭篓、洗菜箕、潦饭箕。

灶屋向后山开有一扇小窗，从窗户可看到郁郁葱葱的山间树木。这是典型的湘中山区农家厨房，中心物品是灶，用土砖砌成弓背形，边缘呈柔顺的弧线，外粉刷泥浆与石灰的混合物，还装饰一层铁红。饭锅是桶式的铸铁材质，比较厚；用柴火煮饭，慢熟但极其香爽，还会结一层锅巴；而中间的菜锅则是用的比较薄的生铁，传热快，炒菜时火力大，所以菜熟得快而能保持原汁原味；右边的锅一般用于煮猪食，猪食锅与人食锅并列，可见猪在毛泽东家被看得重——毛顺生做生意之前和之后，猪都是重要的财源。三口锅锅盖都是木制的，毛家尽量就地取材，厨房里大部分的东西要么是木制，要么是竹制（茶篓、饭篓、潦饭箕、菜箕），要么是来自田里的砖制或陶制（水缸），只有需要耐火的锅和叉头、火钳是铁匠铺里打的。

碗柜，全木制，上层密封，并有柜门和木闩；用于放剩菜和油盐，毛泽东的父母都极其节省，没有吃完的不会随便丢掉；下层则是竹栏栅，三面通风，用来放碗，最下部悬空，免得老鼠、虫子、猫、狗侵扰。

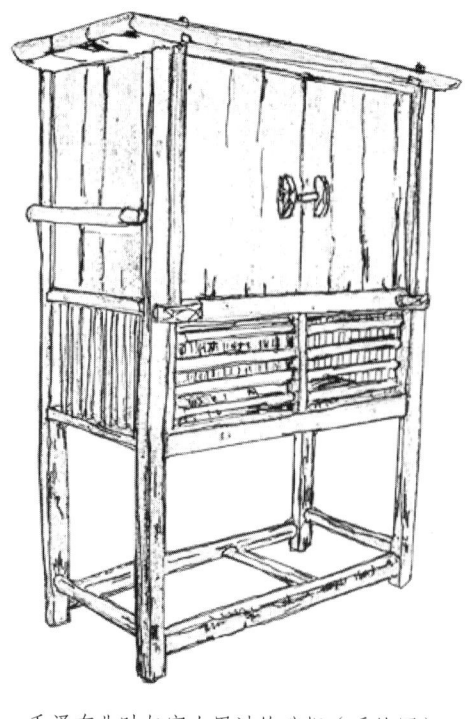

毛泽东儿时与家人用过的碗柜（手绘图）

毛泽东家取饮用水通常就在门前的水塘，有一口井，人工开掘，并不深，但对于池塘里的水有过滤的作用；也没有井盖，柳树美人眉似的叶儿时常就飘落到水面；取水并不需要像杨家岭那样用长绳通过轱辘把铁桶放下去再摇上来，除非特别旱的天，可能要费多一点累，一般的年份，手提着桶倒扣着就可以把清水舀上来。扁担双挑，有六七十斤，毛泽东把水担回屋，经过堂屋到退堂屋，一担担倒入缸中，这是毛泽东少年时代在家每天要做的活计。扁担是竹的，取自自家的山间。下垂的桶是棕的或麻的，也都是屋前屋后的棕、麻所制。桶钩是木的，取自山上的小树杈（后来改成铁的），专门有箍桶匠，砍下松木（好点的用梓木）锯成板材，再加工成长条的弧形，一块一块地镶成圆桶，中间用竹钉连接，打磨后，外面箍两个铁圈，至少刷三遍桐油，晾干，就可以用了。在干燥的秋天或风大的夏天，不用时必须盛一些水，免得开裂。

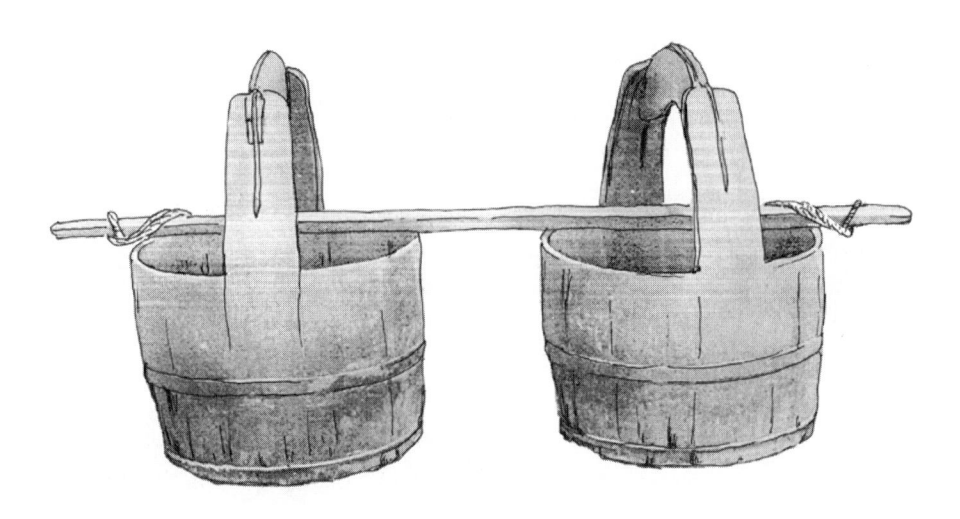

少年时代的毛泽东用这一担水桶到塘里挑水（手绘图）

两口缸，一大一小，大的是盛人的饮用水的，小的则是盛猪的潲水的，口大腹鼓，下尖，一小半窖入泥地下，这样就稳稳当当。缸口边沿还有一个木架，是为的向缸内倒水的时候，桶沿不被直接碰撞，免得损坏。

毛泽东家还养了牛，牛的饮水不需太讲究，把它牵到屋后侧那口小池子边，水牛则下去泡个澡，顺便喝些水，旱牛（黄牛、黑牛）则立在水边饮水，当然，牛栏里还有一个麻石凿成的水槽。

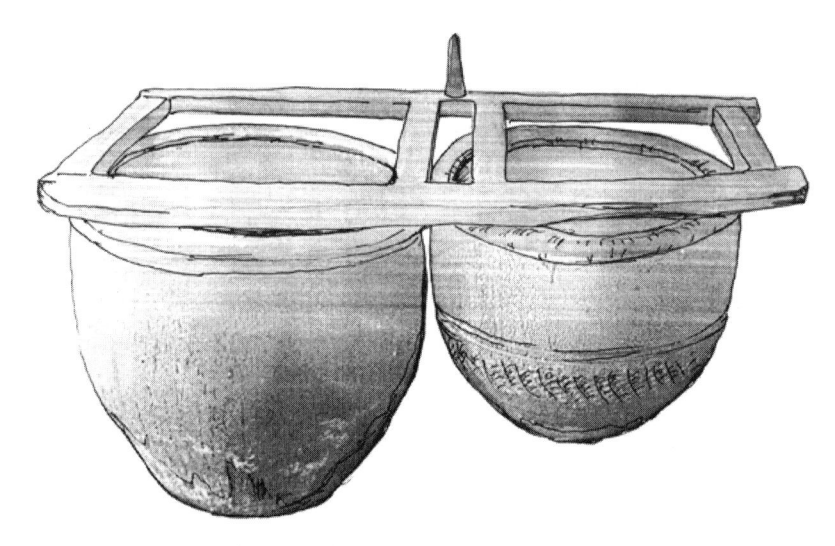

全家的用水储存在这两个水缸里（手绘图）

洗菜的箕是方形的，从菜地里采摘时蔬，去掉老的、黄的，放在箕里，端到池塘里去洗，洗完后拿回厨房用柴火炒，香气四溢。米箕是圆形有长把的，这个东西人们见得少。毛泽东家和大家一样，淘米煮饭（淘米水就保存在潲水缸里）到半生不熟水还没干时，要把它捞起来，放在这个箕里沥掉米汤，再把它放到甑上蒸，这样熟的饭叫"甑蒸饭"，在来客多时一定要用的，这样做出来的饭，粒与粒之间分开，不是粘在一起，比较硬，难消化，能更好地充饥。

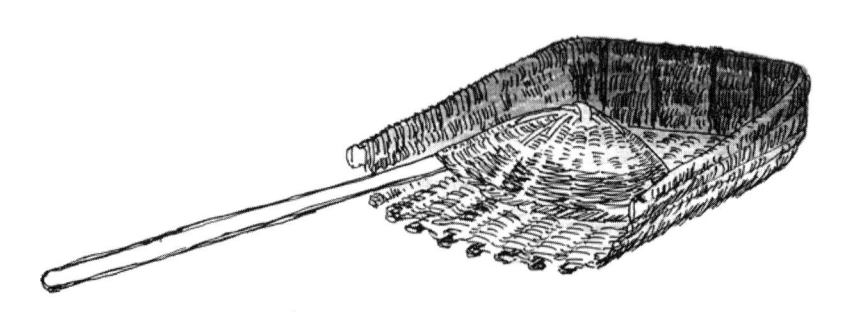

捞米、洗菜的箕（手绘图）

毛家人慢慢多起来，父母精打细算，往往一餐把几餐的饭煮好，剩下的就放到这个篓子里，因为是竹制的，通风透气，不容易变坏；有时，为了待客，要做点甜酒，也用这个篓让热饭冷下来。

带饭到学堂的饭篓（手绘图）　　　　　盛剩饭的篓（手绘图）

在韶山冲的用具中有这样一个木盆，在当地叫脚盆，通常是洗衣服和洗澡时用。还有一种带盖的陶坛，则是做"坛子菜"即腌菜之用的。毛泽东家里以吃青菜为主，青菜吃不完或者眼看要过季时，就把这些菜采摘回来，洗净，晒干，切碎，放入这种坛子里，压紧，拿一片新鲜大菜叶（白菜叶）在开水里稍烫然后敷住，密封坛口，再在外面盖上盖子，坛沿放入清水（定时加水，不能让其变干）。过十天半月，坛子里的菜就会发酵，打开来，香气扑鼻，或者直接炒熟食用或者再煮再晒成为腌菜，是青黄不接季节的好菜，毛泽东年少时曾经赞道：

狮子眼鼓鼓，擦菜子煮豆腐。

酒放热些烧，肉放烂些煮。

诗中的"擦菜子"就是这个坛子里腌制出来的。韶山至今还有一样特色菜：酸菜煮鱼，酸菜也是这种坛子里出来的。

说到坛子菜，通常人们会质疑是否有亚硝酸盐，毛泽东少时当然没有这个概念，在韶山这样做菜却是必需的，一方面是为开胃，更主要的是为青黄不接之时仍然有菜吃，是一种对青菜的储备，或者算得上持家的手段。

做干菜的坛子和洗衣的脚盆（手绘图）

全家吃饭的地方：横屋

再讲到这种坛子，纯粹实用，并没有美感。湖南的制陶制瓷业发展颇早，长沙的铜官窑太有名了，那里出产的东西是介于陶和瓷之间的。各种各样的器形，上各色釉，往往还在上面题诗，这些诗是正宗的唐诗集子里见不到的，例如："主人不相识，独坐对林泉。莫慢愁酤酒，怀中自有钱"，是难得的民间诗，所以铜官窑的东西既是实用的盛器（酒坛、酒尊、杯、碗、碟等，也有做腌菜的坛子），又是湖湘文化味道极浓，有几分拙、几分俗而又极有文化底蕴的艺术品。

韶山的坛子是产自本地的纯的实用器。韶山冲的一些地方有陶泥，也有白膏泥（高岭土）。在今日的如意乡综合场村曹家坝这一带的高地上，人们砌起瓷窑，并从中取来白膏泥、硅砂，制作陶器，其工艺也相当精湛，上有美丽的绿釉、豆青釉、黄褐色釉，显然属于铜官窑系。窑工在开创韶山的手工业历史（已长达1300多年）的同时，也开始了韶山人民征服大自然的历史。

横屋有别于堂屋，堂屋又叫正堂屋，是最为庄严、神圣的地方，经济地位越高，堂屋越气派也越神圣，因为这里是供神和供祖宗，敬神和敬祖宗的所在，祭祀、婚庆、丧礼诸事都在这里进行。横堂屋，简称横屋，是一家人吃饭、议事、请客、聚会之所，大门常开，燕子也来做客，在天花板上筑巢，与人共居。吃饭桌是简单的方桌（北方的所谓八仙桌要精致得多），加上四条高长凳，可以坐八个人。毛泽东在家时，父母、三兄弟，加上嫁过来的罗一姑（后又来王淑兰），也就六七个人，围桌吃饭，说不上热闹，也不算冷清。

二、晚年的饮食习惯

毛泽东一生的饮食习惯受早年故乡的影响极大，甚至可以说就是韶山饮食习惯的延续。

卫士李家骥回忆：

进京后，每餐是四菜一汤，来客人就在这四个菜基础上加几个菜。荤素各占一半。荤菜一般有：米粉肉、红烧肉、鲤鱼、胖头鱼。素菜一般有：辣椒、空心菜、苦瓜、豌豆、菠菜、冬瓜、马齿苋等。荤素结合的一般有：肉片炒苦瓜、肉片炒豌豆等。汤，一般是清淡汤，或雄鱼头汤。每餐都有几个小菜，如少放点油煎的小青椒、腐乳等。主食有蒸的米饭（多是南方红大米或大米和小米的二米饭）、馒头、面条、麦片粥、馒头片、稀粥，有时以烤红薯代主食。饭后毛泽东没有吃水果的习惯，特别是到晚年，他的牙齿不好，一吃就痛，就更不能吃了。平时也没有吃零食的习惯[①]。

红烧肉，对于毛泽东是最好的补品；辣椒，是他终身的嗜好。如果说饮食方面毛泽东有特殊要求，那么，对红烧肉和辣椒的嗜好算得上。"馋的时候，一般一周左右要吃一顿红烧猪肉，他很少吃牛羊肉……他每次

---

① 参阅李家骥、杨庆旺：《跟随红太阳——我做毛泽东贴身卫士十三年》，黑龙江人民出版社1994年版，第243、245页。

吃红烧肉时,都是蘸着带辣椒、酱油等佐料吃。"这正是典型的韶山人的吃法。

苦瓜、茄子、马齿苋、芋头之类是最常见的菜。1966年6月,毛泽东在韶山冲滴水洞居住时,留下一份食谱:

红烧鲫鱼,火焙米虾炒辣椒,清炒马齿苋,苦瓜烧肉,雄鱼头打葱汤,干饭二两,烤玉米一只或稍加面条。

留在丰泽园的饭篮

毛泽东一天两顿的习惯,也是在故乡养成的。过去,韶山的农民为节省粮食,常常一天只吃两餐(闲时尤其如此)。

饮食方面使他受惠终身,也是他需要特别感谢他父亲的是,少年时代的生活给予他一副极佳的肠胃!他什么东西都能吃,消化吸收能力极强,李家骥回忆:

在我为毛泽东服务的十几年中,我发现他不仅不讲究吃的,不馋,而且五谷杂粮,冷饭剩饭,甚至馊饭都能吃,更不用说饥一顿饱一顿,生活无规律了……我们从来没有听说过毛泽东有胃病,而且吸收非常好,更没有听说过闹肚子。

可以肯定,没有由父亲的近于严酷的要求而锻炼出来的吃苦耐劳精神,毛泽东不可能在以后数十年中面对恶劣的环境而无所畏惧,也不可能有新中国成立后他那种完全自然而然的清贫、节俭。

毛泽东一生的饮食,按其特点,大致分为四个时期:

少年时代,即生活在韶山冲的时期,接受着楚地湘中山区毛家的饮食习惯,对一生饮食习惯有决定性的影响。

毛泽东饮食情况分析表

种类	特殊爱好	实例
素菜	偏素、喜辣、口味浓，因牙齿不好，不大吃水果	辣椒、冬苋菜、青蒿、苦瓜、豌豆苗、马齿苋、空心菜、雪里蕻、番茄、苋菜、娃娃菜、生菜、笋子、海带、冬瓜、黄瓜、茄子、腊八豆、萝卜、百合、玉米、红薯、麦片粥、腐乳、酸泡菜、寒菌等
荤菜	荤素搭配，特别喜欢红烧肉和鱼，但不喜牛、羊肉和山珍海味	红烧肉、肉片、米粉肉、猪肝、肚子、鱼（汤、冻、红烧、清蒸、油炸、鲤鱼、鳙鱼、鳊鱼、青鱼、火焙鱼、苏联小鱼等，尤爱吃鲤鱼、鳊鱼、鳝鱼）、虾、鸡蛋、鸡等

毛泽东几次生日食谱

时间	食谱	就餐情况
1959年12月26日 66岁生日	红豆米饭、奶油鱼头、扒羊肉、干煸豆角、炒瓢儿菜、小干鱼、炒腌芥菜	普通、节俭，请工作人员吃饭
1962年12月26日 69岁生日早餐	干烧冬笋、油爆虾、白汁鲤鱼白、鸡油冬瓜球、炒生菜	非常节俭，请工作人员吃，晚餐只吃一缸麦片粥
1963年12月26日 70岁生日晚餐	腊肉、苦瓜、咸松花、蒜黄肉丝、烤麸、桂花鸭子、洋火腿、黄瓜、糖醋白菜、陈皮牛肉、蚧肉、烧鳊鱼、面条鸡、粉蒸肉、烧黄菜、鸡油豆角、煎年糕、寿蒸、面条	品种较丰富，办了四席
1965年12月26日 72岁生日	红烧冬笋、卤猪肝、油焖鸡、百合、炒盖兰菜、燕菜汤、小青椒、腊八豆、腊肉、黄瓜、叫花鱼、米粉肉、茄子、娃娃菜、素菜汤、炒菊红、糖醋菜、肚尖、黄瓜炒小虾等，还有红葡萄酒	非常丰富，请工作人员吃饭
1975年12月26日 82岁生日	胖头鱼、肉丝炒辣椒等	与江青、李敏、李讷和吴旭君、俞雅菊等一起就餐

青年时代，辗转湘乡、长沙和北京、上海、武汉、广州各地，饮食大体随遇而安，并无讲究。

中年的战争年代，从1927年到1949年，与他的战友和同志一起过着极其艰苦的生活，创造着艰苦奋斗的精神。这中间，1945年8月到10月在重庆期间，蒋介石和国民党方面招待的饮食有些是毛泽东以前从未品尝过的，甚至可以说短短几个月饮食的花费可能是前几十年的总和，毛泽东是被动地接受的。

现在我们重点来看看第四个时期，即新中国成立之后，这一时期，他仍然保持着在故乡养成的节俭、简单的饮食习惯，只是，工作人员开始给他配制食谱，一般是一式两份，一份由保健医生保存，一份送到厨师手中。毛泽东却不愿意按菜谱吃饭。有一次，毛泽东两三天里只以麦片粥、烤芋头甚至压缩饼干充饥。终于他也想吃饭了，卫士李银桥听了很高兴，说："徐医生早定好菜谱，就是没机会做……"毛泽东却说："我不要他的菜谱，你给我搞一碗红烧肉来就行，弄好了就叫我！"江青知道，有些不高兴："不要弄！吃什么不比红烧肉好？又不是没有东西吃！弄些鸡肉或鱼，都比那个红烧肉强嘛！"她又对卫士发火："你们就是不会办事！看我哪天把那个电炉子、茶缸扔到外边去！"她吩咐一定要按食谱做饭，说："你们去厨房，要他们照医生定的食谱做。徐医生定了一个礼拜的食谱，你们连三次也不能保证！"

保健医生常常与毛泽东就饮食问题争论，没有一次能把毛泽东说服。毛泽东说："医生的话不听不行，完全听信我也要完蛋。照那么讲究，中国几亿农民都不要活了。"有时毛泽东听医生讲营养平衡，听得烦，说："我多年已经习惯了。凡事都有一个平衡，你再讲究也离不开个平衡。我有我的平衡，你有你的平衡，你非要打乱我的平衡，不是搞破坏

中南海毛泽东家里厨房的铝锅

吗？"毛泽东还常常说："你讲我吃的没道理，实践检验真理，我身体不好吗？你搞的那一套也许有你的道理，但你到了我这个年纪未必有我这样的身体！"

毛泽东就餐没有时间规律可言，全凭饥饿感而定，他常说自己是"按月亮的规律办事"，即白天睡觉晚上办公，他吃饭连这个规律也没有。

有一天，上午10点多，毛泽东忽然问小女儿李讷："我今天吃饭了没有？"李讷不知道，去问值班卫士，卫士方才想起主席还未吃饭。

湖南人喜吃辣，他曾说："大凡革命者都爱吃辣椒。因为辣椒曾领导过一次蔬菜的造反，所以吃辣的人也爱造反，比如我的故乡湖南出辣椒，我们湖南人也特别爱吃辣椒，所以革命家也出得特别多。"

在延安时，他就和斯诺讲过这段高论，唱过一首《辣椒歌》：

> 远方的客人你请坐，
> 听我唱个辣椒歌；
> 远方的客人你莫见笑，
> 湖南人待客爱用辣椒，
> 虽说是乡里的土产货，
> 可是天天不能少。
> 要问辣椒有哪些好，
> 随便都能说出十几条：
> 去湿气，安心跳，健脾胃，醒头脑，
> 油煎爆炒用火烘，样样味道好，
> 没得辣子不算菜啊，
> 一辣胜佳肴……

去世前几年，毛泽东身患多种疾病，尤其是脑部得病，吞咽困难，他还是想吃辣椒。他卧床不起时，工作人员用筷子在小盘子里蘸上一点点辣椒酱送到他的嘴里。他高兴地说："好香噢，一直辣到脚尖了！"

一个地方的饮食无疑是与气候和文化有关的。韶山地处湘中山区，属亚热带季风气候，常常湿热，吃辣椒春夏可去湿发汗，冬天可暖胃。湖南人的远祖多为江西人，而江西人的鼻祖多为陕北人，想起来湖南的吃辣椒与陕北的吃辣椒应当有渊源，陕北人听湖南话格外有一种亲切感，湖南许多方言与陕北方言就完全一样，似乎湖南人与陕北人本就是家乡人（远古的确如此），饮食方面也有共同点。当然，湖南人吃辣椒比陕北人有过之而无不及，且吃的花样也多得多，不仅仅是晒干成串地挂起来备用，更是把这个东西作为调味品放到所有的菜中，许多时候连青菜也放。

毛泽东和湖南人都是怕不辣的人。春天里，家家户户辣椒下种，这是必种的菜，土辣椒都是长而尖，最长的有成人手掌长。如果嫌辣度还不够，便种朝天黄辣椒，大约五月间，小小的白花开了，辣椒长出来，绿绿的。采摘下来，有多种吃法。简单的是洗净，放油在锅里爆，毛泽东的母亲为了省油，常常是把辣椒放在火上烤，烤得皮面都黑了，把灰拍去，放在土碗里，加坛子醋，用筷子戳烂，吃起来那个爽！这叫煨辣椒。

刚好碰上来客或者是端午节，则用青椒切成片炒素肉，外加大蒜，喝雄黄酒，不过，毛泽东小时候难得有这个口福。

也可以用青椒切碎煎鸡蛋。

青椒可在开水里稍煮过后打过露水再晒，放入坛子，成为"白辣椒"，炒仔鸡，味极美。毛泽东母亲还会用这种辣椒拌紫苏、菜瓜皮、黄瓜皮做成小菜，毛泽东小时候爱吃这种小菜。

青椒在韶山毛家当然也会让它成熟，变成红椒，可以是上面同样的吃法，也可让它一直老下去，摘下来，晒干，或用麻绳穿起来（这样做的比较少），或者放到干燥的坛子里。到韶山毛家，并不会见到有陕北人家那样常见窗户和室内外各处挂满红辣椒的情景，因为韶山人多半把辣椒晒干放到坛子里去了，或者不晒干，而是洗净，晾干，斩成剁辣椒，也放到坛子里，在炒菜时随时拿出来添加调味，韶山人吃辣椒极少有整个地生吃——红椒总是要切碎炒熟加到所有的菜里。

毛泽东到陕北和进北京后当然有入乡随俗的一些改变，但爱吃辣没有改变。

毛泽东也特别爱吃苦瓜，他说："苦瓜这种菜，我的家乡很多。有些人吃不惯，是怕它的苦味，而我喜的就是这个苦味。"他与工作人员一起用餐，有一盘苦瓜炒鸭子，他劝大家多吃一些，千万不要怕苦："凡苦的东西，对人都有好处，苦能去火明目嘛！人吃五谷杂粮，难免上火，有时生气也上火，这叫虚火。这种人吃点苦很有必要。我这个人也上火，所以命中注定要吃苦啰！不如主动去吃，免得火气太大。火气大，不是伤人，便是伤己噢。至于明目，更是它的大好处，我现在有点老眼昏花了，时时吃一点苦，免得看不清事理哩！"

苦瓜是夏季韶山毛泽东家里必种的菜，它深绿的叶子，长在缠缠绵绵的藤上，牵满篱笆。那金黄的小花在风中摇曳着，一边结着嫩白而有无数沟回的瓜，在它还没有变红的时候就要摘下来，剖开，去籽，切成片，一般要在水里泡一泡或者放些盐擦一擦，以降低苦度，在锅里热炒，不要炒得太熟，半生不熟最爽口，这是韶山通常的吃法。如果条件好些，也可红烧或者炒素肉。

苦瓜在夏季挂满藤，吃不完，或听任其老，变红，它的红是从肚子里红起，肚子里肉红成酱，红穿外面的青肉，籽就可以取出做种；或把瓜切成条晒干，加盐或糖、甘草粉，做成小菜（毛泽东上学带饭时常带这种小菜）。

毛泽东喜欢的家乡菜还有一味是霉豆腐，湖南人美其名曰虎乳。它的做法，可能不太符合卫生标准：把水片子豆腐一块一块放到洗净的铺开的稻草上，晚上打露水，经过许多天，让它长霉（长到半指高），然后放到坛子里，用在开水里烫过的白菜叶封口（如果有坛沿，则只需在沿内加水密封），过十天半月打开，在坛子里加上剁辣椒，一道美味便大功告成。这道菜常备，并非临时加工，可随时取用。有时制作功夫不到家，不但没有变香反而变臭，将错就错做成臭豆腐，所谓闻起来臭，吃起来香！

毛泽东吃的霉豆腐是叶子龙做的。腐味浓而又香醇可口，毛泽东赞不绝口。后来还特意请京西宾馆一位擅长做霉豆腐的师傅来教他们。保健医生却深为忧虑。从医学角度看，霉变过的食物会致病甚至致癌，不宜多吃。医务人员私下里取毛泽东爱吃的霉豆腐化验，发现有多种细菌，其中有一种白色念珠菌对身体非常有害。化验结果呈毛泽东，毛泽东不以为然，还与医生开了个玩笑，说："明天我请医生来吃饭，请他吃豆腐乳。"

第二天，反对毛泽东吃霉豆腐的医生被请来，他并不知情：餐桌上特意摆上霉豆腐，毛泽东夹起一块，递给医生，说："你尝尝，好吃不好吃？"医生这才晓得毛泽东要让他体验体验，只得吃了一口，无奈地说："好吃，好吃。"

饭后，有人认为不应当开这个玩笑，毛泽东笑着说："请人家吃饭，当然要拿出我认为最好吃的东西来招待呀。我也没问他有什么成分，只是问他好吃不好吃嘛。人家回答得也好，只是说好吃，并没有扯什么成分。"

毛泽东常说："人感到好吃也爱吃的东西是能吃的。爱吃一定是人体有这种需要，这也许是一种什么潜在的东西，但究竟是一种什么东西，我也说不清。不过，世界上的事，说不清的也太多。这也是好事，都说清了，科学还研究什么，不研究了，还有发展吗？"

总的说来，毛泽东口味偏淡，他只是把味重的东西当作调味品，也非顿顿都要。他喜欢吃青菜。他特别爱吃的是冬苋菜、青蒿，还有一般人不当作菜来吃的豌豆苗、马齿苋。他对保健医生说："我看有两样东西对世界是有贡献的，一个是中医中药，一个是中国饭菜。饮食也是文化。吃得素一点，对健康有好处，西方人食物里脂肪多，越往西越多，他们得的心脏病也比中国人多。""我们祖先在寻找食物过程中也发现了药物。药食同源，许多食物中医都可入药，像百合、山药、山楂，连姜、葱、蒜都可以治病。你们医生可不要过分迷信药物，不要轻视饮食治疗。"

又说："豆腐、皮蛋、北京烤鸭都是中国特有的东西，有些地方小吃也都有特色，应该国际化，可以出口。"

豌豆在韶山叫麦豌豆，初春时节长在田边地头，一般不做蔬菜用。它是藤蔓植物，可以自生养料，紫色花开过，结出片片的豆荚，现代人把这种还嫩的豆荚青炒（称荷兰豆），而毛泽东家里则不会这样吃。毛泽东的父亲要让豆子老一些，可代替粮食，或者老得变黄变硬作为来客时

丰泽园的小饭桌，方圆的结合，拿开桌布就是这个样子，普通的实木，黄色油漆，毛泽东在丰泽园就是在这张桌子上用餐

招待之用。在韶山，豌豆苗通常是不吃的，晚年毛泽东却喜欢吃豌豆苗兑的汤。

马齿苋性酸味涩，毛泽东却把它当作主要蔬菜。这种菜在家乡极常见，一般把它晒干做成小菜。它不需要种植，会生满菜地沟中或者成片出现在收完白菜的土中，延续生长到秋天才结出极细极细的黑籽，自行散播在土中，来年又生出苗苗。毛泽东的先生曾经与他对对子，先生出上联：牛皮菜；少年毛泽东则对：马齿苋。虽然极简单，却是一副工对。毛泽东喜欢吃这道菜，无疑是从家乡带过来的习惯。

毛泽东的厨师为毛泽东炒马齿苋，许多人未知马齿苋正式学名，在菜谱中，对马齿苋的称呼因而各式各样，有马齿苋、马子苋，还有"马斯汉"这样的洋名。毛泽东则称"马屎苋"，这是韶山土话。毛泽东说："马屎苋既可做菜，又可入药，对身体大有好处。"有关部门与京郊的农场联系，要求每年种植一些。1967年5月13日的《对农场种植计划的要求》，"马齿苋"被列入"重点保证供应的蔬菜"，要求平均日产一斤，"常年供应，肥嫩，没有籽"。

毛泽东饮食虽偏素，也不拒荤，他喜欢吃红烧肉，不愿吃牛羊肉。毛泽东喜欢吃鱼，早年爱吃鲤鱼。在陕北杨家沟时，他常常能吃到鲤鱼。他两度访苏时，苏联人都是为他提供鲤鱼。晚年，毛泽东喜欢吃胖头鱼（鳙鱼），这种鱼在韶山称作"雄脑壳"。毛泽东爱吃鱼尾上那段肉。他还常吃鱼头熬的汤。笑说："这鱼比一般的鱼脑壳大，不晓得它比别的鱼聪不聪明。多吃这种鱼，一定会头脑发达！"

毛泽东还喜欢吃鱼冻，都是在每顿用餐的最后吃。鱼冻比鱼肉要腥，是鱼汤冷却后凝结而成的。工作人员不解地问："主席，鱼冻腥里吧唧的，有什么好吃？"毛泽东笑说："你算讲对哒，我正是要吃咯种腥味呢。鱼不腥就不是鱼哒，鱼腥肉香，都要领略。吃一口鱼冻，饭就一子都顺下去了。"

毛泽东对自己吃鱼开玩笑说："我死后就把我火化，骨灰撒到长江里喂鱼。你就对鱼讲：鱼儿呀，毛泽东给你们赔不是来了。他生前吃了你们，现在你们吃他吧，吃肥了好去为人民服务。"

毛泽东的菜谱中鱼的做法多种多样，除鱼汤、鱼冻，还有红烧、清蒸、油炸，等等。他喜欢吃的品种还有鳊鱼、鳅鱼、青鱼、甲鱼、苏联小鱼等。

毛泽东晚年多病，临终前几乎不能自己进食。他开始接受喂饭，继而只能喂流质。后来，连流质也难下咽了，一到嗓子便呛住，引起心脏不适。医护人员为他下了鼻饲。食物由医务专家和厨师根据人体所需的营养成分精心配制。管子一直在毛泽东的鼻孔下插着，隔一段时间便把食物往管子里注入一次。

临终前毛泽东的饮食情况是：1976年7月11日前为鼻饲；7月12日至9月8日为胃管进食。其中8月1日到13日进食情况较好，9月3日进食一般，其余时间都较困难。

1976年9月8日，工作人员依然为毛泽东配好胃管进食食谱，毛泽东此时昏迷不醒，陷入弥留，他再也不需要任何食物了。

三、菜谱和食谱

有人对毛泽东的饮食起居提出质疑，网络上流传着一篇关于毛泽东饮食的帖子，题为《毛主席的菜单，不服不行！》，特别提及1961年4月26日工作人员会同厨师定制的一份西餐菜谱："有牛羊肉菜十多种，西餐汤十六七种，其他种种更是名目繁多"，对于这一说法，韶山毛泽东同志纪念馆工作人员认真查对该馆保存的毛泽东遗物，从毛泽东的食谱、菜谱及其相关记载出发，进行了详细的研究，得出了与英国陆军元帅蒙哥马利相当的结论：毛泽东是"凡人时代最不平凡的人"。

现存韶山毛泽东同志纪念馆的毛泽东菜谱、食谱共计23份，其中食谱15份，有具体年代的为：1956年4月、1958年10月14日至1959年12月18日、1962年9月19日 至1963年5月27日、1963年5月 至1965年6月、1965年8月30日至11月21日、1976年7月10日至18日、1976年8月至9月、1976年9月4日至9月8日；菜谱8份，有具体年代的为：1961年4月26日、1964年10月22日、1976年6月26日。

这些菜谱和食谱基本保存完整，均由毛泽东身边工作人员手写，记录了毛泽东每日的饮食情况及菜色安排，具有真实性和权威性。记录这些食谱和菜谱所用的纸张非常随意，有零散的一张一张的，有几张纸粘在一起的，有缺少封皮的笔记本，也有 8 开或 16 开的白纸，边上用粗白线装订而成，或者干脆就用信纸对折裁成两半，然后用硬纸板夹起来。此外，它们的纸质材质不一，字迹也较为潦草、凌乱，用笔各不相同，有铅笔、圆珠笔、钢笔，笔迹颜色也是红黑蓝交杂使用，从记录方式和使用的材料看，并没有因为是毛泽东的菜谱和食谱而显得郑重其事。

一位大国首脑的食谱如此随意简单，反映出毛泽东一直以来的平民化价值取向和日常生活的俭朴、自律。

读者可能注意到这里出现有食谱和菜谱两个概念。这两个概念的内涵和外延通常是相同的，从严格意义上说却是有重大区别的。

食谱是实际吃过的饮食清单，而菜谱却是常备的而不一定实际食用过的饮食清单。就像我们去饭馆用餐，一进门，服务员就会递给你一本可供食客选用的菜品清单一样，经过顾客选择并交给厨师烹饪而为顾客享用过的那些菜品名单就是本书所指的"食谱"，作为饭馆常备可供顾客选用的那份菜单就是本书所指的"菜谱"。显然，食谱是实际食用过的菜品清单，数量一般会比较少（当然，如举行大规模的宴会，品种就会多），而菜谱则是菜品大全，是常备的，却不一定是用过的。

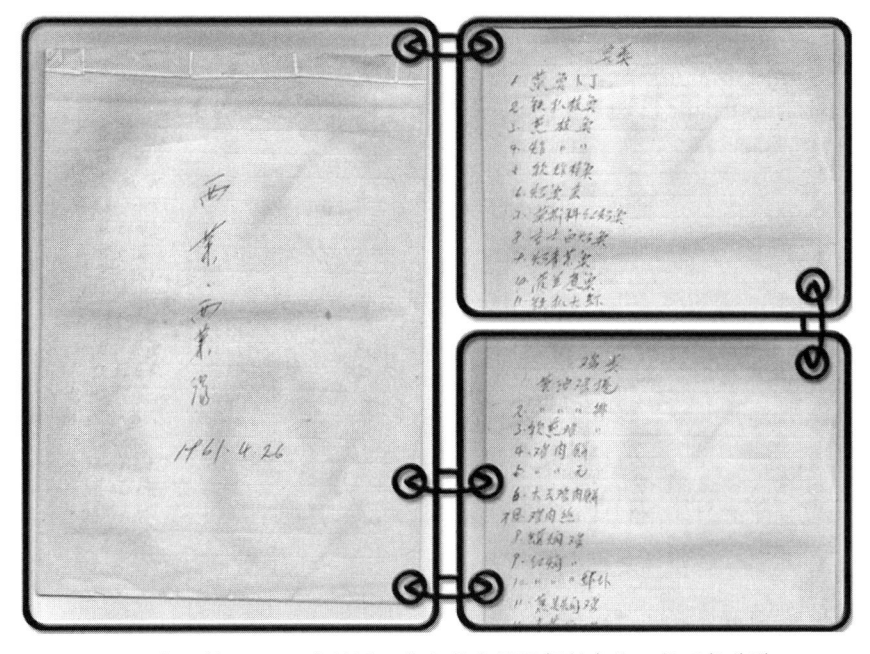

1961 年 4 月 26 日，丰泽园工作人员会同厨师制定的一份西餐菜谱

毛泽东的饮食记录就存在上述两种情况，厨师常备（供做菜参考特别是为来客所准备）的菜品名单就是菜谱。毛泽东的食谱则是由身边工作人员记录的毛泽东的实际饮食情况，是付诸实际烹饪的菜谱。

韶山毛泽东同志纪念馆保存的菜谱和毛泽东的食谱分为四种：第一种按菜品内容分为中餐和西餐菜谱；第二种按不同的厨师擅长的菜色内容，其中详细记载了厨师的姓名、工龄及擅长的风味及菜名；第三种是按毛泽东的需要和健康状况制定的一日三餐菜谱；最后一种是按照毛泽东经常吃的菜品所制定的常用菜单。

无论菜谱、食谱均由保健人员、卫士、生活管理员、厨师共同制定。现存毛泽东的菜谱即并非毛泽东实际享用过的菜品清单只有两份，一份由厨师保存，便于厨师做菜；一份留存备用，以便下一步制定新菜谱时做参考。

被人指责甚多、现存韶山毛泽东同志纪念馆的1961年4月26日的一本西餐菜品清单，实属"菜谱"的范畴，而非毛泽东实际享用过的"食谱"。稍有常识的人，看过这本菜谱，都能断定，这本菜谱甚至根本就不是专为毛泽东准备的，而极有可能是为在中南海或中南海之外举行较大规模、宴请对象多为西方客人的宴会时准备的"菜谱"，而绝非毛泽东某天实际"享用"过的食谱，因为任何一个人在一天之内都不可能吃下那么多西餐菜！至于这本菜谱封面上留下的日期，不过是厨师或其他工作人员制作这本菜谱的时间而已。

这本菜谱制定时间为1961年4月26日。纸张较厚，白纸上有机制压印。共八页，封面上标明内容是：西菜、西菜汤；里面按食品类别分为七大类：鱼类、鸡类（含小鸡类）、猪类、羊肉类、鸭类、牛肉类、汤类。

对照毛泽东1962年及以后他自己实际用过（招待外宾之外的）的食谱，均未发现与此本西菜谱相同的菜品，由此可见这份菜谱毛泽东从未使用过，或者说这本菜谱并非为毛泽东制定。

2010年6月10日，韶山毛泽东同志纪念馆邀请到毛泽东的秘书高智（1952年到1962年4月在毛泽东身边工作）、卫士张木奇，畅谈毛泽东的日常生活起居，高智回答毛泽东"吃西餐"的事说："这个没有听说过，按照我的估计，不会！主席吃饭很简单，就几个小碟……毛主席一辈子心里想

食谱

的就是人民，现在有人说毛主席这错了那错了，我还不完全接受，这个要时间检验！"

由此推断，这本西餐菜谱只可能用于国宴即接待外宾所用，可为佐证的是，毛泽东1961年9月在武汉东湖甲舍宴请蒙哥马利元帅，当时的菜单就是："四干果、四鲜果、四凉菜、面包、奶油豆蓉汤、铁板扒鳜鱼、元帅虾、什锦炒饭、奶油克斯、水果拼盘、饮料。"

毛泽东的食谱记录的是毛泽东的饮食情况，从中我们可以看出毛泽东日常饮食的特点。

毛泽东喜素但并非不食荤，他爱吃红烧肉、火焙鱼、红烧肘子之类的大众菜。吃鱼也就是砂锅鱼头——普通的胖鱼头，外添一些豆腐、菜心等。经常吃的素菜有大白菜、扁豆、空心菜、菠菜、芹菜等。苦瓜炒肉丝、黄瓜炒肉丝、冬笋肉片、糖醋藕片等，也是他饭桌上的常见菜。

毛泽东的食量不大，每餐一般三菜一汤。新中国成立后，情况好转，改成四菜一汤，来了客人再适当加一两个菜，但每个菜的量都不大；另外，会有两到四小碟凉菜，而凉菜中豆豉、辣椒是必不可少的。有一次叶子龙见他工作了一个晚上，十分辛苦，便自作主张给加了一个菜，结果这个菜被原封不动地退回。

毛泽东的生日菜谱也比较简单。从延安时期开始，他便公开反对搞生日庆典，他常说："庆贺生日不会使人长寿，因此并无必要庆贺。"解放后，他更是以身作则，他的生日总是过得平平淡淡。

1958年他的生日食谱记载：大菜为"萝卜丝鲫鱼、长征鸡、烧豆角、炒大白菜"，小菜为"炒腌菜、炒腊肉"，主食、面食为"米饭、寿桃、寿面"。从食谱上看，能体现生日氛围的仅仅是多加了"寿桃和寿面"而已。

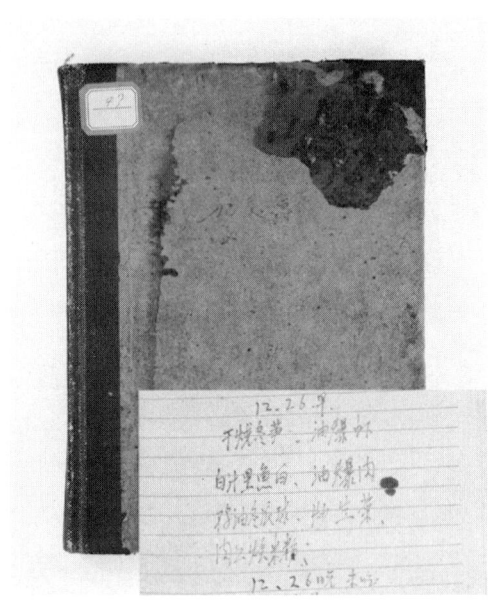

生日食谱

1962年12月26日，毛泽东69岁生日，他只吃了早餐，晚餐仅仅是一缸子麦片粥。早餐是和工作人员一起吃的，食谱上是这样写的：干烧冬笋、油爆虾、白汁鲤鱼白、鸡油冬瓜球、炒生菜。这份菜谱中明显地就没有肉类，印证了毛泽东在1961年主动提出不吃猪肉、鸡肉的情况。

厨师王近仁在毛泽东身边工作六年，他曾回忆说："现在很多人知道我当年给毛主席当过厨师，以为我是个了不起的人物，其实不然。说实在的，在毛主席身边工作，在中南海掌勺，我学的手艺几乎派不上用场……毛主席当年爱吃的饭菜，今天已经很难在星级酒店上桌了，可我要将这些手艺传下去，这普通的饭菜里凝聚着光荣传统，凝聚着革命精神，不仅过去是，而且现在和将来仍然是最好的营养品！"

毛泽东的食谱清楚地记载着他每天吃饭的次数和他的饮食习惯。有的食谱一天才写一次，有的两天写三次，有的一日写三次，其中最后一次写着"半夜"。这说明毛泽东吃饭并无时间规律，平均来看，一般是一日两餐或者两日三餐，吃饭时间不一定。有时吃点芋头、麦片粥、压缩饼干也算一餐。

毛泽东有自己的来自家乡韶山的饮食习惯和个人喜好，在毛泽东食谱的"小菜"这一栏中，总可见"炒苦瓜"和"焙辣子"这两个菜。有一份食谱，从 5 月到 7 月（具体年代无从考证）3 个月的时间里，记载他一共吃苦瓜 21 次，带辣椒的菜 31 次。

毛泽东喜欢种菜，从 60 年代一直到他去世这段时间，他都喜欢叫大家在中南海的园子里和旁边的边边角角种上各种蔬菜、瓜果之类的东西。他自己有时间也浇浇水。种的蔬菜有大白菜、萝卜、黄瓜、西红柿、茄子、辣椒、苦瓜、大冬瓜，等等。凡是能种的、常吃的蔬菜都种，有的地方还种上果树。

吴连登回忆："开始的时候，院子里好多地方都种了花，主席就叫我们给刨掉了，因为他讲了：'种那么多的花没有用，浪费肥料。种花不如种菜好！'种好的菜弄给他吃，他通常吃过后都很高兴。"

毛泽东提倡"自己动手，丰衣足食"，比如，他常吃的小虾就是中南海产的，工作人员休息时做几个小箱子，里面放一些饭粒，丢进中南海里，第二天取箱子时就能捞上一碗小虾。毛泽东很喜欢吃中南海出产的这种小虾。

1967 年 3 月 22 日的《毛泽东食用蔬菜和副食品的记载》中，就写明他食用的蔬菜和副食品的来源分为两种：一种是自产，一种是本市及外地购买。

从这份登记中，我们可以清晰了解到当时自产的蔬菜和副食品总共五大类：蔬菜类、豆制品、奶制品、家禽类、猪肉类、水产类。每一类还分很多种，真是种类繁多，基本做到了自给自足。需要采购的部分就很少了，主要是本地不能生产的蔬菜、粮食、水果、海味干货等，数量很少。

采购的菜多出部分如何处理？在韶山毛泽东同志纪念馆留存着一份《食品处理账》，上面清楚地记载：第一，交由供应科处理；第二，若有需要，身边工作人员买下；第三，卖给食堂。比方说，买了一斤肉，其中肥肉榨油剩下许多油渣或者买了几条鱼，却只吃鱼头，那剩下的部分呢？这些剩下来的东西并不会丢掉，而是按照以上方法处理，并详细记载去向，所有产生的费用均计入毛泽东的生活账中。可谓物尽其用，这从一个方面也说明毛泽东的节俭，反映出他在生活上是如何严格约束自己和身边人的。

毛泽东的生活饮食起居可以用"不刻意为之"这句话概括，即不刻意地追求，不奢侈，不浪费，从自己的最低需要出发。

四、伟人生活账

进入中南海之前,毛泽东一家的生活并无专人管理,成为国家首脑之后,中共中央办公厅特设"第一组"管理毛泽东一家的日常生活,毛泽东被称为第一组首长。

毛泽东一家的生活账在他去世后一度散落于丰泽园的地下室,1990年由韶山毛泽东同志纪念馆派人收集、整理,成为极珍贵的国家文物,准确而系统地反映了1952年到1971年1月毛泽东一家的日常开支。粮食、食品账有四本,其中采购粮食账两本,采购食品账一本,食品处理账目一本;日常杂费开支账也有四本,记录购买洗衣粉、肥皂等洗涤用品,添置锅盆碗筷等用具及医药费、茶叶费、头油、针线等;毛泽东、江青衣帽鞋袜分类登记账,包括衣料、布匹、被褥、鞋袜的添减、使用情况;物品分类账,记录燕窝、银耳、海米等食品和手纸、火柴、香烟等日杂的进出量和使用情况;生活费收支报表记录收入及开支情况。

20世纪60年代初,毛泽东提出要对自己一家的收支认真填写报表,每个季度上报中央警卫局财务处。这样的生活报表,毛泽东留下42本,大都是他的生活秘书用横格纸自制而成的。这些报表,清晰地记录着这个家庭的开支情况。从生活费收支报表中可以看出毛泽东一家收支的大致情况,如1968年1月:收入:上月接转14095.45元,毛泽东工资404.8元,江青工资243元。支出:月房租费125.02元,送王季范、章士钊4400.00元,12月、1月党费40.00元,日用消费品92.96元,液化气9.6元,伙食659.13元。

曾经与毛泽东、江青一起生活的有毛岸青、李敏、李讷、刘松林、侄儿毛远新、江青的胞姐李云露及其儿子,后来毛岸青、李敏、刘松林虽相继结婚搬出,一家的日常开支仍然颇大,收入来源却只有毛泽东、江青的工资以及毛泽东的稿费。1955年,国家供给制、包干制全部改为工资制,毛泽东的工资大约200元,江青只有100多元。李敏、李讷姐妹俩都在育英小学读书,她们过寄宿生活,星期天才与家人团聚,她们的伙食费都从管理科领取。周末，学校把节余退给学生，李敏、李讷拿到这些余钱后从不留下，而是如数交给父亲。毛泽东则把女儿交来的钱送回管理科上账，作为她们星期天在家里的伙食费。

卫士长李银桥负责管理这些生活账。每月，他都据实开列生活费使用计划呈毛泽东审批，这些费用包括吃饭、穿衣、房租、水电、家具折旧、医疗等各项，还有待客、帮助别人的费用。李银桥起草了一份《首长薪金使用范围、管理办法及计划》：主食450元，副食120元，日用开销15元，杂支零用18元，房租费49.63元，党费20元，李敏、李讷读书和生活费每人每月25元……毛泽东仔细看过，用笔敲打着伙食费一栏，说："伙食费每天三块是不是高了啊？"李银桥说："不高呢，里头还包括招待客人的开支。"毛泽东想了想，每天三元的确不算高，才批："照办。"

新中国成立后十余年，亲戚朋友常来做客，他们回去时，毛泽东总要给一些钱物，他们的来往路费、置装费、住宿费、伙食费和礼物，全由毛泽东私人负担。堂弟毛泽连和表弟李云凤来，他吩咐给他们每人做一套新衣服，又要工作人员去管理科领些糖果送他们。工作人员领了十斤，毛泽东责备："拿这么多干什么？""叫他们路上吃。"毛泽东生气地说："两个人在路上哪里吃得这么多？有两斤足够！多余送回去。"他语重心长地说："我们国家现在还穷，不要因为他们是我的亲戚，就大手大脚不注意节约，别的同志的家属来了怎么办呢？"

20世纪60年代，毛泽东和江青的工资都涨了许多，1962年第二季度，毛泽东3个月的工资总和有1214.4元，平均每月400多块；江青二季度的工资共729元，月平均243元。毛泽东的家庭开支也在增加。1963年二季度仅伙食费一项就有3873元，住房月租260.46元。

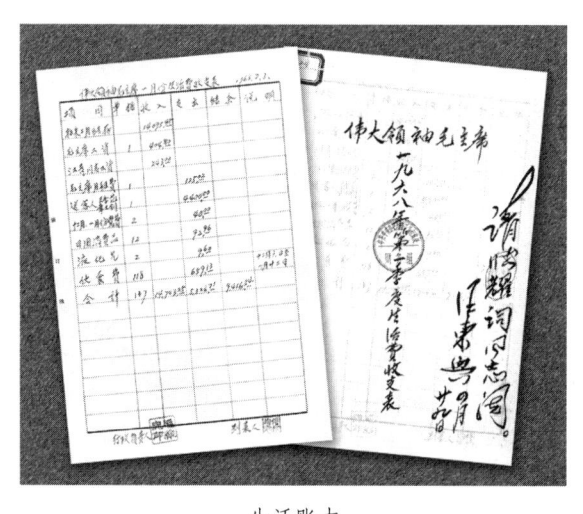

生活账本

其实，毛泽东吃得十分简单，也很少吃滋补品，伙食费为什么这么高呢？原来，他还得招待客饭。他身边工作人员——卫士、服务员、护士、医生等也常常陪他吃饭。他曾开玩笑地对一位工作人员说："你在我这里是'三不要'——吃饭不要钱，住房不要钱，看书读报不要钱。"

毛泽东对别人慷慨，对自己却"吝啬"。他特别反对吃成本高的反季节菜。他对生活管理员武象廷说："我告诉你，只要做到干净卫生，不要买那些贵的东西给我吃。比方说，现在是冬天，你就不要买西红柿、黄瓜之类，买一根黄瓜的钱，到夏天就买得一筐；冬天买一条黄瓜只吃得一餐，夏天买一筐就吃得几十餐！"

武象廷临时外出，王振海替他买回来一些嫩玉米芯，炊事员做好，毛泽东见了，皱起眉，不肯动筷，说："炒这么一盘菜要多少棵玉米啊？长大了能打多少粮食！叫我吃这样的菜，不是破坏生产吗？端回去，谁买的叫谁去吃！"

毛泽东的生活账中记载有他交党费的情况。他每月交20元党费，从来没有滞交、少交过。20世纪70年代，他的工资降低，党费也按规定下降，如1970年10月4日至12月8日的收支报表显示，这一季度他的工资总数是809.6元，交党费20元，单据2张；同时还用工资缴纳房租、水电等共206.32元。

毛泽东的生活账中还有馈赠一项。他身边人员遇到困难，总能得到他的帮助。一些故交旧友也常常从他这里获得支援。

载涛是清朝末年的王爷，解放后却得到毛泽东的关怀——这或许是基于保护"活文物"的考虑。载涛担任中国人民解放军炮兵司令部马政局顾问。有一年，他外出开会，突然接到家里房屋东南角倒塌的消息，他忧心忡忡地仰天长叹："天公不作美，房子塌了，我怎么修得起啊！"毛泽东很快知道此事，在一次教育界人士参加的座谈会上，他说："听说载涛先生生活不宽裕，房子坏了，没有钱修。从我的稿费中拿出2000元，给先生修房。"座谈会一结束，毛泽东就派人把这笔钱送到载涛家里。

末代皇帝溥仪特赦参加工作后，每月工资仅100多元，毛泽东提议从自己的稿费中拿出一些钱给他改善生活，笑言："不要使他长铗归来分食无鱼，人家终归做过皇帝嘛！"

1970年年底，毛泽东患病，听说自己的小车司机朱德魁生活困难，盼咐从生活费中支出200元帮助他。

章士钊得到毛泽东的资助最多也最久。章士钊字行严，曾用笔名黄中黄、青桐、秋桐等。1881年（清光绪七年）生于湖南省善化县（今长沙市）。其父章锦曾在乡里为里正，后做中医。毛泽东与章士钊的交往，除同乡这一层和敬重之外，还因为毛泽东"欠"过他一笔大人情。那是1920年，毛泽东组织新民学会会员赴法勤工俭学和筹建湖南共产主义小组时，在上海曾向他借款，章士钊无钱，却很快发动各界人士捐款，筹得两万块大洋交给毛泽东。

新中国成立后，章士钊与毛泽东过从甚密，却依然过着清贫的生活。毛泽东想帮助他，又晓得章先生不会接受馈赠。毛泽东与章老的女儿章含之谈起当年借钱的事，说："你回去告诉行老，从现在开始我要还他这笔欠了差不多50年的债，一年还2000块，10年还清2万！"几天后，毛泽东果然派徐秘书送给章老2000元，说今后每年春节都会送上2000元。章士钊心中不安，说当初借给毛泽东的钱是众人筹措的，并非自己的钱。毛泽东笑曰："我这是用我的稿费给行老一点生活补助呢。行老一生无钱，又爱管闲事，常常散财帮助别人。我们也要让他安度晚年。"

如此，每年的正月初二，毛泽东必派秘书送给章老2000元，1972年，累计达两万。1973年春节过后不久，毛泽东见到章含之，问："今年送钱没有？"章含之说："主席当初说定十年分期偿还，还足两万。去年是最后一笔，今年就没有送了。"毛泽东笑道："怪我当初没讲清，这钱是给你们那位老人家的补助，哪能真的十年就停！我告诉他们马上补送去！"又说："你回去告诉行老，从今年开始还利息。50多年的息我也算不清了。就这样还下去，只要行老还健在，这个利息是要还下去的！"果然，这笔钱一直送到1973年7月章士钊在香港去世。

五、吸烟的习惯

1974年，毛泽东回到家乡湖南，在省委招待所住了104天。这是他新中国成立后在京城外所住时间最长的一次。此时，多种疾病时时困扰着他，夜晚，剧烈的咳嗽常常使他不得不中断工作。他十分苦恼。医护人员也无可奈何，对于老年人的慢性气管炎，实无根治良方。

他实在疲乏不堪，便说："困了，我要睡了。"大家赶忙为他张罗，又是按摩，又是铺床垫被。毛泽东安静地闭上双眼。大家悄悄退出，刚刚在值班室坐下，就听到剧烈的咳嗽声。"主席咳嗽了，赶快准备冰糖水！"大家一跃而起。一会儿，一杯热气腾腾的冰糖水端到床头，毛泽东依旧咳嗽不止，工作人员扶他起来。他咳嗽着坐到沙发上，却越咳越厉害。

他的咳嗽起因除长期劳累外，还跟他大量吸烟有关。另外，可能与他早年得过肺结核有关[1]。保健医生劝他戒烟，他也晓得吸烟不好，却没能戒烟。

其实，历史上毛泽东也有一次以惊人的毅力戒烟，那是在1945年重庆谈判的时候。他在山城共住40多天，与蒋介石会谈10次。毛泽东知道蒋介石不抽烟，在与蒋介石谈判时他就一次也没有抽过烟，蒋介石对陈布雷说："毛泽东的烟瘾很大，但他知道我不吸烟，自己就不抽，这种决心和精神不可小看啊！"

毛泽东的吸烟习惯与家乡韶山的影响也有关。

毛家对洋烟（鸦片）之类是坚决杜绝的。"洋烟"自1840年鸦片战争以后才大规模污染中国空气，成为耗损国人精神肉体的毒品。它在中国内地的危害，持续了整整百余年，直到毛泽东巨臂一挥，才扫尽污泥浊水！

早在清光绪年间，韶山毛氏家族就引录了一篇《戒食鸦片烟文》：

闻之酒能乱性，犹堪为宴客之需；色最迷人，尚可致生育之喜。唯鸦片之为害，较鸩毒而尤深。形不散，不丸和泥成块膏，或黄或黑，倩药生香，盒储无多，陈之榻上，签挑甚便，烧向灯前。赌博场中，籍作留宾之品；温柔乡里，凭为荐寝之媒。枪为烟具佳名，竟使身由他杀，土乃烟膏本质……

又有《劝戒洋烟》六条：

损坏身体。劝尔莫吃烟，吃烟坏身体。呼吸熏蒸骨髓枯，容颜消瘦面如纸。

---

[1] 据斯诺回忆，马海德医生1936年在陕北保安给毛泽东做体检，发现毛泽东曾经得过肺结核，只是当时已经痊愈。

虚耗钱财。劝尔莫吃烟，吃烟耗钱财。广土宫胶如烈火，田园烧尽化成灰。

荒废正业。劝尔莫吃烟，吃烟废正业。百般生理误灯旁，赤手空归遭饿劫。

疏慢亲友。劝尔莫吃烟，吃烟慢亲友。横眠酷似病缠身，等候何人能耐久。

迷失晨昏。劝尔莫吃烟，吃烟失晨昏。一盏长明灯不熄，空过阳世暗销魂。

贻害子孙。劝尔莫吃烟，吃烟害子孙。几杆短枪家杀尽，血流何处觅无痕。

此六条告诫，可谓语重心长。另外还有《劝戒洋烟诗》更有韵味：

> 终日昏昏恋睡房，孤灯鬼火照胡床。
> 千金购就迷魂药，百宝装成夺命枪。
> 废寝忘餐徒自苦，抛家弃业为谁忙？
> 容颜憔悴君知否？相对空含泪两行！

杨昌济先生曾经在日记中记载过他与毛泽东的一次谈话：

毛生泽东，言其所居之地为湘潭与湘乡连界之地，仅隔一山，而两地之语言各异。其地在高山之中，聚族而居，人多务农，易于致富，富则往湘乡买田。风俗纯朴，烟赌甚稀。渠之父先亦务农，现业转贩，其弟亦务农，其外家为湘乡人，亦农家也，而资质俊秀若此，殊为难得。余因以农家多出异才，引曾涤生、梁任公之例以勉之。毛生曾务农二年，民国反正时又曾当兵半年，亦有趣味之履历也[1]。

在毛泽东向老师的描绘里，韶山是一个没有烟、赌的淳朴之区！

当然，韶山人也有吸烟的传统，但这个烟并非"洋烟"，而是"土烟"，即自种烟叶做成的烟。

韶山土烟的做法，是在山间菜地种上烟苗，长大之后取叶，晒干，打捆，切成烟丝；其吸法，多半是用水竹的根做成长烟斗，配套的还有一个盛烟的小布袋，用火镰点燃抽；富裕些的人家则有专门的铜质水烟器，可以让烟通过水得到过滤，降低毒性，过烟后的水呈深褐色，还可用来杀虫（烟叶浸泡也可做成农作物的杀虫剂，亦可直接放到书里或者衣柜里杀虫）。

---

[1] 据1915年4月5日杨昌济日记。载《达化斋日记》，转引自《毛泽东早期文稿》，湖南出版社1990年版，第636页。

毛泽东的父亲不喝酒，却抽烟，毛泽东抽烟当然既是受父亲影响也是受家乡影响。

毛泽东是否像他父亲那样抽过水烟，现无从考证，可以肯定，他一生大多是抽那种不需器具的纸烟。青年时期，他的生活艰难而节俭，并无太大烟瘾，也没有他花钱购买纸烟的记载。当踏上武装斗争之路，他抽烟厉害起来，许多时候就是抽自己用废纸做成的喇叭筒，或者打仗缴获的纸烟。

新中国成立初，工作人员常从北京卷烟厂购买"中华"烟。20世纪五六十年代，他时常外巡，离京前，随行人员除了要准备行李，还得带上大量"中华"烟。

居家时，毛泽东的香烟放在他伸手可及的地方，外出则一般由随行人员携带。为了方便，他们找来天津卷烟厂生产的"双猫"金属空烟盒，装入烟卷，放进口袋或公文包里。

冬天，气候干燥，烟卷水分蒸发后很不好吸。有一次，毛泽东抽烟时突然说："在我们南方，冬天切烟丝时要喷上几口水，要不然就不好抽。"又说："你们帮我想想办法，看能不能把烟弄湿一点。"于是，工作人员就开始为毛泽东想方设法，但他们自己都不抽烟，没有"实践"经验，实在是想不出好点子。后来，他们终于从"老烟民"那里得到一个"偏方"：在烟盒中放些新鲜油菜叶，上盖下垫，能保证烟丝不过分干燥。毛泽东抽了用这个法子保管的烟后大加称赞。

毛泽东吸烟也追求过一次"牌子"。友人送来一条"555"牌香烟，按常规，一切礼物都得交公，但这是香烟，能否破例收下呢？工作人员去请示，毛泽东沉吟半晌后说："友人相赠，却之不恭，可以收下。"还说："我也来尝尝这个洋烟，看它究竟是个么子味？"毛泽东终究未能抽完这条"555"香烟，他受不了这种烟的呛味。

毛泽东抽"中华"几十年，偶尔也抽过"555""熊猫"。

1968年，他患重感冒，依然想抽烟，每次一抽就咳嗽，只好吸上几口丢掉，他感叹："人病了，烟都没味了。"李先念建议毛泽东抽一种特制的雪茄烟："这种烟既可解瘾，又不会咳嗽。"毛泽东被李先念说得动了心，他让一个比他咳嗽还厉害的人先试抽，果然不错，毛泽东也就正式抽起这种烟来。

无论抽什么烟，都于身体有害，大家希望毛泽东戒烟，国外朋友也极力劝他戒烟。

1967年3月12日下午，毛泽东在人民大会堂亲切会见新西兰共产党主席威尔科克斯。威尔科克斯是中国人民和中国共产党的老朋友，曾经多次访华，他大步上前同毛泽东热烈握手、拥抱，并关切地问："毛主席身体好吗？""马马虎虎，暂时还死不了，但是不久就要见马克思了。"毛泽东笑着说。威尔科克斯动情地说："生和死是不可避免的，但是我们现在还不能让毛主席死，如果那样的话，我们可吃不消。""人总是要死的，你不让我死，有什么办法呢？这是不以人的意志为转移的。""希望毛主席很好地保重身体，要是我不抽烟的话，我一定劝毛主席不要抽烟。"

毛泽东斩钉截铁地说："这个矛盾不能解决！已经成了习惯，很多年的习惯，要是不抽的话，就像少了什么东西。从三十几岁就开始抽，抽了四十几年了。"他回顾了自己几十年的抽烟经历后，对威尔科克斯说："我是学了马克思的，没有学列宁。"

参加陪同的一位中央领导人补充说："马克思、恩格斯、斯大林都抽烟，就只列宁不抽。"威尔科克斯这才明白毛泽东的意思，大笑起来。

最后，毛泽东告诉威尔科克斯："将来我见马克思的时候，他会问：毛泽东，你抽不抽烟？"说完，毛泽东自己也忍不住笑起来，连眼泪都笑出来了。

几个月后，即1967年10月12日，毛泽东在人民大会堂接见阿尔巴尼亚党政代表团。宾主落座后，毛泽东从茶几上拿起香烟请谢胡、阿利雅抽。"谢谢，我们都不抽烟。"两位客人有礼貌地说。"你们都讲卫生，我不讲卫生！"毛泽东风趣地

毛泽东用过的烟灰缸，湖南醴陵产

说。"霍查同志抽烟！"周恩来赶紧告诉毛泽东。"那就是我的好同志！"顿时，整个大厅响起一片爽朗的笑声。周恩来接着告诉毛泽东："霍查同志抽的是中华牌香烟。""雪茄烟比较好，抽了不咳嗽。"说着，毛泽东从茶几上拿起一支雪茄烟，划火点燃，津津有味地抽起来。谢胡恳切地说："为了主席的健康长寿，建议主席戒烟。"毛泽东摇摇头，坚决地说："戒烟不行！我没有那个硬气。""如果医生要您戒烟的话，您一定会戒！"谢胡找到了理由。"医生比我抽得厉害！卫生人员才不那么卫生呢！"毛泽东边说边哈哈大笑起来。

作为毛泽东抽烟的见证物，是他留下的烟嘴和烤烟箱。烟嘴有国产的也有进口的。新中国成立初期，毛泽东抽烟从不用烟嘴。后来，保健医生认为他抽烟太多，对身体危害甚大，便弄一些烟嘴给他，说："主席，你以后还是用烟嘴吧，这样可以过滤一些尼古丁。"毛泽东不乐意，还是采纳，慢慢地也就习惯用烟嘴。

20世纪50—60年代，毛泽东公务十分繁忙，相应地吸烟也多。1961年6月，工作人员打听到国外有种烟嘴可装过滤药物，可大大减少尼古丁等的吸入，征得毛泽东同意，委托外交部购买两打。当年7月1日，外交部便买到这种烟嘴，派人送至丰泽园，同时交给毛泽东的生活管理员一张《往来款项结算通知书》："我驻日内瓦使馆转来委托外交部收款书第49号单据共4张，计欠165.60法郎，按0.569折人民币94.23元。兹将上项单据随函送上，即请将款交还本部财务科，以便转还使馆。"

本来，生活管理员想在招待费中报销这笔开支的，毛泽东反对，要自己付款。管理人员把这件事上报中央办公厅，由中办主任汪东兴最后定。汪东兴考虑再三，认为还是从主席稿费中报销为妥。

工作人员还为毛泽东制作了一个小木箱，专门用来放烟嘴、过滤器等，以便外出时使

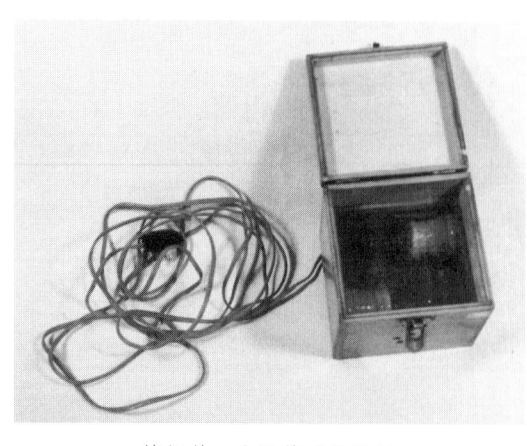

烤烟箱，生活管理员自制

用。在毛泽东出外时，大家每天都要把四五个带有过滤器的烟嘴拿出来，用酒精棉球消毒、擦拭，放在小木箱中的一个盒子里，时刻准备毛泽东使用。

人们又给毛泽东做了一个烤烟箱。不要以为毛泽东的烟是随用随制，这个烤烟箱是作干燥用的。雪茄在春、夏潮湿季节极易受潮，毛泽东吸起来费力。有一年夏天，毛泽东到庐山避暑，带的雪茄大多受了潮。工作人员每天在煤火上、白炽灯下烘烤。

毛泽东在北戴河小住，香烟又受潮，有人说："白炽灯可以烤烟，为何不做一个木箱省事呢？"烟箱做成，只见它中间用铁丝做隔层，箱底装两个白炽灯。试用几次，省力省事，后又做了几个小一些的。毛泽东外出，再也不怕烟受潮了。

毛泽东抽烟取火未见有用打火机的记录，他的遗物中只有许多空火柴盒，而没有打火机。

毛泽东每天要吸许多香烟，火柴的消耗也就很大。战争年代和解放初期，他一天可吸一包烟。遇到通宵达旦的紧张工作，他会吸得更多。毛泽东晚年因患上了气管炎，工作人员便每次把一支烟一折为二，以减少毛泽东的吸烟量，但这样火柴的消耗却增加，毛泽东似乎意识到这一点，他便特别注意火柴盒的重复利用。

火柴盒总要反复使用

毛泽东吸烟从不要别人给他点火，而总是自己动手。他擦火柴的习惯也与众不同。一般人都是在火柴盒两侧的磷皮上随手擦划，而毛泽东每次点火时好像都十分慎重行事，只擦磷皮的两端。结果，一盒火柴用完了，磷皮的中间部分还从未擦过。一位新来的工作人员在收拾毛泽东的物品时，随手把

第四章　淡饭粗茶

毛泽东用过的烟盒

曾经给毛泽东盛金橘饼的罐，是湖南醴陵的瓷器

人间烟火——毛泽东的家居生活

几个空火柴盒扔进了垃圾桶，毛泽东发现后叫他捡了回来。这位工作人员不解地问："主席，空盒子还要啊？"毛泽东说："凡是可以用的，都不能丢掉。"事后，这位工作人员与其他同志闲聊时说："一盒火柴一分钱，空盒子留下来干什么？扔了就扔了呗！"刚好这句话让毛泽东听到了，他很生气，叫了这位工作人员谈话："你这么说是错误的。我们国家还很穷，凡事都要节约，浪费不起哟。火柴盒确实不值钱，但它是用木材做的，丢掉它不就是丢掉木材么？"工作人员听后恍然大悟，羞愧不已。此后，毛泽东身边工作人员都十分细心地将用完的空火柴盒保留下来，专程去火柴厂买回大量火柴，重新装上再次利用。于是，一只空火柴盒便反反复复使用多次，直到完全不能用了才扔掉。

抽烟的危害，现在已为人们公认，烟民也越来越少。抽烟除有提神的效果外没有任何好处。毛泽东喜欢通宵达旦地读书、写作，许多时候他就靠抽烟来提神。抽烟给他带来的身体损害在晚年越来越明显。在多次查体时发现有轻度气管炎，久之，发展成为慢性，程度加重。20世纪70年代后，毛泽东的健康状况大不如前，气管炎越来越严重，时常咳嗽。这是几十年吸烟带来的后果。有关部门专门在中南海附近设了个烟厂生产特制雪茄烟，但即使这种烟毛泽东也抽不了，后来，毛泽东得肺气肿，终于被迫戒烟。但此时，抽烟对毛泽东的心肺损伤已不可逆转。

家乡父老牵挂着毛泽东，大家千方百计为他寻找民间偏方。韶山民间对付老年支气管炎的最好方法是咳嗽时喝金橘饼泡的水。金橘水能清热理气，止咳化痰。毛泽东1974年在长沙居住的日子里，家乡人们便特制这种金橘饼。毛泽东喝过金橘水，咳嗽有所缓解，却无法根治。毛泽东离开湖南，湖南省委招待所用两个大罐盛着橘饼，让工作人员带回北京，以后每年都要用这种方式送给毛泽东。

六、无意而成的"主席用瓷"

毛泽东在生活上素以随便、简朴著称，无论衣、食还是住、行都如此。当然，他也有自己的喜好。比如，用餐的碗，虽然对瓷质没有什么要求，但他对碗上的装饰有所偏爱——这种偏爱他并未明说，更没有为此发出"指示"，这都是工作人员长期细心观察和体会出来的。

起初，工作人员在江西景德镇给毛泽东定做了一些日用瓷，碗周围画上粉红色蜡梅花，就连碗内也画上了。毛泽东很喜欢梅花，他就一直用这种碗。

毛泽东在谈起瓷器时，曾说："湖南有个醴陵，也产瓷器。"醴陵是毛泽东1927年考察农民运动和发动秋收起义的地方，他对那儿十分熟悉，也很有感情。没想到毛泽东的这句话，给醴陵这个偏僻的湘赣交界处的小镇带来空前的繁荣。这句话传出后，湖南人便开始关注醴陵瓷业的发展，投入了更多的资金和人力。到了20世纪70年代，醴陵的瓷业已发展到相当规模，许多产品已堪与景德镇的名瓷媲美——醴陵成为中国第二大瓷都。

毛泽东终生不忘故乡，愈到晚年思乡之情愈烈。他常常回湖南小住，在这块他早年成长奋斗过的热土上感受一番逝去的峥嵘岁月。当时，湖南省委接待处负责毛泽东的生活起居。接待处使用的瓷器都是景德镇产的红梅图案瓷碗、瓷碟等。这使湖南方面觉得大为不妥："毛主席要回家乡了，为什么不用家乡的泥巴做的碗呢？"

湖南省委接待处的肖根如接受了去醴陵为毛泽东制作日用瓷器的任务。为慎重起见，接待处邀请了毛泽东身边工作人员吴连登同行。因为吴连登一直管理着毛泽东的日常生活，由他监制能够保证万无一失。肖根如手持中共中央办公厅和湖南省委办公厅的介绍信到醴陵，联系了瓷厂，提取了样品。后来，在正式制作主席用瓷的过程中，他们又几度上醴陵，解决一些细节问题。不久，第一批试制品出来了，肖根如拿了成品回长沙征询意见，得到大家一致认可，便开始正式生产了。

醴陵产的这批梅花瓷非常精美，无论是图案，还是瓷质、烧制工艺，均属上乘。毛泽东用后，异常高兴，因为这是他的故乡湖南产的瓷器，从此，他就改用醴陵产的这种梅花碗。家乡人见他喜欢，就又多生产了一批送到北京，以便主席在北京也能用上家乡出的瓷碗。

毛泽东对茶杯也很是讲究，但他讲究的不是质地，而是颜色花纹。他喜欢白色的、印有兰花的瓷杯，他晚年便一直用这种瓷杯。

毛泽东用过的盘子

茶杯，毛泽东在许多会议场合都用

　　同样的兰花杯又分单株兰和双株兰。这是工作人员在订制这种瓷杯时的刻意安排。单株的是供毛泽东专用的，双株的则是待客用的。

　　1990年10月，经中共中央批准，北京中南海中央警卫局将数千件毛泽东遗物，主要是晚年在中南海使用过的遗物移交韶山故里，由毛泽东同志纪念馆收藏，其中就包括数百件瓷器。也就是说，毛泽东生前使用过的瓷器，已大部分交由韶山毛泽东同志纪念馆收藏。1998年3—4月，我们又专程赴主席用瓷的两大主产地：湖南醴陵和江西景德镇，对这批瓷器的背景情况，包括生产时间、厂家、设计、制作者、工艺特点等进行深入细致的调查。通过实地采访当年的设计单位、生产单位及相关的当事人、知情者，我们基本上弄清了馆藏主席用瓷的来龙去脉。

　　毛泽东主席用瓷，尤其是专门为毛泽东特制的那部分瓷器，是特定历史阶段的产物，它反映了一个时代的特征：经济与政治的结合。

　　例如，"胜利杯"的诞生。1958年4月11日，中共湖南省委派人到醴陵，带来一个延安使用过的上下一般大的桶形茶杯，要求在此基础上改矮、扩大、加盖，并要以最短的时间试制出样品。这就是第一次为中央首长和毛泽东特制瓷器。很显然，由中央表达意向，湖南省委下达指令，这已不同于一般的经济意义上的生产行为。这与古代御用瓷的生产有相似之处，但亦打上了鲜明的时代烙印。在两个多月中，湖南省陶瓷研究所确实将此作为了压倒一切的政治任务，连续设计了六种造型，先后四次送长沙鉴定。

耐人寻味的是，给杯子命名也包含了深刻的政治含义。设计制作者结合当时形势，曾想到"幸福杯""跃进杯""解放杯"等，而最后定为"胜利杯"，象征毛泽东领导中国人民革命取得了伟大胜利。为表达此意，杯底还加印了一个和平鸽标志的釉上西赤红印。

再如 1974 年为毛泽东特制梅花碗，据当年的参加者、醴陵群力瓷厂职工苏瑞国回忆：据说 1974 年主席回湖南，在长沙吃饭时，谈到所用瓷器要两面有花更好看，省委接待处便想给主席生产一批两面有花的碗，重量不能超过 150 克，因为主席年纪大了。群力瓷厂接到任务后郑重其事，把设计人员都调集起来。那时政治热情高。参加的都是高级工人，一般的工人都不参加。生产了几百个，从中选出 100 个送上。

在我们采访的许多当事人的回忆中，都能清楚地看到，当时为毛泽东制瓷，确是作为一项严肃的政治任务来下达并完成的。此外，设计者的精心构思也往往考虑了政治含义。无论"胜利杯"的命名，还是梅花、芙蓉花图案的设计都是如此。设计月季花图案餐具的彩绘总工程师李人中就直言："选中月季花是因为它的生命力旺盛，不需特殊的养料、培植而能顽强地生长。""瓷质要好要精，画面要求要有全国的代表性，也要突出政治……我想到月季花能月月开放，突出政治，也要月月都把生产搞上去，全国山河一片红……"

毛泽东主席用瓷鲜明的时代特征，概括起来，即它既是经济的产物也是政治的产物，经济与政治是那么紧紧结合在一起。"大跃进"运动、"文化大革命"等中国当代史上一系列政治运动也给毛泽东主席用瓷打上了深深的烙印（有一部分毛泽东遗物还直接印上了政治口号和宣传画）。

毛泽东主席用瓷的工艺美术价值，既是中国悠久的制瓷历史发展的必然结果，同时也体现了 20 世纪 50—70 年代中国瓷器工艺的最高水平。

餐具，小碟被称为"建国瓷"

瓷都景德镇古称昌南，而西方以"China"称瓷器，即"昌南"的音译，并以此代称中国，成为"中国"的英文名称，足见瓷器地位之显赫。唐、宋、元、明、清的瓷器都各有各的时代特征，而新中国成立后的瓷器，其时代特征之鲜明恐非古瓷可比，毛泽东主席用瓷可为代表。这既表现在生产这批瓷器的政治背景、装饰用意和生产过程上，也体现在其工艺水平上。

由于为毛泽东主席特制瓷器，在当年是作为政治任务，因而在工艺上要求特别严格，当然这些均为毛泽东本人所不知。

首先是原料的精选。据湖南省陶瓷研究所有关专家介绍，制作主席用瓷的原料都是优中选优的特级品，世上存量极少，现在已不复存在。

其次，设计这些瓷器的人员都是中国陶瓷界的顶尖人物。例如，担负1974年主席用瓷即红月季、红芙蓉、红秋菊、红蜡梅四件套釉下双面彩薄胎碗设计制作者就是湖南省工艺美术大师、著名陶瓷美术家李小年和彩绘总工程师李人中等；而为毛泽东的牙具、茶花餐具、烟灰缸设计画面的则是湖南省陶瓷研究所的高级工艺美术师熊声贵。

高等级的特精原料，经过具有高超工艺水平的设计制作者的手，于是精美绝伦的主席用瓷诞生了。在当时那种特定的政治气氛下，中国瓷业存在着一个普遍现象，那就是为了突出政治，往往置经济效益于不顾。

毛泽东主席用瓷，从产地来看，主要有两大类，一类是湖南醴陵瓷，一类是江西景德镇瓷。其中湖南醴陵瓷数量最多，也最为完备。醴陵是中国20世纪新兴的"瓷都"。在学习老大哥——景德镇的基础上创出了自己的特色。那就是有别于传统的青花而创造了"釉下五彩"，可谓别开生面。或许因为湖南是毛泽东的故乡，更是对后起之秀、新生事物的褒奖，毛泽东一生偏爱醴陵瓷，20世纪五六十年代以后，更是以使用醴陵瓷为主。

醴陵曾四次专为毛泽东、党中央设计制作瓷器。首次即1958年制作"胜利杯"。这种杯工艺已非常精湛，为釉下五彩蝴蝶花，花面是著名的彩绘工程师林家湖设计的。第二次在20世纪60年代前中期，为毛泽东设计的一种梅花碗。这种碗取样于明永乐年间制龙纹碗，官窑器物造型，将碗口内敛收缩，碗壁修薄，选用最优质的高岭土、石英、长石等做泥料，胎质坚细，透明洁白，釉面光滑，典雅轻巧；碗外饰三组红梅，衬一枝青竹，红绿相趣。这是中国当代瓷器的经典之作。1966年6月，毛泽东在滴水洞居住时，使用的就是这批梅花碗及梅竹图案的笔筒。

第三次为毛泽东制瓷在1972年，这是生产得最多的一次，由醴陵艺术瓷厂精心制作了1210件大小碗、盘，全部釉下彩绘（内外双面）梅花、带盖。千余件精品大部分由人护送到中南海丰泽园，专供毛泽东使用；小部分留在湖南省委接待处，以备毛泽东回湘时使用。

最后一次就是1974年，醴陵群力瓷厂为毛泽东特制的40件薄胎碗，即月季花、芙蓉花、红菊、蜡梅这四件套高级釉下双面彩薄胎碗。

据有关专家鉴赏，这批在"文化大革命"中产生的薄胎釉彩碗属首创，打破了历史上瓷器底足不施釉面的制作工艺手法，大胆革新，将坯体倒装入窑，经1360℃高温，再在成瓷后的碗口施上一层白色低温釉，又经700℃低温窑烧制而成。这种低温烧毛坯，高温烧成瓷，低温烧釉口，"三烧制"三次进窑，破损多，成本高，而烧好的成品，成为极品，被誉为"瓷中之王"，在中国20世纪的近代陶瓷发展史上，代表了最高的工艺水平，是研究近代陶瓷史的重要材料。

除了醴陵瓷，毛泽东主席用瓷还包括景德镇瓷。

景德镇位于江西省东北部，毗邻安徽省，它已有2000余年的制瓷历史。景德镇瓷传统以青花为主。我们这次亲历其境，漫步瓷器街或到各生产厂家、陶瓷研究所、陶瓷馆，看到琳琅满目的瓷器，觉得青花仍是其最大特色。毛泽东主席用瓷，其中就有一些青花瓷（包括醴陵产的139瓷）。这种瓷朴素、典雅，既富于中国传统文化的韵味，又因不含铅毒而符合饮食卫生标准。

20世纪景德镇人引以为自豪的是，他们在毛泽东主席逝世前一年为这位世界级的伟人精心设计制作了一批瓷器。

据我们这次采访（1998年4月16—24日）的当事人、知情者的回忆和有关媒体的报道，1974年，江西、山东、湖南等地省革委会接到中央派人传达的上级指令，要为毛泽东设计、制作一套生活用瓷，并提出要能代表当代中国制瓷工艺最高水平，且超越前代。各地以最快的速度拿出设计方案和样品送京。驻景德镇的轻工业部陶瓷工业科学研究所（今中国轻工总会陶瓷研究所，我们这次调查的重点）提交的样品，以明正德官窑器为基本造型蓝本，系用半薄胎高白釉新工艺，通体晶莹剔透，洁白如玉，在白釉上饰以粉红色桃花并衬绿叶，称"水点桃花"，该样品一举夺魁。1975年年初，中央正式下达生产任务，代号"7501工程"。这是中国瓷业界最后一次为毛泽东专制瓷器。

"7501工程"正式实施时对原设计方案做了重大修改，一是改变传统的釉上彩为釉下彩工艺，以避免铅毒的危害；二是考虑毛泽东食无定时，食用容器一律加盖以便保温、保洁；三是改桃花为梅花，在粉红色折枝梅旁点缀几片苍翠竹叶。陶研所全所总动员，从最优的技术人才中选出40余名技术过硬，政治进步，出身好的设计、制作、生产人员，包括国家级陶瓷工艺美术大师王锡良，高级工程师徐亚凤、刘平、彭召贤等。据介绍，当时组织、管理极严密。"7501工程"完全被当作一项神圣的政治任务，经过一年的艰苦努力，终在年底前制出千余件成品，从中选出两套，每套138件。

"7501"瓷每套包括9—15厘米盖碗48件，15—30厘米盖盘（和合器）40件；1、2号茶杯各10件；调羹10只；布碟10只；醋壶、酱油壶、胡椒筒、牙签筒、香烟筒、烟灰缸、饭锅、品锅、大汤勺、茶叶罐各1件。

景德镇生产的这批主席用瓷，其本身的历史文化价值的确是巨大的。

我们要提请读者注意的是，由于"7501工程"完成之时，毛泽东已病重，不久即离人世，所以毛泽东未来得及使用。从1990年中南海移交韶山的瓷器看，就没有这批瓷器中的任何一件。

不过，现在收藏在韶山的毛泽东使用过的瓷器中，近一半是景德镇产品，大多为1966年以前使用过的。这部分瓷器有两个特点。其一是代表了20世纪五六十年代中国瓷业最高的工艺水平，并反映了中国瓷业由传统向现代的过渡；其二是这批瓷器非为毛泽东特制，但一般都有特定含义，如"建国瓷"乃是建国瓷业公司在新中国成立初期所制，含有纪念意味，采用兼具新旧特征的红绿蓝缠枝莲图案（有几件还是专为开国纪念所制，有鲜艳的山水花鸟、松树图案，并有题跋）。另外还有一些是专为钓鱼台国宾馆所制（据花型设计者陆如介绍有两件为西哈努克访华所制）。

如此观之，韶山毛泽东同志纪念馆珍藏的这部分景瓷，既为毛泽东使用，又包含特定的历史内涵，工艺水平也颇高，是真正称得上文物的精品，其价值远在上述"7501"之上。

我们这次十余天的景德镇调查，采访了大批当事人，包括国家级工艺美术大师王锡良、"建国瓷"生产的负责人潘庸秉之子潘文锦和部分主席用瓷设计者、高级工艺美术师陆如等，使毛泽东主席用瓷的历史文化价值得到了确认。同时，他们为我们提供了大量的关于这些瓷器的第一手背景材料，给我们的收藏、保护、管理、研究、陈列创造了条件。

主席用瓷最大的价值之一，也是有别于拍卖会上的交易品的是，它们打上了毛泽东深深的文化品位与个性。

其一，毛泽东不是收藏家，在他的瓷器中，几乎没有纯粹的艺术品、装饰品，而全都是日常用瓷（以餐具为主）——这些瓷器本身的工艺价值（有的图案系当代工艺美术大师的杰作）当然另当别论，更没有古董。毛泽东有一个特点，有人赠送文物、艺术品，他都是转送给故宫博物院或上交礼品管理部门，但韶山毛泽东同志纪念馆收藏的瓷器中没有一件古、名瓷却是事实。这说明了毛泽东求真务实、不喜华靡的品性。

其二，毛泽东喜好朴素、自然、淡雅，但他对大自然情有独钟，对山水花鸟树木有爱好，这突出体现在他的诗词文章中，也明显反映在他的日常用瓷中。他的瓷器既包括传统的青花瓷（如醴陵产135瓷、景德镇的玲珑瓷），也包括绘有兰花、牵牛花，尤其是梅花、芙蓉、月季、红菊的杯、碟、碗。这中间，为毛泽东特制的梅花、芙蓉、月季、红菊瓷器最能体现毛泽东的个性，毛泽东在晚年也用得最多。设计者独具匠心，制作者精益求精，而使用者也特别喜欢。关于毛泽东对花卉的喜爱与他个性的关系，已有许多文章介绍，兹不赘述。

其三，毛泽东用瓷体现了他平民化、大众化和善于吸收古今中外之长的特征。20世纪六七十年代是有过多次专门为他设计制作瓷器，但这些瓷器造型、花色仍是平民化、大众化的，并无古代帝王的"独享"风格，绝无贵族化倾向。在50年代和60年代前中期，毛泽东用瓷更是直接采自景德镇瓷厂和普通瓷器店，以至于我们调查这些瓷器的背景，竟花了很大气力，因为太大众化了，没有特殊印记，当事人早已淡忘。不少被采访人甚至毫不掩饰其不屑一顾，称之为"大路货"，而作为采访者则由此更深刻地认识到毛泽东人格的魅力和他与人民水乳交融的品质。

同时，我们还看到，毛泽东对待瓷器这一古老工艺的态度亦如他对待中国传统文化的态度，是非常宽容的，是博采众长的。他使用的瓷器中就既有现代气息浓郁的新瓷，也有古趣盎然的传统瓷（如一个双面青花瓷钵）；既有毫无装饰的白瓷也有彩绘山水的艺术瓷。毛泽东瓷器中还有几件日本产品，其图案与中国传统瓷大异，采用了极为细密繁复的花型，近似西洋宫廷制品。可见毛泽东对外国文化亦愿接纳，而不是采取排斥态度。

七、其他几样餐、酒、茶用具

毛泽东吃饭爱用筷子，这一方面是出于节俭，另一方面不能不说也是他早年在韶山形成的对竹筷的感情使然，在用筷子方面也体现着他一生的平民本色和远离贵族化的倾向。

毛泽东从不使用高级餐具，特别不愿用刀、叉等西餐具，他用筷子吃饭、夹菜，且只用竹筷、木筷等极为普通的材料制成的筷子。1949年9月，毛泽东对工作人员说："今天我要在家里开会，中午客人在这里吃饭，你们准备一下。"开饭前，毛泽东似乎是有些不放心，特意到东房饭厅检查，当他看到摆放整齐的象牙筷时，面色突然沉了下来，大声说："谁要你们摆象牙筷子，快给我拿下去！"李家骥赶忙上前解释："主席，这是从招待科借来的……"毛泽东打断他的话，大声说："我叫你撤你就撤！"李家骥很是尴尬，委屈地撤下了已摆好的象牙筷，又赶忙摆上了毛泽东常用的毛竹筷。然后他跑去值班室找李银桥。"刚才主席为摆象牙筷的事发火了。你看，我当初就讲不能摆的嘛！现在主席火了，怎么办？"李银桥也感到不好，一边安慰李家骥，一边朝毛泽东的房间走去。"你还是去东房准备，我再向主席解释一下。"

李银桥走进毛泽东的卧室，提起筷子的事。"主席，象牙筷子是我让摆的，我考虑您很少在家里待客，不搞好一点会让客人笑话，再说来客也不一般呢！"毛泽东这时火气已缓和："这件事我也有责任，我没有交代清楚。不过我今天再重申一次，今后不管来客是谁，都要讲节约，不能摆阔气大吃大喝。而且，今后无论是待客还是自家吃饭，一律用竹筷！"

后来，李银桥在与毛泽东的闲聊中又说起象牙筷的事。李银桥认为毛竹筷易长霉变黑，看上去很脏，如果用象牙筷就没有这些问题了。"我从小到大都用竹筷子，习惯了。象牙筷子是有钱人用的，太贵重，我毛泽东用不起啊！"毛泽东笑着说。

每当离京外出，毛泽东也总要带上他的竹筷子，他说："用自己的吃起饭来都要香一些。"在访问苏联时，他瞅着满桌的刀叉若有所思，这时工作人员为他摆上了从国内带来的一双筷子，他便右手拿筷，左手持刀，问大家："你们说说看，这两样东西哪样好？"俄语翻译师哲就坐在毛泽东的身边，他回答："用惯了哪样都好。"毛泽东侧过脸又问坐在一边的陈伯达："你说哪种好啊，陈教授？"这时陈伯达正在艰难地用刀叉分割一块肉，嘴里还含着一大块。他支吾着说："筷子好。"毛泽东用餐巾纸擦了一下嘴，说："对，我认为也是筷子好。"他掰着指头说："第一，筷子经济。不用多少钱就可以买到，不愿意买，拿一根树枝或一截竹子修修就是一双。第二，大众化。中国老百姓都用它，连日本人也用。第三，轻便好带，不怕丢失。你们讲是不是筷子好？"

听毛泽东这样一分析，大家都向卫士要筷子，卫士说："没有了哇，我们只给主席带了一双！"

1956年，毛泽东突然间提出要南下。登上专列，准备用餐时，负责打点行装的封耀松才发现，由于太匆忙竟忘记带上筷子。没办法，他只得从专列保管室弄来一双象牙筷。开饭时毛泽东看见了，大发脾气。卫士努力劝主席用象牙筷"将就"一餐算了，但就是劝不转，最后主席竟如孩童一样赌气"罢饭"。封耀松硬着头皮说："主席，我到服务员那里借一双来行吗？"毛泽东半天才吱声："你去吧！"

可是，年轻的服务员一般都用调羹吃饭，她们听了小封的倾诉，非常同情他，答应想办法。好不容易才找到一双粗糙的竹筷子。封耀松满脸沮丧地拿这双"筷子"去见毛泽东，没想到毛泽东见了反而很高兴，连连说："好好，我就只习惯用筷子。"

在毛泽东的故乡湖南，人们了解到毛泽东爱用筷子这一习惯，便在湘西大山区找到一种黄杨木。这种木材做出的筷子既好看又耐用，毛泽东用后非常满意，此后，他一直用这种木筷而很少用竹筷了。他的遗物中就有不少尚未启封的黄杨木筷子。

从上屋场的家居什物看，毛泽东早年家居没有酒器、酒具，也未见有人回忆毛泽东父亲喝酒，毛家是节省的，显然，父亲平时不会喝酒，只是在来客时陪同喝点米酒。毛泽东家庭文化中缺乏"酒文化"，毛泽东不能喝酒，也不爱喝酒。卫士李家骥回忆："如果我们打了大胜仗或参加宴会，如果喝茅台也就是半小杯。平时如果喝酒，他多喝葡萄酒。他喝完酒好脸红，我从未见他喝醉过酒。"

毛泽东说："喝酒会误事，不能喝的最好不要喝，能喝的最好少喝。"不过，毛泽东和他的军队曾经与中国"国酒之乡"茅台却有不解之缘。

1935年，遵义会议之后，毛泽东重新回到红军统帅的位置，导演了荡气回肠的四渡赤水之战。3月16日拂晓，红军教导营和两个工兵连击溃国民党守敌，占领茅台，控制东西两岸渡口，利用等待过河的时间，向群众宣传讲演，张贴标语文告，又打开官仓，把粮、盐分给当地的穷人，镇压了民愤极大的恶霸。

谣云：

红军到茅台，开仓分浮财。
土豪把头低，百姓笑开怀。

时茅台酒厂的资本家和工人听信谣言，早逃遁一空，周恩来立即要政治部张贴了"民族工商业属于我军保护对象"的标语。

军委发出"关于三渡赤水河的行动部署"电令，红军大队全部抵达茅台。一时，河边、街上到处住满红军。战士纷纷到酒房买茅台酒品尝；有的还用来擦脚活血，舒舒筋骨。毛泽东也派卫士陈昌奉用四块银元买两竹筒散装茅台酒来品尝。

南京报纸污蔑红军在茅台的酿酒池中洗脚。时任国民参议院的黄炎培先生嘲笑撰文者的无知，仗义执言，赋一首《茅台酒》诗：

喧传有客过茅台，酿酒池中洗脚来。
是真是假吾不管，天寒且饮两三杯。

事实上，红军与茅台人民结下了深厚的情谊。赖元兴等许多干人（穷人），给红军送来被子、草席子搭床铺，还主动献出家中的木板、床板、杀猪板等红军能用得着的物什，协助红军架设浮桥，并撑船送红军过河。

住在赤水河边的唐兴和、余安珍夫妇，一个帮红军架桥，一个帮红军煮饭，并给两里路外放哨的红军送饭，红军回送他家一床棉被。

《红星报》报道了当时人民拥军的盛况："我红军进到仁怀县时，仁怀的劳苦群众派了代表50余人，其中一半是工人，抬了三头肥猪，茅台酒一大坛，送到总政治部慰劳红军……总政治部派了代表答谢他们的慰劳，并详细说明了红军的主张，随即把肥猪、烧酒，连同打土豪收来的东西，分给当地群众，并且抚恤被国民党飞机轰炸的人民，欢声雷动，盛极一时。"

红军离开茅台时，群众依依不舍，船工赖元兴等人一直远送红军30余里才返回。红军钟碧扬负伤掉队，群众立刻把他背到岩洞里隐藏起来，给他秘密送饭、送水、送药。当钟碧扬伤愈出来活动时，保长发觉，向国军密报，当地人民又及时把钟碧扬送离茅台，使前来捉拿钟碧扬的国军扑了空。

3月16日晚，毛泽东来到赤水河边，见浮桥拆除，穷人中一人认出了他，群众蜂拥而来，撑船送他安全过河而去。

这是毛泽东与茅台酒的一段奇缘，可是他一生并不善饮酒，也不喜欢喝酒，许多时候对喝酒之习给予批评，当然，他也有破例喝酒的时候。

1942年4月底延安文艺座谈会召开前夕，毛泽东宴请诗人何其芳等，一张漆成绛色的方桌上摆着四小碗菜，毛泽东与大家喝酒、吃饭。午餐后继续交谈，严文井问："听说主席喜欢中国古典诗歌。您喜欢李白，还是杜甫？"毛泽东说："我喜欢李白。但李白有道士气。杜甫是站在小地主的立场。"9月20日，毛泽东又在枣园设宴，与诗人柯仲平等畅饮。客人从四面八方赶来，相继入席，毛泽东站起来说："诸公驾到，非常感谢。今在枣园摆宴，必有所求。"他宣读一遍《解放日报》第四版征稿办法及具体内容，接着讲道："俗话说，吃人口短，吃人一口，报人一斗。吃亏只这一回，但不许哪个口上抹石灰。办好党报，党内同志人人有责，责无旁贷。我想诸位专家、学者必然乐意为第四版负责。"随即，他顺口念出一组四言诗句："当仁不让，有求必应，全力赴之，取之不尽，用之不竭。"

他与大家边吃边谈。毛泽东让卫士送来三个碗给柯仲平、舒群，然后给自己斟得满满的，说："喝吧，老柯、大舒，酒逢知己千杯少……兰陵美酒郁金香，玉碗盛来琥珀光。"直到夕阳西沉，明月东升，大多数客人尽兴而散，只剩下柯仲平一人仍旧坐在那里吃吃喝喝，没完没了。月亮渐高，夜色已浓，舒群悄悄写一个条子，劝柯仲平罢饮归去，背着毛泽东递去。不料，事机不密，给毛泽东截住，他笑笑把它撕掉，挽留两人继续喝下去。直到柯仲平喝到不能再喝，才算散席[①]。

这次应当算毛泽东一生中喝得最多的一次。

到1945年8月，他赴重庆，白天，他与蒋介石面对面谈判，夜晚，他时常到各处走访，出席一个又一个宴会，宴会上，毛泽东端杯多半只是做做样子，在鲜英家却真的喝了些。

鲜英家常备美酒，却并不晓得毛泽东不善饮酒，取出封存多年的自制枣子酒。毛泽东不能拂主人盛情，客随主便，彼此对饮。

重庆谈判结束前，蒋介石开招待宴会欢送毛泽东，他举杯向毛泽东敬酒，毛泽东却只是礼貌性地与蒋介石碰了碰杯，而未喝一口。

1949年10月1日，中国共产党举行盛大晚宴，招待前来参加国庆典礼的苏联等国贵宾。宴会上，毛泽东喝的是红葡萄酒。酒过三巡，工作人员便用红茶代替葡萄酒给他斟了一杯又一杯。

新中国成立后，毛泽东把不敬酒列为党的纪律，1953年8月，在全国财经工作会议上，毛泽东强调几条：

一曰不做寿，做寿不会使人长寿，主要是要把工作做好。

二曰不送礼，至少党内不要送。

三曰少敬酒，一定场合可以。

四曰少拍掌，不要禁止，出于群众热情，也不泼冷水。

五曰不以人名做地名。

六曰不要把中国同志和马、恩、列、斯平列。这是学生和先生的关系，

[①] 参看艾思奇：《延安文艺运动纪盛》，文化艺术出版社1987年版，第394页。

应当如此。

遵守这些规定，就是谦虚态度。

1959年，庐山会议期间，毛泽东心情郁闷，在与周小舟、田家英、周惠等人交谈时，突然说："来，我们喝点茅台酒。"服务员马上拿了酒来，给每人都斟了一杯。毛泽东拿起杯子，说："我们边喝边谈。"他举杯一饮而尽，这次与大家一起喝了好几杯，他或许不免要想到曹操的诗：何以解忧？唯有杜康！

接下来一件事让他高兴了些，那就是他女儿李敏8月28日的婚礼。他吩咐在颐年堂准备了三桌，他满面春风地向蔡畅、邓颖超、王季范、王海容、孔从洲等亲朋好友敬酒，他喝了好几杯红葡萄酒。

有一年，正值毛泽东生日，李银桥想为他庆贺一下，却绕着弯子说："大家辛辛苦苦又跟您干了一年，您也要有所表示啊！"毛泽东笑着说："银桥，你这不是变着法子敲我的竹杠吗？"毛泽东当然记得自己立下的规矩，他向来反对为领导人祝寿，但李银桥这么一说，他想了想觉得也应该备些酒。

卫士们拿来白酒和红酒。红葡萄酒是为毛泽东和女服务员准备的。毛泽东举杯敬大家，说了些感谢的话，自己只轻轻地抿了一口，便放下酒杯。姚淑贤说："不行不行，主席这杯酒一定要喝掉。"毛泽东说："你们知道我不能喝酒。咱们订个协议好不好？你们喝酒我吃辣椒。"小姚不同意，说："主席，酒和辣椒不是一回事呢！"毛泽东笑着说："白酒辣但辣不过辣椒，你不同意么？那你吃一个辣子我喝一杯酒，行不行？"毛泽东晓得小姚吃不得辣便故意将军，小姚当然不会"上当"。毛泽东见大家都不饶过他，就认真地说："我还是吃辣子吧，多吃辣椒能成事，酒喝多了会误事。"

刚说完，他也许觉得不妥，又马上说："今天例外，你们尽兴喝，误了事不怪罪！"这次李银桥喝醉了，毛泽东有言在先，没有不高兴，还张罗着与众人一道给李银桥打水、递毛巾。

毛泽东一辈子没有喝过太多的酒，他从来没有用酒来满足"口福"，酒在他却还有两个用途，一个是冬泳时擦身或喝一点暖身，另一个是卫士想出来的：用酒给他安眠，当然，这样做的次数极少。

晚年的毛泽东睡眠更加困难，又不愿意吃补品，工作人员用高丽参浸泡了两玻璃瓶茅台酒，希望他能每次在睡前喝上一杯滋补身体，促进入睡，任凭怎么劝，毛泽东就是不肯喝。结果，这两大玻璃瓶人参茅台酒他一口也没喝过。毛泽东去世后，中央办公厅组织专人清理毛泽东的遗物时，有人喝掉了其中的一瓶，另一瓶移交韶山毛泽东同志纪念馆。

CHAPTER 5
第五章
休闲时光

无论从习惯上说还是从思想、精神上来说，毛泽东都是一个"简约派""极少派"，但他并不是一个生活单调、乏味的人，他的精神世界是极其丰富多彩的，他的思维方式也是极具创造性的，物质上的极低追求与精神上的极高追求是他个体人生的统一体。同样，对自己的"极度刻薄"和对别人的"极大帮助"则是他社会人生的一个统一体，毛泽东就是在这种个体人生与社会人生相统一中取得事业的辉煌的。

毛泽东休闲、健身、娱乐特点分析

健身、娱乐种类	进行时间	独特个性	进行频率	实例
放牛、打柴	童年时代	将劳动与娱乐结合	童年和少年时代	在山间分组放牛
游泳	少年时持续到晚年	少年游池塘、青年游湘江、中年因戎马倥偬很少游泳，晚年游长江和渤海（也畅游了湘江和故乡的水库）	上井冈山之后直到转战赣南闽西、长征途中和到达陕北期间未见记录；到达西柏坡之前曾在花山泡温泉	1954年7月在北戴河海游，1956年和1966年游长江，1959年在滴水洞水库游泳
爬山	从少年时代持续到20世纪50年代	少年时代故乡多山环境使然，青年时代在岳麓山等地有意识地锻炼，中年是战争环境使他经常爬山，20世	一生都进行，晚年特别是20世纪60—70年代很少	少年时代离家出走时转悠山间，在湖南第一师范期间多次攀登岳麓山，中年发动秋收起义上井冈山，转战武夷

(续)

健身、娱乐种类	进行时间	独特个性	进行频率	实例
爬山		纪50年代在杭州等地多次爬山		山，长征中爬南岭、大雪山、六盘山，20世纪50年代爬玉泉山、景山、玉皇山、莫干山、越秀山和庐山等
做操	约在1910年到湘乡东山高小和到长沙读书开始持续到晚年进入中南海之后	喜欢自编自练	青年时代进行比较多，中年较少，晚年（20世纪50年代）又偶尔进行	在1919年发表的《体育之研究》中，对体操作了系统介绍，晚年在菊香书屋于工作之余常在院内活动胳膊、腿、臀部、头部和颈
散步	整个一生	喜欢以此形式休息脑筋和与人交谈、赏景	经常进行，是最喜欢的活动	如延安时期常在杨家岭、枣园等地散步
逛夜景，观晨景	进入北京之初较多	以此作为休息	因习惯晚上工作，故进行较少	1954年4月底进景山公园，同年4月，一日清晨在北戴河观日出
跳舞	从延安时开始，在西柏坡、中南海都跳过	水平一般，既作为一种活动又当作与人见面、谈心、交流的机会	"文化大革命"爆发后跳得很少	在延安与江青、朱仲丽等跳舞
打乒乓球	从延安时期开始；在北戴河、武汉东湖、杭州西湖等地都打过	口袋中装满球，打完即止	延安时每周打两三次；新中国成立后出巡各地都要打球	1962年在武汉东湖、1966年6月在韶山滴水洞都曾打乒乓球，1972年还开展一场"乒乓外交"

(续)

健身、娱乐种类	进行时间	独特个性	进行频率	实例
打牌（含骨牌、麻将、扑克）、下围棋	少年时代学会，1925年在韶山以打骨牌娱乐和做革命掩护，中年开始在延安打麻将，作为工作之余的调节，新中国成立初也曾打麻将、扑克	作为娱乐和工作间隙的调节，从不单纯地玩，有时在打麻将时还联系生活做辩证发挥或想出一个问题时中途退席	偶尔一玩	1953年与工作人员打扑克，留有照片。遗物中有麻将、围棋
欣赏京剧、戏曲、相声	少年时代开始喜欢地方戏曲，延安时期特别是新中国成立后听得多、看得多	特别喜欢京剧、古诗词配乐曲目，也欣赏地方戏曲和相声等，并倡导改革创新	经常听，有时也上戏院观看	1971年文化部专门录制古诗词配乐唱片。1975年8月动白内障手术时听岳美缇演唱《满江红》词。京剧中最喜欢梅兰芳的《霸王别姬》《穆桂英挂帅》等

一、艺术视野中的家居

毛泽东家居生活中，对文学、艺术的欣赏是极为重要的一项内容。毛泽东一生广泛接触过文学艺术作品，也写过大量诗歌，毛体书法自成一绝，这都是我们所熟知的，这些在本书中将不作详细述说，我们将重点关注他在音乐、戏曲方面的爱好。中南海，他的家里保存有唱片、磁带2000多张（盒），不能说全部是毛泽东收藏的和听过的，因为这中间包括江青的收藏。江青从年轻时起就是一个艺术工作者，一生都用颇大的精力从事表演艺术，毛泽东喜欢戏曲，应当与江青的喜欢和"引导"有关，或者说毛泽东时常生活在他妻子营造的艺术气氛里。江青把上海等大都市的音乐和戏剧氛围带到了延安的窑洞，也带到了中南海丰泽园。

毛泽东并非收藏家，却算得上一位不错的鉴赏家。与其他许许多多的行为习惯一样，毛泽东的艺术爱好之根也在韶山，或者说，他的艺术之源，在他的故乡。他是一位诗歌、书法艺术大师，也是一位非常不错的鉴赏家，他在艺术方面有过精湛的论述。1956年4月初，他在中央政治局扩大会议上发言，提出："在艺术上'百花齐放'，学术上'百家争鸣'，应作为我们的方针，这是两千年以前人民的意见。"

讨论《论十大关系》时，他又谈到"百花齐放、百家争鸣"的问题：

百花齐放，百家争鸣，我看应该成为我们的方针。艺术问题上百花齐放，学术问题上百家争鸣。讲学术，这种学术可以，那种学术也可以，不要拿一种学术压倒另一种学术。

5月2日，他在第二次谈《论十大关系》的最高国务会议上总结说：

在艺术方面的百花齐放的方针，学术方面的百家争鸣的方针，是必要的，这个问题曾经谈过。百花齐放是文艺界提出的，后来有人要我写几个字，我就写了"百花齐放，推陈出新"。现在春天来了嘛，一百种花都让它开放，这就叫百花齐放。百家争鸣是诸子百家，春秋战国时代，二千年以前那个时候，有许多学说，大家自由讨论，现在我们也需要这个。

……

在中华人民共和国宪法范围之内，各种学术思想，正确的、错误的，让他们去说，不去干涉他们。

8月24日，毛泽东在中南海怀仁堂与中国音乐家协会负责人谈话，其中对文化艺术规律的论述，相当精辟：

艺术的基本原理有其共同性，但表现形式要多样化，要有民族形式和民族风格。一棵树的叶子，看上去是大体相同的，但仔细一看，每片叶子都有不同。有共性，也有个性，有相同的方面，也有相异的方面。

……

艺术上"全盘西化"被接受的可能性很少，还是以中国艺术为基础，吸收一些外国的东西进行自己的创造为好。现在各种各样的东西都可以搞，听凭人选择。外国的许多东西都要去学，而且要学好，大家也可以见见世面。但是在中国艺术中硬搬西洋的东西，中国人就不欢迎。艺术有形式问题，有民族问题。艺术离不了人民的习惯、感情以至语言，离不了民族的历史发展。艺术的民族保守性比较强一些，甚至可以保持几千年。古代的艺术，后人还是喜欢它。

我们要熟悉外国的东西，读外国书。但是并不等于中国人要完全照外国办法办事，并不等于中国人写东西要像翻译的一样。中国人还是要以自己的东西为主。

……

特别像中国这样大的国家，应该"标新立异"，但是，应该是为群众所欢迎的标新立异。为群众所欢迎的标新立异，越多越好，不要雷同。雷同就成为八股。过去有八股文章，搞了五六百年。形式到处一样就不好。

……

演些外国音乐，不要害怕。隋朝、唐朝的九部乐、十部乐，多数是西域音乐，还有高丽、印度来的外国音乐。演外国音乐并没有使我们自己的音乐消亡了，我们的音乐继续在发展。外国音乐我们能消化它，吸收它的长处，就对我们有益。文化上对外国的东西一概排斥，或者全盘吸收，都是错误的。应该越搞越中国化，而不是越搞越洋化。这样争论就可以统一了。

……

这是毛泽东几十年以来对艺术的切身感悟和深刻思考！这当中也包括了他对在故乡的切身体验的思考。

我们有必要来回顾一下他在故乡的艺术体验经历，就像他家居生活的其他几乎所有的方面一样，故乡是他的根，也影响着他一生的爱好倾向或习惯。

毛泽东的艺术体验和思考经过长达80多年的漫长阶段——韶山的17年是他的第一阶段。同时，我们应当注意到，毛泽东的艺术领域基本上涵盖的范围是语言的艺术（诗歌、散文和口头表达）和视觉的艺术（书法）、听觉的艺术（戏曲、音乐）、综合的艺术（表演）。这几者常常是交汇在一起的，其规律也是完全相通的。最初，艺术的因素出现在毛泽东的家居生活中，是在外婆、母亲给他的启蒙，那些哼唱了千百年，代代为人传诵，却不曾见诸记载的儿歌，虽然是一种初级、朴素的艺术，但它的确称得上艺术——毛泽东便是在这种纯净的韵律中起步的。

稍稍年长，他开始接受内容更为深广的艺术形式。婆婆姥姥们，给他讲述女仙的神话，他也听到了关于舜帝悠悠"韶乐"的传说……那些美丽的故事，深深吸引着毛泽东，从而将幻想之泉，注入他的头脑之中。

山歌流响在晴朗的空中与鸟韵相和，毛泽东仿佛感到有一根巨大的琴弦，在他心中颤动，他也放开童稚的嗓门，高声唱起来。

应该说，当时的每一个韶山人，都浸泡在这种艺术的氛围里，但老天对于毛泽东是格外地垂青：在1902年以前，他不受任何管束，与他活泼的性格和强壮的身体一样，他的艺术思维也在外婆家获得自由发展。而1902年他回到故乡，虽增加了严厉的父亲，但他得到了十分珍贵的受教育的机会——这样，毛泽东便从口头艺术（儿歌、民谣……）的堤岸，游向书面艺术——中国文化的海洋。这是当时韶山绝大多数孩童所得不到的机会，这也就成了毛泽东迈向艺术之路关键性的一步。

在私塾里，他受到了正宗传统文化的陶冶——对于先生来说，他们授以课读，主要是为了让学生识字，其次是囿以儒家礼法。艺术导引，则是无意的熏陶。

六年的私塾生涯，毛泽东完成了这三个方面的任务——他以他资质的聪慧，以他此前业已打下的基础，以超过与他同窗共室的人们的速度和效率，从四书五经、唐诗宋词中汲取着营养，并开出最初的艺术花朵。从南岸的诗对："濯足——修身；牛皮菜——马齿苋"到井湾里的《赞井》诗，他的起步就是令人惊奇的。书法，也由描红到临摹欧阳询、钱南园，我们从他这一时期留在《诗经》《论语》等书籍封皮上的墨迹，可以看出他最早的书法，是非常工整秀穆的。

从诸多的风俗习惯中，我们可以抽出对毛泽东影响深远的艺术之线，这条线是汉苗交织、雅俗同在的一条线，既有远古苗民的遗存，又有近500年中移民从江浙带来的艺术之风，既有山间田野的口头艺术又有祠堂庙宇的祭祀演艺之乐。

毛泽东早年在故乡的听戏观剧"舞台"有三个地方，即大路边、地坪里和庙堂中。春节里，龙灯一般从初四五耍起，耍到元宵节，团有团龙，族有族龙，后来一般按土地庙的管辖地域（大致相当现今一个村，如毛泽东家所在地域属于关公庙管辖），从团防局和各族祠堂一直耍到各家各户，费用按田亩分摊，为图吉利，龙灯都要进堂屋。毛泽东的父亲毛顺生远远地听到锣鼓唢呐声，早早打开堂屋门，点上灯，龙就进了屋，绕香火堂几圈在前坪耍起来，伴随着地花鼓和湘剧高腔的"关云长"，还有一跃一跃的狮子，真是喜气洋洋！毛顺生高兴，早准备了一个不大不小的红包，毛泽东兄弟则一挂挂地放响着爆竹，穷一些的人接不起龙灯，家人跑到大路上、公屋里去看，还有竹马灯（韶山方言"灯"读 dian），采莲船、踩高跷之类在韶山却不大有，龙灯的苗文化味道比较重，花鼓戏则是典型的湖湘地方戏（语言是地方的，表现手法既俗而又有某些雅的成分），俗得要命的则是赞土地。正月十五的灯节则有十分明显的中原文化特征。

过了春节，属于韶山和湖湘本土的娱乐活动（准确地说是娱神活动）则是端午的划龙船。比较近的看龙船地点是在银田寺前云湖（韶河）水上，远的更壮观的则要到百里之外的湘江，一边击鼓一边喊着号子，各团各境的船竞相争先，岸上则是人山人海，相应地也会有一些古苗民留下来的艺术形式开演。

这些都是民间的公共娱乐活动，而在清明、中元、重阳诸节里，各姓氏都要在各自的祠堂开祭，毛家的祠堂专设戏台，祭祀之后，族人就有看戏的机会，看的什么戏？多是花鼓戏和影子戏。

韶山毛氏二修族谱中绘制的毛氏宗祠图，该祠堂第一进是戏台，毛氏《祠堂记》载：

门内高建戏楼，中台可容数十人演庆。匾题"鉴古观今"。楼柱咸有题联，其书入风出雅者，左右两马门也。台之左右两楼小窗多明，为优人装饰披挂之所。

另外，少年毛泽东还爱跑到清溪寺去看热闹，每当关公的生日（六月二十四日）和观音菩萨的生日（二月十九日），清溪寺都热闹非凡，这个热闹带有浓浓的柏香味和虚幻的色彩，和尚念经的声音与信众的祈福声随着青烟袅袅升上韶山的天空，少年的毛泽东总是陪伴着母亲虔诚地感受着这种宗教的气氛。

少年时的毛泽东还有一个接受地方戏曲和文化熏陶的时机，那就是婚、丧的礼仪。其中婚嫁的礼俗，大多来源于中原文化，多是儒家的一套，而韶山的丧礼却是儒、释、道、巫杂糅：祭祀多用儒家的礼节，超度则纯是佛家的方式，种种禁忌和晚间的唱夜歌，则是富于南楚山区神秘文化特征和苗民遗俗的东西。

毛泽东少年时代见得多的戏种，无非是花鼓和湘剧高腔，还有影子戏，前两者多在过年的时候能看到，后者则是祭祀的时候或者给长寿老人庆生的时候演。影子戏许多时候用来"还愿"，即在神灵前许愿，如愿已偿，就要请戏班子来。影子戏多用湘剧高腔，清越而高扬，许多时候带有一种悲壮和凉意，有浓浓的楚地古风，内容却是正宗的中原文化曲目，与毛泽东后来喜爱的一些剧目非常相近，有关云长（韶山方言"关文长"）、薛仁贵征东、樊梨花征西（樊梨花是薛仁贵的儿媳）、铡美案，等等。

总的说来，毛泽东早年接受过多种艺术形式的熏陶，由此可作为他喜爱民间艺术和戏曲艺术的若干注脚。

毛泽东后来离开韶山，足迹遍及大江南北，他对视觉和听觉艺术的爱好向东西南北甚至外国艺术延伸。对艺术的喜爱和欣赏，使他在紧张的环境中得到休憩和放松，甚至直接开阔了他的思维，拓展了他的战略空间，他每每从中获得难得的休闲，也得到了种种灵感。

毛泽东不会有过多的时间用之于听和看休闲的东西。在故乡的家，因为经济条件的限制，他没有过专门的艺术欣赏而只有随大家一起的感受。在征战的途中，他只能偶尔得暇与民共乐。就算在他到达延安特别是进入北京城，有了稳定的家居生活之后，欣赏听觉艺术和视觉艺术的机会多起来，但从来没有沉湎其中：一方面他的欣赏是出于他生活的个体的需求（在忙碌的工作之余的休息或调整），另一方面却是出于他对民族优秀传统的弘扬和光大，特别是对社会主义新文艺的倡导和创造。

中南海毛泽东家里留下大量唱片、磁带，内容包罗万象，从戏剧、相声到国内外各种舞曲、古典音乐，应有尽有。其中，各种戏剧，尤其是京剧、昆曲占绝大多数，这是毛泽东由少年延续到晚年爱好音乐、戏曲的明证。

毛泽东在中华300多个剧种中特别钟情由徽剧、昆曲、秦腔等深化而成的京剧。他正式接触京剧是从延安始，显然，这与到达延安后组建了新的家庭有关，可以说是江青把京剧带到了毛泽东的生活当中，那孔普通的窑洞里时常传出那架播放78转唱片的手摇留声机发出的动听的京剧声。

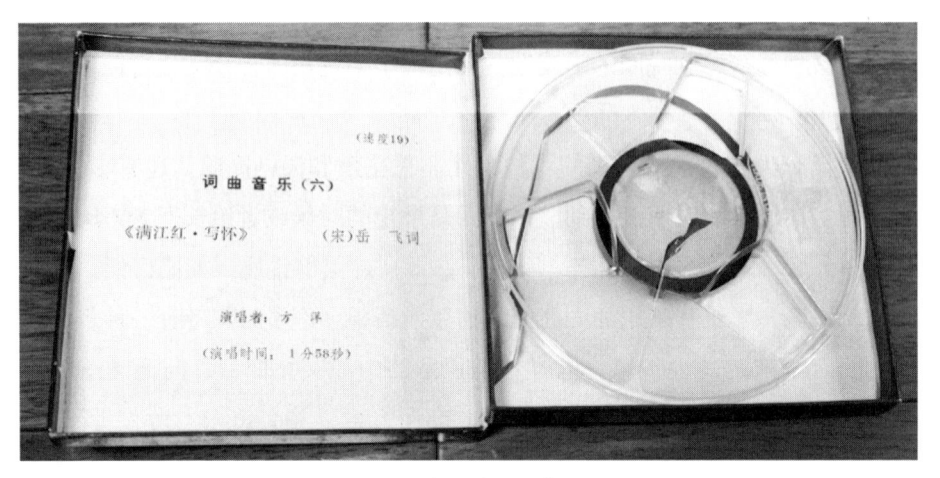

毛泽东听过的磁带

把京剧带到延安的当然不止江青一人，有一大批充满活力的艺术家和青年才俊来到延安，他们把"资产阶级的情调"抛弃，而把京剧等艺术的声音和身姿留下，使物质极度匮乏的延安有了都市的活力。为什么毛泽东在诸多剧种中特别钟情京剧？除了与江青等人的影响有关，恐怕主要在于京剧的内容与唱腔结合得那么完美，它的内容常常是重大的历史事件和重要的历史人物或者是深入人心的一些情节。

京剧，又称"皮黄"，由"西皮"和"二黄"两种基本腔调组成音乐素材，也兼唱一些地方小曲调（如柳子腔、吹腔等）和昆曲曲牌。它形成于北京，时间是在1840年前后，盛行于20世纪三四十年代，时有"国剧"之称。它的行当齐全、表演成熟，气势宏美，是近代中国戏曲的代表。

京剧的出现几乎与中国近代史的发展同步。当中国饱受帝国主义侵略，人民浴血奋战的时候，这个剧目拔地而起，那种黄钟大吕，抒发的正是民族悲壮的心声。毛泽东是一位史家，又是一位救国的英雄，同一种情感在延安与国统区和上海、北京间发生着共振和共鸣，毛泽东之在20世纪三四十年代开始喜欢京剧，看似突然，或者全以为是江青的影响，深层次上实则正是这种共振与共鸣的体现。

据李银桥回忆：毛泽东转战陕北时经常听的是《空城计》《草船借箭》；到达西柏坡后常听高庆奎的《逍遥津》、言菊朋的《卧龙吊孝》、程砚秋的《群英会》；进入北平前后，毛泽东最喜欢《霸王别姬》。

毛泽东在青少年时代就熟读经史，对中国上下五千年的成败利钝与得失，有独到见解，这对于后来领导中国革命，正确分析形势，显然有很大助益。

如果仔细琢磨，我们会发现，毛泽东听戏的过程中，也有着他对革命进程的深刻思考，仿佛他一方面在听着这些历史上发生过的大戏，一方面又在现实的中国演绎着新版的历史大剧，只是他时常借鉴着历史的经验又时常告诫着自己和人们不要重蹈覆辙。

由此看来，我们不能从纯艺术的角度去研究毛泽东对京剧和其他戏曲的爱好与欣赏。

另一方面，毛泽东爱好京剧，这中间也不排除他潜意识深层的"北京"情结，当他以中南海为家，他既来到京剧的故里，他的喜欢也就自然而然得到延续。

毛泽东对京剧的喜欢却非全盘的拿来主义，像思想的其他许许多多方面一样，他的艺术思想也在延安走向成熟，其触角也伸向中国的传统剧种，包括京剧。京剧在延安得到了改造，被注入时代的气息和抗战的精神。

他在繁忙工作之余听听京剧，看看边区文工团员演出的秧歌戏，

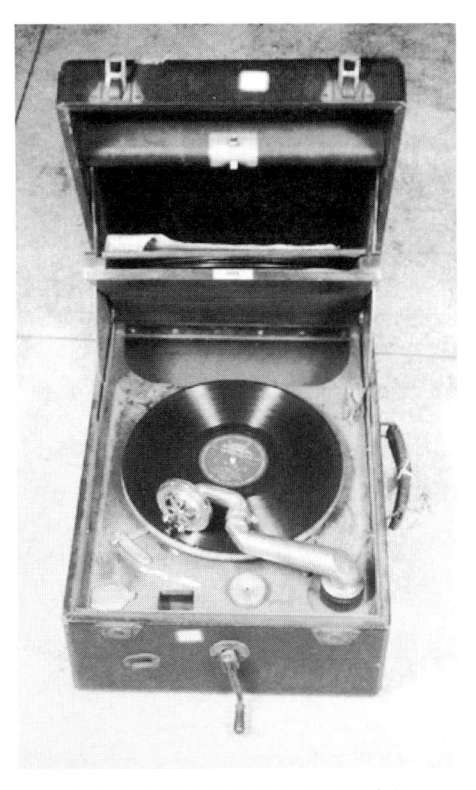

毛泽东在延安就用过的手摇留声机

也不全然是休闲，而是带着思考。

1949年3月，他带着在延安时期添置的手摇留声机进入北平。那些曾给予他不少欢乐的京剧唱片也随之走进庭院深深的中南海。不过，这时已今非昔比。大都市的繁华与延安边塞的荒凉毕竟不可同日而语。毛泽东有条件添置更多的唱片了。后来，他有了录音机、电唱机，也有了藏量丰富的种种戏剧、音乐磁带。

毛泽东公务繁忙，不可能经常到剧院听戏。1949年上半年，中共中央刚刚进驻北平时，戏剧界就专门组织了好几场京剧晚会。还邀请梅兰芳、程砚秋、刘连荣等著名京剧表演艺术家。这些名流大师中许多人原本从抗日战争爆发后就很少抛头露面了，这次都欣然登场献艺，以致产生极大轰动。毛泽东未漏过一场。20世纪50年代初，中共中央办公厅曾多次组织戏剧界、相声界的名流进中南海为首长们专场演出。这种请人演出的办法也不能长久，毛泽东连这个时间也无法保障，人们想出了两全其美的办法：将大师的演出录音放给首长们听。工作人员为毛泽东弄来不少磁带，有京剧、昆曲，有河北梆子、湖南花鼓戏。毛泽东便可在工作之后静静听上几段。

工作人员为毛泽东添置了一部德国制造的录音机。20世纪60年代初，南京无线电厂生产出我国第一代柜式收录放三用机。这是国货，性能也不错，毛泽东为中国能生产出录音机而欣喜。从此便一直使用这部录音机。

移交到韶山的毛泽东遗物中有六部录音机，其中一部是国产熊猫牌收录放三用机，其余均为进口的录放机。

20世纪70年代，有关方面召集了一批优秀艺术家为毛泽东及其他首长录制了大批的传统戏剧磁带、唱片。这些优秀艺术家被分成小组，如京剧小组、古典诗词小组。其中古典诗词小组有昆曲名家俞振飞、岳美缇、计镇华、蔡瑶铣、方洋、李元华。江青曾插手此次戏曲录制工作，并为毛泽东专门录制了几个样板戏剧目。

工作人员给毛泽东准备了大量唱片、磁带并编号制作目录，在目录上用特定的记号标明毛泽东常听的剧目。这样，当毛泽东点剧目时，他们就能很快地找到。

毛泽东最喜欢听的一些京剧剧目有：

毛泽东听过的唱片

李和曾的《李陵碑》《巡堂》；

程砚秋的《春闺梦》；

袁世海的《李逵探母》《盗马》；

冯群秋的《二进宫》；

高庆奎的《姻粉计》《辕门斩子》《斩黄袍》；

余叔岩、言菊朋的《卧龙吊孝》《八大锤》《空城计》《战太平》；

周信芳、袁世海、马连良的《捉放曹》《卖马》《坐寨》《洪羊洞》；

杜近芳的《柳荫记》《白蛇传》；

孟小冬的《珠帘寨》；

谭鑫培的《洪羊洞》《打渔杀家》《卖马》。

1957年4月15日，苏联主席团主席伏罗希洛夫率最高苏维埃代表团访问中国，毛泽东到首都机场迎接，代表中国政府向伏罗希洛夫和他所率领的代表团致欢迎词。为让伏老过得轻松愉快，他还亲自过问安排接待内容。在确定文艺招待演出的剧目时，有人提出演一出比较轻松的京剧，也有人提出演一出典雅的昆曲，争来争去，最后，大多数的意见是怕苏联人听不懂京剧和昆曲，决定全部改为歌舞类。节目内容送毛泽东审批，毛泽东大为不满，说："一定要有戏曲，而且要演昆曲，昆曲听不懂，难道京剧就听得懂嘛，昆曲载歌载舞，而且一定要演昆曲《林冲夜奔》，一定要是最好的昆曲演员来演,就让'活林冲'侯永奎来演吧,我也要去看。"

毛泽东亲点《林冲夜奔》,并陪伏罗希洛夫观看,当侯永奎唱到"管叫你海沸山摇"时,毛泽东带头起立鼓掌,全体中央领导和在场观众也随之起立鼓掌,伏罗希洛夫则有些莫名其妙,但还是对中国戏剧产生了新鲜感。

毛泽东曾多次请文艺界人士进入中南海演出。毛泽东在看梅兰芳、周信芳、马连良等京剧大师表演京剧折子戏时,还建议由侯宝林等相声演员表演几段轻松幽默的相声。他多次邀请侯宝林到中南海表演。

北平刚刚解放时,毛泽东和其他中央领导一般在原来的美国驻华使馆听侯宝林表演相声。毛泽东通常坐在第三排的中间位置。这里放着两把藤椅,一把是毛泽东的,另一把是朱德总司令的。有一次,叶剑英、彭真为毛泽东等准备了一个文艺晚会,毛泽东得知侯宝林将出场,即来到东交民巷的北京市委机关礼堂。侯宝林、郭启儒合说了一个新段子《婚姻与迷信》,毛泽东听后称赞:"侯宝林是个天才,是个语言研究家。"返回居所的路上,毛泽东还在对侯宝林的表演赞不绝口:"侯宝林对相声有研究,他本人很有学问,将来可以成为一个语言专家。"后来,他还看过侯宝林许多段子的表演,如《字象》《关公战秦琼》。

1959年至1963年,马季所在的广播说唱团每周至少两次去中南海演出,共演出100多个中小型段子。毛泽东经常去听,他最喜欢听马季表演的揭露江湖医生骗人伎俩的《拔牙》和张述今创作的《装小嘴儿》。

1963年,马季下乡到山东文登县创作,写出《画像》《黑斑病》《跳大神》。毛泽东知道后高兴地说:"那好,演一演,我听一听。"看完演出,毛泽东握着马季的手说:"还是下去好!"

毛泽东常听的相声有:刘宝瑞、郭金宝的《韩青天》《歪批三国》;侯宝林、马季的《笑一笑》《阳平关》;黄涌泉、马季等的《说一不二》《王金龙与祝英台》;赵振铎、赵世忠等《歪讲三字经》;李鸣层、耿宝林的《过关》;侯宝林、郭启儒的《空城计》《万吨水压机》《昭君出塞》《服务态度》;马季、唐杰忠的《友谊颂》等。

毛泽东听过的唱片、磁带中有大量湘剧、花鼓剧目。他回湖南时也喜欢看家乡戏。他的唱片和磁带中有花鼓戏《刘海砍樵》《八百里洞庭》《小姑贤》《桃源洞》等；湘剧《思凡》（罗元德主演）、《五台会兄》（罗元德主演）、《大破天门阵》（李福初主演）、《昭君出塞》（张淑娥主演）、《生死牌》（吴淑岩主演）、《打猎回书》（王福梅主演）；等等。

其他地方戏则有闽剧《卖画图》《西厢记》；桂剧《雪夜访晋》；南曲《鱼沉》；巴陵戏《夜梦冠带》；昆剧《昭君出塞》；汉剧《四郎探母》；豫剧《秦香莲》；楚剧《断桥》；蒲剧《三家店》；荆河戏《三元会》；高甲戏《劝父归家》；北曲《占绛唇》；绍剧《春香闹学》；祈剧《单刀赴会》；华剧《二度梅》；柳琴戏《张朗与丁香》；二人台《打车城》；正字戏《徐策跑城》；赣剧《打金枝》；高台曲《一朵红花》等，不一而足。

毛泽东用过的电唱机

毛泽东家里留下的唱片、磁带当然不能说都是毛泽东听过的，有些则是工作人员安排舞会时常备的舞曲。20世纪70年代，毛泽东有时在客厅里跳跳舞，以此放松身心。毛泽东家里留下的舞曲唱片有《村舞》《送我一枝玫瑰花》《恋歌》《新年》《打黄羊》《陕北民歌》《东方舞》《回忆》《迎春舞曲》《快乐的心》《自由花》等，也有一些外国音乐，如维也纳音乐《无穷动》《拨弦波尔卡》等。

磁带中还有诚忠的钢琴独奏《北风吹》；刘德海的琵琶《十面埋伏》；曾永清的笛子《骊珠梦》《罗成叫关》；郭向的管子《铁弓缘》；项斯华的古筝《女姬归汉》；闵慧芳的二胡等。

二、居家获取信息的渠道

现代科技为毛泽东提供了了解世界、获取信息的便捷，这种便捷比报纸、杂志更加快捷。在他的少年时代，在韶山冲，他获得外界的消息只能靠口口相传，例如，随曾国藩、左宗棠出去的一批老湘军将士，把鸦片战争、太平天国、中法战争、甲午战争的消息带回韶山，到毛泽东懂事的时候，也约略耳闻（本家族出的提督总兵官毛有庆活到1924年，他的故事颇多，时常为族人提起，毛泽东也直接从他那里听到许多）。后来，像他父亲这样的新湘军将士又把更近的一些消息带到家里。毛泽东得到维新派的革命思想和天下危亡的最新消息则从毛麓钟、李漱清这些先生和表兄文运昌口中得到，正是外界的种种信息，吸引着、激励着他走出乡关。

在东山学校，在长沙城，报纸和杂志进入他的视野，毛泽东如饥似渴地阅读，以此实证他以前和最近的耳闻，这种获知信息的方式一直延续到1927年他发动秋收暴动上井冈山之前。当他成为"山大王"和"流寇"，他有好长一段时间无法及时得到天下大势的消息，直到他攻城略地，才可以看到稍稍过时的"新闻"。在江西的一段时间他时常得到的是一些"旧闻"，因为报纸到他手上往往要比发行时晚许多，随着征战的步伐进入城市，他才能比较及时地看到报刊。在打下长汀之后，他便把那里作为得到书报的一个重要中转站。他有一段时间"隐居"瑞金郊外的东华山，就是由人每天骑马把从长汀得来的报纸送到山上，以此来获取各种信息，作为他决策的参考甚至依据。

当他和红军踏上二万五千里长征路，他的家居生活被彻底割断，他获得信息的渠道脱离报刊，因为报刊在被"追剿"的路上是很难获得的，唯一得到外界信息的手段就只能通过历次反"围剿"战役中缴获的收发报机了，而与共产国际的联系在遵义会议前后也完全中断（这也使中共摆脱了共产国际的干预）。

毛泽东率领红军翻越大雪山之后，他得到陕北有刘志丹创立的革命根据地的消息，这得益于国民党方面发行的报纸。

这个时候，事实上，中国和世界已经有了一种更快捷的了解天下的方式，那就是通过无线电广播。

毛泽东和红军在陕北立足之后，也开始创建属于自己的通讯社，用无线电了解外界的同时也把陕北的消息对外广播。

广播电台的诞生和普及为人们提供了便捷、及时的获得信息的方式，毛泽东也曾用这种方式不出门而知天下事。

1935年10月，毛泽东率中央红军到达陕北，不久，红军在一次战斗中缴获了一部美制军用收音机。这对于刚刚摆脱"围剿"，在西北荒凉高原落脚的红军来说，可是一件相当稀罕的东西。红军缴获过不少电台、望远镜，却少见这么大的收音机，有关部门决定送给毛泽东，以便他能收听新闻。毛泽东见到收音机时喜笑颜开："蒋委员长真慷慨大方噢！"

毛泽东有了收音机后便经常坐在旁边收听新闻报道。无暇收听时，便嘱咐身边的工作人员做好记录向他汇报。

1946年，蒋介石挑起内战，毛泽东主动放弃延安，开始艰苦卓绝的陕北大转战。撤离时，毛泽东许多的日用品都丢弃了，这部笨重的收音机及相当多的书籍却没有丢下。卫士用战马驮着它在黄土高原上与敌人转圈子。

毛泽东用过的收录放三用机

1948年，毛泽东又带着这部收音机渡过黄河，进驻平山县西柏坡村。1949年3月，这部收音机随着毛泽东胜利的步伐进入北平，走进中南海。

新中国成立初，毛泽东还常用这部收音机收听时事新闻，以后换了一台新的。后来，南京无线电厂生产出我国第一代熊猫牌收录放三用机，毛泽东也买了一台，一直使用到去世。

除了收音机，毛泽东还给我们留下了电视机。毛泽东曾用过两部电视机，一部是"北京牌"，保存在韶山毛泽东同志纪念馆。这部电视机是天津无线电厂制造的，厚厚的木质外壳透露出几分历史的氛围。这是毛泽东使用最早和最久的一部电视机。

毛泽东一生公务繁忙，并无太多时间像普通人一样坐在电视机前。平时，他偶尔打开电视机看看新闻节目。20世纪60年代，他基本上没有时间在电视上看文娱节目。

毛泽东关心身边工作人员的娱乐休闲，当他看到警卫战士还未能看上电视后，便自己掏钱买了一部北京无线电厂生产的金星牌黑白电视机送给他们。

晚年，他对电视、电影感起兴趣来。辞世前几年，他特别喜欢看电视、电影。他常常一个人坐在电视机前欣赏那些丰富有趣的电视节目。他那间客厅经过一番改装后变成了电视室、电影室。电影屏幕就悬挂在一面墙壁上，平时由一帘深红色绒布遮掩着，工作人员只要将壁布轻轻一拉，影幕就会显露出来。毛泽东常常在这里看电视、电影，一坐就是好几个小时。

后来，他很难坐在沙发上看电视了，工作人员只好将电视机搬进卧室，让毛泽东躺在那张大木板床上观看。这时，彩色电视机刚刚进入中国市场，毛泽东也买了一部。彩电与黑白机比较，尽管色彩更为丰富艳丽，但辐射对眼睛的伤害也要大得多。其时，毛泽东的眼睛因患白内障，视力大不如前。长时间地看彩电，对视力会产生相当危害。而且，他已很少下床活动，都是躺在大木床上看电视，这样，视线与电视画面不在同一水平线上，观看时间一长眼睛就会更加难受。后来，毛泽东的侄子毛远新来到他的身边工作。这位从哈军工毕业的

毛泽东用过的电视机

工科生为毛泽东制作了一个可以让电视机自由活动的支架，电视机固定在支架上不仅可以左右移动，而且可以上下倾斜。这样，躺着看电视，无论是哪种姿势，眼睛与电视画面都可以保持同一水平线。

1974年，毛泽东回到家乡湖南，在长沙一住就是104天。当时，湖南的电视设备尚不完善，节目也单一。毛泽东想看花鼓戏，电视台只有符合当时政治需要的一些现代节目，没有他喜欢的历史剧。省委组织演员们在电视台临时现场演播一些传统花鼓戏剧目。毛泽东在湖南的这段时间里观看了《刘海砍樵》《生死牌》等不少的传统花鼓戏，感到非常满意。

三、人生一大乐事：游泳

随着年龄的增长，务实内容的加入，娱乐渐渐退驻毛泽东家居生活的一隅——至少纯娱乐的活动，在毛泽东是不多的。游泳算得上这"不多"之一。他与水有不解之缘，他的名字"泽东"之"泽"，"润芝"之"润"都带"水"——"智者乐水"，毛泽东是一位智者，毕生爱水。

毛泽东是一位"游泳家"。从少年时代延续到晚年（大约从10岁到80岁高龄），他有长达70年的"泳龄"；游的地域广，从韶山冲、岳麓山到湘赣边界、陕北延水，"泳迹"遍及大江南北；他游过中国主要的几条江：湘江、长江、邕江、珠江，还有钱塘江；也游过渤海（在北戴河）和黄海（在青岛）。他不仅把游泳当作运动，更将其视为一种与困难、权威、恶势力作斗争的锻炼手段和豪情的载体。在游泳中，他"与天奋斗，其乐无穷；与地奋斗，其乐无穷；与人奋斗，其乐无穷"的人生观得到最生动的体现；他游技高超，方式多变，花样百出，他将游泳也视为艺术。从早年《体育之研究》到后来游泳时兴之所至、口若悬河的种种发挥，则是他的游泳理论。总之，毛泽东是游泳高手，在国家领导人这一高层次的人群中，如此喜爱游泳，又有过如此丰富而个性化的游泳经历的，绝无仅有。

毛泽东最早的游泳记录，留在故乡韶山。韶山地处多山又多水的江南，这里的孩子从小就在门前的山塘里打滚。毛泽东家门口有两口塘，大塘叫南岸塘①，有20亩的水面，夹在两山之间，水映苍松，绿竹婆娑，立夏之后，这里是孩子们的欢乐天堂。少年毛泽东是韶山冲那群天真孩童的头儿。他们在山塘中嬉戏，有时如蛟龙出水，有时如浅水游鱼，自由、欢乐。有趣的是，顽皮的他每每为父亲追打，就跑到山塘边，"威胁"着要跳下去。父亲也往往忘记儿子是会水的，更急煞了疼子的母亲。

毛泽东的表兄文运昌回忆：

泽东上学之日，自荷书箱行李随父进入学堂，谁知仍是村师办法：读而不解，三八期作业，二七日讲古。好快春光，又放端午假了。泽东回家过节，到十五又要跨进学堂门，他决定不去，逢人扬言：不想八两银子的秀才功名背了时，一文不值。无奈之时，老父性狂，慈母曲劝。父亲穿了整齐的衣衫，提点鱼肉盐蛋送他上学。到了出门近三里的地方——关公桥下面路边一口大塘，泽东心急智出，坚持不读死书，往田坎上一走。老父追骂，他就跳到田里，抓了田泥一撒，把老父撒满了污泥，激起怒火冲天，快步追赶。泽东一跃，跳入大塘中……

毛泽东在韶山，不满旧的教育方式，闹出了许多乱子。与水有关的有好几件。在南岸读私塾时，即趁先生不在，跳入塘中游泳，先生回来，命对对联。先生引出《孟子》之句"沧浪之水清兮可以濯吾缨，沧浪之水浊兮可以濯吾足"，出"濯足"为上联，毛泽东立刻取意《大学》中的"修身齐家治国平天下"对以"修身"。

大热天，他总要在南岸门前大水塘游上几圈。他能中途不休息地游三个来回，而别的和他同样年纪的孩子们，顶多游一个多来回。他特别喜欢在清水里洗澡，遇到天冷的时候，他母亲总是给他预备好热水，可是，他不愿洗热水。然而，毛泽东这条"鱼"太大，韶山的"池塘"毕竟太小，他向往着到大江大海去。

他离开故乡，来到湘乡县东山高等小学堂接受新式教育。在东山高小的

---

① 另一口是毛泽东家用于洗漱和取水的塘，小而浅，毛泽东极少在这口塘中游泳。

西面大约一公里的地方，有一条河叫涟水，水中央有一个不算太大的沙洲，四季青草萋萋，每每令人想起《诗经》中的意境："蒹葭苍苍，白露为霜。所谓伊人，在水一方。溯洄从之，道阻且长。溯游从之，宛在水中央。"涟水成为毛泽东平生游过的第一条江河。

毛泽东真正"到中流击水，浪遏飞舟"是在长沙湘江。那是他在湖南一师求学时，常常与学友到橘子洲游泳。他一般都是在橘子洲最南端的牛头洲附近下水，那儿沙平水清，夏天水涨，江面宽达三四里，他能从东岸游至西岸。1917年9月23日，同学张昆弟日记载：

> 昨日下午与毛君润之游泳。游泳后至麓山蔡和君居，时将黄昏，遂宿于此，夜谈颇久。

毛泽东读书时代不仅游过长沙附近的湘江，还与同学远游湘潭，在风光如画的昭山下畅游过波涛滚滚的湘江。那是1917年9月的一个星期天，与他同行的张昆弟在日记中写道：

> 未及三里，寻一清且深之港，三人同浴……浴后，行十四里至目的地下，时日将西下矣。遂由山之背缘石砌而上，湘水清临其下，高峰秀挹其上，昭山其名也……晚饭后，三人同由山之正面下，就湘江浴。浴后，盘沙对语，凉风暖解，水波助语，不知乐从何来也。

1918年3月，上海《教育》杂志主编李石岑来到一师，他是一位游泳专家，毛泽东特意请他到湘江教授游泳。时在清明前后，天气寒冷，细雨霏霏，毛泽东几乎天天到湘江击浪。有两年暑假，他住在岳麓书院湖南大学筹备处，每日下午四五点，和蔡和森、张昆弟等到橘子洲，在湘江畅游后就在沙滩上一边晒太阳一边谈论国家大事。

毛泽东在省城长沙求学期间爱好游泳在同学、老师中十分出名。他不仅将游泳看成一种健身强体的运动，更当成陶冶性情的修身方式。他还在《新青年》上发表过《体育之研究》，对游泳一项多有描述。

然而，毛泽东从1927年秋收起义上井冈山后，有关游泳的文字记录再也未能见到。这并不能说明毛泽东在这一时期从来没有游泳，他到过的名山胜水实在是太多，只是，像学生时代的那种娱乐性的游泳，在战争年代恐怕是不大可能了。

1948年5月19日,转战陕北之后来到河北境内的毛泽东在花山村泡过一次温泉。这是与游泳完全不同的体验,游泳在韶山称作"洗冷水澡",而泡温泉就是"洗热水澡"了。聂荣臻派人来请毛泽东,说离这儿30多里有一处温泉。毛泽东高兴地随聂荣臻来到泉边。这是他平生第一次泡温泉。水只到双肩,卫士找块门板把出口堵住,一会儿,水便深得可以游泳。毛泽东多年没有游泳了,在大西北是难得寻找到可以游泳的地方的,他痛痛快快地游了一通。浴后,换好衣服,掏出一支烟,坐在大石上,看着还在嬉戏的战士,说:"你们不要急,痛痛快快地洗吧,这温泉太好了。"他拿出几张报纸凝神看起来。过一会儿,走进屋里,继续看报,李银桥说太潮湿,也不安静,请他到一个避风的地方去,毛泽东说:"我一走他们也就洗不成了,不要急。"

毛泽东对水的依恋,到晚年全面迸发出来。毛泽东的遗物中,有一部分就是他的游泳用品,有游泳裤、水温计、草拖鞋,等等。有一条白色游泳裤,为棉布制,腰围达110厘米,显然是他身体发胖后用过的,配有一根纱织白色腰带,除裤腰为机制外,其他均为手工制作。水温计是毛泽东下水之前测量水温用的。草拖鞋则是下水前和出水后穿的。

毛泽东进北京城后,有关部门在玉泉山为他修建了一个游泳池,请毛泽东去参观。毛泽东听说是为他特修的,非常生气,嘱咐用自己的收入补足有关费用,却再也不愿见到那个游泳池。他担心上行下效,颇长一段时间不到游泳池游泳,但他没有放弃游泳的兴趣,他选择了大江大海作为放松心情的地方。

1954年夏天,他到北戴河避暑,从7月26日一直住到8月20日晚。其时,中央正筹备召开第一次全国人民代表大会,领导人都到北戴河做准备,毛泽东住在刚刚落成的中直疗养院一号平房。

早晨4点多,毛泽东带着卫士至海边连峰山上观日出、看大海。他向前走几步,迎风望海,呼吸有声,胸膛随着大海的节奏一起一伏。当太阳完全升起时,他开始吟诗。吟的是曹操的《观沧海》:

东临碣石,以观沧海。
水何澹澹,山岛竦峙。

> 树木丛生，百草丰茂。
> 秋风萧瑟，洪波涌起。
> 日月之行，若出其中。
> 星汉灿烂，若出其里。
> 幸甚至哉，歌以咏志。

晚上工作疲劳时，他亦出门观海，低声吟诵。他还找来地图，查证出"曹操是来过这里的"。曹操"建安十二年五月出兵征乌桓，九月班师经碣石写出《观沧海》"。

海滨沙软滩平、气候凉爽，毛泽东第一次下海游泳，时间长达两个小时。李银桥回忆："北戴河海滨狂风大作，洪波百丈，银山万叠。您来海岸上，极目幽燕，缅怀魏武，兴致倍增，要下海游泳。我劝道：'风大浪大，不要去游泳吧！'您豪迈地说：'风浪越大越好，可以锻炼人的意志。'就在那白浪滔天，一片汪洋中，您畅游了一个多小时，上了岸来，还精神抖擞，不知疲劳。就在这次游泳中，您的心中孕育着《北戴河》这首光辉的辞章。"[①]

游过之后，毛泽东感叹说："我看大海风浪也没有什么可怕的。"

此次北戴河之行，毛泽东留下一首咏海的辞章：

大雨落幽燕，白浪滔天，秦皇岛外打鱼船。一片汪洋都不见，知向谁边？

往事越千年，魏武挥鞭，东临碣石有遗篇。萧瑟秋风今又是，换了人间。

1955年6月19日，毛泽东到南昌，当日22点抵长沙，这是新中国成立后他第一次在故乡的省会停留，他将在这里重温青年时代"到中流击水"的旧梦。

农历五月初一，离端午节只有四天。"人歇端午牛歇社"，吃粽子，赛龙船，"瓦樽迎海客，铜鼓赛江神"，楚风浓浓，好不热闹！此时雨水特别多，湘、资、沅、澧四水一起注入洞庭湖，湖水上顶，湘水更涨，即所谓"端阳水"。

时当久雨初晴，云淡风轻。毛泽东来到湘江边。他的老同学、时任湖

---

① 参见李银桥：《在毛主席身边的时候》，《人民日报》1976年12月26日。

南省教育厅副厅长的周世钊陪同。面对波涛滚滚的湘江，毛泽东竟然要下水游泳。周世钊劝阻："水中泥沙多，江面又宽又深，不适合游泳。"毛泽东笑道："你不要说外行话！庄子说过：'水之积也不厚，则其负大舟也无力。'水越深，浮力越大，游起来当然更便利，你怎么说不便呢？"

毛泽东不但要向江水示威，也要向江南正流行的血吸虫病说不。他换上游泳裤，在长沙南郊的猴子石处登上小舟，舟至江心，即纵身跳下，瞬间融入滚滚波涛。他还有意与洪水开着玩笑，做出种种新奇动作，畅游达一个小时。泳后，毛泽东登上岳麓山，一路与周世钊谈笑，忆及故人旧事，生出无限感慨。周世钊赋诗一首：

> 滚滚江声走白沙，飘飘旗影卷红霞。
> 直登云麓三千丈，来看长沙百万家。
> 故国几年空咒虎，东风遍地绿桑麻。
> 南巡已见升平乐，何用书生颂物华。

后来，毛泽东和道：

> 春风浩荡暂徘徊，又踏层峰望眼开。
> 风起绿洲吹浪去，雨从青野上山来。
> 尊前谈笑人依旧，域外鸡虫事可哀。
> 莫叹韶华容易逝，卅年仍到赫曦台[①]。

1956年5月，毛泽东到广州，其间，首度下珠江游泳。这回下珠江游泳共12次，到越秀山游泳场游泳7次。早在1954年他就要下珠江，当时，广州市公安局局长薛焰报告："毛主席，河水很脏，可能有血吸虫，不宜游泳。"此次毛泽东又提出下珠江，卫士再次劝阻。毛泽东说："我现在与资产阶级一样嘛，不能掌握自己的命运了。"他游珠江的决心不容改变，叶剑英即请华南分局办公厅准备了一条花船。此船长20多米，宽10多米，全木结构，有卧室、会议室、餐厅，可举行小型会议或宴会、舞会。毛泽东登上船，从小岛宾馆临珠江的专用码头出发，开向珠江二沙岛。来到白鹅潭，

[①] 此诗作于1955年10月。

他正要下水，远处几艘小渔船上传来呼喊声："毛主席，是毛主席，毛主席万岁！"

毛泽东高兴地向渔民们挥了挥手，即纵身跃入江中。他边劈波斩浪，边高声呼喊："我自由了！"回头，看到不熟水性的公安部部长罗瑞卿和广州市公安局局长薛焰还在船上，大笑："你们两个人，一个是部长，一个是局长，天天说保护我，现在我在水中，你们却在船上，要是我淹死了怎么办？"

听到这话，罗瑞卿和薛焰只能"傻笑"。毛泽东不再管他们，自带一小队健儿，包括叶子龙、李银桥、孙勇、高智，穿过如意坊码头，闯进大坦沙河段，直抵海角红楼泳场，又转身顺流而归，时而仰泳，时而侧游，轻松自如。畅游一个多小时，他才回到小船上，看着薛焰，想起两年前要游珠江，薛焰调查珠江后写的那一纸不宜游泳的报告，拍拍自己的肚皮笑问："你看，我的肚皮这么大，是得了血吸虫病吗？"听这话，看毛泽东俏皮的样子，众人都大笑。他上船休息一会儿，饮杯龙井茶，吸一支烟，再下水，又游一小时左右，这才上船更衣，返回小岛。

毛泽东却还不满足，说："我们走吧，到长江边上去。我们游长江！"长江涨水，罗瑞卿、汪东兴都不赞成，大家轮番劝说，毛泽东很是生气。他背着他们叫一中队韩队长去实地察看水情，看看是否真的不能游。

其时，武汉市公安局以举办游泳比赛名义，动员全局范围的游泳能手报名参赛。初赛报名3000人，经多次淘汰赛，最后剩下20多人，加上从体委挑选的游泳教练员、游泳运动员、救生员各1名，全部调到警卫处集中训练。经过一个多月的磨合，终于在江水中形成稳定的队形。只见四个小划子如同钉子固着在江面四角，标志出一个无形方阵，无论方阵怎样移动，小划子在角上的位置纹丝不变；方阵内则是一个旋转不已却又不散不乱的人圈，就像"八卦阵"。

韩队长也是一个"反对派"。他沿长江岸走了走，看过"八卦阵"，一言不发，回广州后报告："浪太大，不好游。"毛泽东问："你下水试过没有？"他说："没有。"毛泽东火了："没下水，你怎么晓得不能游？你到底干什么去了？"

毛泽东又让卫士长孙勇再去察看。孙勇下了水，王任重、李尔重都一起

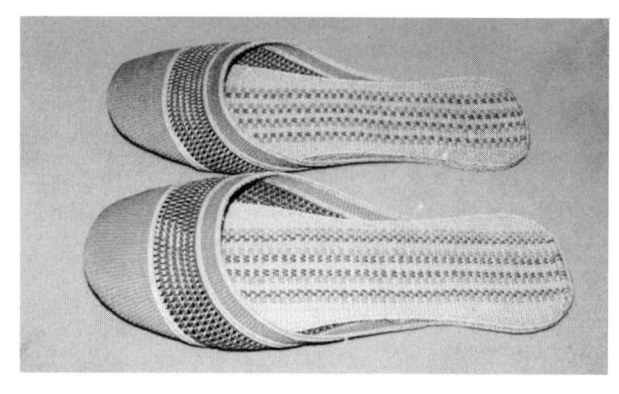

毛泽东游泳时穿的草拖鞋

试游。孙勇回来说可以游。毛泽东高兴极了。因为这件事,毛泽东不许韩队长再跟他去,说:"这个老韩哪,不讲真话。他没有下水就说不可以游。我们去,不叫他去,叫他离开这里。"

5月30日上午6点,毛泽东飞离广州,当天抵长沙,即到湘江游泳,算是热身,然后飞到武汉。毛泽东一下舷梯,王任重迎上去问候了几句话,接着就问,是先到住地休息,还是先游水?毛泽东说:"游水去。"

毛泽东来到长江大桥,随即登上"武康"号,从大桥八号墩入水,游两个小时,三次横渡长江。

6月4日13点,毛泽东飞离武汉,17点回到北京,他还沉浸在游泳的愉悦中,他笑着对周恩来、刘少奇说:"罗长子[①]不叫我去长江游泳,怕我淹死在那里;我偏要去,还不是去了吗?一游就是十六里!我在几天当中游了三次,明年6月我还要去,把罗长子也拉下水!"首度游长江,毛泽东饱蘸浓墨写下一首《水调歌头》:

才饮长沙水,又食武昌鱼。万里长江横渡,极目楚天舒。不管风吹浪打,胜似闲庭信步,今日得宽馀。子在川上曰:逝者如斯夫!

风樯动,龟蛇静,起宏图。一桥飞架南北,天堑变通途。更立西江石壁,截断巫山云雨,高峡出平湖。神女应无恙,当惊世界殊。

毛泽东海游的记录,除了北戴河的渤海,还有青岛的黄海。1957年7月12日上午6点30分,毛泽东坐飞机离开南京,8点30分抵青岛。

毛泽东又一次来到海边,最喜欢的当然还是去大海游泳,这也是他第一次游黄海。此前他多次游渤海,游珠江时也算游了南海,却还从来没有游

---

① 指公安部部长罗瑞卿。

过黄海和东海。站在迎宾馆的窗前，毛泽东就能看到黄海。海的蔚蓝吸引着他。看到毛泽东这样喜欢海，周恩来建议干脆把会场放到靠近八大关的第二海水浴场。

海滩上，太阳伞撑起来，露天座椅摆出来。水明沙净，涛声云影，凉风习习，绿树抚岸。会议之余，他下海游泳，每次要游一个多小时。有时江青陪着，有时是他女儿李敏、李讷，还有毛远新。朱德、乌兰夫和舒同，也不时地加入进来。李讷跟来时，毛泽东始终呵护左右，但也放手让她游。

有时，他久久地坐在细软的沙滩上远望，陷入沉思，是在追思青岛的殖民历史，还是在想他从第一次观海到现在差不多40年的人世沧桑？

想当年，毛泽东带领赴法勤工俭学的新民学会会员第一次来到海滨，看到的是冰天雪地的渤海，"苍山辞祖国，溺水投邻村"，大家怀着闯天下、走世界的豪情。如今那时的小青年现在都变成老年人，理想有的实现了，有的还未实现，志同道合的一批人由无权到手握大权，他们仍然在谋划这个国家的未来。

大海总是不断地在毛泽东的梦里，大海是他旅行的终点，也是他旅行的起点，他有过多次的海上旅行，他也还在构思着新的海上旅行，他想要航向世界乃至宇宙。他知道"向海而兴"的道理，他的思想深处从来不是"闭关自守"的，尽管他一生的脚步被局限于东亚大陆，但他的思想从来没有局限在这块大陆。

他到大海游泳还有另外一层深意，到青岛之前，他在南京颇有深意地说道："你们游水不游水呀？我就到处提倡游水。水是个好东西。你只要每天学一小时，不间断，今天也去，明天也去，有一百天，我保管你学会游水。第一不要请先生，第二不要拿橡皮圈，你搞那个橡皮圈就学不会。"

16日下午4点多，毛泽东乘车到海滨浴场，更衣后，兴味盎然地下水。他时而仰泳，时而侧泳，时而一动不动地面朝天睡在水面。游到防鲨网时，他好奇地潜到水底探探那网子到底有多深，是个什么样。入水差不多一个小时，他似乎有些累了，就在水面上展开四肢晒太阳，就像他小时候在韶山的山间放牛累了，就躺在草地上看蓝天，看白云，享受暖暖的太阳的抚摸。

17日，中午，毛泽东第二次到海水浴场游泳。

18日13点，毛泽东第三次在第二海水浴场游泳。

22 日 15 点，毛泽东再到第二海水浴场游泳，23 日下午，他又下水游泳。24 日下午也留下了毛泽东海水浴的记录。青岛下了几场雨，水温一直比较低。毛泽东泳后回到迎宾馆出现感冒症状，到晚上，咳嗽，头晕，但不发烧。保健医生让他服了一些甘草合剂之类的药品，过了三天，未见好转，咳嗽更厉害，睡眠也开始不好。毛泽东却还要去游泳，医生没有"批准"，他只得作罢。

他也时常到海滨浴场散步。面对着波涛翻滚的大海，他对罗瑞卿和叶子龙说："你们看，海水涨潮落潮，是受了月亮引力的影响；自然界中的风，是因为地球自身的转动和空气的冷热变化形成的。社会上的事，也有它的客观规律；我们要善于抓住这个规律、掌握这个规律，因势利导，夺取胜利。"

这一年是毛泽东一生游泳次数最多的一年。离开青岛后，8 月间，毛泽东到北戴河消夏，照例要下海游泳，随后他来到武汉，时间已到 9 月初。游泳是他到武汉的"必修课"。他在长江大桥五号墩下水，30 分钟后游至汉口四维路附近岸边上船，笑曰："长江，别人都说很大，其实，大并不可怕，你们不让我游，我现在不是已经游过来了吗？美帝国主义不是很大吗？我们顶了他一下，也没有啥，所以世界上有些大的东西，其实并不可怕。"

此次武汉之行，他考察了即将竣工的长江大桥。他详细了解工程技术和工程投资状况，说："将来长江上要修二三十座桥，黄河上要修几十座桥，到处都能走！"大桥局负责人代表全体建桥职工请毛泽东题词。毛泽东应允，几天后即派人送来墨宝"一桥飞架南北，天堑变通途"。

9 月 7 日，毛泽东飞抵长沙，9 日到南昌，当日抵杭州。11 日，前往海宁观潮。

浙江人观潮有些像西班牙人看斗牛，是冒险的行动。毛泽东也来观潮，这是他第一次来看久负盛名的钱塘潮。正是中午，人山人海，毛泽东乃往镇郊七里庙。少顷，江潮汹涌，与海塘相撞，激起层层浪花，涌出三米多高的浪峰。毛泽东观之良久。他先是坐着看，不一会儿又站起来，格外兴奋，直到江面渐复平静。他问众人潮水是怎样形成的，自己又把月球、潮汐的理论解说了一遍。他兴犹未尽，驱车到钱江大桥，竟然能在钱塘江涨大潮时在此下水，逆流而上富春江，游两个多小时，到萧山闻家堰上岸。之后，毛泽东作七绝：

千里波涛滚滚来，雪花飞向钓鱼台。

人山纷赞阵容阔，铁马从容杀敌回。

1958年，毛泽东第一次到邕江游泳。这是一次冬泳。1月6日下午，他到达南宁，住民园饭店。他提出要到邕江游泳。卫士张木奇和另外一人即去选择地方，看看环境怎样，安全怎样，卫生状况怎样。张木奇一边检查一边测试了水温和流速。张木奇测了3个地方、3个深度，深度是水下1米左右，综合起来是17.5摄氏度，下面凉点，上面热点。一般适合游泳的温度是22摄氏度，张木奇赶快准备回去报告，毛泽东却已来到。

大家赶紧换好衣服，护卫毛泽东上了小木船。毛泽东高兴地说："北京冰封啦，不能游，我们国家大嘛，北方不能游，南方能游嘛！"张木奇报告了水温，毛泽东说："凉了一点，还是可以游的。"他脱掉上衣，换上游泳裤，大家给他身上沾了一点水，又给他身上擦了擦，使他的皮肤有些暖和。阵阵寒意袭来，毛泽东仍旧谈笑风生。摄影师在这当儿给他拍了一张照片。下得水中，游了大约40分钟，张木奇感觉头凉不好受，终于憋不住，说："主席呀，时间差不多了，咱们上船吧！"毛泽东却似乎不觉得冷，但看大家冷得嘴唇有些发紫，也就上船去。李银桥打着战问："是不是给您用温水再擦一擦？"毛泽东说："不要。"没有下水的游泳队长问："主席，这个地方水有点凉吧！"毛泽东说："下决心就不冷，不下决心20摄氏度都冷！"

毛泽东向李银桥要酒喝，大约他也有点冷了。可是没有酒，张木奇和李银桥赶紧拿来热水瓶倒些热水帮他擦了擦身[①]。11日，毛泽东又到邕江来游了一次。

毛泽东游泳的兴致在20世纪50年代末期达到高峰。

1958年4月12日，他从武汉抵长沙，次日到广州。他这回在穗停留10多天。30日约15点，他乘车到黄埔冶炼厂码头，直接上了交通快艇，陶铸、朱光等人则上专用于负责警戒和后勤服务的主船。交通艇离岸500米，至江心，毛泽东扑通一声，一跃跳入江中，保卫人员也纷纷跟着跳下水。其时江面风平浪静，晴空万里，毛泽东痛快地游了一大圈，回到主船上，意犹

---

① 据当时随护毛泽东左右的张木奇的回忆。笔者于2002年4月13日访问张木奇记录。

未尽。

这年 9 月 10 日起,毛泽东南巡,游泳是少不了的"功课",张治中全程陪同。10 日上午 8 点,毛泽东与张治中分别坐两架飞机离京,11 点 40 分抵达武汉。一下飞机,张治中就问毛泽东:"您昨晚恐怕又没睡觉吧?"毛泽东回答:"昨晚开了五个会,今天清晨又接见新疆参观团,没有睡。"张说:"那您好好地先睡一觉吧。"毛泽东说:"不,天气热,我们马上到长江去。"说着就登车。

到达长江江面,毛泽东与众人在船上吃中饭,桌上是一碟炒青菜,一碟肉片黄瓜,一碟炒小鸡,一碗冬瓜汤。张治中、曾希圣、王任重和毛泽东夫妇共五人用餐。饭后,毛泽东忙着要下江游泳,他笑着问张和曾:"你们可下水?"张、曾同声抱歉地说:"不能奉陪了。"毛泽东说:"好吧,你们都当'观潮派'吧!"毛泽东面江而立,做过准备活动,即下水[①]。

此番到湖北,毛泽东八次畅游长江。12 日,他对运动员们说:"全国的江河这样多,能不能都利用起来游泳呢?全国六亿人口,能不能有三亿人口都来游泳呢?"他的这句话引发了全民游泳热潮。

毛泽东不只在长江里游泳,他随时随地都可游,只要有够深的水。这日下午,他走出下榻的东湖甲舍,来到湖边。他遥望珞珈山下的武汉大学和水利电力学院,见到那里的游泳池人满为患,便说,守在这么大的湖边,不到湖中间来,只在浅水里"泡",有什么意思?说着,他要下湖"试试"。梅白说:"湖里水草太多。"他笑道:"怕什么?大风大浪都不可怕,还怕什么水草?"说着就下水去了。他踩着水,拨开水草,径向湖中游去。学生们发现了这一幕,一时间,数以百计的青年男女出了游泳池的栏栅游向深水,毛泽东在湖中间向他们挥手,不一会儿便陷入"重围",他却哈哈大笑。

他一会儿跟这个说说,又跟那个笑笑。说的内容也是好好学习,不要怕水。在夕照之下,游了许久,罗瑞卿示意与毛泽东一起游泳的人劝毛泽东上船。青年们也听到了学校的集合哨音,这才恋恋不舍离去。上船之后,毛泽东一边擦水,一边低吟他的旧作:"恰同学少年,风华正茂。书生意气,挥斥方遒……"

---

① 据张治中的秘书余湛邦的回忆。

15日，毛泽东视察武汉重型机床厂，随后前往黄石，上午10点到鄂城，10点45分往大冶，13点到黄石。来到长江边，他又要下水游泳。天气预报说江面有七级大风，下水不久，果然白浪滔天。毛泽东却无所畏惧地在狂风巨浪中搏击，他时而被卷进"深壑"，时而又被推上"高峰"，坐在登陆艇上的张治中紧张不已，请他上船。

毛泽东从容上来。张治中迎上去，像欢迎英雄凯旋，与毛泽东热烈握手。毛泽东笑着说："文白先生，谢谢你的关心。"他拍着自己宽厚的胸脯微笑："你看，平安无事啊。"

无数次地游过长江和大海，毛泽东却未曾在黄河里游泳。1959年2月下旬，毛泽东要去河北、山东、河南三省调查研究。他提出一个夙愿：横渡黄河！他想在三门峡处下水。

其实，毛泽东并非没有"渡过"黄河，年轻时的两次上北京和长征之后的东征，离开陕北去西柏坡，他都曾经过黄河，但那些次要么是坐火车（包括新中国成立后多次南下过黄河都是坐火车），要么是坐船，现在他说的横渡黄河是指游泳过黄河，因为他还从来没有在黄河里游泳。周恩来坚决反对，以会议忙、黄河水情复杂为由竭力劝阻。毛泽东仍然坚持。中央负责人只好电话通知中共洛阳地委、三门峡市委实地调查，摸清黄河水面、河道情况，提出具体渡河地点和方案，汇报省委及中央再作决定。

这项任务由三门峡市委落实到三门峡交际处郑处长负责执行。郑处长接到任务后带人到会兴镇附近黄河河道实地调查，走访了1947年送陈赓兵团抢渡黄河的老船工，并到黄委会三门峡库区实验总站了解水情，初定渡河点在黄河南岸会兴镇与北岸茅津渡之间，上至平陆县太阳渡和陕县旧县城处。方案确定后即电告郑州，供中央决策。

但最终，毛泽东还是没能在黄河里游泳[①]。

除了没能在黄河游泳这个遗憾，毛泽东还有一个最大的遗憾，那就是一

[①] 1959年6月中央政治局常委会议后，毛泽东利用南巡之机，又提出横渡黄河之事。信息传到郑州，郑州通知三门峡，基本同意原定方案，并要求着手挑选陪游人员及必需的船只、器具，初定一个周六的中午时分进行。但后来毛主席在南巡时回到了韶山，又加上进行筹备召开中央全会，日程安排很满，所以在三门峡横渡黄河的计划未能如期进行。此后，毛泽东又多次提出要横渡黄河，选定在黄河花园口以下几处河段，但也未能如愿。

辈子都没有实现到国外游泳的理想。

1960年，中国人民的老朋友埃德加·斯诺来到中国，花5个月的时间访问14个省16个主要城市，寻访他旧时留下的足迹，观察新中国发生的变化，写出他的第一本介绍新中国的书《大河彼岸》。毛泽东与斯诺长谈两次，说起要去美国游泳。斯诺提道："1936年在保安，你曾说过想到美国的江河去游泳，不知您现在还有没有这个兴趣。"毛泽东笑了笑回答："我希望在不太老之前，到密西西比河去畅游一番。但这是一厢情愿，华盛顿政府会反对。"斯诺笑了："如果他们同意呢？"毛泽东笑着说："如果那样，我可以在几天之内就去，完全只作为一个游泳者，不谈政治，只在密西西比河游一下。"

毛泽东对密西西比河的兴趣实际上是对美国的兴趣，不只是纯粹旅行的兴趣，更是对这个国家文化、历史、地理的兴趣，特别是，毛泽东心头还藏着一个梦想：要让中美关系正常化，以千秋万代地造福两国和世界人民。

毛泽东没能让美国人亲见他游泳的雄姿，却让一位著名的英国人开了眼界。这个英国人就是蒙哥马利元帅。

1961年9月24日，中国的中秋节。毛泽东邀访华的蒙哥马利游泳，蒙哥马利不会游，只是坐在船上看毛泽东游。毛泽东游了近一个小时，他对蒙哥马利说："你下次访问中国时，我们做横渡长江的比赛，好吗？"蒙哥马利欣然答应。蒙哥马利问毛泽东："为什么不去游泳池里游？"毛泽东说："哪里能修那么多游泳池，要利用江水河水。长江就等于几万个游泳池，多游几次胆子就放大了。"

毛泽东问蒙哥马利，英吉利海峡有多少公里宽，水有没有长江这么急。他说密西西比河是世界第一大河，想去游一次，还有亚马孙河，不过恐怕不好游，太热。随后，二人到蒙哥马利住的胜利饭店。第二天，蒙哥马利告辞回国。毛泽东送的是一件特别的礼物：他亲笔书写的关于游泳的一首词《水调歌头·游泳》。

毛泽东游泳的豪情随着这首词和蒙哥马利元帅的记述走向了世界。

随着20世纪60年代中期的到来，中国政治风浪洪波涌起，毛泽东将大大收缩他公开出行的范围，他在室外游泳的次数也锐减。

1966年6月，毛泽东最后一次回韶山，也最后一次在家乡游泳，随后最后一次公开在公众的视野中游泳。

毛泽东此次在故乡的滴水洞"隐居"11天。6月24日，水库坝基上搭了两个临时更衣室，又架起一个下水扶梯。上午11点，毛泽东由王延春陪着，坐吉姆车到坝基，向大家挥挥手，随后走入更衣室，他身穿洁白的游泳裤，喝了一杯茅台酒，抽上一支烟，缓步到扶梯旁，舒展一下肢体，一步一步浸入水中。水到腰部时，他以手沾水拍了三下胸部，踩着水下去了，先是侧游，再换成仰泳，一会儿便到了水中央。他忽而躺在水面纹丝不动忽而又"坐凳子""立正""稍息"。他穿行于松树、翠竹的倒影间，惬意地赞叹："这是个好地方！"游到水库尾部时，陪游者请他上岸休息，他游兴尚浓，说："游过去，到水里休息。"

因为是山涧积水，水表温只有16摄氏度，水下温度更低，有些人已起了鸡皮疙瘩。毛泽东说："这里上面是夏天，下面是冬天，正好避暑呀！"他问："游多久了？"有人答："大概四十分钟。""一个小时还不到，继续游吧！"

新华社记者钱嗣杰和侯波在橡皮船上拍下不少镜头。毛泽东又游到大坝边，人们表示希望老人家上岸，但他毫无倦意。他见几个人到溢洪道练习游泳动作，他也跟着去练起侧泳来，之后又回到水库中，游了一会儿，他又演练"坐凳子"，坐在水里洗脚，先洗左脚，后洗右脚，从容自如。他问："水库容量有多大？"有人答："15万立方米。""占好多田？灌溉好多亩？""占10多亩，可以灌溉400多亩田。"大家真的想要毛泽东上岸了。但见他不慌不忙接过肥皂，擦得全身都是泡沫，一头钻入水中，又从水里钻出来，说："多洗一点肥料，给老百姓下田。"他又擦了一遍肥皂，钻入水中继续游了好一阵。他已在水中泡了1小时15分，这才缓步登上坝基，上岸更衣。

他久久凝视着韶山冲的田野和村庄，也许他十分想到他的老家上屋场去看看，但这似乎已不可能，他恋恋不舍地坐车返回一号房。

毛泽东这次故乡行完全处于秘密状态。这天，他把张耀祠叫去，说："耀祠，你去看看青年湖能不能游泳？"青年湖是一座人工湖，在毛泽东故居北五里处，1958年修建。张耀祠一个人去那里察看能不能游，他碰到一位农民，正在水库边地里挥锄干活，他说："修这水库，把上面大片土地给淹了，这些土地都是很好的田，如果毛主席晓得，他是绝不会同意的。"

张耀祠回到滴水洞，报告毛泽东能游泳，又把农民的话讲了，毛泽东嘿嘿地笑，或许是农民的话触动了他，他最终没有去那里游泳。

毛泽东"隐居"多时，直到7月16日才公开露面，接见了几批外国客人。他又乘风破浪，畅游长江。

晴空万里，武汉民众为亚非作家会议召开，正举行横渡长江比赛，5000游泳健儿，已舒展在长江江面，就在比赛刚刚开始的时刻，从东方的江面上，一艘快艇破浪驶来。这时，不知是游泳健儿中的哪一个第一眼看见艇上的毛泽东，情不自禁地高呼："毛主席来了！毛主席万岁！"

紧接着，游泳大军高举百面红旗，朝着毛泽东的方向游过去。在旗帜映红的江面上，在两岸江堤上，千千万万人的目光看向毛泽东！停港的船舶，汽笛齐声长鸣，表示敬意。欢呼声、汽笛声汇成一片，震撼着武汉上空。

毛泽东红光满面，神采奕奕，在甲板上检阅正在与江水搏斗的游泳大军。这时，健儿们有的高举红旗，有的推着高大的毛主席语录牌，组成一条水上长城，拨开千层波浪，奋勇前进。语录牌上写着："团结、紧张、严肃、活泼。""帝国主义者如此欺负我们，这是需要认真对付的。"

毛泽东看到游泳健儿们这样意气风发、斗志昂扬，十分高兴，一会儿走到快艇这一边，一会儿走到快艇那一边，在热烈的欢呼声中向大家频频招手，高呼："同志们好！同志们万岁！"

快艇向岸边驶去，毛泽东还站在船头上，不断向大家招手，高呼："人民万岁！"岸上的人群沸腾起来了，震天动地的欢呼声，淹没了滚滚长江的风浪声。

就在这人欢水笑、群情沸腾的时候，毛泽东乘坐的快艇开到武昌大堤口附近。毛泽东迈着稳健的步伐，从船舱的扶梯走下来，先在水里浸了一下，然后便伸开双臂畅游起来。

这时是上午11点整。

十年前的6月，他曾三次在武汉横渡长江，写下《水调歌头·游泳》，这次，他畅游一小时零五分，游程近30华里。

毛泽东再次畅游长江的消息很快传遍武汉。一整天，沿江两岸打出无数的彩旗、巨幅的标语，人群欢呼。9点20分，扩音器播出《东方红》。

汛期的长江，水流湍急，浪涛滚滚。毛泽东时而挥臂侧游，拨开层层波涛，破浪前进；时而仰卧水面，看万里碧空。中共中央中南局第二书记、湖北省委第一书记王任重和一群矫健的男女青年，紧跟在他身边。毛泽东一面击浪前进，一面同周围的人们谈笑风生。泳后，他豪迈地说："大风大浪也不可怕。人类社会就是从大风大浪中发展起来的。"

这次在武汉畅游之后，毛泽东再没有大张旗鼓地在室外游泳的记录。

毛泽东的政治人生在1966年发生巨大改变，也使中国社会与政治发生剧变，而就在这一年，毛泽东从丰泽园搬到游泳池居住，具体时间是1966年8月。从此，他天天与水为伴，他抛弃了他最喜欢的室外游泳，而把游泳的足迹局限在室内，时间长达十年！

1974年6月17日晚，毛泽东乘专列离京南下，这是他在京长居三年之后的首度外出，也是一生中最后的旅行，在这次旅行中，他将留下他人生最后一次游泳的记录。18日，他抵达武汉，下榻武昌东湖水滨，在此长住三个月。

武汉地处长江谷地，夏天特别燥热，人称"火炉"，晚年的毛泽东为何要到这里长居？

他真的把这个地方当作他的家，把武汉的长江当作他韶山老家屋门口的池塘，可以经常下水游泳。他在快81岁的时候又到这里，他多么希望还能像以前那样下长江畅游！医生当然不同意，他还在病中，游泳随时可能发生危险，但他仍然认为自己可以游，医生苦劝，他才把游泳改在室内。

毛泽东在武汉过国庆节，这也算了却他一桩心愿，因为共和国的降生与47年前的8月7日中共中央在这里召开的那次重要会议有着密切关系，就是那次会议开启了中国共产党武装革命的道路。因此，他选择在武汉度过他一生中在北京之外度过的最后一个国庆。

显然，这一回的离京，是他的告别之旅，他要告别故乡，告别故人，他要把留在这些地方的记忆轻轻重拾。

10月11日夜,他离开武汉,13日清晨,专列缓缓驶达长沙。这里是他故乡的省城,是奠定他学问与事业基础的地方,也是他与夫人杨开慧共浴爱河的地方,他们在这儿还孕育了岸英、岸青这两个孩子。

毛泽东由工作人员搀扶着走下火车,与迎候在站台上的中共湖南省委负责人边握手边说:"我这一次到这里,是来养病休息的。"去宾馆途中,经过湘江岸边。他示意停车,面对滔滔北去的江水,凝望秋色依然的岳麓山,他陷入对往事的回忆。他依然住在他常住的湖南省委招待所九所。

这段时间,毛泽东每天早晚由人搀扶着沿门前草坪散步。他步履维艰,仍习惯性地边踱步,边吸烟,边沉思。思绪集中时,便停住脚步,一言不发地静静地想。有时,他还要求坐车巡行长沙市区。他的健康状况还在恶化,他蹒跚着,两腿、双脚浮肿,但11月29日到12月4日,他仍在室内游泳四次。12月5日,他慢慢地划着水,实在是太疲劳了,不只是此刻的疲劳,而是人生的疲劳,他的动作是那么迟缓,言语也不顺畅,他轻轻地对警卫队长陈长江说:"长江,我浑身没劲,手、腿也发软,看来,游泳也困难了。"说完,长长地叹一气。这是毛泽东最后一次游泳。

四、棋、牌、球之类的娱乐

毛泽东一生的价值取向是平民化、大众化。在日常家居中,这个取向十分明显,他虽然并不"媚"俗,却从来不"鄙"俗,而常常是以热情对待"俗",他用自己的理论、创作和行为,提高"俗",同时让"雅"靠近"俗",结果,他给我们带来的是一种雅俗共赏的生活方式和社会状态。

在毛泽东的休闲领域,既有阳春白雪的吟诗作对,也有介于雅俗之间的看戏听戏和游泳、下棋、打乒乓球等。他有时甚至也走入大俗之中,与人打扑克、搓麻将,他的遗物中就有一副红字、绿面、白底、塑料质地的麻将。

如果认为毛泽东经常涉足棋牌娱乐,那就错了,实际上,他打扑克、搓麻将和下棋的情节只在他家乡人和身边工作人员的不多的回忆中,甚至需要加以考证才能确知。李银桥说毛泽东很会算牌,惯于"声东击西",又说他恢宏大度，从不斤斤计较一时的输赢，这无疑是与他平日的为人处世相一致的。

韶山民俗中，琴棋书画只存在于文人雅士和有钱、有闲阶层。毛泽东在韶山生活的少年时代，上屋场正处在发家而未达到富裕的阶段，家人不可能有太多的闲情逸致。不过，毛泽东小时候却与伙伴们打过骨牌。1959年6月25日，毛泽东回到别离32年的故乡，前往探访乡邻。26日上午，在土地冲李家，毛泽东还见到了他最近的邻居、儿时的好友、南岸同学邹普勋的儿子，但邹普勋本人已去世了。毛泽东忆起往事说："好久不打牌了。过去，我经常和你父亲打牌，他还偷我的铜角子呢！"

毛泽东儿时打的是较简单的骨牌，这是一种以点计大小，按"天地人和"与点数两两配对的牌，构成"天九、地八、人七、和五"。当然，天地人和与数字自身也可两两配对，这种牌中间蕴藏若干辩证法和中国传统哲学的观念，相对麻将为简单，一般是牛骨头做的，故称骨牌，在韶山乡间许多时候也是一种有赌博性质的娱乐工具。

1925年，毛泽东以养病为名回到韶山冲。他在家乡的日日夜夜里，走访农家，发展革命力量。他在韶山建立了中国农村最早的党支部——中共韶山支部。他借以与农民沟通和作为掩护的是打骨牌和麻将，打牌的场所就是上屋场的横屋。据老人回忆，他回家连续几天都是打牌，开起了流水席招待大家，许多人赢了钱就不再回来，却也有好几个人一直陪他打下去，不管输赢。

打牌——打麻将、打骨牌、打跑胡，是韶山乡间农闲里打发时光的方式，牌桌上免不了输赢。毛泽东顺应大家的这个爱好，或者说他原本也有这个爱好，乐得借此放松。只是，他这次回乡来，打牌还是有特殊意味的。果然牌桌一开，门庭若市，又加上流水席，吃饭不要钱，上屋场一时间热闹得很。

这样看来，毛泽东早年之入俗，为的是沟通与民众的情感，并观察身边的人们的品行，而在这种娱乐中，他也能得到许许多多信息。后来，这种方式用得比较少，他做得多的是深入民间直接开座谈会或实地调查。

延安时期，他有段时间突然右肩疼痛，有时痛得不能握笔，不能睡觉。医生检查过后诊断为肩胛关节周围肌腱炎，说五十岁左右最容易得这种病。

王稼祥的夫人朱仲丽是中央机关所在地医务所所长，她家与毛泽东为近邻，自然而然，她成了毛泽东的"保健医生"。朱仲丽为毛泽东做热敷、按摩，建议他适当运动："我要请你一天活动几次，把右手抬高，从右边头顶上绕过去，挠左边的耳朵根。"毛泽东笑问："噢？又出新名堂了！治关节病要一天挠两次耳朵，只怕又是你的花样。"

毛泽东并未听从朱仲丽要他在治疗期间休息的要求，依然整天在窑洞里写文章，批阅文件，坐的时间比睡觉、走路的时间加起来还多，结果，肩关节炎不见好反而转为慢性。卫生处召集医务人员想办法，大家出了不少好主意，最后觉得请毛泽东打打麻将牌、跳舞，或打乒乓球可能有效，也比笼统地要他休息更能为毛泽东接受。

朱仲丽来到毛泽东的办公室。毛泽东笑着说："我猜猜看，是来陪我打麻将的吗？"毛泽东好像已知朱医生的来意，朱仲丽说："是呀，这是为了使您活动肩关节。""打麻将是很浪费时间的咧！"朱仲丽极力相劝。毛泽东说："你的嘴就是厉害。好嘛，医院开来的处方一个，打麻将四圈，目的是帮助肩关节的功能恢复。"毛泽东说："麻将牌是打过的，那是在年轻的时候。十几年没有搬这些砖块了。好，难得今天有缘。"朱仲丽马上吩咐卫士拿来麻将，就在毛泽东的窑洞里的那张小方桌上打起来。

为达到让毛泽东休息和活动的目的，朱仲丽、叶子龙这段时间经常陪毛泽东打打麻将，可是有时，他们"忘记"了初衷，争起输赢来。朱仲丽坐在毛泽东上手，故意出一些好牌让毛泽东"吃"。毛泽东连连和牌，叶子龙直瞪眼。毛泽东面前的筹码叠了许多，毛泽东和牌后笑着说："如果是开赌场，只要朱仲丽坐在我的上家，我敢下赌万万元，必成大富翁。你这位同志是不是在收买我，给我金钱炮弹，叫我当资本家呀？"朱仲丽听后有些不好意思，她不会承认，只是说："我是不会打嘛，所以不会扣下家的牌。"

毛泽东每次按约定只打四圈，有时还打不满。打过一阵后，他就点燃一根烟，说："好啦，今天又听了你们的话，搬了花砖，摸进一块，又打出一块，运动了肩胛关节，服从了医生的命令，到此为止吧！"说完就独自起身离座朝办公室走去。

打麻将还真的对毛泽东的肩关节炎起了治疗作用，也让他在紧张工作后得到了休息，只是，他的肩关节炎一好又与麻将疏远了。

新中国成立初期，工作人员买来一副麻将，有时江青与工作人员搓一把，毛泽东却不参与。大家认为毛泽东应该注意休息，便缠上了他，毛泽东也就偶尔为之。他在丰泽园、游泳池、新六所、玉泉山等处都打过麻将。只是常常打在兴头上时，却忽然莫名其妙起身告辞，大家都不明白是怎么一回事。次数多了，也就发现了其中的"秘密"。

原来，毛泽东之所以同意打麻将并非为的是娱乐和休息，而是为换换脑筋，凡是他站起不打时，就是他突然弄清或发现了一个正在考虑的问题，他便疾步走进办公室。

毛泽东打麻将时还经常联系实际讲一番理论。"咱们今天搬砖头喽！"大家以为他只是像平时一样随口说句笑话罢了，谁知他又连说了几次。毛泽东察觉到在座的人不理解，解释说："打麻将好比面对着这么一堆大砖头。这堆砖头好比一项艰巨的工作。对这项艰巨的工作，不仅要用气力一次次、一摞摞地把它搬完，还要开动脑筋，发挥智慧，施展才干，就像调兵遣将，进攻敌人一样，灵活运用这一块块砖头，使它们各得其所，充分发挥作用。你们说对不对？"

他边打边说道："打麻将么，这里边也有辩证法呢。有人一看手中的牌不好，就摇头叹气，这种态度，我看不可取。世界上一切事物都不是一成不变的。打麻将也一样，就是最坏的牌，只要统筹调配，安排使用得当，也会以劣代优，以弱胜强。相反，胸无全局，调配失利，再好的牌拿在手里，也会转胜为败。最好的也会变成最坏的，最坏的也会变成最好的，事在人为！"说完，他爽朗地哈哈大笑着站起来，向在座的人说声"对不起"，迈开脚步，匆匆向办公室走去。这次他也许又想起了某个问题。

毛泽东有一次竟然把麻将与反对封建迷信联系起来。他说麻将和神一样，都是人做的，目的都是用，不过用处不同而已。人们打麻将是为了消遣和娱乐，而神则不同。人们创造神是为了征服自然，主宰世界，借它来实现自己的理想。人们创造的龙王就是为了让上天行好事，四方呈吉祥。

毛泽东也精通围棋之术，并用之于他的行军布阵和大战略，他在《抗日游击战争的战略问题》中论道：

敌我各有加于对方的两种包围，大体上好似下围棋一样，敌对于我，我对于敌之战役和战斗的作战好似吃子，敌之据点和我之游击根据地则好似做眼。在这个"做眼"的问题上，表示了敌后游击战争根据地之战略作用的重要性。

毛泽东特别擅长持久战、歼灭战及敌后游击战和人民战争，这既是对《孙子兵法》等古代兵书的继承、发扬，更是他精通围棋之术的证明。

值得注意的是，毛泽东祖上在宋代居浙江衢州，而衢州的烂柯山正是中国围棋的发祥地。

围棋源于中国，相传围棋之根在烂柯山。烂柯山又名石室山、石桥山，位于衢州城东南13公里处，面临乌溪江，此山黛峰翠嶂，景极幽邃。据北魏郦道元《水经注》载：晋时有一叫王质的樵夫到石室山砍柴，见二童子下围棋，便坐于一旁观看。一局未终，童子对他说，你的斧柄烂了。王质回到村里才知已过了数十年。后人以此把石室山称为烂柯山，并把烂柯作为围棋的别称。至今烂柯一词在海内外棋刊上仍屡见不鲜。日本高段棋手还常将"烂柯"两字书于扇面，用以馈赠亲友。中国的一些围棋古典弈谱还有不少根据烂柯而定书名。

我们无从考证毛泽东祖上是否懂得下围棋，但毛泽东会下围棋是可以肯定的。

1940年，钟灵到延安的中共中央财政经济部工作。当时聂春容任延安自然科学院教员。延安地方不大，娱乐内容却不少，有跳舞、打牌、象棋、篮球等。工作之余大家各找各的乐子，高层中会下围棋的有张闻天、陈毅、王稼祥和他的夫人朱仲丽，而活泼好动古灵精怪的钟灵就向精通围棋的聂春荣学会了围棋。聂春荣就是后来中国的"棋圣"聂卫平的父亲。

1946年，钟灵担任陕甘宁边区政府俱乐部主任，一次，毛泽东看见桌上放着围棋，便问："你们谁会下围棋呀？"钟灵便走上前如实地说："我刚刚学，棋艺不精。"毛泽东说："来，小鬼，我们下一盘。"

钟灵没有想到毛泽东会和他对局，一下子紧张起来。钟灵自知棋艺不行，小声地对毛主席说："我执黑先行，您让我两个子。"毛泽东欣然应允，钟灵还是输了。毛泽东起身要走时，有人说："主席，你知道和你下棋的小鬼是谁吗？他就是您批评过的延安城墙写标语的那位。"[①]毛泽东听后哈哈大笑，这之后，毛泽东就经常与钟灵下棋。

毛泽东在什么时候学会的下围棋，无实证材料可考，估计应当是青年时期在湖南一师读书之时。毛泽东的思维活跃，充满智慧，对于中国古老的文化与技艺围棋不会不学。

新中国成立之后，毛泽东也下过围棋。中共中央办公厅有一位围棋高手，他是机要室的副主任康一民。工作人员向毛泽东推荐说："主席，康一民会下围棋呢，中南海没人赢得了他。"毛泽东听后兴趣陡增："是么，康一民这么厉害，哪一天叫他来跟我下一盘。"大家就是想听他说出这句话，毛泽东太专注于工作了，应当找点有益身心健康的娱乐活动让他松弛松弛。

康一民得到毛泽东请他下围棋的消息，不敢去，工作人员好说歹说，给他打气：主席这个人很随便的，大可不必顾忌他的身份，只管拿出你的水平来，主席是一个输得起的人呢。康一民将信将疑，硬着头皮去了毛泽东那里。这是第一次与毛泽东下围棋，康一民心中有顾虑，技术发挥不好，结果，与毛泽东下了个平手。

下过几次后，康一民感到毛泽东真的随和，也就不再紧张，技艺发挥出来，好几次都赢了毛泽东。毛泽东还是笑呵呵的。从此，康一民就经常到毛泽东那里下棋。两人棋艺各有千秋，康的水平略高，毛泽东有时也能打败康。每当毛泽东反败为胜，他就会像孩子一样开心。

与毛泽东相处日久，康一民渐渐地就如在自家一样，不再有任何拘束。他是业余围棋高手，而毛泽东的实力也不弱。康一民在棋风上属于进攻型，出招总是又凶又狠。有一次，毛泽东被康一民逼上"绝路"，再也无计可施。他咂吧着嘴直出粗气，终于认输。说："看来我毛泽东也不是一贯正确，康一民就赢得了我！"

毛泽东在延安开始打乒乓球，现在还可看到他当年挥拍的照片。那时，他工作忙，缺少运动，医护人员想方设法为他安排一些有益身心健康，又不浪费太多时间的运动。除了劝他参加交谊舞会之外，还常邀他打打乒乓球。

---

① 指毛泽东在《改造我们的学习》中批评的故意把"工"字中间一竖写成异形。

延安生活条件十分艰苦，连正规的球拍、球桌也难觅到。大家因陋就简，用木板自制球拍。这种木板球拍虽然简陋，毛泽东却喜欢。在他看来，打球的目的只是为了娱乐休息，至于用什么球拍不必计较。

与毛泽东时常打球的一般是工作人员，有时江青也陪着打几局。毛泽东刚刚学会，他是竖握拍，发球接球都只会简单地推。住进中南海丰泽园后，工作人员专门为毛泽东腾出一间房做球室。毛泽东常去常住的好些地方仿效中南海，也为毛泽东设了乒乓球室。稍有余暇，工作人员就建议他打打乒乓球。毛泽东的球艺不见长进。虽然改竖握拍为横握拍，依然不会"扣球"。每次都要为他准备充足的球，这些球全装进他的口袋。他的中山装两个口袋里装满了乒乓球。他只会推拉，打出去的球无力，对方一让再让，他还是输的时候多。当满口袋的球全部掉到地板上，他说："球打光了，今天就到此为止。"

毛泽东留下来的乒乓球拍，单面薄薄的胶，极其普通，就像喜欢打球又没有钱的小孩子用的那种

毛泽东打乒乓球球技一般，却像他曾经运用围棋之术导演一个个大歼灭战最终取得彻底胜利一样，他在晚年也成功导演一场"乒乓外交"，打开中美关系的大门，改变了世界的政治格局。

1971年3月下旬至4月上旬，第三十一届世界乒乓球锦标赛将要在日本的名古屋举行。3月中旬，中国乒乓球队做好到日本去的准备，是否参赛，意见不一，不赞成的占多数，理由是有消息称国外敌对势力企图破坏，参赛有危险。周恩来书面报告毛泽东，提出：此次出国参赛，已成为一次严重的国际斗争，故我方拟仍前往日本参加本届比赛；我方提出"友谊第一，比赛第二"，即使输了也不要紧。当天，毛泽东批示："照办。我队应去，并准备死几个人。不死更好。要一不怕苦，二不怕死。"

3月21日，中国乒乓球代表团抵名古屋。毛泽东每天关注着世乒赛动态。4月4日，美国队员科恩意外登上中国队的车，中国队队员庄则栋主动上前致意并赠送礼品。毛泽东注意到了这则消息，护士长吴旭君给他念《参考消息》的报道：

共同社消息：以庄则栋为中心，形成了"友好之环"：科恩向结束了比赛的庄则栋打招呼，把他带到记者接见室，握着他的手说："真多谢你了！"作为回礼，他拿出一件睡衣，旁边陪同的一个中国代表团官员，拉了拉庄的袖子，但是，庄则栋却没有理会，微笑地接受了他的礼物说："美中虽然没有外交关系，但我很愿意加深个人之间的友好。"

和庄则栋分手以后，科恩说："中国人是好人，我也想到中国去看看，但是人家没有邀请，大概去不了吧！"

共同社报道：

"一起乘车吧"世乒赛上的"美中友好"：上午10点左右，在体育馆附近体育会馆前结束了练习的中国选手正要上车，这时候，穿着印有"USA"字样运动服的科恩，正急急忙忙经过汽车旁边步行到体育馆去。中国选手看见了他，就打着手势对他说："要是去体育馆就坐车去吧！"

对于这种出乎意料的邀请，科恩开始有些诧异，但后来却被面带微笑招手示意的中国选手吸引过去，上了汽车，向距那里数百米的比赛地点爱知县体育馆驰去。

到了体育馆之后，穿着流行服装的科恩和穿着鲜红色运动服的中国选手在大门前面一起拍照留念。因门票卖光而进不去体育馆的观众，见到这种情景，都热烈地欢呼、鼓掌。

毛泽东听到这里，眼睛一亮："这个庄则栋，不但球打得好，还会办外交。此人有点政治头脑。"

外交部、国家体委于4月3日请示周恩来是否邀请美国乒乓球队访华，4日，周阅后报送毛泽东。毛泽东考虑了三天。6日，他圈阅，同意报告提出的暂不邀请的意见，却仍然心神不安。晚11时许，他坐在床边桌前吃饭。因为吃了大量的安眠药，困极了，他的脑袋低着，似睡非睡。他突然说起话来，嘟嘟囔囔的，含混不清，吴旭君听了半天，才听出来是要她去给外交部副部长王海容打电话，说要邀请美国乒乓球队访华。吴一听这话当时就愣了。她想这跟白天退走的文件正好相反，如果按他现在说的去办，那跟文件的精神不符合呀，那是总理和主席都画了圈的，可能会办错了。再有，毛泽东曾经交代过，说他吃了安眠药以后讲的话不算数。那么现在他跟她交代的这件事就是他吃了安眠药后讲的，算不算数呢？如果照他现在说的去办，那不就是错上加错了吗？她得想一个办法来证实主席现在到底是清醒还是不清醒。用什么办法呢？那就是得让他再主动地讲话。

过了一会儿，毛泽东勉强地抬起头来，使劲睁开眼睛看着吴旭君："小吴，你怎么还坐在那儿吃呀？我叫你办的事你怎么不去办呢？"吴旭君很大声地问："主席，你刚才都跟我说了什么啦，我尽顾吃饭了，没听清楚，你再跟我说一遍。"毛泽东又断断续续，一个字一个字地、慢慢吞吞地把刚才交代的事重说了一遍。吴旭君反问："你现在都吃了安眠药了，你说的话算数吗？"毛泽东挥了一下手，说："算，赶快办，要不就来不及了。"①

毛泽东后来说："那个文件，我本来也是看了的，画了圈。后来到了晚上，考虑还是要请，就叫打电话。结果那边他们也是没有准备，就去请示东京的大使馆，马上发护照，就来了。"②

毛泽东决定邀请美国乒乓球队访华的消息一传到名古屋，立刻在全世界引起轰动。日本各大报纸都在头版显要位置登出有关报道，并大加评论。美国总统尼克松得到这个消息，又惊又喜。他从未料到对华的主动行动会以乒乓球队访问的形式得到实现。他立即批准接受邀请。中方做出的响应是发给几名西方记者签证以采访球队的访问。4月14日，尼克松宣布结束已存在20年的两国间贸易禁令，放宽对中华人民共和国的货币和航运管制。同一天，在北京，周恩来出面欢迎美国的乒乓球运动员③。周周恩来说："'乒乓外交'打开了中美两国人民友好往来的大门。"

---

① 吴旭君录像谈话，《大型电视纪录片〈毛泽东〉》，人民出版社1995年版，第142—144页。
② 毛泽东与周恩来、姬鹏飞、乔冠华、王殊的谈话记录，1972年7月24日。
③ ［美］理查德·尼克松：《尼克松回忆录》，商务印书馆1979年版，第233—234页。

中美高层接触的进程明显加快。4月底，尼克松接到通过"巴基斯坦渠道"传来的周恩来的"口信"，得知中方愿意公开接待美国总统的特使或尼克松本人来北京。美方认为事情"已经到了一个关键时刻"，"迈出更大的步子和提议进行总统访问的时间已经到来"。

5月中旬，美方正式答复中方：尼克松总统"准备在北京同中华人民共和国诸位领导进行认真交谈，双方可以自由提出各自主要关心的问题"。提议："由基辛格博士同周恩来总理或另一位适当的中国高级官员举行一次秘密的预备会谈。基辛格在六月十五日后来中国。"

当月下旬，周恩来主持，政治局会议研究中美会谈的方针。会后，周恩来写出《中央政治局关于中美会谈的报告》送毛泽东审批。29日，毛泽东批准该报告。当天，中方通过巴基斯坦向尼克松发出"口信"，欢迎基辛格访华。尼克松得信后兴奋地说："这是第二次世界大战结束以来美国总统所收到的最重要的信件。"

1971年7月9日，美国总统国家安全事务助理基辛格从伊斯兰堡秘密起程飞抵北京。三天中，周恩来、叶剑英等与他会谈六次，着重磋商台湾问题及尼克松访华安排。16日，中美双方同时发表公告，宣布尼克松准备访华。世界为之震动。

五、不信补药信锻炼

1961年，胡乔木患病，毛泽东写信特别讲到疗养的方法：

你须长期休养，不计时日，以愈为度。曹操诗云：盈缩之期，不独在天。养怡之福，可以永年。此诗宜读。你似以迁地疗养为宜，随气候转移，从事游山玩水，专看闲书，不看正书，也不管时事，如此可能好得快些。作一、二、三年休养打算，不要只作几个月打算。如果急于工作，恐又将复发。你的病近似陈云、林彪、康生同志，林、康因长期休养，病已好了，陈病亦有进步，可以效法。

这是毛泽东自己养生的经验之谈。毛泽东养生方面一大缺点是不能按"太阳"的规律作息而是相反，他对此有所反思，1950年12月29日他写信给周世钊说：

晏睡的毛病正在改，实行了半个月，按照太阳办事，不按月亮办事了。但近日又翻过来，新年后当再改正。多休息和注意吃东西，也正在做。总之如你所论，将这看作大事，不看作小事，就有希望改正了。

1953年，毛泽东做过一次全面体检，发现心肺功能、血压等比同龄人要好许多。像罗荣桓、任弼时这些战友，身体反不如毛泽东。1950年9月20日，毛泽东写信给罗荣桓：

你宜少开会，甚至不开会，只和若干干部谈话及批阅文件，对你的身体好些，否则难于持久。请考虑。

1953年3月19日他建议陈云用毛巾蘸热水擦身：

陈云同志：

此件请阅。每天用毛巾蘸热水擦身，先热后冷，又冷又热，锻炼皮肤毛血管又收缩又扩张，每擦一次，可经半小时，多至一小时，擦完全身发热。每天一次至再两次，擦一二年可收大效，似可试试。[1]

显然，这种擦身的方法是毛泽东从青年时代一直坚持的，也是他行之有效的良法。所以他把它介绍给他的战友们。

1959年陈云因劳累而生病，12月30日，毛泽东写信问候："信收到。病有起色，十分高兴。我走时，约你一叙，时间再定。心情要愉快，准备持久战，一定会好的。"

毛泽东一生不信"药"也不信"补"，而信"锻炼"。他居家时对身体的有意识的锻炼应当是在东山高等小学堂读书时开始的。此前，在家乡韶山，父亲给他的劳动任务甚多，包括田里的功夫和在碓屋内舂米等重体力活，1906年到1909年他更是有长达三年的时候在家当纯粹的"农民"，这

---

[1] 参阅《建国以来毛泽东文稿》第4册，中央文献出版社1996年版，第142页。

于他是极好的锻炼。他小时候体质并不强，曾经生过大病，却因为这几年的田间劳动，为一生都打下身体的底子。后来他继续读书，在修学储能的同时，开始进行高频度高强度的体育锻炼活动，为的是未来担当国家大任。锻炼也就成为毛泽东居家的一大特点。

在湘乡东山高等小学堂，他开始有意识地锻炼。他起得早，在围墙外跑，要跑几个圈；或者到东台山"魁星寿"呼吸新鲜空气，回来后在便河边井里打冷水洗脸。学校规定不准洗冷水澡，他反对这条规定，别人午睡时，他一个人在后斋外面桃子树上吊到塘里去洗个饱，又从那个地方上来。这种锻炼在他来到长沙后得到全面强化，他有了一句自励的名言：文明其精神，野蛮其体魄。

他常在冬季邀邹蕴真等同学到学校附近的江边进行河水沐浴，或早起汲校内井水互相淋浴，借以增强身体的抗寒力。他于星期日到旧城门下，面墙独坐，读书写文，从实际中养成一种闹中能静的心境，纷扰中亦能冷静思索的镇定力。他为了练好在一种"巨变当前而不惊"的大无畏气魄，每当风雨撼城，雷电震地，独自一人跑上校后妙高峰君子亭（孤亭方丈，四壁无堵），高踞石凳，放声朗吟，神态自若，意志超然。冬季，他一贯不戴手套，不穿棉鞋，手足皲裂，行走操作如常。每周大字课，端坐悬腕，临写大楷时往往因用力握笔，皱缝裂开，血流满纸，仍从容书写不辍，若无其事……

他游泳，能从湘江猴子石脚游至相距数里的橘子洲头。他常说：游泳是最好的运动，可以促进全身肌肉、骨骼和脏腑的各种机能。尤其仰泳时，上只见青天，下只见白水，任何秽物，不入视线，俨如到了一个干净世界，心神大为舒畅！有一次毛泽东游将至岸，被大浪冲走，幸得同学相救，他后来回忆此事，笑曰："险些出了洋相。"

在湖南一师，学校浴室旁有一眼清凉的水井。清晨，同学还在酣睡，毛泽东即起床，带着罗布巾至井边，用吊桶提水一桶一桶往身上淋，之后遍擦全身，直到皮肤发红，从夏经秋到冬而不间断。有同学曾学样却不能坚持，问毛泽东的感受，毛泽东说：最初几次难受，下决心就习惯成自然了。罗学瓒一段日记载有他与毛泽东冬泳之事：

今日往水陆洲头泅泳，人多言北风过大，天气太冷，余等竟行不顾，下水亦不觉冷，上岸亦不见病。坚固皮肤，增进血液，扩充肺腑，增加气力，不得谓非运动中之最有益者。

毛泽东还常做日光浴。这就是在夏天烈日下，穿短裤立于室外或在游泳后躺在沙滩，任火烈的阳光曝晒周身而不惧。露宿也是毛泽东常做的。在学校后山的君子亭、岳麓山的爱晚亭、白鹤泉和橘子洲头，夜幕降临，游人散尽，毛泽东和学友们还在谈天说地，夜深，各寻地方"下榻"，夏夜蚊虫叮咬，便以报纸相盖。

毛泽东一生走遍天下，尤其在中年即20年代末30年代初，统兵纵横驰骋于中国东南部湘、赣、闽、粤之间，又率工农红军徒步二万五千里完成他一生最伟大的旅行——长征。若没有青年时代练就的强健体魄，那是根本不可能的。

1917年4月1日，他在《新青年》第三卷第二号上署名二十八画生发表《体育之研究》，专门论述了体育对强国和安身立命的重要性及体育锻炼的具体方法。

此文是他公开发表的第一篇学术论文，全文共6000多字，包括1个短序和8个部分。正文8部分即《释体育》《体育在吾人之位置》《前此体育之弊及吾人自处之道》《体育之效》《不好运动之原因》《运动之方法贵少》《运动应注意之项》《运动一得之商榷》。

此文不只就体育论体育，而是从国家武风、民族体质谈起，即如他后来所说的"发展体育运动，增强人民体质，提高警惕，保卫祖国"。为此，他旁征博引，论及古今中外，将体育放到一个崭新高度。

他重在论体育之必要，兼谈体育之法，亦有具体操作程序，既有理论性又有可行性。这是他兼取杨昌济等人理论，联系自己实践的结果。

毛泽东从学生时代开始，就意识到强壮身体的重要，并在实践中顽强地实行，才有能保障他以后行万里路而不惧、理万机而不倦的体魄。

他分析了各国体育，包括古代中国的养生、射箭、骑马，德国的击剑，日本的柔道，他论述了德智体的关系，批评了中国学制的不科学（他后来花气力进行了彻底的改革）：

吾国学制，课程密如牛毛，虽成年之人，顽强之身，犹莫能举，况未成年者乎？况弱者乎？观其意，教者若特设此繁重之课，以困学生，蹂躏其身而残贼其生，有不受者则罚之；智力过人者，则令加读某种某种之书，甘言以怙之，厚赏以诱之。

由此，他强调体育的重要：

求所以善其身者，他事亦随之矣。善其身无过于体育。体育于吾人实占第一之位置。体强壮而后学问道德之进修勇而收效远。于吾人研究之中，宜视为重要之部。"学有本末，事有终始，知所先后，则近道矣。"此之谓也。

毛泽东所处的时代，中国开始引进体育的理念，可是仍然有诸多不足。毛泽东认为体育固然要有一定的客观条件，但根本的还是主观能动，他说："夫内断于心，百体从令。祸福无不自己求之者，我欲仁斯仁至，况于体育乎。苟自之不振，虽使外的客观的尽善尽美，亦犹之乎不能受意也。故讲体育必自自动始。"为此，他花了大篇幅来论述"体育之效"，他说，人也是动物，只是人是有理性的动物，那么动物的"动"就是人与动物的共性："然何贵乎此动邪？何贵乎此有道之动邪？"而"动"这个概念正是与"体育"这个概念直接相关的，"动"有何作用？"动以营生也，此浅言之也；动以卫国也，此大言之也。皆非本义。动也者，盖养乎吾生乐乎吾心而已。"

毛泽东又从不同年龄阶段谈到体育锻炼的效用，认为一生都可以进行体育锻炼，也就是说体育锻炼并不只是年轻人的事，而且，毛泽东认为通过体育，弱者可以变强，如果不注重锻炼，强者也会变弱。

说到这里，他举出西方一些通过体育锻炼由弱变强的名人的例子："东西著称之体育家，若美之罗斯福、德之孙棠、日本之嘉纳，皆以至弱之身，而得至强之效。"

他进一步谈到精神与身体的关系，他认为："精神身体，不能并完。用思想之人，每歉于体；而体魄蛮健者，多缺于思。其说亦谬。此盖指薄志弱行之人，非所以概乎君子也。"

他认为：勤体育则强筋骨，强筋骨则体质可变，弱可转强，身心可以并完。此盖非天命而全乎人力也。

那么，体育与知识的关系为何？毛泽东引用了"文明其精神，野蛮其体魄"这句名言：

非第强筋骨也，又足以增知识。近人有言曰：文明其精神，野蛮其体魄。此言是也。欲文明其精神，先自野蛮其体魄。苟野蛮其体魄矣，则文明之精神随之。

体育与感情也有关系，体育与意志的关系更大：

非第调感情也，又足以强意志。体育之大效，盖尤在此矣。夫体育之主旨，武勇也。武勇之目，若猛烈，若不畏，若敢为，若耐久，皆意志之事。

毛泽东举他亲身实践的冷水浴、长跑为例：

取例明之，如冷水浴足以练习猛烈与不畏，又足以练习敢为。凡各种之运动，持续不改，皆有练习耐久之益。若长距离之赛跑，于耐久之练习尤著。

他写下一段非常精辟的话语：

夫力拔山气盖世，猛烈而已；不斩楼兰誓不还，不畏而已；化家为国，敢为而已；八年于外，三过其门而不入，耐久而已。要皆可于日常体育之小基之。意志也者，固人生事业之先驱也。

最后，他得出结论：

体育之效，至于强筋骨，因而增知识，因而调感情，因而强意志。筋骨者，吾人之身；知识、感情、意志者，吾人之心。身心皆适，是谓俱泰。故夫体育非他，养乎吾生、乐乎吾心而已。

他还主张要从运动中找到快乐。运动要持之以恒，而又要用心："有恒矣，而不用心，亦难有效。走马观花，虽日日观，犹无观也。心在鸿鹄，虽与俱学，勿若之矣。故运动有注全力之道焉。运动之时，心在运动，闲思杂虑，一切屏去，运心于血脉如何流通，筋肉如何张弛，关节如何反复，呼吸如何出入。而运作按节，屈伸进退，皆一一踏实。"

全文的最后，毛泽东不厌其烦地推介了他自己所习的一部体操。他的这部运动操共分六段：手部运动、足部运动、躯干部运动、头部运动和打击运动、调和运动。段中有节，共27节，毛泽东称之为"六段运动"：

一、手部运动，坐势。

1. 握拳向前屈伸。左右参，三次（左右参者，左动右息，右动左息，相参互也）。

2. 握拳屈时前侧后半圆形运动。左右参，三次。

3. 握拳向前面下方屈伸。左右并，三次（左右并者，并动不相参互）。

4. 手仰向外拿。左右参，三次。

5. 手复向外拿。左右参，三次。

6. 伸指屈肘前刺。左右参，三次。

二、足部运动，坐势。

1. 手握拳左右垂。足就原位一前屈，一后斜伸。左右参，三次。

2. 手握拳前平。足一侧伸，一前屈。伸者可易位，屈者唯趾立。臀跟相接。左右参，三次。

3. 手握拳左右垂。足一支一揭。左右参，三次。

4. 手握拳左右垂。足一支一前踢。左右参，三次。

5. 手握拳左右垂。足一前屈，一后伸。屈者在原位，伸者易位，两足略在直线上。左右参，三次。

6. 手释拳。全身一起一蹲，蹲时臀跟略接，三次。

三、躯干部运动，立势。

1. 身向前后屈。三次（手握拳，下同）。

2. 手一上伸，一下垂。绷张左右胸肋，左右各一次。

3. 手一侧垂，一前斜垂。绷张左右背肋，左右各一次。

4. 足丁字势。手左右横荡。扭捩腰肋，左右各一次。

四、头部运动，坐势。

1. 头前后屈。三次。

2. 头左右转。三次。

3. 用手按摩额部、颊部、鼻部、唇部、喉部、耳部、后颈部。

4. 自由运动。头大体位置不动，用意使皮肤及下颚运动。五次。

五、打击运动，不定势（打击运动者，以拳遍击身体各处，使血液奔注，筋肉坚实，为此运动之主）。

1. 手部。右手击左手，左手击右手。

（1）前膊。上面、下面、左面、右面。

（2）后膊。上面、下面、左面、右面。

2. 肩部。

3. 胸部。

4. 胁部。

5. 背部。

6. 腹部。

7. 臀部。

8. 腿部。上腿、下腿。

六、调和运动，不定势。

1. 跳舞。十余次。

2. 深呼吸。三次。

毛泽东平生公开发表的第一篇文章竟然是体育论文！所论精当、深刻和有实用性，也非就体育而论体育，而是论述了德智体三者的关系，体育与精神、知识、感情、意志的关系，从他的一生来看，他始终是体育的大力实践者、倡导者，体育造就了他强健的体魄，成为他走遍天下，叱咤风云，取得人生与事业成功的关键。

毛泽东早年推介的那套体操，毛泽东终身都在坚持，只是限于时间，许多时候有所简化，他的卫士经常看到他做一些运动，以为没有什么规则，实际就是那一部体操的"变体"，毛泽东后来更向全民发出"发展体育运动，增强人民体质"的号召，中国民众的体质也正是在毛泽东时代得到全面提升的。

毛泽东在少年时代打下身体的底子，在青年时代有意识地积极锻炼，到了中年，他便可以"吃"身体的"老本"了：在南北东西的社会活动奔波中，在东征西讨的战争中，甚至在极度饥饿与窘困或者面临疟疾等重病和雪山草地的艰难险阻中，他能够坚强地挺过去，并以顽强的意志力鼓舞他的战士，带领人们从困苦中走向胜利。这个时候，革命和征战过程本身对他又是巨大的身体考验，虽然他几乎不能有青年时期那样的有意识的锻炼了！这种锻炼要等到他重新过上比较稳定的家居生活，例如，到了延安之后，进入北京城之后，即使在这个时候，毛泽东也比较少有系统的锻炼了，而多的是散步、出巡、游泳和打球之类兴之所至的运动。

毛泽东一生信锻炼不信补药，是与他早年的生活有密切关系的。这是因为毛泽东早年家境并不特别富裕，勤俭的父亲给他的学费都非常少，更不可能给他医药与享受口福的费用，毛泽东保持强健的体魄从来都是靠的锻炼。

不过，进入北京城之后，他的身体不仅仅属于自己，更属于党、国家和人民，保健人员忠于职守，也得从保健的角度来考虑他的日常起居。尽管他仍然不会过多地改变他的保健信条，他仍然以锻炼为保健的主要方式，而拒绝使用补品。

当然，他的饮食相比南征北战或者在延安时还是要好许多，起码他可以经常吃到他爱吃的红烧肉和各种鱼了，他也可以喝到他喜欢的茶，特别是杭州西湖的龙井了。保健医生和卫士还在茶里加些葡萄糖。毛泽东喝过，没有反对，大家暗自欢喜。后来，又往茶水中掺兑柠檬汁，毛泽东也能慢慢习惯。医生又给他配了些维生素。

马来西亚客人送来几十斤燕窝，工作人员想留用，于是向他请示，毛泽东毫不犹豫地说："按老规矩办。一律上交。"工作人员说："有几十斤呢，是不是留下一点点？"毛泽东有些生气地说："不能留，全部上交！既然多，那就派人送到人民大会堂去，让大家都吃一点。"又说："叫人民大会堂的人开张收据，我要检查。"人民大会堂开的这张收据至今还保存在毛泽东的生活账中。

护士孟锦云问："主席，您为什么不吃些补品呢？吃了确实有用呢。"毛泽东反问："你常吃补药吗？"孟锦云笑着摇头说："我还年轻么。"

毛泽东说:"年轻的不必要吃,年老的最好也不要吃。有些所谓高级的东西,我可并不认为有何特殊之处,只不过物以稀为贵罢了。还有一些人有一种很特殊的心理,比如,皇帝皇后吃过的什么东西,某某名人常吃的东西,他们就认为十分名贵起来,甚至名贵到高不可攀,神乎其神。所以,那些有了权、有了钱的人绝不肯放过它的,仿佛吃了皇帝吃过的东西自己便成了皇帝,吃了名人吃过的东西,自己也成了名人。这叫作沾光,这些东西便叫作很稀罕的高级补品。"

他常对人说:"补品能少吃就少吃,当然,最好不吃。战胜疾病,保持健康,主要还得靠自己身体的力量。"他还很形象很诙谐地说:"这叫作自力更生为主,争取外援为辅。"

在毛泽东眼里,维生素、葡萄糖已经算得上补品了,他服完维生素后问:"开支你们是怎么弄的?"工作人员如实回答:"主席,您是国家工作人员,享受公费医疗,这些药就在公费中报销了。"毛泽东说道:"我是公费医疗,但这些是补药,公费管的是医疗药品,不管补药,不能不自己付钱。"他再三指示有关经办人员将已作公费处理的药费补交,要求以后不能再发生这样的事。

到80岁高龄,毛泽东身体十分虚弱,有时连拿杯子都困难,他的手常常抖得厉害,专家会诊后说是肾虚要用补药,给他输液,加些滋补药物,颇为见效。毛泽东却坚持"医生的话只能信一半",结果没输几次,也不得不中断。

毛泽东在北京医院办了个诊疗证。他进京之初,有关部门在香山设立中央门诊部,专门负责中央领导的医疗保健。毛泽东从香山住进中南海后,中央门诊部也随同迁入,承担首长全部医疗保健服务。"五大书记"中,朱德的年纪最大,患糖尿病多年,时常需要医护人员照料,毛泽东身体好,不劳医生操心。

毛泽东的北京医院诊疗证

卫生部长傅连暲是毛泽东的老朋友，当年在闽西长汀就是他的保健医生，一直跟随着毛泽东，从长征路上到陕北，再到北京，他对毛泽东的身体一脉全知，却也得居安思危，他决定在中南海设立保健科，从各医疗部门挑选德才兼备的医生、护士进入中南海。保健科规模小，人员精，后升格为保健局。

保健科又通过卫生部联系在京各大医院，挑选专家组成对中央首长的医疗保健队伍。东交民巷的北京医院离中南海较近。这是一所德国人办的医院，傅连暲十分重视对这家医院的改造，常常到该院指导，最终他认为北京医院能胜任最高荣誉即担当中央首长的保健医疗，他向中央作了汇报。中共中央办公厅同意，北京医院便正式承担起这项光荣任务，他们服务的第一号人物就是毛泽东。

北京医院成为中南海的定点医院，服务对象缩减，谢绝一般平民百姓求医，结果带来负面影响，老百姓的意见传到了毛泽东的耳里，毛泽东气愤起来，批评北京医院成了"老爷医院"。

后来，毛泽东下决心把医疗服务一竿子插到底，普及到中国的最底层。北京医院也扩大服务范围，中南海普通职员纳入进来，医院为所有求医的人配发统一的诊疗证，规定：无论职位高低、关系亲疏，一律凭"北京医院诊疗证"挂号、看病、住院、治疗。

北京各大新闻媒体对此作了报道，毛泽东也高兴。中共中央办公厅造具花名册，为中南海所有人员申办了"北京医院诊疗证"。

毛泽东带头办了一个诊疗证，只是他的证最开始被人忘记了，是在别人办得差不多的时候才补办的。这个证，毛泽东没有再用他的化名"李德胜"而是直接写上"毛泽东"。证上的一寸黑白免冠照片，是他刚进北京城时拍的，他的证也没有如人们所想象的编号为第一，而是"机字第150号"。毛泽东的医疗关系就此挂靠北京医院。

毛泽东一家的医疗开支只有他和江青是公费，两个女儿、一个侄儿，还有投靠他们的江青的姐姐都是自费。毛泽东不生病，几个孩子却不时闹毛病，他们不能享受北京医院公费医疗。有几次，工作人员为了方便，带着李敏、李讷到北京医院就医，在公费中作了报销。毛泽东知道了，生气地要求作退赔。以后，亲属去北京医院都从他个人生活费中开支，那些从乡下来京求医的亲友如毛泽连等，也不例外。

北京医院要对过去德国人建的门诊大楼作一次大维修，需更换名匾，有人提议："能否请毛主席题字呢？"毛泽东日理万机，能否打扰他？院长周泽召找到傅连暲，傅连暲说："毛主席肯定会接受的，他也是你们医院的服务对象么！"

傅连暲找到毛泽东的保健医生王鹤滨："鹤滨同志，北京医院门诊楼维修，想请毛主席写个匾，劳你找机会请主席写几个字。"傅连暲说明来意，从公文包里取出一张宣纸，说："就写'北京医院'四个字。"

王鹤滨深知毛泽东对医疗事业的关心，一定会答应北京医院的这个要求。他走到毛泽东的办公室，推开门，毛泽东正在伏案工作，王鹤滨正想退出去。毛泽东却扭头问："么子事啊，王医生？"王鹤滨折回门内，老实地回答："主席，北京医院想请您题个字。"他简单地说明了一下北京医院维修门诊大楼和傅连暲求援的情况。毛泽东问："他们要我写什么呢？"王鹤滨高兴地说："他们要写'北京医院'四个字，好像是挂在大门口的。"王鹤滨赶紧从公文包里取出宣纸。"我这里有纸嘛，你还带纸干什么。"毛泽东说。"这是北京医院送来的。"王鹤滨边说边将纸展开放在办公桌上。毛泽东笑着说："公私分明哟，我的纸可是自己的。"

毛泽东认认真真地将宣纸横裁成三小张，笑着说："我们都可能做他们的病人嘛，今天我就先为他们服务吧。"他从书桌上的楠竹笔筒中取出一支中毫笔，在大铜墨盒中蘸满墨汁，对着宣纸审视片刻后挥毫写下"北京医院"。写毕，对着墨迹未干的大字凝视良久，而后又接连写了两张。他将三幅题字一一横摆开来。

他仔细审视后，拿起其中两幅说："这两幅拿去吧，由他们选一张。"王鹤滨接过，眼巴巴地看着毛泽东将另一幅撕开后卷成团扔进废纸篓。

毛泽东是铁打的汉，只是年岁不饶人，随着晚年的到来，他渐渐出现各种毛病，虽然他仍然想凭借青年时代锻炼出来的体魄战胜疾病，许多时候却心有余而力不足。

再者，任何人，一些小毛病在所难免。毛泽东遗物中，有一个粗糙的木质药箱，尺余见方。木质的表面仅仅涂上薄薄的一层乳白色洋干漆，而今漆皮已有些脱落，颜色也已经灰黄了。

无论毛泽东居家，还是外出巡游，这个医药箱都是随时放在保健医生或者护士身边。药箱内部划成许多小格，保存的主要药品有：碘酒、龙胆紫、眼药膏、红汞、酒精、脚气粉、清凉油，等等。医用器械、材料有：剪子、镊子、药匙、试管、量杯、洗眼杯、胶布、棉纱布、绷带，等等。

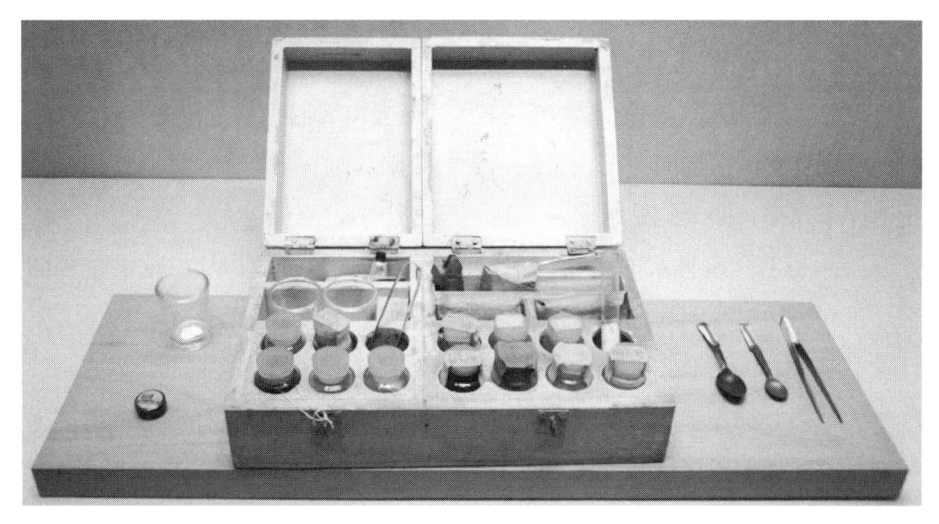

毛泽东的医药箱，粗糙的程度很难让人想到这是一个大国最高领导人用过的

毛泽东用得较多的有脚气粉、洗眼杯、眼药膏。毛泽东早年生活的家乡湖南气候潮湿，常常有脚气病，毛泽东也不例外，他的药箱中常备脚气粉。他晚年患严重眼疾，唐由之大夫给他做了白内障切除手术。术前术后，工作人员要为他洗眼、上眼药膏。他用过的洗眼杯、眼药膏也留存下来。

毛泽东一生大部分时间保持着健康的身体。他的保健医生徐涛说："我在毛泽东身边工作期间，他很少生病。""毛主席生病少，不等于我的工作好做，有时甚至很令我紧张为难。我遇到的最大困难有两个：一是劝主席吃药难，二是应付江青难。"

毛泽东的保健医生的日常工作简单，主要是定期为他检查身体、记录睡眠情况。毛泽东外出时，保健医生就要背上医药箱随行。

这个医药箱毛泽东用得少，有时却给别人提供了意外的方便。成都会议期间，毛泽东视察郭县的红光公社，在一片麻田里，社员们正在干活，毛泽东见到一位姑娘的一只手用一块土布吊着，显然是受了伤。毛泽东与大家聊天，问那个姑娘："你的手怎么了？"姑娘有些激动地说："刨地时被锄头把震伤了，现在不碍事了。"毛泽东皱起眉头，又问："伤重不？要不要紧？震

第五章　休闲时光

233

伤得很厉害呢，一定要请医生看一看。"他招呼保健医生，叫他给这位姑娘仔细检查一下伤口。保健医生从肩上取下医药箱，蹲在地上仔细地检查姑娘的伤口后对毛泽东说："主席，她的伤口有炎症，要到医院治疗。"医生从药箱中拿出药膏，为伤口消了毒，重新包扎起来。"我这里没有带什么药，你还是上大医院看看。"临走时，毛泽东的保健医生再三嘱咐。

毛泽东回到郭县县城。晚上，他突然想起白天遇到的那位受伤的姑娘，叫保健医生打电话询问一下，看她是否去医院看过。第二天，郭县人民医院受毛泽东嘱托，派人到姑娘家，为她换药疗伤。

游泳是毛泽东喜欢的运动，却是让保健医生紧张的运动，他们得提防毛泽东在运动中有闪失或者眼睛里进沙子。医生们总是背着医药箱在岸上紧盯着毛泽东，所幸毛泽东游泳无数次，从来没有出状况。

北戴河海滨并未经过修缮，海滩宽广，贝壳很多，在这样的海滨游泳极易划伤脚。保健医生许多次劝阻毛泽东下海游泳："主席，浪太大，贝壳全冲到了岸上，不少都是又破又尖，很容易划伤脚。"毛泽东反驳说："从小我打赤脚，就不上山砍柴了？"果然，毛泽东奇迹般地没有一次被划伤。

毛泽东不愿意用药，安眠药却是个例外。毛泽东的生物钟与常人不同，昼夜颠倒，而白天睡觉是无法保障充足的时间和质量的，他常常失眠，许多时候要靠安眠药来帮助。

毛泽东的失眠症从延安起加剧，需要借助药物来安眠。延安并不产安眠药，大多来自国统区，或者从战场上获得。这种来源缺乏保障。他在指挥沙家店、蟠龙等战役时，便曾经以白酒或白兰地代替安眠药。

安眠药有副作用，必须限制用量和次数。大家想尽量少用，能不用就不用，人们让他睡前听音乐，这一招对他却不管用，他不得不还是依靠安眠药，抗药性让他服用一次后仍无效，只得加量。

保健人员建议他工作后出门散散步、打打球、跳跳舞，他这样做了，不过，他运动后并不会马上睡觉，还要工作。后来，人们请来护理师王力，让他教卫士们给毛泽东做按摩，这才产生效果，毛泽东对安眠药的依赖减轻，安眠药辅以按摩，睡眠质量有了改善。

人们给毛泽东改善睡眠还有一个方法是梳头，这算得上一个传统方法。

在延安的时候，他就有用梳头做保健的习惯。

毛泽东曾对李银桥说："银桥，补脑有很多种法子呢。睡上一觉可以补脑，吃红烧肉可以补脑，你每天给我多梳几次头也是补脑噢！"说完，他招招手，又对李银桥说："来，你就给我梳梳头。"

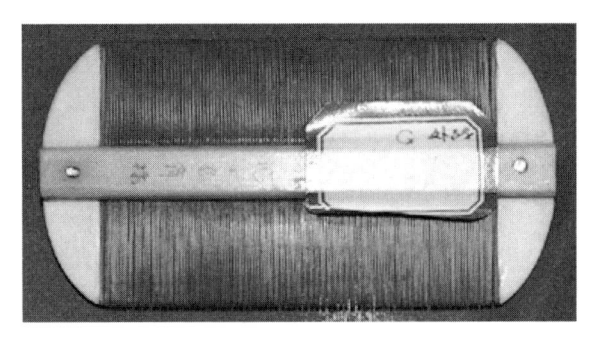

毛泽东梳头用的篦子

李银桥给毛泽东梳头，一边听毛泽东的梳头"理论"："经常梳头可以促进大脑血液循环，能把有限的营养首先满足大脑的需要。你给我梳一次头，就等于让我吃了一次红烧肉呢！"

毛泽东用过的梳子

毛泽东在西柏坡指挥大决战，用心极劳，满头黑发中出现了一根白发，卫士李银桥在给他梳头时把这根白发拔去了，毛泽东嗓音略带嘶哑地说："白一根头发，胜了三大战役，值得！"[①]

毛泽东与常人一样，也有一些毛病让他烦恼甚至痛苦。他的牙齿不好，这与早年营养不良和他爱抽烟有直接关系。

毛泽东青少年时代不会有补钙的概念也不会有那个条件，后来转战南北直到延安，他与战士们一样只能保障基本的生活（许多时候基本的生活要求都无法达到）。

他的龋齿并非吃零食吃的，他没有吃零食的习惯，却是与缺钙有关，后

---

① 据李银桥回忆。见《历史的真言——毛泽东和他的卫士长》，新华出版社2006年版，第32页。

来牙病越来越多。他从30多岁起开始抽烟，这加剧了他的牙病，而且他的牙齿由黄变黑。

1953年，保健医生给他做体检，发现他的龋齿相当严重，许多牙开始松动。医生说："主席，您的牙已经很黑，以后要少抽烟。"毛泽东笑着说："牙黑是因为吃多了黑豆，与吸烟关系不大噢！"医生哭笑不得："主席啊，您还有龋齿呢，而且相当严重。"毛泽东听后，问："龋齿？是不是虫牙？""差不多呢，虫牙是民间对某些牙病的说法。""不要紧么，我这虫牙也不是一天两天的毛病了。"

毛泽东的"虫牙"并非新病。在毛泽东的邻居、王稼祥的夫人朱仲丽记忆里，毛泽东有好几次牙痛，腮帮肿得很大，几天吃饭说话不方便。

晚年，毛泽东的牙齿越来越不好，他对甜、酸、冷等都敏感，看着新鲜的水果，他只能兴叹："水果这种东西对身体好处很多，我也喜欢吃。小时候我在韶山还偷过邻居阿婆的桃子吃呢。可是现在牙不行了，与我作对，不让我吃啊！"工作人员劝他试一试，毛泽东说："你们还是莫逼我，我的牙受不了，我没有这个福呢。"

卫士想了一个办法：主席的牙齿松动，硬的东西难以咬动，如果削了皮切成块不就容易多了吗？他便从苹果开始尝试。他将一个个苹果去皮去核，切成小片，准备了牙签，让毛泽东插一片吃一片。毛泽东问李家骥："这是你的主意吗？"李家骥说："是的，主席您试试，保证好吃。"毛泽东试着吃了几片，说："这个办法很好，不过再小一点会更好。"

后来，卫士们买来榨汁机，毛泽东便可以吃到水果浆了，这样对平衡饮食、改善吸收起了作用。

毛泽东生日，工作人员集体为毛泽东祝寿。工作人员特意准备了几个寿桃。大家犯难："主席怎么吃寿桃呢？"既然是生日寿桃，总不能像平时那样切片、榨汁。想来想去，他们终于想出一个办法：蒸熟。蒸熟的桃子毛泽东喜欢吃吗？他们心中没数。生日饭之前，蒸了一个给送去。毛泽东说："你没有切烂哦，恐怕我吃不了。""主席，这是蒸熟的，比切烂的更容易吃。"毛泽东笑着说："我的牙不好，你们变着法子逼我吃水果，真是难为你们了。"他试着吃了几口，满意地说："还是你们办法多，这么吃很好，不费时间，牙齿也不酸痛。"此后，毛泽东吃桃子时便用这种吃法。只是，水果蒸熟后，维生素丢失，人们仍常用切片、榨汁的办法让毛泽东吃水果。

到20世纪60年代末70年代初，保健人员建议毛泽东配假牙。起初，他不同意，认为年纪这么大了，脱牙是自然的，没有必要弄副假牙来戴，只是最后毛泽东没有坚持，保健医生请牙科专家精心配置了一副假牙套。

毛泽东不喜欢使用假牙。平时在家，他从不戴，只是在开会或参加外事活动时，才偶尔一用。他的这种假牙套有别于完全的假牙，他是在快80岁时才开始用的，功能有些类似于现代人们的烤瓷牙了，主要起到辅助咀嚼和美观的作用。

比牙齿的变坏稍晚一些，毛泽东的视力随着年龄的增长而急剧下降。1974年8月，在湖北武汉东湖宾馆，来自各地的眼科专家确诊：毛泽东双眼患有老年性白内障，以右目为重，左目稍轻。

白内障是眼球内透明晶体发生混浊的现象，当时没有快速有效的治愈方法，需要等成熟后，才能进行手术治疗。毛泽东的右眼仅稍存光感，只能辨别光线方位及不同色泽的光亮。他仍手不释卷，单靠稍好的左眼看书看文件。医生给他服用药物，并配合滴用眼药水，却不能从根本上消除病症。根据医生意见，决定让毛泽东继续休养一段时间，随时检查，待适当时候再做手术治疗。

武汉确诊后，医护人员忙碌起来。必须保证毛泽东的眼睛不再受到其他意外疾病的侵害，医生用一种特制的医用洗眼杯，灌上药水，每天为毛泽东洗眼睛。

1975年2月间，医疗小组的部分主治医生从杭州返回北京，19日，周恩来带病从解放军三〇五医院来到人民大会堂，他主持召开政治局会议，听取医疗专家的汇报。邓小平、叶剑英等在京的政治局委员全部到会。

医疗小组的四位医生分别就毛泽东的心脏病和肺病的治疗，双眼白内障手术以及心电图、X光肺片检查所得到的进一步情况作了汇报。

此前，毛泽东病情危重程度，只有周恩来、叶剑英和江青清楚，医疗小组汇报后，大家都感到吃惊。政治局委员一致同意要眼科专家选择几位和毛泽东年龄相仿的白内障患者进行医治，取得经验后再对毛泽东施行白内障摘除手术。医疗小组马上着手准备。中央专门调来两位著名的眼科医生，其中主治医师唐由之已有多年中医针拨白内障的手术经验。两位医生

给毛泽东洗眼用的杯子

会诊后提出，最好以较为安全的针拨方式清除眼中的白内障。这主要是考虑到这种方法是中国传统中医眼科的成熟技术。不过，另一种意见认为针拨手术虽可减少术中痛苦，但眼中残留的混浊水晶体仍可能复发，建议实行白内障摘除手术。

中央决定在毛泽东尚未从杭州回京之前，尽快先对数起病例进行成功手术并形成经验以后，再报毛泽东，由他自己选定方案。

医疗小组把中直招待所的两间小会议室辟成临时病室，同时为40名高龄白内障患者分别做了白内障摘除术和中医针拨手术。这40名患者分为两组，一组由西医做白内障摘除术，另一组由中医做白内障针拨术。

1975年春，毛泽东一只眼睛的白内障可以进行手术治疗了。周恩来约请北京著名的中、西医的眼科专家确定手术方案。在中南海游泳池，毛泽东与专家们见面。他视线模糊，看不清来人的脸，还是与大家一一握手问好。握着广安门医院一位四十开外、身材高大的大夫的手，毛泽东问："你叫什么名字啊？""主席，我叫唐由之。"这位大夫激动地回答。"由之由之，这个名字好噢。"毛泽东沉吟着，"你的父亲一定是读书人，可能读了鲁迅先生的诗。"说着，毛泽东吟诵起鲁迅《悼杨铨》：

岂有豪情似旧时，花开花落两由之。

何期泪洒江南雨，又为斯民哭健儿。

唐由之没有听清，他提出一个大胆要求："主席，您能否将这首诗写给我？"毛泽东高兴地答应，便用铅笔在纸上歪歪斜斜地写下来。

时间已到。7月。一天傍晚，护士孟锦云在毛泽东睡了一个好觉后来到他床前，像平时那样与他聊天。"主席，您还是赶快动手术吧，这样您就可以看书写字，也可以看清人了。"孟锦云说。毛泽东听了未作任何表示，孟锦云感到，他似乎心有所动。果然，没过多久，毛泽东打破沉默，说："孟夫子，我还是做手术吧！"

这是在 1975 年 7 月 23 日，毛泽东同意对拖延已久的白内障眼病施行手术治疗，决定先做左眼的白内障针拨手术，另一只眼睛的手术暂定在 10 月中旬进行。

手术定在下午，手术室设在毛泽东的卧室到客厅的宽大过道上，用一块雪白的布幔圈围而成。消毒之后，唐由之向毛泽东简单介绍了中医针拨白内障手术的细节。

毛泽东在医护人员的搀扶下走进了那间临时手术室。此前，机要秘书张玉凤已将消息电话告诉了周恩来。周恩来驱车来到游泳池。其时，毛泽东已进"手术室"。张玉凤在大厅迎接周恩来。"总理您有病，怎么还来呢？"张玉凤十分感动也很不安地说。"我的病不要紧，应该以主席的健康为主。"周恩来认真地说。

毛泽东就要动手术了。术前，有人不安地问大夫唐由之："您有多大把握？""百分之七八十，顶多百分之九十。"唐由之有些不安地回答。主刀大夫的话增加了手术的紧张气氛。周恩来神情严峻。他没有进手术室。周恩来与邓小平等人就坐在客厅的大沙发上不安地等待，客厅里静谧无声。

毛泽东却显得十分轻松。快动手术了，毛泽东突然说："别这么紧张嘛，放上一点音乐听一听。"

怒发冲冠，凭栏处，潇潇雨歇。抬望眼，仰天长啸，壮怀激烈。三十功名尘与土，八千里路云和月。莫等闲，白了少年头，空悲切……

曲声悠扬、铿锵。唐由之轻声问："主席，可以开始了吗？"毛泽东微微张开眼，轻轻地点了点头。唐由之大夫小心翼翼地拿起注射器，从毛泽东左眼角部位注射了一剂麻醉剂。

手术成功！仅仅用了七八分钟。医护人员长舒一口气，准备撤走手术器械，毛泽东还沉浸在音乐声中。有人提醒："主席，手术做好了！"毛泽东有些吃惊，说："就做完了？"唐由之笑着说："主席，做完了！"

术后一周，医生小心翼翼地给毛泽东摘除蒙在眼睛上的纱布，一层层，医生的手是那么轻，毛泽东慢慢睁开双眼，熟悉的一切又呈现在他的眼前。

"主席，看得见吗？"唐由之问。"看得见了！"毛泽东兴奋地说。他指着眼前一位工作人员的衣服，激动地说着是什么颜色、图案。又指着房间的一面墙壁，高兴地说："那是白的！"

毛泽东像饥饿了许久，眼睛一复明，书本和文件又回到他身边。医护人员劝阻无效，只能听之任之，但每天还是为他洗眼，又给他重新配了一副眼镜。

CHAPTER 6
第六章
勤读不倦

毛泽东居家喜爱读书，他一生博览古今典籍，实践着他的理想之梦。童年梦，青年实现；青年梦，中年实现；中年梦，晚年有的实现了，有的未实现；临终，还在做梦的遨游。毛泽东嗜书与阅读的种种习惯也是从故乡起步，慢慢形成的。

读书始终是毛泽东家居生活的最重要内容。

毛泽东读书的特点，人们已多有论述，下面来看看几个为人忽略，也许还值得争论的问题。

儒家经典著作对毛泽东有何积极影响？

研究者一般多注意毛泽东少年时代阅读的四书五经及史书等可能禁锢毛泽东的思想，扼杀他的个性的消极方面。其实，这些书籍对毛泽东的积极影响也是明显的。四书五经等国学的精华，尤其是其奋发向上的精神、匡时济世的思想、正直为人的训导等，是与毛泽东的品性相宜的。这些书籍开阔了毛泽东的视野，"六年孔夫子"，不仅使他深入到中国文化史中去，且培育了他日后对中国哲学、历史等社会科学的浓厚兴趣，由此打下国学的坚实基础，这使毛泽东在人格上总是带着强烈的文人特色。

毛泽东接触最早，并熟谙于心的中国古典名著是《西游记》《水浒传》《三国演义》。这三部古典名著与毛泽东的一生有何关系呢？

毛泽东后来在写作或讲话中，常常引用这些名著中的故事或原话。从个性来说，他很像《西游记》中的孙悟空——他的聪明与好动，他的疾恶如仇，如果说，少年时代的毛泽东还是不成熟的孙悟空，成年以后的毛泽东则是握有金箍棒的孙悟空。三部小说中，《西游记》又是毛泽东最早看过，而最为其浪漫色彩吸引的一部。同样，被当作言神志异的鬼怪故事，父亲、先生都竭力反对他看这样的"杂书"，然而，毛泽东着了迷。他领着一伙看牛顽童，时常在韶山冲山林中演绎"孙悟空在花果山"的情节。

尽管有多种多样复杂的因素，毛泽东一生中那种浓郁的浪漫气质，对妖魔鬼怪的蔑视与痛恨及毫不留情，乃至于他那神秘莫测的军事艺术，与少年时代精心读过的《西游记》有不可忽视的联系。

毛泽东认识"造反"是怎么回事，产生强烈的平等意识，是从《水浒传》开始的。108条好汉极让他佩服，尽管他晚年评《水浒传》时，对《水浒传》"只反贪官，不反皇帝"，特别是作者给英雄们指出的"招安"道路至为不满，但他从来没有否定过书中主要的英雄好汉。可以说，在还未接触马克思主义学说时，他的许多反叛行为是受这本书的鼓舞的，而那种造反精神，却是为其终生所推崇的——毛泽东之上井冈山，自然非林冲等人上梁山可比，两者之间的确有相似之处——毛泽东实在也是被"逼上梁山"的！不同之处在于，这时的毛泽东已掌握马列主义的思想利器，而且自己也逐渐形成了一套明确的创造性理论——他领导的几次反"围剿"与当年梁山好汉的反"围剿"情形也就大不相同。他也没接受"招安"，第五次反"围剿"失败，红军进行战略大转移，从此，他的大军不断发展壮大，最终问鼎天下。

《三国演义》是毛泽东读过的第一部关涉军事的著作，这部历史演义小说被他当成"兵书"，深远地影响着他。这部"兵书"形象地再现大大小小数百次战例，闪烁着智慧与艺术之光，尤其是孔明与周瑜的用兵技巧和曹操的雄才霸气，无疑深为毛泽东信服并在他自己用兵时有意无意地运用！毛泽东军事艺术内蕴很深，《三国演义》无疑对这种艺术的形成起过重要作用。

由《西游记》中幻想式的驱魔灭妖英雄孙悟空，到《水浒传》里逼上梁山的绿林好汉，再到《三国演义》的群雄逐鹿，似乎也可类比毛泽东一生极富传奇色彩的斗争生活轨迹。毛泽东晚年之喜爱《红楼梦》，则是这种生活轨迹的延伸。

毛泽东读书的内容远不止四书五经和几部古典小说，他一生博览群书，既有国学中的古典名著（包括儒家、道家、法家、农家、兵家、杂家等），也有中外历史、古今哲学、宗教，既有传统文化的东西，也有现代的自然科学特别是马列主义著作，既有正宗的"家"，也有非正统的"俗"。

总之，毛泽东在家居读书时形成的理想在他的火热斗争实践中得到了实现。

一、读书习惯之养成

毛泽东善于从"钻"与"挤"中获得阅读时间,这与他少年时代的经历有关。毛泽东的真正启蒙,是五六岁时在他的外婆家。启蒙老师乃是他的八舅文玉钦,因为这位慈爱的舅舅在家开蒙馆,教他自己的孩子与侄儿,毛泽东也在一边旁听,舅舅许多时候还单独教会毛泽东许多东西——知道这一点,便会明白为什么毛泽东回到韶山冲后,领悟力比其他同龄孩子高,被称作不要先生的"省先生",同样也就能够理解毛泽东为何一再不服邹春培先生的"管教"。

幼年——学前期的教育,使毛泽东不断地超越自己,也超越同龄人。

这里我们不妨重点来说说毛泽东人生之初在他外婆家所接受的学前教育,因为毛泽东一生爱好读书的习惯最早就是形成于外婆家。毛泽东曾说过:"我虽然是湘潭人,但受的是湘乡人的教育","没有他们,我进不了东山学堂,也到不了长沙,只怕还出不了韶山冲呢!"

毛泽东所说的受湘乡人的教育,既指他后来到东山高等小学堂及湘乡驻省中学堂所受的新式教育(高小和初中程度的教育),也指他在出生之后颇长一段时间里从外婆家所受到的学前教育,还有作为湘乡人的母亲文氏对他的人生教育。

毛泽东外婆家的屋场叫唐家圫,地属湘乡县凤音四都。"凤音"的名字与韶山的来历同源,即与舜帝南巡有关。

唐家圫到上屋场30里,中间隔着韶山山脉向北边延伸的余脉,湘乡这边称营盘大山,韶山那边,就是吊水洞(今名滴水洞)群山,包括牛形山、书堂山、黑石寨,而"韶山"的初名也源于这一带群山。

湘乡在康熙三十五年(1696年)将全县划成12个乡,乡以下划分为44个都和3个坊,都以下分区,区以下分牌。分别有都总、区总、牌头行使管理职权。唐家圫属于湘乡县凤音乡第四都。毛泽东的七舅文正兴(字玉瑞)当着都总。

唐家坨原来并不富，清嘉庆前，仅有茅屋数间，水田数亩，系唐姓家业，故名唐家坨。道光初，由唐姓出卖给刘姓，仍沿用旧名。道光中期，又由刘姓卖给文家兄弟。其后广置田户，大兴土木，把原有茅屋拆除，重建瓦屋数十间。

略晓人事的毛泽东来到这里时，外婆家已是一个大屋场，拥有房屋 90 多间，田地 140 亩。里外住着许多文姓人家。房屋的东头住的即是毛泽东的外祖父文芝仪家，西头则住着叔外祖父文芝祥一家。整个一幢屋，取名"三芝堂"，表示三兄弟——芝兰、芝仪、芝祥共有，正堂屋大门贴着一个大大的"福"字，两旁写着对联：

> 潼川世业
> 潞泽家声

横批：

> 介景绥多

对联昭示着文家的来历、郡望和家风。堂屋里满室书香，正中有神龛和一块"天地君亲师"的牌匾。神龛两旁挂着一副对联：

> 洛社英风昌百代
> 文山浩气壮千秋

这是毛泽东的八舅文玉钦所写。联中的"洛社""文山"分别指三国魏大将文聘和南宋民族英雄文天祥，均系文氏祖先里赫赫有名的杰出人物。

堂屋两边还挂着三块横匾。

贞松长茂——这是亲友送给毛泽东的外曾祖母贺氏的。

厚德延年——这是亲友送给毛泽东的外婆贺氏的。

积厚流光——这是亲友送给毛泽东的八舅文玉钦的。

毛泽东大约是在 1896 年春来到唐家坨，也就是他的弟弟泽民将要出生的时候，母亲临产，无力照料两岁多的毛泽东，而父亲当兵在外，毛泽东便由舅舅接走。毛泽东的八舅文玉钦为人正直，注重节操，又是读书人，他在家开设蒙馆，毛泽东向八舅要求读书，八舅认为外甥还不到开蒙的年纪，只让他旁听。

约在 1902 年，毛泽东回到韶山冲的家。在湘乡外婆家的生活为时六年，他在外婆家感受到的文氏家风和所受的早期教育及湘乡文化的熏陶令他终生难忘，甚至影响到他人格与思想的某些走向。

把湘乡文化与毛泽东联系起来的，一方面是地理的原因，可以说，韶山地方文化的许多因素就是杂糅着湘乡文化因素的，这是由于这两个地方本就没有明显的界线，两地经济、文化、婚姻等方面的往来本来就自然而密切。清朝末年，曾国藩在湘乡大办团练继而组建湘军，韶山民众一呼百应，掀起一股历史上从未有过的从军潮就是例证。另一方面，湘乡文化对毛泽东发生深刻影响得益于他的母亲，是母亲把湘乡的地方风尚直接带入韶山冲的毛家，而童年和少年的毛泽东又曾经长时间生活在湘乡县的外婆家，更是直接感受到湘乡文化和文氏家风的熏陶。

一块清道光二十一年（1841 年）的文氏义学碑于 2004 年在毛泽东外祖家唐家坨附近的一口井边出土。该年 11 月 12 日，笔者见到了这块青石碑，仔细观摩、测量，碑长约 2 米，宽约 80 厘米，厚约 30 厘米。其中心部位为文字，详细记载了毛泽东外婆家所在的文氏家族建立义学的缘起，并在最后开列了对入泮、补廪、中举、中进士、选为翰林的不同金额（分别为银 40 两、50 两、80 两、100 两、300 两）的奖励措施。

文曰：

我族义学之举，自乾隆五十六年户首文房南城、贵房聚源开捐，其权兴也。彼其时聚资尚无多，正有志而未逮。迨嘉庆二十三年，祠长文盛、益三始行置田。然犹与祭产混于一而未分。倘亦经理未得其人与？及道光十四年，族首国任、伯祥与祠长国志、振儒等方协众议立斋长，分官山仓业归之义学。因祥文房春之、贵房鹏南以经营其出入而义学田乃有专属。

夫莫为之前，虽美弗彰；莫为之后，虽盛弗传。此举肇端于开捐之日，继事于置产之年，而后幸有经管者董其成功。从未及建学延师而嘉惠士林，奖劝有志，实有攸赖，则上以慰祖宗养士之意，下以鼓子弟上进之心。其美彰而其盛且永传焉。

方今族内，人文炳蔚鹊起者有人矣。由兹以往，积日加厚，田日加增，于以修置斋馆，作育人材。将见学者掇巍科擢高第，光大其门闾，藉斋长之力，实我合族之所共幸者也。

爰勒石以叙其巅末，并以田亩之数、租信之规、奖赏之章程刊列于左。

官山仑田贰拾亩，信银壹百陆拾两正，租谷壹拾捌石正。

道光十六年禹疏捐银壹拾两正。

一入泮　赏银肆拾两正。

一补廪　赏银伍拾两正。

一举人　赏银捌拾两正。

一进士　赏银壹百两正。

一翰林　赏银叁百两正。

大清道光贰拾壹年岁次辛丑孟春月上浣谷旦，文、恩、碧、贵四房后裔公立

在文字四周，是极其精美的浮雕，内容为人物和场景，包括：寒窗苦读、福禄寿喜、斩蛟除虐、状元及第等。

外祖家风对早年毛泽东曾产生极深刻的影响，特别是在成才、读书方面产生了非常积极的影响。此碑是认识毛泽东外婆家文氏家族重视教育的第一手实证材料，是目前保存完好的能说明这一问题的极罕见的一件实物，对于了解影响过少年毛泽东的韶山乡土文化也极为珍贵，它又是反映清朝后期中国基层教育情况的一件非常珍贵的实物。

唐家坨文姓的创家，始自文作霖老人，由文作霖的一穷二白到文芝仪、文正兴的家道中兴，经历了一个极为艰难困苦的过程，而在这种艰难困苦之中，唐家坨形成了一种十分可贵的，对幼年毛泽东产生过相当大影响的家风。

文作霖出生于清嘉庆二年（1797 年），正是 18 世纪即将过去的时候，他的成人，则是嘉庆末，即已进入 19 世纪。其时，清王朝由盛转衰，不久之后，外国的坚船利炮就要冲破中国的国门。而文作霖本人，正处在贫穷窘迫的深渊。嘉庆十三年（1808 年），他 11 岁，与附近的贺鲁詹之女贺氏结为夫妻，其时贺氏比他大 3 岁，为 14 岁。家里没有其他妇人，贺氏慢慢成为文作霖的内当家和有力的帮手，家计开始有了起色。

经过贺氏与儿子们四五十年的努力，他们家由初时一年仅入谷数石，到此时竟增至数百石。真是"孝友传家，耕读裕后，堂同五世，身历六朝"，

贺氏活到88岁，无疾而终。

贺氏的勤俭持家、守操抚子事迹，在乡里广为传颂。道光二十七年（1847年），朝廷颁文表彰其节孝；同治八年（1869年），她的名字又被列入《湘乡县志》。概括起来，由毛泽东外曾祖母创立，由外祖父、外祖母及伯、叔外祖们强化，并为毛泽东的母亲、舅父继承、发扬光大的唐家坨文氏家风有如下几个特点：

顽强向上的精神。贺氏于丈夫去世，身负抚育三子一女重任之时，能自强自立，这是常人所不能的！

刻苦耐劳的韧性。贺氏从14岁出嫁，到30岁丧夫，到88岁去世，尤其是丧夫后的58年，竟能不再嫁，而以培育后代、振兴家业为计，就是当今看来，也是难能可贵的。这里，我们不能简单地只从贞节方面去理解，而更应从她的由对儿女的爱产生的顽强生命力上去评价。

勤俭持家的风范。贺氏领众子兴家，从一张白纸起步，到最后购置1栋瓦房，拥有140多亩田、10多头牛，人口达20多人，她靠的不是经商，不是投机，更不是其他不正当手段，而纯粹以精打细算、手头不闲为之。

耕读并重的意识。当家计稍有起色时，贺氏就让儿子们读书识字。她自己也跟着读，竟也能略通文墨，能看懂文章。我们从她与丈夫给儿子们，以及儿子给孙子取的一个个名字，如绵芳（字芝兰）、绵熏（字芝仪）、绵姜（字芝祥）；正兴（字玉瑞）、正莹（字玉钦）、正材（无字）可看出唐家坨不仅仅是一个农家，它还散发着书香。

文氏家风，在毛泽东外曾祖父母一辈即已成形，到了外祖父母，更加发扬光大。除以上各点，还增加了家庭的和睦、快乐，以及对佛的信仰，尤其是贺氏的儿媳妇，即毛泽东外祖母（亦姓贺）具有一种慈祥的博大胸怀，对毛泽东产生了十分明显的影响。

人生所接受的早期教育是极为重要的，而早期教育常常是与父母、亲人的教育和影响，还有家乡的文化熏陶密不可分的。毛泽东幼年生长在独具文化特色的韶山和湘乡，深切感受到这两个地方的文化，包括乡土文化和文、毛两家的家族文化，对于他个性、特质的形成和行为处事乃至思维方式都产生了不可磨灭的影响，虽然后来有许多"思想""主义"，特别是马克思主义将对他进行全方位的洗礼，但他所受早期教育的优良成分将一直保留下去，延及他的终身，对此，我们不能不加以注意。

相对于湘乡县的外婆家，湘潭县韶山冲毛泽东自己的家并非书香门第，恰恰相反，是一个亦农亦商正处于上升阶段的家。父亲一心发家致富，忙于生意，自己不怎么读书，虽然送儿子进了私塾却反对毛泽东读太多的书。毛泽东自从由外婆家回到自家，整个少年时代都在为要读书和读什么书而与父亲发生无休无止的争执，在一系列的抗争当中，外婆家诸人（舅舅、表兄）总是给予他道义上和实际上的支持（收留毛泽东，借书给他读，引导毛泽东到湘乡东山高等小学堂深造等）。

事物的辩证法在于，正是因为父亲不给儿子太多的读书机会和时间，才让毛泽东格外珍惜每一次获得的读书机会。从1906年被父亲强令回家开始，求知欲极旺盛的毛泽东感觉到时间的珍贵：白天，再也不属于他，而属于繁重的农活；大树浓荫下的忙里偷闲，常常引来父亲的训斥。他只能利用晚间，而晚上的时间，却被黑暗统治着，他要点灯，父亲不许，他只得用被单蒙住窗户不让光线透出——即使闷热的夏天亦然，但总提着一颗怕被父亲发觉的心——于是，他最大限度地集中精力，在最短的时间里阅读最多的书……

毛泽东少年时代的同窗好友邹普勋回忆：

毛主席8岁到11岁，来南岸我父亲邹春培处读书，11岁到13岁，便到对门关公桥毛咏薰门下求学。他读书时，十分认真，特别是善于独立思考，经常在书上打圈点，写批语。他的记忆和理解能力非常强，除了老师授的经书外，还喜欢看《水浒传》《三国演义》等小说。放学后我们一起到山上看牛，他经常讲小说中的人物故事，并把大家组织起来，分成组去看牛、割草、摘野果子，大家都喜欢跟他在一起……

离开了韶山冲，严厉的父亲不可能再来限制他，千头万绪的事情缠上他，而他，凭借着在故乡掌握的速效读书法，仍然能以惊人的毅力在纷繁事务中偷闲读书，直到去世。

从习惯上来说，毛泽东晚间通宵工作的特点，正是1906—1909年他在上屋场形成的。这又引出他的另一个与他的对手相比是明显优势的地方：众人皆睡，他独醒；众人皆醒，他独睡——这在军事战略上也有特殊意义。

毛泽东居家读书特点分析表

读书种类	时间、地点	特殊点	阅读频率	实例
启蒙读物	1900年前后到1902年前后在唐家坨	只读未解	烂熟于心	《三字经》《幼学琼林》等
传统小学课本	1902—1906年在南岸、关公桥、桥头湾、钟家湾等地私塾	被动接受	熟读成诵	《诗经》《论语》等儒家经典
中国古典小说	1906年在井湾里开始，1906—1909年在家务农时读得多、一辈子常读	特别喜欢	熟谙书中故事，常与人津津乐道	《西游记》《水浒传》《三国演义》《说岳》等
中国史书	1906年开始、1909—1910年较多阅读	有浓厚兴趣	熟读、接触其中主要史事	《左传》《史记》《春秋》等
时论、新书	1906—1909年休学和在东茅塘就读时开始读，1910年秋到湘乡和次年到长沙后读得多	喜欢读，并为之感动，激发强烈的爱国热情和救国之志	接触特别多	《盛世危言》《新民丛报》《民立报》等
康有为、梁启超作品	1910年秋到湘乡东山高等小学堂读书时开始，1911—1913年春在长沙湘乡驻省中学和定王台图书馆自学时读得颇多	爱读并模仿其文风写作	约有三年时间专意于此	《少年中国说》
世界英雄豪杰传记、世界历史、地理和古典文学	1910秋到湘乡东山开始，1912年秋在长沙定王台自学时读得较多	爱读，为书中人物吸引，大大开阔眼界	一辈子常留意	《世界英雄豪杰传》（华盛顿、拿破仑等美欧人物和日本明治维新人物的传记等）
国学精典	1913年进入湖南四师（次年并入一师）跟从袁仲谦等大量学习	精深研究，打下深厚的国学基础	一辈子受其影响，以后说话、写作时常引用	经、史、子、集，韩愈、柳宗元、欧阳修等人散文和《诗经》《楚辞》、汉魏诗歌、唐诗宋词等

人间烟火——毛泽东的家居生活

（续）

读书种类	时间、地点	特殊点	阅读频率	实例
伦理学、哲学、心理学著作	1913年起在湖南四师、一师跟从杨昌济广泛、深入学习、研究	有浓厚兴趣，奠定其哲学方法论基础	阅读极勤，并写有长篇笔记和批注（采用中外哲学比较学习法）	泡尔生《伦理学原理》、柏拉图、亚里士多德、叔本华、尼采、康德等人的著作
新文化运动文章	1919年起在长沙、北京广泛阅读	乐于接受，深受影响，思想、文风开始发生巨变	全力关注，从对国学的崇拜中走出，转向用批判眼光看待传统文化	《新青年》杂志和李大钊、陈独秀、鲁迅、胡适等人的新文学、政论作品
马列主义经典著作	1919年与1920年之交开始接触，以后一生都学习	主动接触和接受，寻找到救国之路	以此对所接触的传统文化和西方哲学思想进行全新洗礼	《共产党宣言》，马克思、恩格斯、列宁、斯大林等人的著作
兵书	1927年发动秋收起义上井冈山之后	过去常以《三国演义》当作兵书，从军后不得不多看一些正宗的兵书	原来接触较少，统兵之后特别是受排斥无事时看得多，将其融入哲学思维	《孙子兵法》等
中外时事新闻	从青年时代到整个一生	特别喜欢了解	随时关注	各种报刊
史学、古典文学、哲学	晚年	重新萌发强烈兴趣并沉湎其中	读得深且爱不释手	二十四史、古典诗词

二、早年读书之星星点点

《诗经》《论语》《曾文正公家书》

现珍藏于韶山的《诗经》《论语》两本书，是毛泽东所有遗物中时间最早的，尤为宝贵的是，它们的封皮上还留有毛泽东少年时代的亲笔题签。这为研究毛泽东早年读书和他的书法艺术的最初轨迹，提供了实物资料。

《诗经》是我国第一部诗歌总集，先秦称为"诗"，汉代尊为"诗经"，列在五经之首（五经指《诗》《书》《礼》《易》《春秋》）。《诗经》共收录西周初年到春秋中叶的民歌和朝庙乐章311篇，全书分为风、雅、颂三部分。汉代传《诗经》有齐、鲁、韩、毛四家。齐诗、鲁诗先后遗失于魏和西晋，韩诗仅仅存外传。毛诗晚出，但只有它流传至今，我们所说的《诗经》都是指的"毛诗"。

耐人寻味的是，《诗经》乃是毛泽东平生阅读过的第一部诗集，毛泽东最初就是从这部伟大的现实主义诗歌集中接受艺术熏陶的。另外，有一点还使他感到特别亲切：最早给这部诗集作注从而使之得以流传下来的人是他的本家远祖大、小毛公，即毛亨、毛苌父子（他们是战国到

毛泽东早年读书用的桌子（手绘图）

西汉时候人）。韶山毛氏家族一直以此为荣，《韶山毛氏族谱·源流记》说："自毛亨、毛苌注诗训诂，西河遗派，固深且远矣。"毛家大祠堂毛氏宗祠门联曰：注经世业，捧檄家声。横批：韶灵毓秀。

这告诉我们，早在韶山毛氏家族第二次修族谱的时候，也就是毛泽东出生前100多年的清乾隆年间，毛氏家族就对诗歌这种中国古老的文学样式，情有独钟，并怀有一个极大的美好心愿：希望在本家族中能出一位大诗人！

毛泽东继承了他的家族爱好诗歌的传统，从读《诗经》开始了他的诗艺探索之路。

毛泽东少年时代读过的《诗经》是清乾隆二十八年（1763年）的石刻线装本，出版至今已经历260年。

这本《诗经》的辑录者是邹梧冈以及他的儿子和孙子，他们所做的这件事，与许多著名大家相比，也许根本算不了什么，在中国学界也无地位可言，但他们的本子流传到了社会底层的湘中偏僻山林韶山冲，成为未来的一位大诗人——毛泽东的诗歌启蒙读本。这本古书名为《诗经备旨》，呈浅灰色，石刻线装竖排本，毛边纸质地。它长有23.8厘米、宽15.1厘米。它基本保存完整，只有封面、封底边缘有少许破损，中间有三页破损，书底部则有虫蛀过的痕迹。

极为珍贵的是，在这本书的封面上，少年毛泽东用毛笔写了"诗经"的书名，并签有"润芝"二字，墨色苍老而遒劲，字体规范工整，近似欧阳询体。

此书共分三个部分，即"新增诗经补注附考备旨卷之一"40页、"诗经补注附考备旨卷之二"28页和"新增诗经补注附考备旨卷之二"23页。它是韶山毛泽东同志纪念馆从毛泽东的老师毛宇居那里收集来的。

1994年3月，它被湖南省文物鉴定委员会组织的专家鉴定为二级文物，鉴定意见写道：

毛泽东少年时代读过的书大部已佚失。《诗经》是幸存的少数几本之一，该书内文圈点甚多，封面有毛泽东题书签名，是毛泽东现存最早的墨迹之一。从圈点的不同情状与颜色看，毛泽东曾评读该书。这是研究毛泽东少年读书生活的重要历史文物。

毛泽东的诗歌创作最初颇受《诗经》影响，这种影响甚至反映在他的日常谈话、交往中。1915年秋，古城长沙街头出现了这样一张油印蜡版征友启事，名字见了报，署名"二十八画生"。省立女子师范的校长看到之后，顿时怒气冲冲，因为启事中引用了《诗经·小雅·鹿鸣之什·伐木》中的句子：嘤其鸣矣，求其友声。

这本是一首爱情诗，它的前后文是：

> 伐木丁丁，鸟鸣嘤嘤。
> 出自幽谷，迁于乔木。
> 嘤其鸣矣，求其友声。
> 相彼鸟矣，犹求友声；
> 矧伊人矣，不求友生？
> 神之听之，终和且平。

毛泽东借这诗表达寻求志同道合的朋友的心愿，但显然被女子师范的校长误解了。

毛泽东在1915年11月9日写给老师兼同乡的黎锦熙的信中说：

两年以来，求友之心甚炽。夏假后，乃作一启事张之各校，应者亦五六人。近日心事稍快唯此耳。

毛泽东所寻求到的朋友有李立三、罗章龙、何叔衡等。毛泽东后来在陕北还与美国记者斯诺谈起这事：

有一天我就在长沙一家报纸上登了一个广告，邀请有志于爱国工作的青年和我联系。我指明要能结交能刻苦耐劳、意志坚定、随时准备为国捐躯的青年。

毛泽东正是以这样的至诚，在几十年间，团结了大批民族精英，共谋人民解放大业。

新中国成立以后，有一次毛泽东用《诗经》中的句子促成了一对青年的婚姻。那是1956年的一天，毛泽东身边的工作人员姚淑贤与男友约好星期六晚上去北京中山公园会面，但她突然接到命令：随主席出车到北戴河开会。小姚还没有来得及通知男友改期，就已上了主席的专列。她正心神不定,刚登上列车的毛泽东在客厅忽然立住脚,回头望着所有工作人员:"今天是礼拜六噢,你们有没有约会?"大家见主席的目光从众人的脸上掠过,都微笑摇头,含羞带怯。姚淑贤腼腆地说:"我有。"

毛泽东笑问:"跟什么人约会?"主席认真而又带着亲切、关心,还有一点逗趣。小姚如实地说了。"哦,糟糕。搅了你们的好事!"毛泽东望望窗外不断闪过的树木,又望了望小姚,皱紧了眉头,问:"怎么办?你们打算在哪里约会?"小姚喃喃地说:"去中山公园,在门口见……没事。"毛泽东有些急了:"怎么会没事呢?你通知他了吧?"毛泽东又望了望窗外,似乎希望专列停下来,他有些责备地说:"你这个小姚哇,要是不见不散可怎么办?你就连个电话也没给他打?"小姚说:"我们只要接受任务就不能对外人说了……"

毛泽东吮了吮下唇,沉吟着,摇着头:"久了会出误会的,不要因为我而影响你们。"

晚上,小姚将一捧削好了的铅笔给主席送去,毛泽东若有所思地望着她,目光一闪,忽然说:"小姚,你等等,有个东西你拿回去给你的朋友看看,他就不会生气了。"

毛泽东挑出一支铅笔,铺开一张16开白纸,伏案疾书,口中还自得其乐地吟诵,就像少年时代在私塾里的唱咏:

静女其姝,俟我于城隅。

爱而不见,搔首踟蹰。

这是《诗经·邶风·静女》篇的开头四句。这显然是一首爱情诗,与小姚对男友失约的事正相符,其实,这正说明毛泽东善于活用古诗于现实生活之中。他吩咐小姚把这诗藏起来,带给男友,但小姚说:"主席,我们有纪律,凡是带字的东西都必须上交。"毛泽东笑着说:"你为什么要那么老实?现在没有谁看到,我是不会打小报告的。"他挤了挤眼睛,做了个藏的手势。

小姚把那张留有毛泽东手书古诗的纸揣到兜里,回到自己的房间即藏入一本书中。从北戴河返回北京,她就给男友看,男友果然不生气了。小姚从恋爱到结婚,一直到如今,还把毛泽东的这份手迹珍藏,成为永久的纪念。

从纯粹的诗艺看，毛泽东之成为杰出的诗人，很大程度上取决于他继承并发扬光大了《诗经》初创的现实主义传统和注重创意造境的中国诗歌写作手法。毛泽东的诗是与中国优秀的古体诗一脉相承的。《诗经》多采自民间，有浓郁的乡土气息，俨然一幅幅诸侯列国风情画。毛泽东平生所写诗歌也善于从民间汲取养分，他也喜欢并大力倡导讴歌普通人民，反映现实生活，他甚至也采用《诗经》的四言、杂言形式写过不少诗歌。

从毛泽东的读书笔记看，《诗经》也是毛泽东终身爱读的古籍。1913年他在《讲堂录》中写道："农事不理则不知稼穑之艰难，休其蚕织则不知衣服之所自。《豳风》陈王业之本，《七月》八章只曲评衣食二字。"《豳风》即《诗经·国风》中的《七月》《鸱鸮》等七篇。五四运动之后，毛泽东对相传经孔子修订的《诗经》仍然钟爱，1920年3月14日，他在给周世钊的信中引用了《诗经·小雅》里的句子："像吾等长日在外未能略尽奉养之力的人，尤其发生'欲报之德，昊天罔极'之痛。"

毛泽东晚年仍喜读《诗经》，其中句子他信手拈来。1965年7月21日，毛泽东写给陈毅的信，中心内容是谈诗的形象思维，他分别解释了赋、比、兴三种创作手法，而这正是由《诗经》所首创。

1964年8月18日，毛泽东在北戴河同哲学工作者谈话，专门评价了《诗经》：

有人批评孔子西行不到秦，其实他选的《诗经》中的《七月流火》，是陕西的事。还有《黄鸟》，讲秦穆公死了杀三个大夫殉葬的事。司马迁对《诗经》品评很高，说诗三百篇皆古圣贤发愤之所为作也。大部分是风诗，是老百姓的民歌。老百姓也是圣贤。"发愤之所为作"，心里没气，他写诗？"不稼不穑，胡取禾三百廛兮？""不狩不猎，胡瞻尔庭有县貆兮？""彼君子兮，不素餐兮！""尸位素餐"就是从这里来的。这是怨天，反对统治者的诗。孔夫子也相当民主，男女恋爱的诗他也收。朱熹注为淫奔之诗。其实有的是，有的不是，是借男女写君臣。

毛泽东对《诗经》的深刻认识，显然是一生都喜读，才读出个中滋味。直到他临终前三年，他仍对《诗经》念念不忘。1973年8月17日，他会见杨振宁时说："《诗经》是2000多年前的诗歌，后来做注释，时代已经变了，意义已不一样。"

《论语》是孔子的学生辑录的关于孔子言论和思想的经典性著作，总共20篇。汉代研究和传播这部名著的有今文《齐论》《鲁论》及古文《古论》三家。三国时代的魏国有孙邕、郑冲、曹羲、荀凯、何晏等五人一同向皇帝上奏，进献《论语集解》，于是，这个本子盛行于世，别的版本都不流传了。宋代大学者朱熹把《论语》《孟子》《大学》和《中庸》合成"四书"，并给它们做了详细的注解，在明、清两个朝代，它成为科举考试、进入仕途的必读之书，这也成了做了17年"清朝人"的毛泽东少年时代的重要读物。

毛泽东读过的国学经典《诗经》《论语》

1936年，毛泽东在保安接见美国记者埃德加·斯诺时说："我8岁那年开始在本地一个小学堂读书，一直读到13岁。早晚我到地里干活。白天我读孔夫子的《论语》和'四书'。"1964年8月18日他在北戴河又说："我过去读过孔夫子的书，读了'四书''五经'，读了六年。背得，可是不懂。""那时候很相信孔夫子，还写过文章。"

毛泽东小时候读过的四书五经、现在只保存了两本，就是其中的《论语》和《诗经》。这两本书可以叫作劫后余生。原来，毛泽东在1910年秋离开韶山，在他的父母去世和弟弟也外出之后，他留在家里的书，都由帮他看家的毛佑生用箩担子挑到祖居地东茅塘藏起来。1927年9月，毛泽东上了井冈山，他受到当局的通缉，他的故居和一切家当也被没收，乡人胆战心惊，不得不把写了毛泽东名字和笔迹的书都放到一个叫乌龟颈的山坳上，一把火烧掉。大火纷飞中，毛泽东的堂兄毛宇居赶忙抢出了几本，就包括这本《论语》。

这本书大致相当于今天我们说的小16开，呈深棕色。少年毛泽东用工整的欧体字，在页面左上方竖写了"论语下"，并签有他自己的名字"咏芝"（"咏"用的是繁体和异体字）。这本书长23.5厘米，宽14厘米、厚1厘米，是朱熹的《论语集注》在清代的石刻线装本。从印出到现在已历200余年，但保存尚完整，只是封面、封底有些破损，内页有虫蛀和几处撕坏。内容包括卷之六到卷之十，共80页。全书都有红色的圈点句读。它的封面按韶山乡间通常的保护办法，涂了桐油。1994年3月，湖南省文物鉴定组将它定为二级文物。

毛泽东读四书五经，经历了三个阶段，即少年时代、青年时期和晚年。

毛泽东少年时代读《论语》，是迫于先生的压力，他对这些"正书"，能够背诵，但不甚理解。因为这样的书内容十分精练简约而内涵深奥，没有足够的人生体验和相当的古文字根底的人，当然是难以读懂弄通的。虽然幼年毛泽东十分聪颖，对这样难懂的书也是提不起兴趣的。所以他往往用"正书"做掩盖而大读《水浒传》之类的"杂书"。先生发觉后，要他背书，他却能倒背如流。有一回，他还活用了《论语》中的句子，拿来对先生出的对联，用"修身"对"濯足"。

如果说毛泽东少年时读《论语》是被迫，那么，他青年时读此书就是出于自觉的兴趣了。他在1915年9月6日写给好朋友萧子升的信中说："尚有其要者，国学是也。足下所深所注意……其义甚深……顾吾人所最急者，国学常识也。昔人有言，欲通一经，早通群经，今欲通国学，亦早通其常识耳。"意思是说，国学非常重要，想要掌握别的学问，先就要掌握研究中国传统文化典籍的国学。

可见毛泽东在青年时代已经改变了对古文的态度。在写下这段话的第二年，他又谈道，"经之类十三种，史之类十六种，子之类二十二种，集之类二十六种，合七十有七种，据现在眼光观之，以为中国应读之书止乎此。苟有志于学问，此实为必读而不可缺"。

毛泽东的学问最重要的一部分，正是国学。毛泽东在湖南省立第一师范前后的十多年，打下了坚实的国学基础，可以说没有这个基础就没有伟人毛泽东，因为他是一位深受中国传统文化影响的人。应当指出的是，毛泽东对于国学，历来持批判吸收的态度而不是囫囵吞枣。他对国学也做到了活学活用。

1913年10月到12月，毛泽东在第一师范的前身即第四师范记下的《讲堂录》中，有好多处引述了《论语》中的句子。其中有这样的话："古者为学，重在行事，故曰行有余力，则以学文；夫子以好学称颜回，则曰不迁怒，不贰过……"这段话中，"行有余力，则以学文"出自《论语·学而》；"不迁怒，不贰过"出自《论语·雍也》。毛泽东还分别引用了《论语》的其他一些篇章如《公冶长》《里仁》诸篇，"孔子尝言志矣，曰：志于道，据于德，依于仁，游于义。曰：老者安之，少者怀之，朋友信之。曰：士志于道，而耻恶衣恶食也，未之有也"。

　　毛泽东在长沙的十年，对《论语》等中国古籍是怀有浓厚兴趣，并花了大气力学习的，这样做的好处是，书中一些积极有用的东西，被他吸收并化入自己的思想（这也是毛泽东思想深厚的民族之根）。毛泽东在以后的几十年间，无论写书作文还是谈话，对他接受过的这些知识也能够时时恰到好处地运用。

　　1916年12月9日，毛泽东在给黎锦熙的信中说："昔者圣人之自卫其生也，鱼馁肉败不食，《乡党》一篇载之详矣。"次年4月1日，毛泽东在《新青年》上发表《体育之研究》，其中大量地引用了《论语》的话，如"有圣人者出，于是乎有礼，饮食起居皆有节度。故'子之燕居，申申如也，夭夭如也'……"

　　毛泽东对国学态度的一个重大改变是从新文化运动开始的。1918年6月，他从湖南一师毕业，新文化运动已在蓬勃兴起，他投入其中。这以后，他引用四书五经的原话明显减少了。五四运动中，他还发表了许多反对孔孟学说的文章，如他在1919年7月14日出版的《湘江评论》创刊号上写道："在学术方面，主张彻底研究，不受一切传统和迷信的束缚，要寻着什么是真理。"他还在几篇短文中讽刺"遍游各国，那里寻得出什么孔子，更寻不出什么明伦堂"。在《湘江评论》随后各期中多有抨击孔子学说的，如《健学会之成立及进行》中说："于孔老爹，仍不敢说出半个'非'字；甚至盛倡其'学问要新道德要旧'的谬说，'道德要旧'就是'道德要从孔子'的变语。"又说："郁郁做二千年偶像的奴隶，也是不能不反对的。"毛泽东在五四运动之后，的确对孔子学说来了个180度的大转变，但这只看到事物的表面。准确而论，应当说，毛泽东由此开始用马列主义思想清洗了陈旧的孔孟思想，但这种清洗并非彻底抛弃，而是一种全新改造。如此一来，一种为中国民众乐于接受，实际上融汇了儒学积极因素的毛泽东思想逐渐萌芽。

虽然毛泽东晚年曾发动一场"批林批孔"运动，但实际重在"批林"，至于"批孔"不过是少数人混淆视听的把戏而已。毛泽东一直是将孔子及其学说视为中国文化的重要组成部分的。

1920年4月，毛泽东由北京南下上海，路过山东，他特意中途下车去拜访孔子的故乡。他后来回忆说："我在曲阜停了一下，去看孔子的墓，我看到了孔子的弟子濯足的那条小溪和孔子幼年所住的小镇。在有历史意义的孔庙附近的一棵有名的树，相传是孔子栽种的，我也看到了。我还在孔子的一个著名弟子颜回住过的河边停留了一下，并且看到了孟子的出生地。"

身为共产党的领袖，毛泽东并不避讳他对孔、孟的崇敬，在对斯诺的话中动情地描述了他拜谒孔子故里的情形。在四卷本《毛泽东选集》中，也不乏引用或化用《论语》等书的句子。在著名的词篇《水调歌头·游泳》中，毛泽东豪迈地写道："子在川上曰：逝者如斯夫！"

这里的"子"就是孔子。

毛泽东早年曾深受曾国藩的影响，他在1917年8月23日写给黎锦熙的信中说："愚于近人，独服曾文正。"曾文正即曾国藩（1811—1872），湖南省湘乡人氏，清后期著名政治家和学者，与毛泽东也算得上半个同乡。曾国藩有一套对后世产生了巨大作用的家教理论。

青少年时代的毛泽东之所以佩服曾国藩，是因为受世风左右。毛泽东出生时，曾氏刚刚去世21年。曾国藩"中兴名臣"的声名尚未褪色，尤其是他的修身、齐家、治国、平天下的种种言论，很使后人着迷。所谓"道德文章冠冕一代"，"人有三不朽，太上有立德，其次有立功，其次有立言"，据说曾国藩三者兼而有之。从地域文化来看，曾国藩是湘乡人，而湘乡是韶山的近邻。韶山曾有成百的民众投入曾国藩创建的湘军，并有数十人立功受皇帝封赏，升至提督、总兵等高官，仅毛氏家族中就有毛有庆、毛正明、毛恩毅当了提督。韶山乡土文化中，曾国藩的影子是很重要的一部分。毛泽东外祖家在湘乡凤音四都，那里受曾国藩的影响更大，当毛泽东在外祖家的时候，也自然受到了熏陶。

起初的很长一段时期（整个少年时代和青年早期的20多年），毛泽东对曾国藩还不能作一分为二的客观评价，而是一面倒地赞扬。1915年8月，他在写给好友萧子升的一封信中说："尝诵程子之箴，阅曾公之书，上溯周公、孔子之训，若曰惟口兴戎，讷言敏行，载在方册，播之千祀。"

毛泽东在这里把曾国藩与孔子相提并论。

此前，在毛泽东1913年所作的《讲堂录》中，也随处可见他引用曾国藩的原话或发挥其言论，如："涤生（曾国藩的字——笔者注）言士要转移世风，当重两义：曰厚曰实。厚者勿忌人；实者不说大话，不好虚名，不行架空之事，不谈过高之理。"

毛泽东一度把曾国藩视为完人，将他的语录当作座右铭。甚至到了五四运动之后，中国共产党成立之前的1920年6月22日，他在《湖南改造促成会复曾毅书》中，还把曾国藩、左宗棠与黄兴、蔡锷并列为近代楷模，他说："呜呼湖南！鬻熊开国，稍启其封。曾、左吾之先民，黄、蔡邦之模范。"

随着毛泽东向共产主义者转变，他开始辩证地认识曾国藩，把曾国藩政治思想上的反动，与修身、治国、治军方法上的可取之处区别开来。事实上，他后来在这些方面的确对曾国藩有所借鉴。

应当指出的是，毛泽东创造的境界才是湖湘文化和中国传统文化的最高境界。曾氏在修身、治家、治军等方面有大量名言警句，但并没有真正兑现，无论他本人还是他的家族及他的湘军，都未能达到他所津津乐道的那种程度，他也没有能使国家中兴，而仅仅是扑灭了太平天国革命运动，之后中国不但没有强大起来，反而陷入列强瓜分的状态。

不过，毛泽东始终对曾氏其人未作全盘否定。1926年，他在广州第六届农民运动讲习所授课时说："洪秀全起兵时，反对孔教提倡天主教，不迎合中国人的心理，曾国藩即利用这种手段，扑灭了他。这是洪秀全的手段错了。"

正是有鉴于此，半个多世纪之后毛泽东再度领导农民造反，虽然他接受来自西方的马克思主义，但他深知必须深深植根在中国的大地，"迎合中国人的心理"。为此他创造了一系列有中国特色的理论，最终获得极大的成功。

在毛泽东的遗物中，就有可以说明毛泽东早年受曾国藩影响的实物资料，那就是《曾文正公家书》。保存下来的是卷五、卷七、卷八、卷十共四本。是清光绪五年（1879年）即曾国藩去世七年后的石刻线装本，因年代久远已呈灰黄色。它的封面是浅灰色毛边纸，每卷的封面左上方竖写书名、卷别，右下方则竖写"咏芝珍藏"，均为毛泽东的亲笔手书。但书里头没有批语，只有密密麻麻的红笔圈点、句读和着重号。

这几本书与《诗经》、《论语》（下）一样，都是毛泽东遗物中现存最早的本子，因为留有毛泽东青少年时代的墨迹而弥足珍贵。

"实事求是"石刻

"实事求是"一语，出自《汉书·河间献王刘德传》"修学好古，实事求是"。它是湖湘文化的核心，后来也构成毛泽东思想的活的灵魂。

毛泽东解释："'实事'，就是客观存在着的一切事物，'是'就是客观事物的内部联系，即规律性，'求'就是我们去研究。我们要从国内外、省内外、县内外、区内外的实际情况出发，从其中引出其固有的而不是臆造的规律性，即找出周围事物的内部联系，作为我们行动的向导。"

"实事求是"被称为毛泽东思想活的灵魂。的确，毛泽东很早就受到"实事求是"的影响，他一辈子也都倡导实事求是。"实事求是"是中国传统文化的极重要的组成部分。

早在唐代，就有人对东汉班固提出的"实事求是"作了发挥。经学家颜师古解释为："务得事实，每求真是也。"清代大思想家王夫之哲学的主要特点就是"言必证实，义必切理"，他提出了"即事穷理，格物致知"的思想，直接开启了中国近代"实事求是"的实学思想先河。近代思想的启蒙大师魏源极力推崇实事求是，他在著名的《海国图志叙》中提出："以实事程实功，以实功程实事。"

毛泽东后来大力提倡"实事求是"，最初在湖湘文化的影响下，是通过这样一条线实现的：王夫之—曾国藩—杨昌济—毛泽东。

曾国藩在《书学案小识后》一文中第一次把"即物穷理""即事穷理"的思想与中国"实事求是"的古代命题结合起来加以发挥，他说："实事求是，非即朱子所称即物穷理者乎？"杨昌济十分推重曾国藩，他在日记中强调："学者务积功于实事实物。"

毛泽东早年的哲学根底，就是建立在对上述学者思想的研究上的。毛泽东在一师求学时，特别重视"能见之于事实"的"有用之学"，他的所有思想都是建立在调查研究之上的。五四运动中，他已明确提出要"踏着人生社会的实际说话"，要"引入实际去研究实事和真理"。1920年，他在考虑中国未来革命道路和个人未来生活之路时，说："吾人如果要在现今的世界稍为尽一点力，当然脱不开'中国'这个地盘内的情形，似不可不力加以实地的调查，及研究。"随后他提出："认清中国的国情，乃是认清一切革命问题的基本的根据。"

毛泽东的一系列著作，如《中国社会各阶级的分析》《湖南农民运动考察报告》《反对本本主义》《实践论》《矛盾论》……无不是他"实事求是"思想的光辉典范。可以说，没有"实事求是"的毛泽东，就没有成熟与成功的毛泽东，因而也无成功的中国共产党和中国革命乃至当代的现代化事业。

能集中体现毛泽东实事求是思想的，除了大量论著外，还有至今保存在延安的一组石刻。

这组石刻陈列在延安革命纪念馆。这是由四块二尺见方的石刻组成的，上面是毛泽东亲笔书写的"实事求是"四个大字。毛泽东较少用楷体，而这四个字用的是略略变形的楷体，遒劲有力，书如其人。

"实事求是"石刻

这块石刻还有一段来历。把"实事求是"刻入石头，毛泽东早在长沙一师求学时就已见到过。那是他的老师徐特立在一师大门上面一块石头上刻下了这四个大字，毛泽东在延安时写信称赞徐老："你过去是我的老师，你今后也还是我的老师。"

1943年，中央党校修建了一座大礼堂，占地1200平方米，可容纳千余人。将要竣工时，人们左看右看，总感到缺点什么，有人提议在正面挂个题词。大家拍手赞成，便找到范文澜老先生，范老接受了请求，苦思冥想："写什么呢？写什么呢？"

他提笔试着写了几张，连自己也不满意，这时，他忽然来了灵感："找毛主席去！"大家簇拥着他来到毛泽东住的窑洞，毛泽东听明来意，欣然答应，大家送上纸笔。那是四张二尺见方的麻纸。他沉思片刻，秉笔饱蘸浓墨，一挥而就："实事求是"。

人们都叹服：这四个字挂在中共中央党校大礼堂是最好不过的了！等墨迹干了，大家小心地折好，拿到中央党校，立即找来巧匠，又选了四块方方正正的石料，把麻纸铺在石上，照笔画开凿，字形不差分毫。可惜的是毛泽东写在麻纸上的手迹却弄坏了，没能保存下来。

1947年3月，胡宗南军向延安进犯，党校师生把这四块石刻从墙壁上取出来，埋到地下。胡宗南军占领延安，虽把大礼堂夷为平地，所幸石刻完好无损。

三、晚年读书轨迹

藏书近十万册

我们可以从毛泽东的藏书来看毛泽东晚年居家读书的情况。毛泽东的藏书于1989年经中共中央办公厅批准，由中央档案馆收藏。

中央档案馆将分散在中南海各处，包括丰泽园的颐年堂中办图书馆、游泳池和毛泽东专列上的书全部归拢，重新统计，得出初步结论：共达9.2万余册，其中包括800种2万多本期刊。毛泽东的藏书大致相当于一个中型图书馆的收藏。这批藏书经科学整理后将输入电脑，同时编辑一部藏书目录公开出版。

毛泽东自幼喜欢读书。少年时代，除了课本，他的父亲没有多的钱再给他买书，他只能靠借书满足课堂外的需要。而父亲反对他读"太多"的书，加派了大量的农活给他，所以他只能靠挤时间读，这就有了"拥被夜读""蒙窗偷读"和"古坟静读"等关于毛泽东读书的传奇故事。正是少年时代的这种紧张生活，使他对读书机会格外珍惜。经过争取和努力，他后来得以到湘乡和长沙步步深造。在长沙，父亲不同意他的治学方式，断绝了资助，他发生了"经济危机"。没有钱买书，他就最大限度地利用起校内外的图书馆和私人的藏书，但直到此时，真正属于他个人的藏书为数极少。他常常以古人的话自勉："买书不如借书，借书不如抄书。"因而他读过的书都能很好地记住和消化吸收。在借书方面，他的一些好友，如家境富裕的萧子升对他的帮助不小。

上了井冈山，转战闽赣和二万五千里长征，他手头的书也不多，而每到一地，重要的一件事就是搜罗书报。

行军路上，他哪怕看到的是废纸，只要上面有字，他也要捡起来读。他就是从一张废报纸上知道陕北有刘志丹的红军，从而决定向那里进军的。

战略大转移，毛泽东的行李精简又精简，只有书仍用两个竹篓装着，由人挑在肩上。因此，毛泽东到达陕北时，仍保存了一批书籍、文件，董必武说："毛主席的这个习惯，给全党全国人民保护了一大笔财富。我党我军在战争年代的大量宝贵资料，都是毛主席个人保存下来的。进城后，中央机关没有，主席个人有，他保存下来了。"

毛泽东从延安开始着手建立自己的藏书库。1947年3月，中央机关撤离枣林沟，追兵的枪弹啾啾地在头顶上飞，毛泽东纵身上马，忽又下来，走到警卫员马汉荣身边问："汉荣同志，你是绥德人对吧？""是的，我是绥德人。""绥德到这里有多少里？""里数我讲不准，只是不远，用不着半天就能到。"毛泽东沉吟着，望望自己的书籍，终于说："我个人有点事情想求你帮帮忙，有几箱书，能放在你家吗？"马汉荣爽快地说："没问题。我家在绥德东面一道大沟里，离公路远，敌人不会去，去了，家里人也会想办法。"毛泽东连连道谢，紧锁的眉头展开，又长舒一口气，这才策马而走。过了一天，马汉荣安顿好毛泽东的书返回部队，他告诉主席，书已藏到家里的一个暗口小窖，是个土匪也找不到的地方。毛泽东彻底放了心。

原来，毛泽东在延安通过种种渠道从国统区买了不少书籍，随着书的增多，也有了专人管理。这些书起先放在离住处不远的一排平房里，后因日本飞机轰炸，搬到一个很深的窑洞。有一次，一些书被人弄丢了，毛泽东非常生气，许久了还耿耿于怀。1947年撤离，别的东西丢了很多，但除一部分书籍请马汉荣在绥德暗藏外，大部分书籍，特别是他加了注的，后来都辗转几千里搬到了北京，这部分书籍成为毛泽东藏书中最宝贵的部分，更是研究毛泽东思想的珍贵史料。

毛泽东的藏书正式形成规模，是在进入北京特别是入住中南海之后。玉泉山和中南海瀛台都曾有他的书，后来全部移到了中南海。他在菊香书屋一住十年。他喜欢上了这里的幽静环境，他如同一位哲人、学者，深居其中。他没有加意营造安乐窝，却营造起了他的藏书室。

毛泽东的藏书室设在北房西侧的里间和西厢房靠北侧的两间房内，共有十多个大书柜，占据了差不多一半的空间。1953年，他又用稿费做了好几个书柜，放在办公室和图书室。就连过厅里都放了书架，只有会客的沙发、吃饭的桌子上没有书。他的床大约也是世界上独一无二的，它的奇特之处是里边低、外边高，低的一边放书，高的一边睡人，五尺宽的床竟有三分之二是被摞得二尺高的书占着。

毛泽东出行，人未登车，书箱已先上车。那是一个一米见方的大木箱子，外表粗糙，像那种托运货物时用的木箱。1959年10月23日，他外出指名要带的书就开了一长列，据逄先知的日记载：

主席今天外出，要带走一大批书，种类很多，包括的范围很广。他指示要以下一些：

马克思、恩格斯、列宁、斯大林的主要著作，诸如：《资本论》、《马恩文选》（两卷集）、《工资、价格和利润》、《哥达纲领批判》、《政治经济学批判》、《反杜林论》、《自然辩证法》、《马恩通信集》、《列宁文选》（两卷集）、《二月革命到十月革命》、《无产阶级革命和叛徒考茨基》、《国家与革命》、《"左"派幼稚病》、《帝国主义是资本主义的最高阶段》、《俄国资本主义的发展》、《进一步，退两步》、《做什么》、《什么是"人民之友"》、《无政府主义还是社会主义？》、《列宁主义基础》、《列宁主义问题》、《联共党史》。

《毛泽东选集》全部。

普列汉诺夫：《史的一元论》、《艺术论》。

黑格尔的著作。费尔巴哈的著作。

欧文、傅立叶、圣西门三大空想社会主义者的著作。

《西方名著提要》(哲学、社会科学部分)。

冯友兰《中国哲学史》。

《荀子》、《韩非子》、《论衡》、《张氏全书》(张载)、关于老子的书十几种。

《逻辑学论文选集》(科学院编辑)。耶方斯损穆勒的名学《严译丛书本》。

米丁《辩证唯物论与历史唯物论》。

尤金等《辩证法唯物论概要》。

艾思奇《大众哲学》及其他著作。

杨献珍的哲学著作。

苏联《政治经济学(教科书)》(第三版)。

河上肇《政治经济学大纲》。

从古典经济学到庸俗经济学的一些主要著作。

最近几年中国经济学界关于政治经济学的论文选集。

《六祖坛经》、《般若波罗蜜多心经》、《法华经》、《大涅槃经》。

《二十四史》(大字本、全部)。

标点本《史记》、《资治通鉴》。

范文澜《中国通史简编》、吕振羽《中国政治思想史》。

赵翼《廿二史札记》。

西洋史(马克思主义的)、日本史。

《昭明文选》、《古诗源》《元人小令集》、唐宋元明清《五朝别裁集》、词律、笔记小说(自宋以来主要著作)，如《容斋随笔》、《梦溪笔谈》等。

朱熹《楚辞集注》、《屈宋古音义》。

王夫之关于哲学和历史学方面的著作。

《古文辞类纂》、《六朝文契》。

《鲁迅全集》(包括鲁迅译文集)、《海上述林》。

苏联大百科全书选译。

自然科学方面的基本知识书籍。

技术科学方面的基本知识书籍(如讲透平、锅、炉等)。

苏联一学者给主席的信(讲社会主义社会矛盾问题的)。

郭沫若《十批判书》、《青铜时代》、《金文丛考》。

字帖和字画。

中国地图、世界地图。

毛泽东保管自己的藏书有一套习惯。他的书从来不允许折页，而只能在页内插纸条，标明章节内容或索引。每本看过的书上面都写满密密麻麻的铅笔字。这些纸条半截露在外面，好像历史老人的白发和飘髯。一本书如果还要继续看，就卷着摆在各处。他爱惜书，可能与1920年到1921年在北京大学图书馆当过图书管理员有关，他住的中南海大院北门，与北图旧址隔街相望，他不能不忆起在北图的日子。

他的书按放的位置分为三部分，即放在书柜、书架上可能要用的书，这中间相当一部分是线装书，往往夹有纸条；第二部分是随时要翻的书，放在木板床上，毛泽东常常就像睡在书堆里；第三部分即正在读的书，案头、床头到处有。有些时候书没有看完，需要出巡，卫士便按原有顺序，用纸条分隔、标明，小心翼翼地装箱，在车上和到达目的地后，又按原位置放在办公桌或沙发上。

毛泽东藏书如此之多并收藏得很好，与他有一位出色的图书管理员有关。逄先知从1950年冬到1966年夏给毛泽东管理图书报刊，历时差不多17年。逄先知接手后不久，毛泽东就提出要把解放前商务印书馆和中华书局出版的所有图书给他配置起来，这显然难以实现，不过，毛泽东的书还是从新中国成立初的不到十个书架，上升到1966年的几万册。

毛泽东爱书、惜书，每天与书共眠，这使周围工作人员肃然起敬。晋代，大书法家王羲之爱鹅成癖；宋代，林逋因爱梅、鹤，人称"梅妻鹤子"；毛泽东的书也成了与他共度一生的忠实伴侣。

中南海丰泽园毛泽东卧室中的书柜

毛泽东的藏书，门类较齐全，但一般偏重社会科学、文史哲和马列主义，而自然科学少一些，具体可分为以下几类：第一类是马、恩、列、斯经典著作，包括选集、全集；第二类是阐释马列主义原理的教科书、理论书；第

毛泽东留下的台历，虽然记事栏是空白，但毛泽东从来没有让一天白白度过

三类是有关中国历史的书，如《二十四史》《资治通鉴》《纲鉴易知录》；第四类是中国古书，从《永乐大典》《四库全书》到历代笔记小说、随笔、诗词、文论、市井笑话集等；第五类是中国近代、现代名著，如《鲁迅全集》《革命军》等；第六类是工具书，如《辞源》《辞海》《四部备要》《古今图书集成》等。除此，还有一些著名译著和一些自然科学方面的书。

在中国毛氏家族中，曾有过著名的藏书家，明代的毛晋，执中国藏书史的牛耳。毛泽东藏书与毛晋藏书有所不同，他不是为了藏书而藏书，他是出于强烈的阅读兴趣。所以，他并不追求收藏本身的价值，如"古""珍""奇""特"，他的藏书中无宋版书也少明版书。但他对已收藏的书相当爱惜，他发现一本线装书有老鼠咬过的痕迹，就赶快叫人捉鼠，他的秘书还特地弄来了一只猫。

爱帖习帖废寝忘食

毛泽东的藏书中，有数量不少的一大类：字帖。它独特地反映着作为一位政治巨人的业余雅兴。据统计，他的书房所存拓本、影印本碑帖达600多种，其中他看过的有400多种。

毛泽东从少年时代就练习书法，湖湘大地出现的第一位大书法家是欧阳询，他是一位对整个中国书坛产生过重大影响的书法家。

欧阳询是潭州临湘（今长沙）人，生活在隋唐之际（557—641），字信本，有关他的传说至今流传在韶山民间。据说他曾隐居韶山冲滴水洞附近的一座山，筑草庐，练书法，以避隋朝廷追杀。唐朝建立后，他就顺着一道小溪——现在的韶河，下湘江，辗转到了长安，在唐太宗身边做了官，后人就把他隐居过的山叫作书堂山，那条小溪称为官港。

中国书法史上，著名的大家颜真卿、柳公权，都师承欧阳询。值得指出的是，1000多年后，又一位书法大师——毛体的创立者毛泽东正是从欧体入门的。少年时代，毛泽东往返于外祖母家，必须从书堂山下经过。每过一次，他都要回味起乡人、族老和私塾先生对欧阳询的津津乐道，他对书法的兴趣就是从这时开始的。据毛泽东的同学与老师回忆，他练的第一本字帖就是欧阳询的《九成宫醴泉铭》。从他留给人们最初的墨迹，即现在可见到的他读过的《诗经》《论语》上他的亲笔题签，也知道他首先写的就是一手秀丽而见风骨的欧体小楷。应当说，这是毛泽东书法的基础，也是灿烂的湖湘文化给他的营养。

不过，毛泽东从楷体入门，后来却渐渐离开楷体，他的书法成就也不在楷体，因为他豪放不羁的性格与四平八稳的楷体是不相宜的，但毛泽东找到了他书法发展的正确之路。

　　少年时代，毛泽东初学书法就与众不同，他不愿描红摹字，而要自己放手写，他放手写的却比一般学生照着写的还好些。但他年长之后，认识到了练帖的重要性。1910年秋，他离开韶山，到了湘乡县城。这是一座文化古城，书香浓郁，练习书法蔚成风气。城内有好几处大书法家留下的遗迹，如米芾的洗笔池、纪念褚遂良的褚公祠以及曾国藩兄弟在云门寺等处的墨迹。书法是毛泽东就读东山高小的必修课，老师照例在授课之前讲述一通湘乡书法的发展史，而每到临池，毛泽东总是一丝不苟。课余，他又喜欢临帖拓碑，寻访古迹。他对王羲之《兰亭集序》爱不释手，由于练得勤，他的小楷已相当工整秀丽。东山高小位于东台山麓，山上有座贞元观，刊有湘乡草书名家萧礼容和其他书法家的碑刻，毛泽东常与同学登山临摹。

　　学生时代的毛泽东，书法未成体式，更没有定型。从童年入私塾到少年进东山和在长沙的头几年（在1902—1913年的十来年），基本上写一手小楷。有些人说毛泽东不懂楷书，这是不晓得历史。1913年10月到12月，他做的听课笔记《讲堂录》，就是用的蝇头小楷，甚至到了1917年，他

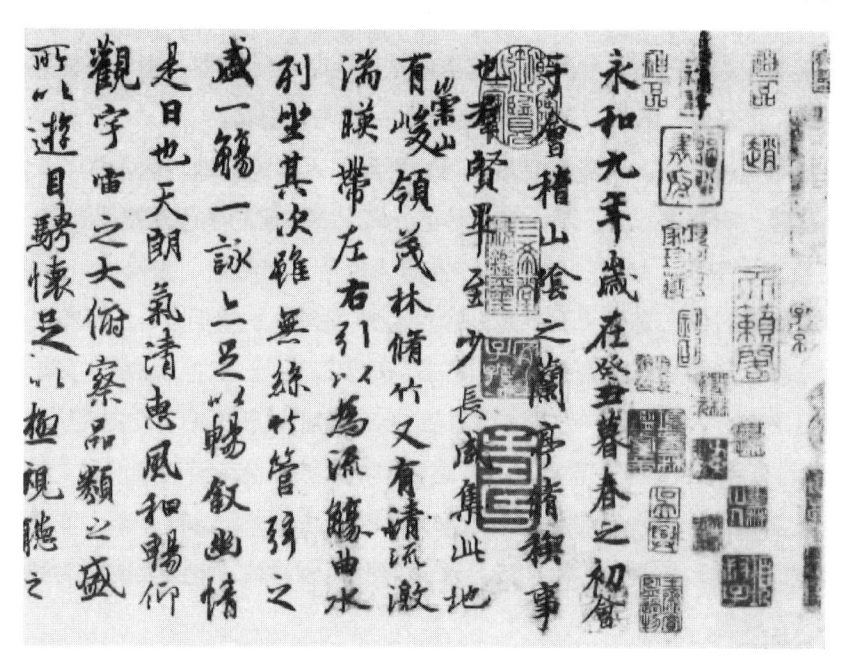

王羲之的字

给《伦理学原理》做批注，12100个字，仍基本用的是小楷。《讲堂录》《伦理学原理批注》虽然是随手作于课堂，但写得相当工整，足见毛泽东做事的认真。

在其他一些场合，毛泽东的书法就更显出了他的个性与创造性，如《明耻篇》题志，特别是1915年8月写给萧子升的一封信，他的字体拉长了，由楷书转变成了行书，又慢慢由行书向草书转化。令人奇怪的是，毛泽东1917年写给白浪滔天的信及同年8月23日写给黎锦熙的信，用的却是同以前完全不一样的有隶书味道的章草，即字体显得扁平，而与他一生书法斜长的总特点迥异。不过，这种字体后来他就很少用了，唯一的例外是1934年1月15日他用隶书体为红军烈士塔题了词。

从以上情况看，毛泽东学生时代就练过多种帖，在书法上是下过硬功夫的。他后来虽然较少写楷书，但他早年打下了楷体的根基，他的草书也就暗藏了楷书的风骨。

我们重点来看看毛泽东中晚年习帖的情况。1935年1月20日，刚刚在遵义会议上被重新确立领导地位的毛泽东，率领红军翻越娄山关，他立在关头，举目四望，苍山如海，残阳如血。低头见一石碑，上面刻着"娄山关"三个红漆大字，他品味了好一会儿，问卫士陈昌奉："娄山关刻碑干什么？"陈昌奉和大家都被问住了。毛泽东便自己作了解释："关乃要塞，是出入通道，常以碑石、碑柱为界，区分和标志地名。"他接着评价这三个字说："写得苍劲，运笔如飞；石匠也刻得精美。"话毕，他以手在笔画上临摹，感叹："可惜不知出自哪位名家之手，修建于什么时候。"他看了又看，最后才恋恋不舍地离去。

毛泽东长征到达陕北后，有时间也有较安静的环境临池习帖了。从他一生的书法发展轨迹看，他的书体笔势就是在这时开始定型、别具一格并走向成熟的。在延安，他有一套晋唐小楷书帖一直带在身边。

新中国成立后，毛泽东爱帖、习帖更到了入迷的境地。他收集了大量碑帖，从晋、唐到宋、元、明、清，乃至近代大书法家的墨迹都搜罗到了一块儿，如王羲之、智永、怀素、欧阳询、张旭、米芾、宋徽宗、宋高宗、赵孟𫖯、康熙直到于右任，光是《千字文》帖就达30多种。一般而言，毛泽东喜欢瘦劲的书体，又特别喜欢笔走龙蛇的草书，对于二王（王羲之、王献之父子）帖、孙过庭书谱、怀素草帖、怀素《自叙帖》《论书帖》《苦笋帖》及古人所编《草诀要领》《草书百咏歌》看得最多。这些书帖常放在他床前的桌子上，爱不释手，反复临摹，把它们的神韵都融入自己的书法中去。这样一来，毛泽东自幼练就的欧体，经他合各体之长，到20世纪50年代，便形成了他独有的极为狂放不羁的"毛体"。

1959年，毛泽东不担任国家主席后，也是他的书法达到炉火纯青地步的时候，他有了更多的时间练书法。他从黄炎培老先生手中借得一本王羲之的真迹，大喜。可是，黄炎培给了他一个借阅期限：一个月。毛泽东废寝忘食地习帖，黄炎培不放心，怕毛泽东不还，中间几次打电话来催问，这可惹烦了毛泽东，他说："讲好了一个月就一个月！怎么也学会逼债了？"到期那一天，毛泽东即吩咐卫士："零点以前一定要送到。"他竟练到还书前的最后一刻。黄炎培竟敢向毛泽东"逼债"，毛泽东称他"不够朋友够英雄"。

毛泽东一生爱帖、习帖，在他生前有幸访问过他的人，每每能看到在他的卧室外间会客室有很多字帖，包括《三希堂法帖》、《昭和法帖大系》（日本影印本）等，摆满了三四个书架，在他卧室的茶几上、床铺上、

毛泽东经常在这个办公桌上写字

办公桌上，到处都放着字帖。1961年10月27日，毛泽东要看怀素的《自叙帖》，并要田家英、逄先知把他已有的所有字帖集中放在他身边。从此，秘书们就在北京和全国各地，给毛泽东买来了很多字帖。1964年12月10日，他要看各家书写的各种体式的《千字文》帖，秘书就为他收集了30多种。

毛泽东爱帖、习帖，他由此得出了许多书法理论，他说："字要写得好，就得起得早；字要写得美，必须勤磨炼。学字要有帖，帖中要发挥。"

毛泽东一生搜集了大量字帖，但并不是为了"收藏"。他的字帖中没有极为珍贵的善本、古本。尽管以他的职务，完全可以弄到不少珍本，成为收藏家，但他不那样做。相反，他还把自己所藏的具有文物价值的本子捐献出去。如新中国成立初，他就将他收藏的《王船山手迹》《钱东壁临兰亭序十三跋》捐赠给故宫博物院。他从有关部门借阅过不少真迹，但总是按时归还。如1958年10月16日，他在给田家英的信中说：

毛泽东写毛笔字时用的铜墨盒

请将已存各种草书字帖清出给我，包括若干拓本（王羲之等）、于右任千字文及草诀歌。此外请向故宫博物院负责人（是否郑振铎）一询，可否借阅那里的各种草书手迹若干，如可，应开单据，以便按件清还。

1959年10月，田家英、陈秉忱替毛泽东向故宫借了20件字帖，其中8件是明代大书法家的草书，包括解缙、张弼、董其昌、文徵明、傅山等人的草书。毛泽东看完后，都吩咐如数归还。

毛泽东是一位文武双全的大家，他的如椽巨笔，不但写下了大量具有重要实践指导意义的政治、军事、哲学、文艺理论著作，而且有许多诗词精品流芳百世，他的书法也堪称一绝。可以说，是笔奠定了他作为历史巨人的基础。

最爱用毛笔，晚年也用铅笔

毛泽东最喜欢用的书写工具是毛笔和铅笔，二者之中尤以前者为甚。爱用毛笔，这是由他早年所受的教育形成的习惯，反映了毛泽东那一代人的共同特点，只是毛泽东把这个特点保持了一辈子。他使用毛笔是从少年时代的私塾开始的。他用毛笔留下的最早墨迹，见于他读过的《诗经》《论语》封皮上。据老人们回忆，毛泽东在1902年前后就用起了毛笔，除了做句读（给古文标点、断句），他还描红和临摹书法，学的是欧阳询和钱南园的书体。

毛泽东早年的全部文稿，都是用毛笔写成的。他一生的文稿，包括特别著名的《矛盾论》《实践论》和诗词，绝大部分是用毛笔写成的。在井冈山丛林、延安窑洞、飞机专列、卧室书房，留下了他许许多多挥毫泼墨的形象。

毛笔是中华民族独创的书写工具，它的起源很早。笔的汉语本意，即指竹杆毛锋的毛笔，所以繁体的"笔"字简化成"竹"和"毛"的上下结构是十分恰当的。直到20世纪初，毛笔还是中国唯一的书写工具，也是几千年以来最主要的书写工具。毛泽东珍视毛笔，说明他与中国传统文化关系何等深厚！

毛泽东喜爱毛笔，每次用完，总要把它插入笔筒，不常用时，便把它洗干净。贺子珍看到毛泽东这样珍惜毛笔，特意花了几天时间精心缝制了一只多用挎包，这成为他们结婚时的定情物。这个挎包用江西乡村整幅蓝土布制成，设计奇特，设有专装文房四宝的大小多层口袋。毛泽东说过："我要用文房四宝打败国民党四大家族。"这次看到贺子珍缝制的挎包，高兴地说："好！我的传家宝可以装放携带了。"

毛泽东用过多少毛笔已无法统计，把他用过的笔收集起来，恐怕也要像古人一样称为"笔冢"了。1935年10月，他率领红军到达陕北，直罗镇一役，缴获了几支毛笔、一支好钢笔和一只手表，毛泽东却独喜毛笔，钢笔、手表都送给了别人。毛泽东的遗物中，自然少不了毛笔，否则这份珍贵遗产就有了缺憾。其中两支颜色不同的笔，一支是棕色的笔杆，杆端有吊丝线的白色塑料塞，笔杆有几处刮痕，刻有"长锋鸡狼毫"字样，字呈浅绿色，字下部被颜色较深的漆覆盖了几个字。这支笔还配有一个白色金属笔套。另一支是深蓝色的笔杆，烫金阴刻"脱颖狼毫，老胡开文精选"，也配有一个黄铜笔套。

毛泽东留下的毛笔

毛泽东20世纪五六十年代写东西一般都用毛笔，晚年，直到临终前几年，因腕力不足了，才多用铅笔。他喜欢长锋鸡狼毫。签名、题词、写信、练书法，都用毛笔，批阅文件也偶或用之。

毛泽东曾用毛笔临摹了故宫博物院及北京图书馆保存的大量碑帖，因使用频率极高，毛笔秃得快，换得也快。

毛泽东后来有意识地学怀素、张旭，这就找到了他与中国这门古老艺术的契合：毛泽东个性特质上的浪漫豪放，使他在草书方面而不是楷书上取得了惊人成就。

据卫士回忆，毛泽东练书法颇有特点。他一般用宣纸或带红格的纸。他把练书法作为最好的休息。他喜欢怀素的字，怀素书前喝酒，醉后方写，所以他的书法也飘散着"酒气"；毛泽东不善饮酒，他往往吃了安眠药后写，但写出的字如行云流水，又好像仙人飘飘欲飞。

毛泽东不仅仅自己练书法，也关心他的卫士练字。他的理论是："搞数理化要有些天赋才行，写字么，就全靠练了。能坚持能刻苦谁都可以练出一笔好字。开始可以照着字帖练，练多了就会出来自己的风格。"

有一回，他视察到上海，刚一安顿下来，即吩咐秘书买字帖，一下子在旧书摊上买来十几本，让卫士们照着练。卫士写完就交给毛泽东看，他总是那么认真，一个字一个字地分析，好在哪里，不好在哪里，他都一一指出。

他说字和人一样，也有筋骨和神韵，练久了便会找到。

毛泽东一生爱用毛笔，但他用的都是普通毛笔，他对毛笔没有特别的讲究。他反对工作人员买那些价高的笔，他的遗物中，大量用过或未启封的毛笔多是出自北京琉璃厂，诸如"荣宝斋"等店铺。偶有友人赠名笔，他都把它转送别人。如1953年1月7日（农历一九五二年十一月二十二日），是齐白石89岁大寿，毛泽东为向这位同乡和伟大的艺术家表示庆贺，派人送去四样贵重礼品，其中有一样就是一对湖南五开文笔铺特制长锋羊毫书画笔。

铅笔是毛泽东除毛笔以外最喜欢的书写工具。这是因为铅笔的一大优点是书写随意、轻松，其方便简易远胜于毛笔。不过，毛泽东使用这两种书写工具是各有分工，各取所长：铅笔用于比较随便的场合，如在赣南闽西做农村调查时记录谈话，又如躺在床上读书时作批语，等等。而在正式场合，毛泽东一般使用毛笔。

铅笔的运用，其实在中国民间早已有之，只是不似从工厂批量生产出来的铅笔那样美观，那便是用木炭条写字。少年时代的毛泽东，就常从自家炉膛中取了炭条，在干爽的石板上涂画，与众童为戏。事实上，炭条书写与铅笔书写甚至毛笔书写使用的是同一个原理，即都是以炭素作为显影剂。毛泽东一向推崇自然，爱用毛笔、铅笔，看来颇有科学性。在他的人生中，曾发动过一场小小的使用"炭笔"——原始的铅笔的运动。那是1927年11月，毛泽东在宁冈县砻市创办第一个工农革命军军官教导队。但因敌人的封锁，宁冈又处于偏僻的山区，笔墨纸张奇缺。毛泽东就对大家进行艰苦奋斗、自力更生的动员，号召学员想办法，克服困难。一个学员提出用柳枝烧成炭可以写字，毛泽东一听就想起儿时的这种原始工具，非常高兴，立即发动人

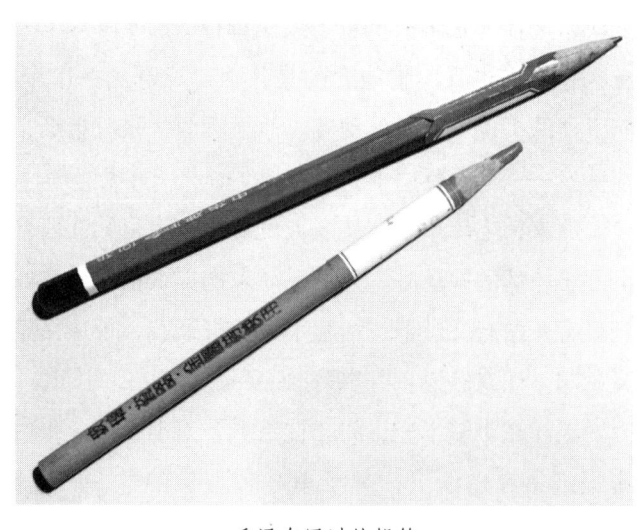

毛泽东用过的铅笔

们动手烧柳枝，他说："大家拧成一股绳，个个出主意，什么困难也难不倒我们！"

井冈山一带最不缺的就是树木，当地人也早有烧木炭的习惯。毛泽东亲自参加烧炭，他拿起烧成的炭条在石板上试了试：软硬适度，字迹清晰，还真是一种好"铅笔"！大家称之为不花钱的墨笔，毛泽东笑了，他说："敌人越是封锁，大家的办法就越多。看，封锁得同志们用木炭当笔，在地上、石板上、沙滩上写字——这种笔墨纸张是用不完的。"

毛泽东使用铅笔的最早记录竟是如此富有传奇色彩！

新中国成立后，毛泽东经常使用铅笔。晚年他在床上看书，用毛笔不方便，他又不喜欢钢笔，用铅笔的机会就更多。留在他读过的书页上的大量评点，大多是铅笔书写的。

1956年的一天，毛泽东还曾用铅笔给他身边的一位工作人员姚淑贤解难，书写了《诗经·邶风》中《静女》篇的句子。他这次不是通常那样用竖式，而是横写，一行一句，未打标点。

从书法的角度看，毛泽东这次所写的系行书，与他的毛笔书法不可比拟，那是因为铅笔这种工具不宜书写大字，也较难体现出书法的艺术性。

不过，毛泽东的这幅字，也是他书赠予人的罕见的一幅"铅笔书法"。

毛泽东另一次使用铅笔的生动故事是创作《七律·送瘟神》。毛泽东极少将铅笔用于正式场合，但诗意袭来时，就来不及"笔墨伺候"，便会随手拿起铅笔。那是1958年6月30日，中国共产党诞生37周年前一天，毛泽东坐在一张藤椅上看《人民日报》，神情专注，嘴巴嚅动着，像是念念有词，但谁也听不清他念的是什么，只听到一串串绵长而抑扬顿挫的哼哼声，他的头也不时地晃动着。他虽然两手张开报纸，视线却没有移动，而神情恍然——卫士疑惑了：莫非出了什么大事！

原来，毛泽东刚刚从《人民日报》上得知江西余江县消灭血吸虫病，正沉浸于诗情的冲动中。只见毛泽东把报纸精心地叠好，起身踱步，从窗户前到桌旁，站起又坐下，抬起手中的报纸看，很快又走到床边，躺下，一会儿又站起。他忽然说："把笔和纸拿来。"

毛泽东半躺半坐，斜靠枕头上。卫士拿来一张白纸和一支铅笔，毛泽东将报纸垫在白纸下，鼻子里哼哼着像唱歌——他保留着儿时在私塾"唱诗"的习惯。他拿起铅笔，写了涂，涂了哼，哼过又写，涂涂写写，哼来哼去，声音越来越大，卫士听清这样两句："坐地日行八万里，巡天遥看一千河……"

毛泽东遗物中，除了铅笔，还有铅笔刀。开始时，工作人员大都用小刀削铅笔，一天要削十多支备用。后来，他们发现小学生专用的铅笔刀更方便，就买来几个塑料壳的铅笔刀。

毛泽东不喜欢用钢笔和圆珠笔，从他留给后人的大量墨迹中，他用钢笔和圆珠笔书写的很少。

在长征路上和到达陕北之初，毛泽东有可能用过钢笔，一次，他与贺子珍谈起他的生活习惯时说："我这个人就是这样，用过的钢笔旧了，都舍不得换掉。"

1949年进北京城后，中共中央办公厅在给毛泽东准备文具时，除传统的文房四宝外，也备有钢笔、圆珠笔。因此，新中国成立初期的一段时间，他曾用它们批阅文件、起草公函。但他用惯了毛笔，后来，他迷上了书法，就更少用钢笔、圆珠笔了。

毛泽东用过的钢笔和圆珠笔

值得庆幸的是，毛泽东当年的英文教师林克，保存了一份毛泽东的圆珠笔手迹。那是1957年，毛泽东带着林克坐飞机南巡，从徐州飞往南京。他凝神欣赏着机外美丽的自然景观，突然，他要林克拿纸笔来。林克知道主席触景生情要写诗了，他来不及取毛笔、宣纸，匆忙间把自己随身带的一支圆珠笔和一本书递给毛泽东。只见毛泽东接过来就在书的扉页上写起来，不过他这次不是创作，而是录下元朝人萨都剌的词《木兰花慢·彭城怀古》：楚歌八千子弟（兵散），料梦魂，应不到江东……人生百年寄耳，应（且）开怀一饮尽千钟。回首荒城斜日，倚栏目送飞鸿。

写毕，毛泽东将笔一丢，显得兴奋无比！喊道："林教授，来来，教英文！"林克在一旁暗中高兴，因为得到主席的一份珍贵手迹，他赶快把书合起来。

眼镜与放大镜

毛泽东的视力本来很好，但他晚年也像大多数老人一样出现远视和散光。特别是临终前还患了白内障，因此他不得不也戴起老花眼镜。

毛泽东晚年的白内障相当严重，一只眼完全失明，另一只眼视物也模糊不清。

在做了摘除白内障手术之后，唐大夫给毛泽东配了一副金丝架的高倍老花眼镜。

这副老花眼镜为金属架、水晶镜片，金黄色镜框。镜片直径为4.3厘米，镜框很是精致，两个框及鼻梁架有大小菱形图案；镜腿能自由弯曲，镜片无色透明，外凸，厚0.8厘米。与之配套的是一个棕红色的绒面盒，里面有一块黄色棉布和一块黄色麂皮，是擦镜片用的。

毛泽东戴这副眼镜时感觉很不舒服，因为镜片太重，架子又太轻。他的视力有所恢复便立刻摘下不愿再戴。

毛泽东还有一副眼镜是由周恩来送给他的。那是毛泽东视力急剧下降的时候，周恩来闻讯立刻取下自己的那副褐色塑料框眼镜让工作人员送给毛泽东，说："这副眼镜是我戴了多年的，较为合适，送给主席试试，如果不行，告诉我，给主席重配。"

毛泽东另有一种独特的单腿眼镜。所谓单腿眼镜实际上就是两副眼镜拆开来使用，一副无左腿，一副无右腿，不明底里的人对此会大惑不解。这种眼镜其实就是普通的玻璃镜片、塑料框架，深棕的颜色，镜片很厚，内平外凸。

毛泽东的单腿眼镜

毛泽东坐在床上看书的习惯是在少年时代养成的。白天没有空，他要帮父亲做大量的农活，所以他只能晚上抢时间读书。坐在床上，可能也有几个好处：夏天挂上蚊帐可以避蚊虫，冬天拥着被子可以驱严寒。但他晚年坐床夜读与他少年时比有了微妙的变化，那就是干脆躺着——正卧或斜卧着看。毛泽东的保健医生认为，这种习惯也有一定的科学道理，符合晚年毛泽东的生理情况。

原来，人体处于卧位时，由于流体力学的关系以及地心引力的作用，脑部供血比坐着或站着要多，大脑因此而获得更多能量，因而躺卧看书耐力久，记忆力好，效率高，不易疲劳。毛泽东在晚年不自觉地或者说本能地摸索到这一优点，所以他时常躺着看书。

这一习惯不利于眼睛卫生，对青少年尤其如此。青少年精力旺盛，不需靠躺卧增加脑部供血。正因为考虑到老年人的生理状况，毛泽东身边的工作人员没有硬性劝止毛泽东，而是因势利导地给他设计了两副单腿眼镜。1975年，毛泽东做了摘除白内障的手术后，工作人员与王府井大明眼镜店的李全芳联系，特别磨制了这种眼镜，左卧时就戴只有右腿的眼镜，右卧时戴只有左腿的眼镜，用起来十分方便，毛泽东本人也很满意。

毛泽东有了单腿眼镜，读起书来便更加"贪婪"，似乎在与死神争夺时间。一次，医务人员不忍心他再受读书之累，就把书拿走了，劝他不要再读书了。这个时候，毛泽东有些茫然——几十年来，谁曾能阻止他的任何行动呢？如今医生竟敢连书也不准他读了，他伤感地说："我一辈子就是爱读书，可现在……"工作人员见状，也淌出了泪水。

有时，毛泽东的护士看到他手里托着书，似乎在看，但走近便知道毛泽东已睡着了，于是轻轻关掉壁灯，又走到床前把书从毛泽东的手中抽出来放在小桌子上，再把眼镜慢慢摘下。但刚一摘掉眼镜，毛泽东又醒了，护士只得重新给他戴上，让他继续读书，有时长达七八个小时。

毛泽东读书可谓至死方休。1976年9月8日，即他临终前一天，已是弥留之际，每当他清醒过来，还是要戴上单腿眼镜，还是要书看。这时他已只能用极微弱的声音说话，连最能听懂他的话的秘书也不明白他说的是什么，他自己也着急了，示意拿来纸、笔，他在纸上写下一个"三"字，又用手艰难地敲敲木床。人们还是不解，只有秘书猜出来，找来一本有关日本即将离任的首相三木武夫的书，毛泽东点点头，显出满意的样子。毛泽东的手抖得托不住那本很轻的书，只能由护士为他托着，毛泽东只看了几分钟，就又昏迷过去……

毛泽东活到老学到老。但年岁不饶人，他的视力到晚年明显下降，可他不太愿意戴眼镜。当时，新版印刷的各种书，往往字体比较小，这样，他就只能借助放大镜读书。

1951年3月，九三学社送给毛泽东一把象牙柄的放大镜。此后毛泽东看书、办公时就用这把放大镜，一直用到1963年。这年春天，他到上海视察，途中，放大镜镜框裂了口，工作人员便把镜子送到上海光学仪器厂修理。由于不便公开这是毛泽东的物品，就把镜柄上的字用白胶布缠上了，但工人们拿起这把已用了十多年的放大镜，不经意中把胶布撕开了，发现柄上刻有"毛泽东"的铭文，大家的神情为之肃穆，他们决定给毛泽东再做两把新的。

新放大镜呈圆形，镜片是玻璃质地，镶嵌在米黄色的硬塑料框中，塑柄呈葫芦形。设计者考虑到毛泽东的年龄情况，特意把体积、倍数都做得较大。新的做好后连同已修好的旧放大镜一同如期"交货"。毛泽东用上新放大镜，颇为满意，一把放在书房，一把放在卧室，随手可以拿到。

1966年6月他住在韶山滴水洞，就带着这两把放大镜。

1971年，他生了一场大病，看书更加离不开放大镜。他借助放大镜看了很多单行本的鲁迅著作。放大镜只能偶尔照一照看不清的地方，如果一直用放大镜读书，不方便，也容易产生疲劳。为此，毛泽东身边工作人员与国家出版局联系，将毛泽东要看的一些小字本的书改印成大字线装本，线装本一册一册比较轻，躺着看、拿在手上看都很方便。

1972年2月初，经中央办公厅同意，国家出版局责成人民出版社，特将20世纪50年代出版的带有注释的十卷本《鲁迅全集》排印成少量大字

毛泽东用过的放大镜

线装本。为让毛泽东早点看到，印好一卷就送一卷，毛泽东看得很快，常常这一卷看完了，下一卷还没到，他便打趣说："我又断炊了！"待他收到全部大字本，毛泽东也差不多都读完了。我们今天看到的毛泽东站在大书柜前看书的那张照片，他拿在手上的就是大字本新版的《鲁迅全集》。

1974年8月，毛泽东被确诊为"老年性白内障"，两眼渐渐看不清东西，连大字本也不能看了。由唐由之大夫动过手术，他才又能看书了。

毛泽东临终前看的最后一本书是《容斋随笔》。其时，根据国家出版局安排，正由上海人民出版社特意给毛泽东赶印大字本的《容斋随笔》。1976年8月26日，毛泽东已重病在身，终日躺在床上。他已不能下床了，吃饭都要别人一勺一勺地喂。晚上9点45分，他忽然提出要看《容斋随笔》，而上海方面的样本尚未出来。这可忙坏了身边工作人员，他们赶紧跑到增福堂毛泽东的书房，大家记得毛泽东曾有一部大字本的《容斋随笔》，但一时竟找不出。

这是一位危重病人最后的要求，大家迅速与北京图书馆联系。

仅仅过了35分钟，北图就告知：已从柏林寺书库找到。柏林寺书库在北京东城区北新桥附近孔庙东侧，距中南海约八公里。10点50分，大字本的《容斋随笔》就送到了毛泽东手中。

上海人民出版社的《容斋随笔》大字本，也于8月30日赶印出来，8月31日送到了毛泽东的住地，然而此时他已经病危，再也不能看这部还散发着油墨香的书了。

唯一保存在韶山的签名真迹

韶山原来保存有毛泽东的不少早年手迹和新中国成立前后的书信手迹，后来按中共中央的要求都上交中央档案馆，现在唯一保存的新中国成立后的真迹是毛泽东在韶山的签名。

1959年6月25日，毛泽东回到阔别32年的故乡韶山。在故乡，他拜谒了父母墓地，他向二老在天之灵敬献了一束松枝，并行三鞠躬礼。他和乡亲们会面，据统计，仅26日这一天，他就与成百上千的人握了手，他对同宗毛继生说："今天怕是我握手握得最多的一次了。我的手都握累哒！"

26日晚，在松山一号，毛泽东与乡亲们会餐，气氛非常热烈。会餐后，他久久不能入睡。11点20分，他披衣走出卧室，来到院内，星光在上，他迈步浓荫下，不由陷入深思。此时，他已吃了安眠药，但毫无睡意。忽然，他对值班卫士封耀松说："小封，你把纸笔拿来！"

但见他握着铅笔，写写改改，一会儿走一会儿坐，哼哼唱唱，好长一段时间，才平静下来，说："把这个送罗秘书抄清。"原来，他已写下一首诗，这就是《七律·到韶山》：

> 别梦依稀咒逝川，故园三十二年前。
> 红旗卷起农奴戟，黑手高悬霸主鞭。
> 为有牺牲多壮志，敢教日月换新天。
> 喜看稻菽千重浪，遍地英雄下夕烟。

毛泽东后来又自己用毛笔誊抄了一遍，但把时间——26日写成了25日。事实上，毛泽东诗兴发尽，上床入睡，已到了27日凌晨3点。

27日是毛泽东离开故乡的日子，他临行留下了一幅珍贵的签名手迹。

这天下午1点多，毛泽东神采奕奕地走出松山一号，来到坪里，他与工作人员、送行的乡亲合了好几张影。当他马上要离开时，招待所的负责人请他题词留念，他似乎没有思想准备，自言自语："题个什么呢，不题算了。"在场的人们再三恳求，毛泽东说："那就签个名报个到吧！"他当即在一张白纸上写下：

毛泽东，一九五九年六月二十七日

这张签名手迹现存韶山毛泽东同志纪念馆。白色的宣纸已呈淡黄。宽有24.8厘米，长有37.5厘米，是毛笔写的，已用白色绫纸裱糊。

灯光伴他夜读

毛主席窗前一盏灯，春夏秋冬夜长明；伟大的领袖灯前坐，铺开祖国锦绣前程……警卫战士窗前过，心中歌唱《东方红》。

这是一首流行一时的颂歌,调子明丽婉转,内容朴素动人,它是对毛泽东灯前夜读的写真。

毛泽东习惯工作到深夜,他房间里的灯光往往通宵达旦。少年时代,为了不被节俭的父亲发现,他用被单蒙住窗户,借着豆油灯,披览古今典籍。井冈山的八角楼、延安的窑洞、中南海菊香书屋……桐油灯、煤油灯、用电的台灯,灯的样子虽发生了改变,而他的阅读习惯始终没有改变。灯永远是毛泽东读书的最重要伙伴。

井冈山的八角楼,至今还陈列着一只竹筒铁盏的古式民用桐油灯,放在临窗的条桌上。井冈山斗争时期,宁冈茅坪是湘赣边界党政军最高领导机关所在地,八角楼则是毛泽东的住处和办公地。这盏青油灯,常常彻夜不熄,毛泽东就是在这盏灯旁伏案疾书,写下《中国的红色政权为什么能够存在?》《井冈山的斗争》等著作。

井冈山的生活十分艰苦,甚至连这盏青油灯也需节约。为了减轻老百姓的负担,粉碎敌人的经济封锁,红军有一个节约灯油的规定,即连以上单位办公时间可以用三根灯芯,办完公后应立刻熄灯;班排带班、查哨或开会时留一盏灯,只能点一根灯芯。按这个规定,毛泽东是可以点三根灯芯的,因为他是全军统帅,但他带头节约用油,始终坚持点一根灯芯。有一次,他觉得灯光比往常明亮,一看,灯盘里多了一根灯芯,他立刻伸手熄掉了一根。次日一早,他就把警卫员叫到身边,吩咐以后不要再加灯芯了。

毛泽东在漳州住处用过的台灯

延安的窑洞,也有毛泽东用过的一盏小油灯。陕北出产石油,所以点灯是不成问题的。那是一盏小煤油灯,又叫美孚灯,是用铁皮做成的,表面涂了一层褐红色的防锈漆,由于高度不够,支了一个十厘米高的圆柱形木座。在凤凰山麓、杨家岭、枣园、王家坪各处,毛泽东的办公桌上都有一盏这样的灯。

每当夜幕降临，宝塔山、清凉山、凤凰山及城周围各个沟沟岔岔、山山岭岭，数以万计的土窑洞里，射出点点灯光，与满天星星交相辉映，构成黄土高原上的一道风景。诗人田间赞美：

> 枣园的星光，
> 远射到华北敌后；
> 宝塔山的灯火，
> 照到这地道洞口；
> ……
> 延安，延安——
> 你那红色的星斗，
> 点燃在游击战士的心头。

美国记者斯特朗在延安访问了毛泽东，她深有感触地记述了毛泽东：住着寒冷的窑洞，凭借着微弱的灯光，长时间地工作；没有讲究的陈设，很少物质享受，但是头脑敏锐，思想深刻，具有世界眼光。

毛泽东来到了华北的滹沱河北岸，在一片广阔的田边，有一座长满古柏的柏树坡，坡前有个七八十户人家的小村庄，这就是西柏坡。毛泽东窗前的灯也照亮着莽莽太行山，照彻了老百姓的心房。在西柏坡，他指挥了三大战役。他经常工作到凌晨5点左右才上床，到11点又起床，然后在中央政治局大院前的苇塘边散散步。吃过午饭又进入工作状态，直到次日黎明。那时，中央机关有了一个简陋的小发电站，如果停电，毛泽东就点上带罩的煤油灯。八月暑天，毛泽东的住房只有前面一个窗，屋里热得坐不住，他就端了灯到门前的石磨上，

毛泽东在瓦窑堡用过的马灯

人间烟火——毛泽东的家居生活

边歇凉边工作。

一天夜里，毛泽东正伏在磨盘上聚精会神地起草文件，这时，天上浓云密布，大雨将临，但他浑然不知。直到警卫员赶紧帮他拾掇，他才恍然，抬头看看天，急忙端起油灯回屋去。

毛泽东通宵工作的习惯，使他身边的人也跟着受影响，就连本来很有生活规律的周恩来也改变了起居时间表，他说："我和主席同在晚上办公，主席有什么部署，在夜里搞好了，大家一上班，我就可以向同志们传达，正好衔接起来。"

毛泽东和周恩来窗前的灯就这样彻夜不息，照亮了柏坡岭，照亮了太行山。

到新中国成立之后，毛泽东一般不再用油灯，而是用起了电灯。在他的遗物中就有一盏20世纪60年代他常用的景泰蓝台灯。这盏灯高有36厘米，瓷质，灯柱呈浅绿色，上下有规则的"O"形图案。开关和电源线装在底座上，而底座是用细木制成的，并蒙着绿色金丝绒。螺纹灯泡上配有一个用淡绿色绢布制成的灯罩，外层有波浪形皱褶。

每当灯光四射，立在床头的这盏灯，好似一朵美丽的蘑菇，陪伴着伟人度过了多少个不眠之夜。最熟悉毛泽东灯光的自然是他的卫士和身边工作人员。每当毛泽东日以继夜工作之后，离开写字台，关掉台灯，说要去休息了，人们顿时为之轻松，高兴地相互转告："主席要睡觉了，主席要睡觉了。"然而，有时主席卧室的灯又亮了，而且令人心焦地亮到夜深人静，东方露出鱼肚白。毛泽东起居室的灯光成了卫士观察他读书或睡眠的讯号。卫士常常感叹："毛主席还没有休息呀！"毛泽东半坐半卧在床上，台灯就放在右侧的小桌上。柔和的灯光下，他用右肘支撑着上身的重量，读得那么专注，有人走进来也觉察不到，读到兴趣盎然的地方，他还会发出会心的笑声。

在丰泽园菊香书屋东房，毛泽东的办公室西窗下，与窗户呈"丁"字形，放着一张大写字台。这是一张特别大的黄色木质办公桌，长达124厘米，宽124厘米，高有83厘米，显然，它的尺寸与它的主人伟岸的身材正相配。

细看台面，靠右手一端已被它的使用者磨掉些许油漆，并且还留下一道深沟。

除了巨大的尺寸，它与众不同之处，是抽屉四周延伸到基座中部，纵横浮雕优美的麦穗形和叶形图案。

毛泽东从20世纪50年代起，使用这个专为他设计制作的大办公桌。他终于有了一张像样的办公桌——他对这份"奢侈品"很高兴地接受了，他在上面摆上台灯、笔墨、砚台、铜墨盒、纸、铁皮铅笔盒。

解放初期的十年，百废待兴，毛泽东往往整天整夜伏在这张办公桌上工作；他的大量著作，如《中国人民站起来了》《给中国人民志愿军的命令》《镇压反革命必须实行党的群众路线》《关于农业合作化问题》《论十大关系》等，都是在这张办公桌上写成的。

在写《关于正确处理人民内部矛盾的问题》时，他还留下了一个感人的故事。

毛泽东为赶写这篇文章和筹备最高国务会议，已三天两夜坐在办公桌前。卫士和工作人员非常着急，按毛泽东的脾气，又不能随便打扰，更不能强迫他去吃饭、睡觉。夜深了，卫士陪着他，忽见毛泽东头往后仰——他终于感到疲倦了，手在额上不断揉着，同时做着深呼吸。卫士抓住时机几步走近写字台，小声说："主席，您好久没吃饭了，给您搞点来吗？"

此时的毛泽东，眼睛里布满血丝，他从额上放下手，沉重地叹了口气，摇摇头又点点头，勉强说："不要搞了。你给我烤几个芋头来就行。"说毕，他的手轻轻一挥，又埋头到文案中。

爱吃芋头，是毛泽东在故乡养成的习惯。芋头是韶山土产，春天下种，深植在沟边溪畔，多施人、畜肥，到了仲夏，硕大的叶子张开来像芭蕉，长出许多嫩生生的芋头来，夏末秋初割了芋秆芋叶做成坛子菜，既酸且甜。芋头则让它待在土里一两个月，秋冬之时挖出，皮黑而肉白，喜煞了馋嘴的孩子们，拿了这芋头，选最嫩的，烧饭时埋进火灰里煨，过上一刻，取出，撕开已烤焦的皮，雪白的芋肉，散发出浓香，又软又甜……

毛泽东在劳累、疲倦至极时，又立刻想到了那儿时最美的口福！

他的卫士却不能体会到毛泽东内心的隐秘——卫士怎么也想不通一位共和国的首脑，在这个时候所需要的仅仅是几个烤芋头！毛泽东的手势不容置疑。卫士只得走进厨房动手烤芋头。这惊醒了毛泽东的厨师，他睡眼蒙眬地嚷道："你胡闹！主席一天没吃饭了，你怎么就烤几个芋头？"卫士只有苦笑。厨师听明原委也就无言以对。

卫士烤熟了几个芋头放在一个碟子里，轻手轻脚回到毛泽东的办公室去，刚进门，就听得鼾声阵阵。但见毛泽东左手拿着文件，右手抓着铅笔，就那么睡着了。卫士不忍喊醒他，把芋头放在暖气片上，退到门口等候。十多分钟后，毛泽东咳嗽了一声，卫士赶紧进去，说："主席，芋头烤熟啦！"

这时，天已破晓。毛泽东放下笔和纸，双手搓搓脸，说："噢，想吃哒，拿来吧。"毛泽东仿佛又回到了童年，他拿起一只认真剥开皮，轻摇身体，惬意地吟道："东方欲晓，莫道君行早……"他边吃芋头，边自得其乐地唱着他的旧作。

又过了十多分钟，等候在门口的卫士听得鼾声再起；走进屋去，见办公桌上的碟内只剩下一个芋头，毛泽东头歪在右肩上睡着了。卫士忽然感到鼾声有异，探头仔细打量，惊讶不已：主席竟然嘴里还嵌着半个芋头，另外半个还拿在手里。那嘴里的半个随着呼噜声颤抖着，好像要惊醒一个从童年到老年的梦。

卫士鼻子酸了，泪水淌出来。他轻轻地、轻轻地去抠主席嘴里的芋头。毛泽东被惊醒了，一双熬得通红的眼睛瞪着卫士："怎么回事？"卫士哭着说："这芋头是从你嘴里抠出来的，你必须睡觉了，我求求你了……"

毛泽东这才离开办公桌，准备上床睡觉。

到哪里都要带上书

毛泽东遗物中有好几个书箱，大的能装五六十本书，小的只能装一二十本书，都是外出时用的。这些箱子有的上了漆，有的却只是光板，没上漆的已旧成黑褐色，开箱的地方都磨得发亮了。

从少年时代开始，书箱伴随他走过了漫漫人生路。戎马倥偬，许多时候，为了加快行军速度，需要精简行装，但什么都可以精简，唯独不能精简他的书箱，书箱与他形影不离。

他经过千辛万苦，在战火纷飞中保存了大量书籍和珍贵文献。新中国成立后他仍然保留着一个独特的习惯："兵马未到，书箱先行。"

那是两个粗糙笨重的木头箱子，两尺高，三尺长，一尺多宽，外面刷了清漆，是出差时专用的。里头装满了书，《辞海》《词典》《楚辞》等每次必带，其余如唐诗宋词、古典小说、哲学书籍则根据毛泽东的吩咐选择。

毛泽东去外地，最主要的行李就是两个大书箱。而对他的卫士来说，把他的书装箱是一件相当麻烦的事。平日居家，毛泽东的书房、卧室、桌凳、沙发，到处是书，似乎杂乱无章，但他心中有数，伸手就能拿到自己要看的书籍。如果新来者不懂，把这些书条理化，弄整齐，那就糟了，他一时找不到书，就烦躁起来，甚至大发脾气。

他总要提醒身边工作人员，打扫卫生时尤其强调："我的书不许你们动，放在哪里就在哪里。"

外出上火车之前，毛泽东手一挥："把这些书都带走。"他的手势老卫士懂得——毛泽东指的书不但是桌子上的还包括沙发扶手上、茶几上一些像是随意扔在那里的书。装箱时，卫士得格外小心，不能破坏原来的位置，所以往往要用纸条之类做些记号。装好箱，就放到吉普车上，提前两小时送到专列的主车厢内，再搬出来按在家的样子摆好：丢在沙发扶手或茶几上，或放在床上，一切照旧。毛泽东上得车来，擦把脸后开始看书，他仿佛仍在家里，他仍然在"老地方"轻易地拿到他的书。

毛泽东这种习惯也许要让人认为是太"古板"，但这正是毛泽东独特的个性。

毛泽东用过的樟木书箱

1966年6月18日，毛泽东在新中国成立后第二次回到韶山故乡，他最主要的行装仍然是书，共有八个大木箱。

有一次毛泽东又要出巡，由一个新来的卫士装书箱。这个卫士识字不多，看书较少，所以摆弄两个书箱格外吃力，特别是看不明白那些线装书。老卫士不断提醒，他仍忙得满头大汗——他生怕到火车上恢复不了原样。偏偏毛泽东又吩咐他带两本书，那书名却是他闻所未闻的，连问两遍还不明白，又不敢再问，只得悄悄向老卫士求援，老卫士便又去毛泽东那里问了第三遍。

毛泽东上了火车，特意找到这位新卫士，语重心长地问："你来的时间不算短，半年多了吗？""十个月了。""我的话你还听得懂吗？""能听懂。"毛泽东这次没有发火，他说："这说明你不是听不懂话，而是学习少，《聊斋》没看过，《红楼梦》没看过，《三国演义》也没看过。做一个中国人，这些书不看是不行的。你应该去学习学习啊！"

卫士感到羞愧不已，他从此痛下决心学文化，上了速成中学，毛泽东送了他四个字："努力学习"，还认认真真签上自己的名字。

到图书馆借书也用证

古来读书者常说："买书不如借书，借书不如抄书。"这既是由读书人的经济拮据引起的感叹，也是一种卓有成效的读书方法。毛泽东恰恰经历过这一过程。

他早年读书条件艰苦，那时他的家正处在由贫穷到小康的过渡阶段。父亲让他上了学，同意他读到四书五经和基本的写算，但认为再多读书就没用了。更加之家里缺劳力，毛泽东不得不停学，过早地下田干起农活来。不过，他并没有就此停止读书，他的求知欲望相当强烈，他到处借书看，把韶山冲能借到的书都借来看了，连和尚的经书也借来读。

他的外婆家耕读并重，藏有不少书，他的两个舅舅也积极支持他多读书，这使他的求知欲得到了一定的满足，他经常翻山越岭去舅舅家借书。1910年秋，他受表兄文运昌的引荐，离开韶山冲到湘乡东山高等小学堂就读。在那里他读了大量的书，是学校藏书楼的常客。

一张还书便条记载了他少年时代读书的情况：

咏昌先生：书十一本，内《盛世危言》失布匣，《新民丛报》损去首叶，

抱歉之至，尚希原谅。泽东敬白　正月十一日

又国文教科书二本，信一封。

这是有关毛泽东借书的现存最早的实证资料。据文运昌后来回忆，这张便条是1915年毛泽东从省立一师回家过春节时写的。

毛泽东在长沙读书期间，由于有违父亲的意愿，父亲断绝了资助，他因此陷入"经济危机"，无钱买书，便只得借书。1916年1月8日，他写信给萧子升，谈的就是借书的事：

子升仁兄大人执事：日来思念殊甚，想迁易新地，必多惬意。自徐先生去，无《甲寅》杂志可阅，特请吾兄以自己名义给暇向徐借《甲寅》第十一期第十二期两本。弟准下星期日下午前来拜晤。即颂教安。不一。弟泽东叩　一月二十八日

第二天，他又写信说："《甲寅》杂志第十一第十二两卷，欲阅甚殷，仍欲请兄乘暇向徐先生借……如借得，即请携来；如无，则须借之杨先生。"

随后毛泽东还与萧子升谈了一通借书、读书之道。萧子升准备送一些书给他，但他不愿意接受，他在2月29日的信中说：

右经之类十三种，史之类十六种，

毛泽东少年时代写给表兄的还书便条

子之类二十二种，集之类二十六种，合七十有七种。据现在眼光观之，以为中国应读之书止乎此。苟有志于学问，此实为必读而不可缺。昨承告以赠书，大不敢当。一则赠而不读，读而无得，有负盛心；一则吾兄经济未裕，不可徒耗。前言即赠以二三串为限，今思之，即此亦请无赠。唯此种根本问题，不可以不研究……

毛泽东青年时期借阅过的书籍可列出一个长长的目录，包括古今中外文化典籍。他博览群书，才打下了深厚的学问基础。

后来，在长期的征战生涯中，他依然千方百计挤时间看书。每到一地，他对书特别敏感，但他的借书也带上了战时特点，即常常从战利品中"借书"。

他从延安开始建立自己的藏书室，进入北京后已成规模，但借书仍然是他获得书的重要途径；他拥有一笔相当可观的稿费，可以用这笔钱购买他想要的书，但他也办了一个借书证，时常请人到北京图书馆、北京大学图书馆借书。如1964年9月9日他在一封信中说：

请你向北京图书馆、北大图书馆找一些美国历史给我。不要大部头的，如《美国全史》之类，只要几万字的，十几万字的，至多到三十万字为止。其中要有马克思主义者写的，也要有资产阶级学者写的。不知能找到否？费神为盼！

北京图书馆是中国最大的图书馆，在亚洲也是藏书量最多的，名列世界十大图书馆之列。北图旧址靠近中南海，毛泽东常请中央办公厅的人到那里去借书，这引起了北图工作人员的注意。1958年北图换发新的借书证，毛泽东叫身边工作人员特地去办了一个。秘书说："您要借书，写个条子叫人家送来就行了，干吗非要办借书证？"毛泽东说："正因为我身份不同，所以更要按规定办，不能搞特殊。"北图给这个借书证特编为第一号。此后，毛泽东使用的始终是北图的一号借书证。

据不完全统计，从1949年至1966年9月，毛泽东先后从北图等处借阅各类图书2000多种计5000余册。1974年他还曾借书600多种共1100多册。

毛泽东晚年主要是从公共图书馆借书。而当他出巡各地时，就很注意搜集有关当地情况的书，如地方史志等。在杭州、上海、广州、武汉、成都、庐山等地的图书馆，都有他借过书的记载。他每到一地，必做两方面的调查，一是现实情况，包括当地政治、经济、文化方面的情况；一是当地的历史、地理沿革、文物掌故、风土人情和古代诗文。

例如，1958年3月，他第一次到成都，是参加中央工作会议。他于3月4日下午一到达这个少年时代就在《三国演义》里已十分熟悉的蜀汉古都，就借来《四川省志》《蜀本纪》《华阳国志》披览，后又借了《都江堰水利述要》等。

有一笔不少的稿费

毛泽东一生清贫克己，晚年故我。但他名下的稿费已达百万以上，而这笔款的唯一来源却是他的著述，因为他的著作有着惊人的发行数量，稿费当然也就相当可观。

毛泽东的工资仅几百元，花销之后所剩无几。除了家庭生活开支，他在故乡的亲友来访，包括游览、食宿、路费，都从他的工资中开支；临走，他往往还要打发衣料或别的礼品，甚至给没来的捎些东西。20世纪50年代，韶山、湘潭一带亲友，他们不能"傍龙得雨"，谋个一官半职，但受毛泽东的物质馈赠颇多。毛泽东对伸手要官者毫无情面，而在经济上给以资助却一点也不吝啬，这也包括对一些已逝去的老师、故交的资助。

在20世纪50年代，毛泽东每月都要抽空检查家庭账目，听管理人员报告全月各种用项，一再叮嘱不能超支。

毛泽东的稿费虽然已达百万，但他并不视之为私产，也不随意开支。他全部交到了中共中央办公厅的特别会计室。这笔巨款用于这样一些方面：一是给他买书。毛泽东的个人藏书数以万计，晚年读书兴趣更浓，但由于视力下降，所以他的书必须印成大字本才看得清。买书、印书的钱就都从稿费中开支。有一次，他用自己的稿费印了一批书，给每个政治局委员都发了一套。后来，政治局委员觉得这样不合适——怎能用私人的稿费给大家印书呢？稿费的第二项开支是搞调查研究。他曾建议组织一个干部队，人员从基层的县专门调来，既担任警卫，又可派回去搞调查，调查结果直报毛泽东。这样做的原因是，他感觉：自己亲自下去，人们只给他看好的，报喜不报忧，无法了解真情。毛泽东说："派人调查的路费归我出。"当然，他并没有以此完全代替自己的调查。

他还曾用稿费退赔身边工作人员的多吃多占，数额达两万多元。20世纪60年代初，个别工作人员下去时收受礼品或白吃白占，毛泽东一面进行整顿，一面派人去退赔。

除此之外，毛泽东的前妻贺子珍多病，毛泽东记着旧情，常派人四处打听治病良药，买好给她送去，用的也是稿费。另外，他对早年支持帮助过他的人也念念不忘，比如，他的老师兼表兄王季范、他在北京大学当图书管理员时曾帮过他的章士钊，过年了，他都要送点钱。齐白石老人也常收到毛泽东的礼金。

真正用于他个人生活开支的相当有限，他的稿费每年用于此的不足一万元。他的伙食补助费由中办负责人开条，经毛泽东批准后从稿费中开支。他宴请宾客，除了外宾，也不讲排场，从来是四菜一汤，他自己点一个菜，再配两素一汤。这笔费用也从稿费中开支。

CHAPTER 7
第七章
家在路上

毛泽东的"家"时常在路上。他并不是一个闭关自守的人，也不是一个安于稳定的家居生活的人，"居"与"行"在他身上是辩证法。"居"使他有思考的时间和空间，在"居"的时候，他既休憩了"行"的劳顿，又宁静着自己的思想，精骛八极，心游万仞，智慧、战略、蓝图……都在"居"中产生，而"行"则确保他"居"时的精神世界与现实的物质世界的融合，"行"也对他的思想进行着检验并实现着他的构想与蓝图。

知行合一是中国哲学的一个古老命题。《周易》："天行健，君子以自强不息。地势坤，君子以厚德载物。"意思是：天（自然）的运动刚强劲健，相应地，君子处世，也应像天一样，自我力求进步，刚毅坚卓，发愤图强，永不停息；大地的气势厚实和顺，君子应增厚美德，容载万物。

明武宗正德三年（1508年），集心学大成者王守仁在贵阳文明书院讲学，首次提出知行合一说。所谓"知行合一"，不是一般的认识和实践的关系。"知"，主要指人的道德意识和思想意念。"行"，主要指人的道德践履和实际行动。因此，知行关系，也就是指的道德意识和道德践履的关系，也包括一些思想意念和实际行动的关系。王守仁的"知行合一"思想包括以下两层意思：

知中有行，行中有知。王守仁认为知行是一回事，不能分为"两截"。他说："知行原是两个字，说一个功夫。"王守仁认为：良知。无不行，而自觉的行，也就是知。

以知为行，知决定行。王守仁说："知是行的主意，行是知的功夫；知是行之始，行是知之成。"

王守仁的知行合一说主要针对朱学而发，与朱熹的思想对立。程朱理学包括陆九渊都主张"知先行后"，将知行分为两截，认为必先了解"知"然后才能实践"行"。王守仁提倡知行合一正是为了救朱学之偏。

毛泽东对中国传统文化进行了批判吸收，并创造出自己关于知与行即理论与实践结合的系统理论。如果从家居方面说，毛泽东在家居时的"知"与外出时的"行"，有所侧重，但并没有截然分开。他在家居时也有行（行动、实践），他从来不会空对空地"知"（获取理性认识或者说是得到理论），而是"知"中有"行"，"知"是为的"行"，或"知"结合着"行"。同样，毛泽东在"行"中也不是剥离"知"的"行"，而恰恰是在"知"的指导下的"行"，或者说是为的检验"知"的"行"，而在"行"中，毛泽东又获得更多、更新鲜也更真实的"知"，从而，他把这种"行"又转化为"知"，最后再回到"行"中，如此循环往复，在毛泽东一生中，知与行是如此的水乳交融！当二者脱离时，就出了错。

毛泽东从年幼时开始，练就了一双行万里路的铁脚板。他是个山乡孩子，与所有农民的孩子一样，崎岖的山道，蜿蜒的田间小径，下水入山，一年的大部分时间里，赤着一双足，可以履尖石，可以踏荆棘，山路上飞奔，树丛中乱窜，都不在话下，久之，脚掌磨出一层厚厚的茧。

脚力的练出，繁重的劳动而外，便是直到20世纪50年代初，韶山的交通状况还极落后，进出韶山，除坐滑竿、乘轿子，就只有云湖河水道的小舟。滑竿与轿子，是富人家和有权势的人们的专用品——毛泽东往返故乡，唯一的一次坐轿，是在1925年8月间，湖南军阀赵恒惕派兵捉拿他，他扮成"郎中"待在轿里躲过去。

通过知和行看世界，毛泽东留下来的地球仪

韶山的一种小船被称为云湖驳子，由鳌石桥或银田寺出发，即使顺水而下，也需要一整天的时间才到达湘江——太慢！逆水而上就更不用说了！毛泽东往返家乡与长沙间，习惯于步行。

1910年之前，毛泽东未出乡关，他走过的最远的路是翻山过坳去唐家坨。1910年秋，他挑着被褥，徒步30多公里，第一次到湘乡县城，次年他回到韶山，过年之后，他走得更远——到达长沙。此后寒来暑往，回乡多半是在长沙登舟，至湘潭上岸，然后大步往西北，走90多华里回到上屋场，返回省城则多是顺云湖河乘舟而下。

毛泽东一生中第一次有意识地徒步旅行，要算1917年，他与萧子升"削发行乞"行程千里的那一次壮举。1927年，他由戴述人等陪同考察湖南农民运动，又一次徒步。

毛泽东青少年时代旅行情况表

主要行程	游历方式	游历时间	在其成长中的作用
韶山—唐家坨	徒步	少年时代	在外婆家感受欢乐并得到许多书籍，有利于造就他乐观向上的人格
韶山山间	徒步"逃学"，第一次做冲破乡关的尝试但未成功	约在11岁时，经历3天3夜	锻炼了胆量，亲近了大自然
韶山—湘乡	徒步	1910年秋	成功摆脱家庭、家乡束缚，是他人生关键性的第一步，并开始接触新的教学方式和教学内容
湘乡—长沙	坐船	1911年春	开始全面、系统、深入地研习国学、新学乃至中外各种学说，打下毕生事业基础
长沙—宁乡—益阳—安化—沅江	千里徒步游学	1917年夏	极大地磨炼了体魄、磨炼了意志，接触了社会，增长了见识

(续)

主要行程	游历方式	游历时间	在其成长中的作用
长沙城内各处如岳麓山、贾谊祠、天心阁	徒步	1911年春—1921年	感受强烈的湖湘文化，广泛接触各界（主要是学界、产业工人等）
洞庭湖	乘车、船	1917年	体会自然风光,感受屈原、杜甫、范仲淹等爱国诗人的伟大情怀
湘潭昭山	徒步	1917年9月	锻炼体魄、领略湘江和昭山风光、对人生作探讨
南岳衡山	坐车船		领略湖南山水，体味佛、道文化
第一次到北京	坐火车	1918年8月	接受新文化气息、领略北国风光和千年古都雄风
第二次到北京	坐火车	1919年12月	组织驱张运动，开始接触马列主义思潮
访孔孟故里、登泰山	坐火车到山东，然后徒步	1919年4月	领略鲁文化，感受孔子、孟子出生地的历史氛围，开阔了胸襟
第一次到上海	坐火车	1919年3月	组织新民学会会员赴法勤工俭学，亲身感受中国最大工商业城市的情况
第一次到南京	坐火车	1920年4月	体味千年古都的自然、人文环境
再到上海	坐火车	1920年5月	接受陈独秀共产主义思想影响

毛泽东一生足迹遍及祖国大江南北，他多次到安源开展工人运动，又曾徒步考察湖南农民运动，1927年9月发动秋收暴动后，上井冈山，转战赣南闽西，更是居无定所。他一生中最为壮烈之举，则是率领中国工农红军，由闽、赣西进而北上，完成震惊中外的二万五千里长征——他以他幼年、童年、少年、青年时期业已练就的铁腿，走过了天下最难走的路——包括"难于上青天"的蜀道和高耸云霄的大雪山，荒无人烟的大漠……

到达延安后，毛泽东终于有近十年较为安定的家居生活，但在抗战胜利之后，随着人民解放战争的展开，他转战陕北，到 1949 年 3 月终于第三次进入北京，从而完成具有伟大历史意义的"回归"。以后的 27 年，他以党和国家最高领导人的身份，以北京为大本营，无数次地出巡大江南北。

一、早年坐船多

毛泽东在家乡的时候，唯一与外界沟通的便捷工具是船。他往返于家乡与湘潭、长沙间，坐的是一种小木船，韶山当地叫作云湖驳子，驳子顺韶河而下，到湘江，到达湘潭后，他再改坐较大的船去长沙。

毛泽东最早看到船是在家乡的银田市，他父亲贩运的谷米总是在银田市老岸街上船去湘潭，他有时也会帮父亲到镇上装运货物。银田市是毛泽东进出韶山的必经之地，他在湖南一师读书时的同学录明白地记载着这儿也是他的通信驿站：湘潭西乡韶山百九十里，县银田市天和成。

毛泽东坐船的最早记录当是 1910 年到东山高等小学堂的时候。

湘乡县城与东山高小仅一河之隔，这条河就是涟水。毛泽东偶尔去城内走走，有一天，他与同学舒融涛来到涟水边，见河水大涨，预备坐划子过去，每人需交 50 个钱。他们看到有 3 个穷人在河边等着过河，但没有钱，毛泽东摸了摸身上，仅 200 文，他便想自己不去，把 200 文交给划子老板，让 3 个穷人和舒融涛过去。

毛泽东青少年时代出入家乡常坐这种船，在韶山叫云湖驳子，水面是湘江

这时，又来了一位妇女，她说，家里小孩有病，自己已没有钱，要上街赊药。毛泽东立即把钱给划子老板，招呼三个穷人和那位妇女过河。他又把自己的一条罩裤脱下来拿给划子老板，说回来时还加50个钱。老板望了一下毛泽东，说："你这位先生做的好事不少，过河就不要钱了。这条裤你还是拿回去。"毛泽东说："这是应该给你的，这条裤就送给你算了。"划子老板觉得这大个子学生真是难得，特意泡两碗茶给毛泽东和舒融涛喝。到得街上，毛泽东找到一个同学借了200钱，舒融涛问是不是拿钱去把裤换回来，毛泽东说："已经送给他了，不要去换。"[①]

后来，毛泽东去长沙求学，坐船的机会更多。那时，韶山、湘潭、长沙间并无汽车，也无火车相通，除了脚力，就靠船，这种情形持续几千年，唯一的变化是湘江河里多了小火轮，所以毛泽东有时也会在湘潭坐小火轮去长沙，或在长沙坐小火轮到湘潭。

毛泽东在1911年春第一次到达长沙，他见得多的出行工具，水路是船，包括木船和小火轮，陆路是东洋车和中国传统的轿子。

人力车又叫东洋车、黄包车。中国第一辆人力车为清同治十二年五月（1873年6月），由一个叫米拉的法国商人从日本引进上海。1874年3月24日，由公董局发给法租界第一号营业执照。

人力车两轮高大，有如马车，轮子木制，包上铁皮，车夫拉着跑，嘎嘎作响。因为来自日本，故称东洋车；又因车座漆成黄色，又称黄包车。1904年，粟茂生在长沙皇殿坪开办第一家车栈，名"湘南阜车栈"。1917年，也就是毛泽东到长沙之后六年，长沙人力车发展到940辆。

毛泽东历来不坐轿，也不坐东洋车，这两种载客工具对人的压榨都不能让他接受。早年在长沙，他生活十年，学生时代的他，没有钱坐轿或坐车，后来经济状况好转，则是不愿坐轿，也不愿坐东洋车。他的老师徐特立给他做了好榜样：徐老师来上课总是穿着草鞋徒步，从不坐东洋车。虽然被人笑话和看不起，徐特立依然我行我素。

长沙在什么时候开始出现汽车，毛泽东什么时候开始看到汽车，已无从考证。中国的汽车则出现在毛泽东八岁的那年。1901年，距离装有内燃机

---

① 《毛主席在东山学校学习情况综合材料》，原文为舒融涛口述。划子是一种小船，当渡船用。

的现代汽车于1886年诞生于德国已15年，匈牙利人李恩时（Leinz）把两辆美国造奥兹莫比尔（Oldsmobile）牌汽车从香港运到上海，开中国使用汽车之先河。

这两辆车为黑色木质车身，一辆是折叠式软篷车顶，一辆是凉篷式车顶，外表与当地的马车十分相似。车上有两排座位，前两排为司机席，后排为乘客席；木质车轮辐条，实心轮胎，装有煤油灯和手捏喇叭。1902年1月30日，上海公共租界工部局开会决定向李恩时的汽车颁发临时牌照，准许其上街行驶，但需每月缴税金两银元。

也是在这一年，直隶总督袁世凯为讨好慈禧，用一万两白银购进一辆第二代奔驰牌小轿车，向慈禧六十大寿进贡。此车设计新颖，工艺精湛。慈禧从没有见过这种洋玩意儿，大喜。她第一次坐汽车去颐和园，驶出紫禁城后，突然发现，原来的马车夫孙富龄成了现在的汽车司机，他不仅坐着，而且还在自己前面——这还了得，她立即责令他跪着开车。司机只好跪着驾驶，但手不能代替脚踩油门和刹车，路上险些酿大祸，吓坏王公大臣，纷纷跪求太后不要冒这个险。无奈，慈禧被人搀扶下车，中途又换上十六抬大轿。从此，慈禧对汽车失去兴趣，因为她不能容忍司机在她前面坐着开车。这算得上中国汽车史的一段"传奇"。发生这段"传奇"时，毛泽东才八岁，还生活在不要说没有汽车，连马车、牛车都没有，只有人力土车的韶山冲。

当毛泽东刚刚离开韶山冲到达长沙城的时候，长沙出现了铁路和火车。位于京广铁路南段的长沙北站兴建于1909年深秋，由清政府湖南总商会协理陈文玮等人主持修建，1910年年底完工，1911年1月11日正式运营。当然，在1918年之前，毛泽东没有出过湖南，也没有坐过火车或汽车。

1917年，毛泽东有一次与萧子升千里漫游湘北五县的壮举，沿途主要是步行，从益阳回长沙才坐上船；此后他又有过多次漫游，包括到岳阳、浏阳各处的旅行，都是步行加坐船。

他第一次坐上火车则是在1918年8月。8月15日清晨，一行24人，包括张昆弟、罗学瓒、李维汉、罗章龙、萧子升在长沙登船，顺湘江而下，入洞庭，下长江，16日抵汉口，弃舟登岸，改搭火车北往。冒着滚滚浓烟的蒸汽机车，载着毛泽东等人，跨越中原大地——毛泽东伏在窗口，第一次为大江、大山、大平原所震撼。这是他第一次坐火车，第一次走出湖南，第一次在几天之内，走过半个中国！1918年8月19日下午，这是毛泽东人生当中一个重要的日子，他第一次到达北京——30多年后他的建都之地。

毛泽东第一次坐汽车，想来也应当是在这次到北京之后。在首都那样大的地盘，奔波于组织赴法勤工俭学的路上，他不会不坐上汽车，这样，以第一次到北京为标志，毛泽东开始与现代交通工具结下不解之缘。

到1919年3月，中国当局批准一批青年赴法勤工俭学。3月12日，毛泽东与这批青年离开北京南下，他们的交通工具仍旧是火车。3月14日，毛泽东第一次到上海——当时中国最大的工商业之都，与他一生的事业有着重大联系的地方。

1919年12月18日，毛泽东第二次来到北京，北上的路线与上一次一样，也是坐的火车。只是回来的路线与上次有所不同。他在北京组织驱张运动停留差不多四个月，次年4月11日才离开北京南下，途中，他经过天津、保定、徐州、济南，历时25天，这是比头一次舒缓得多的旅行。他在曲阜下车，去看了孔子的墓。他看到了孔子的弟子濯足的那条小溪，看到了圣人幼年所住的小镇。孔庙附近那棵有名的树，相传是孔子栽种的，毛泽东也看到了。他还在孔子的一个有名弟子颜回住过的河边停留了一下，并且看到了孟子的出生地。他还第一次也是一生中唯一的一次登上东岳泰山。

显然，直到此时，他对中国文化教育的鼻祖孔子还怀有敬仰之情，但也可以说，以此次"鲁国"之行为标志，他向孔夫子代表的旧文化传统作了最后的告别。5月5日，他第二次到上海，安顿在居哈同路民厚南里二十九号。这次在上海停留将近两个月。算得上对这座大都市有了深度了解，也见识了发达的现代交通，而上海见证了他和他的同志的最大一个事件——中国共产党的成立。那是1921年6月29日，这天傍晚，毛泽东登轮顺湘江而下，经洞庭湖下长江，7月3日左右抵上海。

这次去上海，是毛泽东坐船时间颇久、旅程颇远的一次旅行，也是让毛泽东最难忘的一次上海之行，从此，他登上了中国政治的大舞台。他将成为书写中国波澜壮阔现代史的重要人物。

1923年，毛泽东有了第一次海上的轮船旅行。这年4月底，他离湘到达上海，随后，即与共产国际代表马林等登轮南下。从东海到南海，这位东方巨人，遥望茫无际涯的海天，心潮激荡。当他看到一轮旭日从海中平面升起时，不禁为这壮观的景象而发出惊叹，这是他平生第一次去广州，6月间，他来到这座美丽的花城[①]。

　　以后的许多年，毛泽东来往于长沙、武汉、北京、上海、广州间，轮船、火车、汽车交替地载着他走在革命的征途上。

二、南征北战骑马多

　　秋收起义发动在即，1927年8月31日晨，毛泽东由弟弟毛泽民护送（一直送到浏阳张家坊），从长沙上火车往株洲[②]。在以后的十多年，他都没有机会坐汽车或火车，也没有机会坐大的轮船，直到1937年1月到达陕北的延安之前，他都是以马为主要的代步工具。转战赣南闽西，毛泽东整个儿就是靠步行和骑马。1929年1月14日，阳光明媚，他与朱德带领革命军将士3600余人离开井冈山挺进赣南，骑的是一匹黄色高头大马。

　　1932年3月31日，在引导红军放弃久攻不克的赣州准备奇袭漳州之时，毛泽东有一次传奇的坐船旅行。

　　夜幕早已降临，雾霭像轻纱，挂在汀州附近河田的山前，天上有稀疏的星星眨眼。月亮在云中时隐时现，它一露出脸来，顿时，汀江两岸变得一片银白。起风了，滔滔的江水，哗哗作响，浪头不停地拍打着江岸。卫士问毛泽东："为什么不走旱路？"毛泽东答："走水路，是为了及早和东路军会合，一夜半就能赶到。旱路虽然没有危险，可是得五天后才能到达，那就误了大事！"

[①] 1924年1月中旬，毛泽东与国民党部分代表同船，又一次经历从东海到南海的长途旅行。到广州后，他即参与筹备中国国民党第一次全国代表大会。

[②] 罗章龙：《湖南省委领导秋收起义的回忆》，1985年1月采访记录，见《湘赣边界秋收起义》，湖南人民出版社1987年版。

一行三四十人，跟着毛泽东出了河田来到江边，三条带竹篷的小船已泊在岸边。每条船上都有两名船工，毛泽东与众人上船，船工解缆开船。江风大了，一阵紧似一阵，层层大浪，扑打着船舷，小船在风浪中摇荡。卫士们面对风大浪急，为毛泽东的安全担心，而毛泽东心情特别畅快。因为这是他闲居东华山以来，第一次对红军大局起决定作用。他对心存顾虑的老船工说："老人家！我们顺流而下，正用得着大风大浪。当年，诸葛亮费了多大的劲，才借来了东风啊！今天，我们不必登上七星坛，风就来了，这还不是个便宜事儿？您就放心大胆地开船好啰！"

　　老船工安排毛泽东和随行的工作队首长和十来个卫士坐他的船，其余卫士分坐另两条船。小船船篷齐腰高，众人弯腰进了船舱，毛泽东居中，卫士环绕着毛泽东而坐。看那头顶竹篷，有不少枪弹击出来的圆圈小洞，一线线光亮便从洞中漏出，卫士们通过这些洞眼观察外面情况。毛泽东怀里抱着个灰布挎包，高大的身躯坐得很直。冷风阵阵从破洞和舱口吹入，使人直打寒噤，冰凉的江水飞溅上来，沾湿了毛泽东的衣衫。

　　老船工操起长篙，与船头的年轻船工打了招呼，一声江中号子："开船啰！"随着悠扬的声调，轻篙一点，又拨动几下舵把，小船便如箭射向江心。风浪更大了，风声、涛声相杂，小船忽起忽伏。船至山峡，涛声如雷。年轻的船工抓起一大把稻草撒下去，老船工看着稻草的流向，迅速矫正船的航道。原来宽阔的江面，至此形如咽喉，两岸山崖直插云天，许多黑沉沉的礁石布满狭窄的水面，急流撞击岩石，激起巨浪，浇入船舱，卫士忙将一条毯子，披到毛泽东身上。过了山峡，风小了，浪也小了。月亮已被浓云遮住，两岸黑压压的。卫士忙着往舱外舀水，忽然，夜空中飞来两响刺耳的枪声，但见东岸大山腰上，闪现出十几处灯火；紧接着，西岸大山也响了两枪。卫士立刻掏出驳壳枪，贴伏船沿，准备应付事变。

　　毛泽东平静地说："敌人打冷枪是搜索情况，我们只装作没听见，这样就是胜利。不要忘记，我们今晚只唱'借东风'，不唱'草船借箭'。"

　　毛泽东坐的这条船，紧跟前边的两只，贴着岸边长长的芒草疾驰。约四更时分，远远穿过了封锁线，众卫士才长舒一口气。

　　但见江水如镜，辉映着皎洁的月光。看毛泽东，他的眼窝深陷，颧骨突出，一夜之间似乎又瘦了一些。天渐亮。小船顺着曲曲弯弯的江水，挣脱两岸群山，江面陡宽。东方天际，朵朵红云，万道霞光，布满天空，顷刻，一轮红日冉冉升起。水面微波荡漾，金光闪烁。毛泽东立于船头，迎着朝阳，红光满面，看汀江两岸，村庄排排，田园整齐，菜花朵朵。村中响起了锣鼓，气氛一下子热烈起来。毛泽东弃舟登岸，大踏步赶往上杭①。

4月19日，毛泽东率红军攻下福建省第二大城漳州。20日，红军举行入城式。8点，以三十三团为先导，全团司号员在前，团直属队在后，五个步兵连和重机枪连排成四路纵队。一声口令，红旗高扬，军号齐吹，红军合着脚步，高唱《三大纪律八项注意》，威武雄壮地入城，其余各部依次跟进。忽见一匹白马昂头出现，马上一人，身着制服，头戴凉盔帽，神情稳重，这正是主帅毛泽东②。

特别值得一提的是，此次红军在漳州还缴获了两架飞机。进城第三日，毛泽东得闲，带卫士去机场看缴获的飞机。这是两架小型侦察机，其中一架为双翅膀，机翼是帆布，因螺旋桨缺了个螺丝不能飞，另一架被红军机枪击伤，驾驶舱内还留有飞行员的血迹。毛泽东从漳州回师时，能开的一架由红军飞机师——一位朝鲜人开到了瑞金。这是毛泽东第一次近距离地接触飞机，只是他还没有坐过飞机，他第一次坐飞机要等到13年之后的重庆谈判。

红军和中国共产党在这次获得漳州之后多年，将不得不彻底退出大中城市，原因是"左"倾错误和对毛泽东的排挤，甚至不得不于1934年10月开始进行战略大转移即二万五千里长征。毛泽东和他的战士一道，在一年多的时间里，以徒步的方式走过中国最难走的路，从赣、粤、湘之间的南岭到西部的云贵高原，到四川盆地，直到青藏高原和甘、宁的沙漠，直到抵达黄土高原上的陕北。一路上毛泽东间或骑马，大部分时间靠两条腿与战士们一起

---

① 据吴吉清：《在毛主席身边的日子里》，江西人民出版社1977年版。吴吉清，江西会昌人，1930年至1935年为毛泽东的卫士，经历过第一、第二、第三、第四、第五次反"围剿"，参加了二万五千里长征。晚年，吴吉清回忆自己与毛泽东共同生活、战斗的难忘历程，写下《在毛主席身边的日子里》。

② 以上参考吴吉清：《在毛主席身边的日子里》，江西人民出版社1977年版；刘忠：《东路军进占漳州城》，载《星火燎原》，人民文学出版社1962年版，第120—130页。

丈量着中国西部的大地。

毛泽东拄着木棍，也不要卫士搀扶，沿着先头部队踩出来的又陡又硬又尖又滑的路往上攀登，不时见到路两旁许多走脱了带子的草鞋，被风刮掉的被子、干粮袋、不得不扔掉的担架、背包、箱子、行军锅。毛泽东本有一匹黄骠马，卫士劝他："您不骑马，那就拉着马尾巴吧！这样安全，也省劲多了！"毛泽东说："马，首先应该让给伤病员和体弱的女同志。"他不时伸出大手来拉陷入雪中的身边战士。正走着，老天变了脸，狂风骤起，雪花、雪片、雪块飞扬，铺天盖地。毛泽东叫众人一个拉着一个地走，卫士的脸和手冻得发青，卫士看毛泽东，脸上仍微微泛着红光，这是毛泽东平日用冷水洗脸、擦身的效果。不一会儿，鹅毛大雪伴着冰雪袭来，毛泽东吩咐："低着头走，不要往上看，也不要往下看，千万不要撒开手。"

大家的衣裳全被打湿了，结成硬邦邦的冰片，草鞋上也裹满冰雪。快近山巅时，风小了，空中雪块也少了，可是空气稀薄，呼吸困难，就像嘴里堵上了毛巾，呼气吸气都难，每个人的心都在咚咚地跳。终于到了山顶，红日当空，山顶上插着的一面镰刀锤头红旗，迎风飘展。毛泽东健步登上雪山，迎着瑟瑟的凉风，顶天立地地站在山顶。风掀起他的衣角，他俯瞰着大好江山。毛泽东带领红军翻过了夹金山，来到藏族地区的达维，听得军乐声声，爆竹噼里啪啦，歌声也起了——两大主力红军即一、四方面军会合啦！①

1935年10月7日，毛泽东带领红军翻过六盘山。

长征胜利结束后，毛泽东指挥渡黄河东征之时，初春一日，红一军团骑兵二连收容到一匹棕黄色战马，次日，便有人寻来，递给一封信，是毛泽东的亲笔：

我的坐骑不慎跑失，听说你们收容到了。不知是不是我的？特派人前去相认。我这匹马是很有历史意义的，自从在1929年攻打福建上杭缴获之后，随我一同参加长征，对中国革命作出过贡献，我很爱惜它……将来若是国际路线打通后，我还要把它送到共产国际展览……请转达我对拾马单位和同志

---

① 翻越夹金山一节参据吴吉清：《在毛主席身边的日子里》，江西人民出版社1977年版，第246—253页。

们的深深的谢意！①

  1937年1月10日，毛泽东告别保安，动身去延安。他心爱的马此时已回到他身边，但他很少骑，而是与卫士一同步行，一路欢歌笑语。快到目的地时，他叮嘱：延安过去长期在反动派统治下，群众还不了解我们，一定要好好联系群众，宣传群众。13日，毛泽东到达延安。毛泽东高大颀长的身形与随意的穿着，好像与这个地方早就有了情缘。他重新回到家居的状态，历时差不多十年，他不再以马为交通工具，而此前，战马陪伴他差不多十年（1927—1937）。

三、从延安到北京，马和汽车交替用

  自从到了延安，毛泽东又回复到比较稳定的"家居"，只是马并没有完全淡出他"行"的视野。他真正完全放弃马这种动物界的交通工具，要等到进入北京城之后。

  毛泽东骑马，远没有古代英雄那种勇武气概，他极少戎装，更少全副武装，而常常是随意的平民打扮，甚至散着纽扣，也不戴帽子。他也不去刻意挑选马的品种，他常常将战斗中缴获的高头大马让给前线的战将，而自己却骑那种又老又小的马。他骑在马上也不像是统领百万雄师的大帅，倒像骑着毛驴的阿凡提。

  从赣南闽西骑过来的那匹小黄马，到达延安后，在凤凰山、延安宝塔下死去了。毛泽东潮湿了双眼，他特别指示：一不准剥皮，二不准吃肉，三不准拔毛尾，要完整地埋掉。

  毛泽东喜欢马，但不喜欢烈马。这可能与他年轻时不曾骑过马，不善骑马有关，因为在他的故乡湖南很少有马。在韶山，就算走远路，也多半是步行，有河有船的地方才坐船。另外，他虽然头脑敏捷，日常起居却有点慢悠悠，这也不是骑马人的性格。

---

① 参阅竞鸿、吴华编著：《毛泽东生平实录》，吉林人民出版社1998年版，第529页。

小黄马死了，他就换了匹小青马。在延安革命纪念馆，至今还陈列着这匹马的标本。这匹马本来是青色的，却老得满身白毛，只杂有少许斑点。它的首尾长1.87米，高1.32米，鞍鞯齐备，四蹄直立，马头高仰，尤其那对眼珠，炯炯有神，好像还在等待它的主人一抖缰绳，便会奋蹄而去。就是这匹并不高大的马，毛泽东骑着它转战陕北，指挥取得了西北战场的伟大胜利。

起初，延安的中共中央机关还没有汽车，毛泽东外出，全靠骑马或步行。为了给他物色一匹好马，中共中央西北局派人到定边、靖边、安边即三边一带选购。马由回民兄弟送到延安，中央办公厅派毛泽东的警卫员贺清华到南门外验收。一匹是小青马，一匹是小红马——回民兄弟介绍说："这两匹马属川马良种，个头不大但力气大，灵活、速度快，跑起来波动小、平稳，性情又温驯老实。"贺清华骑上去在南门外体育场跑了几圈，真的像回民兄弟说的一样。这样，便把小青马留给了毛泽东，小红马给了周恩来。

贺龙与毛泽东是湖南老乡，出生地相距约300公里。贺龙看到毛泽东的小青马，感觉与"主席"的身份不相称。他牵来自己的那匹铁青乌龙驹。只见它浑身乌青，一尘不染，闪闪发亮，两耳尖挺，野气十足。它的鬃毛飘飘，尾毛如同扫天帚，似乎随时都可奋蹄疾飞，简直与三国英雄张飞的那匹马一个样子！"好马！"毛泽东禁不住赞叹。他拍了拍大青马的脖颈，那马却一甩颈项，发出低沉的嘶鸣。贺龙说："认生呢！主席，叫人驯一驯就会老实。越是烈性子，有了感情越肯出死力！"毛泽东点头："你讲的我相信。我先谢谢你。不过，老总，只怕有人骂你，也要骂我呢！"毛泽东指的是帮他喂养小青马的老侯。其实，毛泽东心底里是舍不得赶走小青马的。

贺龙的乌龙驹却被江青要了去。江青把这匹马驯服，却闯了一场大祸。1939年夏，周恩来离开毛泽东这里，骑马去党校讲课。江青送行时提出要比赛骑马。江青骑着贺龙送的铁青马，周恩来却骑着小红马，如何能比得过！江青在马背上追风一般，周恩来的马受了惊，将周恩来摔落马下，折断了右臂，虽然经印度医生柯棣华治疗，后又去莫斯科医治，还是落下终身残疾。

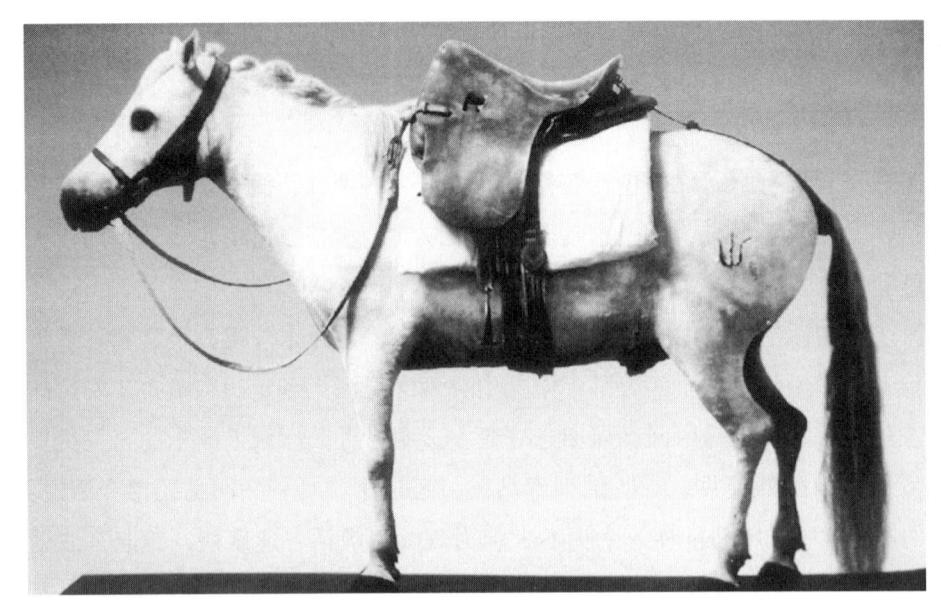

小青马标本

美国纽约洗衣工人联合会（爱国华侨团体）送了两大两小共四辆福特车到中国，其中，两辆经西安来到延安，放在杨家岭。在分配小车的时候，毛泽东提出："一要考虑军事工作的需要，二要照顾年纪较大的同志。"按他的要求，这车一辆给了主管军事的朱德使用；一辆给了延安的"五老"（徐特立、董必武、谢觉哉、林伯渠、吴玉章）使用。毛泽东仍然骑马走路。

有一次去枣园开会，坐骑突然受惊，毛泽东摔了下来，左手摔伤，手腕也肿得老高。出事后，朱德和"五老"都要把车让给毛泽东坐，甚至把车开到毛泽东跟前，但毛泽东都把车给"撵"了回去。

不久，毛泽东要去中央礼堂作报告，警卫员悄悄把小车叫来，解释说："主席胳膊摔伤了，走路不方便，就坐这一趟吧。"毛泽东风趣地说："胳膊受伤不耽误两条腿走路嘛，走！"说完，迈开大步向中央礼堂走去。

毛泽东的小青马有一段时间闲下来，原因是马来西亚森美兰华侨送来一辆救护车，他外出便很少骑马了。一个党的领袖时常坐一辆救护车出行，毛泽东却并不认为有什么失面子。

有一天，毛泽东对侯登科说："你喂马，为我帮了大忙，这功劳要给你记上。但我不要骑马了，你愿意改行吗？"侯登科表示仍要跟着毛泽东当马夫。毛泽东说："许多人都到前线当干部去了，你还在这里喂马？"侯登科说:"我愿意给主席当一辈子马夫。我觉得这个工作是很光荣的,主席不骑马了,小青马还可以帮通信员送电报、送信、送报纸。"

这样,老侯一直留在毛泽东的身边。他把小青马喂得膘肥体壮,专给毛泽东送信、电报、文件,到新华印刷厂取报纸如《参考消息》等。毛泽东还曾将小青马借给同乡好友、来延安访问的萧三骑。

毛泽东不用马了,他有了"专车",即海外华侨捐赠的那辆救护车,这辆车车身宽大,能坐十个卫士。毛泽东平时很少使用,只是在接客人时偶尔乘之。有幸坐这辆车会见毛泽东的人都很自豪地对别人说:"毛主席派救护车来接我。"一时在延安和国统区以及国外传为笑谈。

1943年10月下旬,毛泽东偕任弼时、彭德怀来到南泥湾,没有骑马,而是坐车。这应当算得上他人生第一次悠闲地坐车视察,或者称为短途旅行。

这一时期给毛泽东当司机的是一位归侨梁国栋[①],原名梁启钦,1906年出生于海南琼海九曲江乡书斋管区石头村。

梁国栋给毛泽东开车,总要经过一条河。延安一到冬天就结冰,河上的冰如果不够厚,就得下车把冰砸碎。后来梁国栋患了关节炎住院,毛泽东让秘书去探望他,并安排医术精良的医生给他治疗。梁国栋给毛泽东开车一直开到1945年日本投降。

延安并不大,毛泽东活动的范围也小。这里有一座小型的机场,在抗战后期,毛泽东有几次坐车前往机场欢迎中外人士。

他本人第一次坐飞机则到了1945年8月28日。此次旅行,意义非凡,也充满着危险,他特意做了"精心打扮"。只见他穿一身半新的蓝灰色布中山装,头戴深灰色的巴拿马盔式太阳帽出现在延安机场,他高大的身躯沐浴在仲秋的空气中。他的面容显得坚毅、从容,他的潇洒似乎也是平时不太修边幅时所不能比的。

延安机场聚集了送行的人们。毛泽东与前面的中央各负责人一一握手,然后踏着稳健的步伐,穿过人群,登上舷梯。忽然,他回过头来,向人们挥动着手中的帽子,使人们永远记住了那挥手之间。

[①] 2003年97岁时去世。

上午 11 点，毛泽东与周恩来、王若飞由前来迎接的蒋介石的代表张治中、美国驻华大使赫尔利陪同，乘机离开延安，这是毛泽东一生中第一次坐飞机。

下午 3 点，他坐的草绿色飞机安全抵达重庆九龙坡机场，王炳南首先登机，引领毛泽东下来。周恩来陪着他顺梯徐徐而下，毛泽东一边挥动右臂，一边含笑向欢迎的人群致意。

毛泽东与蒋介石多次会谈，遍访各界新老朋友，离开住地时都是坐车，这是毛泽东一生中坐汽车最集中和最频繁的一段时间。

重庆谈判并没能阻止中国内战的爆发，蒋介石已经向陕北发动进攻，胡宗南的大军正向毛泽东安安静静地生活十年并在这里让思想成熟的延安合围。1947 年 3 月 18 日晚 8 点，毛泽东与周恩来率中央机关撤离延安。毛泽东又重新启用最原始的交通工具，那就是马，老侯精心养的那匹小青马重新派上大用场。

毛泽东先坐汽车到机场。敌方离城仅七里。随后，他弃车上马，经桥儿沟、拐峁向青化砭前进，沿途都可听到延河两岸响起的枪声[①]。

毛泽东到达清涧县枣林沟时，中央机关分前委、后委和工委，到达绥德县田庄后，毛泽东的吉普车开往河东，他下车留在了河西，开始转战陕北。他对侯登科说："我要在陕北打游击，你年岁大了，过河东去吧！"老侯说："我年纪大了，但身体很好，主席留在陕北，我怎么能过黄河呢？再说主席又要骑马了！"

这样，老侯的小青马又成了毛泽东的交通工具。一路上，毛泽东对小青马特别爱怜，每碰到路难走，他就下马徒步；一次，小青马掉了马掌，他就坚持步行，以免磨坏了马蹄。小青马对毛泽东也特别温驯，只要一见他走近，就欢快地嘶鸣；毛泽东骑在它背上，它就加意小心地行走。

在转战陕北的途中，毛泽东还作了一首五言律诗，其中写到他心爱的小青马：

> 朝雾弥琼宇，征马嘶北风。
> 露湿尘难染，霜笼鸦不惊。

[①] 据《彭德怀自述》，人民出版社 1998 年版，第 245—246 页。

> 戎衣犹铁甲，须眉等银冰。
>
> 踟蹰张冠道，恍若塞上行。

看到这首诗，不由得让人想到他在长征途中作的《忆秦娥·娄山关》，同样是征战之中，同样是下霜的清晨，同样也有马，那一匹马是他已经死去的小黄马。

> 西风烈，长空雁叫霜晨月。霜晨月，马蹄声碎，喇叭声咽。雄关漫道真如铁，而今迈步从头越。从头越，苍山如海，残阳如血。

艰苦的转战我们不说了，艰苦是毛泽东与那匹小青马同知的。

1948年3月，毛泽东就要渡黄河东去。22日，毛泽东到达佳县螅蜊峪。23日，抵陕西吴堡县川口村。这里与山西的临县碛口镇隔河相望，河面宽阔，水流平缓。黄河一年一度的"黑凌水"刚刚过去，两岸的柳树已吐出嫩芽，晴空万里，真是个好日子！毛泽东与周恩来、任弼时策马并辔而行。

大型渡船泊在河边，12名水手握桨以待。

毛泽东下马坐在依山临河的一块巨石上，默默地凝望陕北的黄土地和那层层的梯田，久久不语，他慢慢立起身来，与欢送的人们一一握手话别。接着，健步登上第一只渡船，情不自禁地长吟起李白的诗来：黄河之水天上来，奔流到海不复回！

船到河中心，浪头汹涌，搭载牲口的船剧烈颠簸，马和骡子互相挤撞，毛泽东的小青马掉入河水里。毛泽东在船上，望着在水里挣扎的老马，正在伤感之中，奇迹出现了：小青马竟会游泳！不过它没有跟着船游，而是往回游，终于游到了岸边，它似乎舍不得陕北！毛泽东上岸不久，小青马搭另一艘船，回到毛泽东身边。过了黄河，毛泽东还是骑马走了一段，随后便不再骑马，而改坐吉普车了。

从黄河渡口到临县碛口镇，有两三里平缓的沙土路，过碛口再往前则变成崎岖而高低曲折的山涧小道。到了大平原上，毛泽东就要大踏步地向北平（北京）进发了。他对侯登科说："谢谢你啦！我们在陕北转战一年多，全靠你喂马。今天，我们要坐汽车了，你不能和我们一起去，你要随机关一起行军。你年纪大了，走路不方便，就骑上这匹老青马走吧！"

毛泽东不再骑马,他也永远告别了马,尽管他后来曾经有过再骑马沿黄河而上考察的宏愿,却终究未能实现。完成伟大的陕北转战,毛泽东的交通工具换为汽车,一辆战场上获得的美国吉普。

毛泽东在延安坐过的吉普车

4月3日,毛泽东弃马坐车,一路东去,出兴县,4日至岢岚县城,5日,驱车走五寨至神池县城,傍晚来到雁门关下。4月11日,冒雪过五台山。上得五台山,天气骤变,鹅毛大雪压顶而来,道路已无法分辨,山沟、山坡和道路全都填平了,车子也直向山沟下滑动。于是,他下车步行,直到山之南麓才复乘车。山上温度要低许多,毛泽东加披一件灰布棉大衣。他坐的是中吉普,车子亮着大灯,照着那纷纷扬扬的雪花,煞是好看,只是五台山的轮廓一点也看不清,但他的兴致颇高,一路谈笑风生,经鸿门岩险地至杨林街,过五台山主峰,便到了台怀镇,住进中台下的寺院前院[①]。

毛泽东不骑马了,他和马的故事还在延续,但就要结束。到了西柏坡,老侯仍然喂马,不过,小青马被用于送信和文件。1948年冬,正值大决战,老侯因积劳成疾去世了,为了不干扰毛泽东,人们将这个消息瞒住未告诉他。老侯的追悼会由任弼时主持,朱德等参加并讲了话。一日,毛泽东提出要骑小青马散散步,卫士便把老侯去世的事告诉了他,毛泽东很惊讶,生

---

① 据师哲回忆、师秋朗整理:《领袖毛泽东》,红旗出版社1997年版,第46页。

气地问:"老侯在我身边工作多年,他病故了,这么大的事,为什么不告诉我?"毛泽东喃喃地回忆着老侯,他吩咐要通知地方政府给以优待,并帮助老侯家解决生活困难。他沉默了好一会儿,说:"要号召大家向老侯同志学习,干一行,爱一行,全心全意做好本职工作。"

老侯去世了,小青马还在。1949年3月,毛泽东进了北平,再也用不着马了,小青马作为军功马被安排在北京动物园,由老红军周根山精心饲养。小青马老了,毛色渐渐由青变白,所以今天看到的是小白马。1962年,它老死后被制成标本。1964年8月,延安革命纪念馆派专人运回,作为国家文物对外展出。

1949年3月23日是一个具有特殊意义的日子,就在这一天,毛泽东驱车向北平进发。他的人生和中华民族的历史将要翻开崭新的一页。早餐后,11辆吉普车、10辆大卡车组成的车队聚集在西柏坡各机关驻地。11点,毛泽东登车,他说:"今天是进京的日子,进京赶考去。"周恩来说:"我们应当都能考试及格,不要退回来。"毛泽东说:"退回来就失败了。我们决不当李自成,我们都希望考个好成绩。"

毛泽东坐车去北平"赶考",这辆车现存于西柏坡革命纪念馆

第七章 家在路上

到了涿县，毛泽东改坐火车前往北平。这是毛泽东时隔30年之后坐火车进入北平，而且是以胜利者的身份进入北平。

25日凌晨，毛泽东的专列在涿县站生火待发，车厢里灯火通明。由此到北平清华园，铁轨静静地延伸，没有一辆车行驶，只待毛泽东的专列通过。

毛泽东坐的这列火车共有七八节，其中两节是软卧，首长们每人一个房间。2点，毛泽东登上火车，进入他的房间。他悠闲地吸起烟来，周恩来、刘少奇、朱德、任弼时略作安顿后都来到毛泽东的房间，叶剑英介绍了北平的情况，说名胜古迹都得到了保护，生产、生活一切如常。傅作义搬了家，把不用的卫队、枪支、汽车都交了，他好像吃了定心丸。

一路说着话，列车不觉到了卢沟桥，大家都向外注目。毛泽东也透过黑夜，深情地注视这座具有特别历史意义的桥梁——中国人民的全民族抗战，在12年前的1937年7月7日就是在这里打响的！

列车过丰台时，叶剑英说："前面就可以看到北平的城墙啦！"

毛泽东的视野里，果然就有了壮观的北京城轮廓，这使他想到1918年8月19日，他第一次到达这座千年古都的情景，那时他不过是一介书生，连人生走向都没有定，而此时，他却要在这里建都了。他感慨地说："整整30年了！那时，为了寻求救国救民真理，我到处奔波，在路上连鞋子都被人偷走了，吃了不少苦。玄都观里桃千树，尽是刘郎去后栽。翻天覆地哟！"

专列开得很慢，本来只要两个小时，却晚了许久，也许司机有意在让毛泽东慢慢地回味那30年的沧桑岁月！到达清华园站时天已大亮。其时北平有两个火车站，一个是天安门附近的前门站，那儿车水马龙，而清华园站却冷清得多。李克农已安排高富有布置好警戒。毛泽东坐的火车徐徐进站，叶剑英陪同毛泽东带领的五大书记从容地下得车来，华北军区司令员兼平津卫戍司令聂荣臻、北平市委书记彭真、第四野战军司令员林彪均迎上前来。毛泽东与大家一一握手问候，随后改乘汽车至颐和园景佛阁。下午3点，毛泽东乘美国造老道吉防弹小卧车前往西苑机场。

北平的三月天，柳梢已发新芽，春天的气息浓起来，气温在上升，但毛泽东仍穿着山沟里的冬装——厚厚的棉裤、棉鞋，长长的羊毛露在大衣襟外。

机场已部署了步兵、装甲兵、炮兵各一个师。三万人列成方阵，排在一侧，等候毛泽东检阅，方阵后是工农商学各界代表和民主党派、人民团体的人士。车队至机场入口处，叶剑英、聂荣臻二人相迎，请毛泽东换乘吉普。5点，毛泽东偕刘少奇、朱德、周恩来、任弼时、林彪等阅兵。每至一个方队前，他即朗声道：

  同志们好！
  同志们辛苦了！

战士回应：

  首长好！
  为人民服务！

车至各界人士前，气氛不似前面那么严肃而显得活跃，"万岁"声响成一片。毛泽东率众人下车，与新朋旧友握手交谈，老友中有在重庆见过面的张澜、李济深、沈钧儒、陈叔通、郭沫若等。交谈半个小时后，毛泽东坐车往香山[①]。当晚，新华社向全国播发了毛泽东和中共中央到达北平的消息。在溪口老家的蒋介石收听到这则新闻，长叹一口气："我们的情报人员都干什么去了啊？"

毛泽东终于回到了北平，他半个世纪的梦想成真，并将在这里度过他的晚年。

四、新中国成立后坐专列、汽车，还有舰船、飞机

新中国成立后的交通工具，毛泽东使用得最多的是火车，他有了专列；第一次访问苏联之后，斯大林送给毛泽东一辆汽车，他也就有了专车；此外，毛泽东还有过几次坐飞机的经历（第二次访苏坐的就是飞机），他还曾

[①] 一说阅兵后毛泽东先到颐和园，在景福阁吃了晚饭，与李济深等十多位民主人士商谈，至夜12点方与周恩来同往香山。参阅张随枝：《红墙内的警卫生涯》，中央文献出版社1999年版，第69页。

坐轮船和军舰巡视长江。

现在我们先来看毛泽东第一次走出国门。他坐的是火车，但并非专列，而是一辆美国产的老爷车，带给毛泽东的是一次"传奇"的经历。

那是在1949年12月6日，北京大雪，晚6点，毛泽东披上斗篷，戴上皮帽。这是他第一回如此气派地打扮，他的对手蒋介石最喜欢披斗篷，现在他也有了这个行头，意义却不相同。他坐汽车离开中南海丰泽园，在西直门火车站登上专列。这将是毛泽东一生中最远的一次旅行，也是他坐火车最久的一次。

未举行欢送仪式，也没有对外公布消息。毛泽东登上火车。火车由前卫车、主车、后卫车组成，毛泽东打量着车内陈设：车厢内设有办公室、卧室、卫生间、客厅、秘书室、工作人员室，他问："这列车是哪里生产的？"滕代远说："美国送给蒋介石的。老蒋一次也没有坐过就'转送'给我们了！据说宋美龄坐过一次。"毛泽东听到此哈哈大笑，大家也笑。

罗瑞卿报告说："沿途动用三个军的兵力把守北京至满洲里沿途的桥梁、涵洞，严防特务破坏！"毛泽东笑说："大可不必。"毛泽东说不必，车至天津火车站旁，却发现一颗旧手榴弹，罗瑞卿即下车处理，所幸并无危险，这颗手榴弹也非专门针对毛泽东而来。列车至东北地区，气温降至零下30多摄氏度，看窗外，大地冰封。至长春，暖气管全坏，车厢内一时寒气袭人。长春站调来一个车头，开动热气对着毛泽东坐的专列熏，十多分钟也不见效，为安全计，车不便在长春、哈尔滨等大站久停、修理，只能继续前行。翻越大兴安岭，列车如老牛负重，临时增加一个车头，前拉后推才勉强过岭。随着海拔增高，气温也越来越低，车厢内的温度降到5摄氏度，毛泽东搓搓手说："这火车不是车厢冷就是拉不动，你们还说是战利品，还是美国出的？"李家骥赶紧给他添加衣服，披上斗篷。毛泽东说："你去问问怎么回事。"汪东兴说："主席，恐怕还得忍受一会儿，暖气管冻坏了。"毛泽东问："怎么搞的，老出事，滕代远哪里去了？""滕部长正在想办法，他在长春就发现了问题，一直没能解决好。"李家骥插话说。毛泽东把双手合拢到嘴边哈一口热气："噢，是这么回事，看来美国人造出的东西也不灵啊！"汪东兴说："他们这东西在咱们东北根本不能用，在南方还行。"

毛泽东笑道："那你们早干什么去了？就没有想到这一点。铁道部部长也没想到这个问题？看来你们对美国货还没有搞明白，还有点迷信洋货啊。"专列到博克图小站停下，花了半小时修理暖气管。毛泽东望着车窗外的皑皑厚雪，对李家骥说："美国的东西就那么灵，我历来不信，有些人迷信洋货，怎么样，结果害了自己。""暖气管还是修不好。"汪东兴上车，无可奈何地报告。毛泽东打了个手势："那就赶快走吧！车都冻坏了，我准备冻成冰棍喽。"专列终于到达中国边境城市满洲里。公安部第一副部长李克农、毛泽东的儿子毛岸英下了车。斯大林派苏联专列和他的警卫队长别里别契上校及外交部一位副部长专程来迎接。毛泽东改坐苏联方面的专列，进入苏联境内的第一站奥特堡尔时，苏联外交部副部长拉夫伦捷夫专程前来迎接，在车站举行欢迎仪式。毛泽东检阅了仪仗队。

　　毛泽东迎来平生在国门外的第一个清晨，他眺望着车窗外冰封的西伯利亚大原野，但见一轮红日正从远处的山巅喷薄而出。

　　叶子龙从他手中拿下快要烧到他手指的烟蒂，按灭在烟灰缸里。毛泽东并没有动，说："子龙啊，这里的太阳和西柏坡有什么不一样呢？"叶子龙不由得想起那次在西柏坡随毛泽东看太阳的情景。那是1949年正月初十前后的一个下午，他们登上小山，太阳正在树梢丛中，将要跌落下去，晚霞映红了半边天。毛泽东看到这壮丽的景象，若有所思地自语："过了初一，过不了十五么。"他转过身对叶子龙说："子龙啊，等全国解放了，你跟我到苏联晒晒太阳好不好？"现在毛泽东又提到西柏坡的太阳，也许毛泽东由自然的景物引发了哲学的遐思吧，或者，这个问题并不需要回答，只是他的心愿实现了。

　　列车行至新西伯利亚城，苏联外交部打来电话，询问毛泽东的健康状况。毛泽东回电表示感谢。至斯维尔德洛夫斯克车站，毛泽东下车到月台上散步，刚走几分钟，忽觉头昏目眩，一时满头大汗，站立不稳，师哲急忙上前扶住他，把他搀回车上，数小时后毛泽东才恢复正常。12月16日中午，大钟正打响12点，火车徐徐开进莫斯科北站（雅罗斯拉夫车站）。

　　毛泽东终于来到世界上最大的国家——苏联的首都！实现了他早在1919年前后就有的出国之梦，那时，他组织大批新民学会会员赴法勤工俭学，他自己也有到红色苏俄的打算，却终未成行，现在，他的梦想得到实现，其意义和影响当然已是今非昔比。

此次访苏，除一系列外交活动，苏方还安排了许多参观，特别有意思的是他实现了从青年时就有的到北冰洋海滨走走的愿望。

1950年1月14日，他乘火车离莫斯科北上，15日抵达列宁格勒。当地领导原计划安排他到斯莫尔尼宫休息，毛泽东却提出要直接乘车去波罗的海。这样，汽车直奔波罗的海的芬兰湾。

30年前，还是一介书生的毛泽东曾经站在中国的渤海湾，看到冰封的大海和当年抵抗八国联军（包括俄军）入侵的炮台，写下壮怀激烈的诗句"苍山辞祖国，弱水投邻村"，那时他自己就有了到俄国留学的想法，后来未能实现，如今，他已是共和国的元首，现在来到凝固的北冰洋，不禁浮想联翩。

汽车在海面的冰层上行驶了一个多小时。在他的视野里，大海和陆地连在一起，分不出界线了。他走下汽车，来回踱步，举目眺望，说："真是千里冰封啊！"苏联陪同人员说："我们此刻正站在波罗的海海面的冰层上，冰的下面就是海水，冰层的厚度一米至一米五。"毛泽东说："我的愿望是要从海参崴——太平洋的西岸走到波罗的海——大西洋的东岸，然后再从黑海边走到北极圈。那时，才可以说我把苏联的东西南北都走遍了。"

在莫斯科，斯大林还送给毛泽东、周恩来各一辆吉斯小轿车。从此，他有了专车。斯大林给毛泽东送如此贵重的礼物，是因为他从纪录片上看到1949年3月毛泽东在北京西苑机场检阅部队，坐的竟然是一辆破旧的美式吉普车。那时毛泽东还不是国家首脑，还不怎么要紧，而现在，毛泽东已经成为世界人口最多的大国的领袖，一辆专车是非常必要的，因为这也代表着国家形象，斯大林批示把他的国家最好的吉斯轿车送往中国。

毛泽东得到的是一辆黑色防弹"吉斯"。访苏期间他坐它参观了斯大林汽车厂，看到一辆接一辆的汽车装配下线，说："我们也要有这样的大工厂。"在与苏联政府商谈援华建设项目时，他即请苏联把"建设汽车制造厂"纳入援华的"156项工程"。3月3日，从苏联回国经过沈阳，他在东北局的高级干部会议上讲道："我们参观了苏联的一些地方，使我特别感兴趣的是他们的建设历史。他们现在的工厂有很大规模，我们看到这些工厂，好像小孩子看到了大人一样，因为我们的工业水平很低……他们现在的许多大工厂在十月革命时很小或者还没有。汽车工厂、飞机工厂在十月革命时只能搞修理，和我们现在差不多，不能造汽车，不能造飞机………而现在一个工厂一年能造出几万台汽车。这一历史告诉我们一些什么呢？这就是说，我们现在可以从极小的修理汽车、修理飞机的工厂发展到制造汽车、制造飞机的大工厂。"

毛泽东对中国汽车业的重视，当然不在于方便他自己的出行，而是为方便所有中国人的出行和发展中国的汽车产业。

1950年3月初，也就是访苏归来之后，重工业部即按他的意图，着手筹建汽车工业。1953年6月9日，毛泽东签发《中共中央关于力争三年建设长春汽车厂的指示》。6月下旬，周恩来向毛泽东报告第一汽车制造厂即将破土动工，毛泽东高兴地在一张八开的宣纸上写下"第一汽车制造厂奠基纪念"。1956年4月，中共中央政治局扩大会议讨论《论十大关系》时，毛泽东又提到汽车工业，说："什么时候我们开会时能坐自己生产的小轿车来就好了。"

1957年5月，一汽设计处接到关于加紧试制小轿车的任务，取"东风压倒西风"之意，定名第一台小轿车为"东风"。不到一年，1958年2月13日，毛泽东到一汽视察，他对工人们制造出解放牌汽车感到非常高兴。他对陪同的饶斌说："什么时候能坐上我们自己生产的小轿车呀？"毛泽东的话对一汽全厂是一个巨大的鼓舞，全厂大动员，组成突击队，经过23天日夜苦战，4月，第一辆国产轿车诞生。5月21日，铁道部派专用车厢从长春把这辆车接运至北京，开进中南海。毛泽东绕着轿车看了又看，询问生产情况和技术性能，又问到护送轿车的技术人员和司机的姓名。

毛泽东与林伯渠一起坐上了这辆"东风"，车子绕着怀仁堂行驶两周。下车时，毛泽东自豪地说："坐上我们自己制造的小汽车了！"

同年8月1日，新中国第一辆红旗牌高级轿车又诞生，不久，"红旗"车成为毛泽东的乘用车。10月1日，国庆阅兵仪式上，毛泽东看到了国产的多种汽车，有"红旗"，有"解放"；有轿车，有载重车，也有翻斗车、农用车、洒水车。1972年，毛泽东坐上了红旗防弹车。

韶山毛泽东同志纪念馆珍藏的一部吉姆牌轿车就是伴随着毛泽东的第一次苏联之行来到中国的。

毛泽东坐过的吉姆车原来是黑色的，后来被人们弄成灰色

在北京，毛泽东坐吉斯，司机叫朱德槐；回到湖南，开车的则是赵毅雍。1959年6月，赵毅雍把吉姆车开到湘潭火车站接毛泽东，送老人家回到阔别32年的故乡。1965年5月，又是赵毅雍开这辆车送毛泽东重上井冈山。自从1959年一汽在"东风"基础上生产出"红旗"，毛泽东改坐国产车，他原先坐的"吉斯""吉姆"改作他用，几易其主，近于报废。20世纪80年代初，流落街头的"吉姆"由韶山毛泽东同志纪念馆从株洲某单位当作"废品"收来，而"吉斯"则由中国人民革命军事博物馆收藏。

新中国成立后，毛泽东也有屈指可数的几次乘船，包括第一次坐军舰。

毛泽东平生第一次坐军舰是在1953年。他在北京过完1953年的大年三十，于1953年2月14日坐专列南下，经保定、石家庄，15日至邢台，随后到郑州，经许昌、驻马店，16日18点到信阳，23点30分抵达武汉。

武汉是毛泽东来过多次，并与杨开慧一起生活过较长时间的地方。他们的第三个儿子毛岸龙就出生在这里。毛泽东在这里创办过中央农民运动讲习所，参加过八七会议，之后，以此为起点，走上武装斗争之路。他对武汉的感情是非常特别的。

毛泽东此次到武汉并未久留，而是很快要登上"长江"舰沿江而下。

"长江"舰排水量500多吨，曾经是国民党海军江防舰队的旗舰，起义后编属华东军区海军淞沪基地巡逻舰大队。该舰不大，但舰型漂亮，舢艇装有76毫米主炮，人称"小巡洋舰"，后甲板的"司令厅"可供居住、办公或开小型会议。

护航的是"洛阳"舰。"洛阳"舰由商船"祥兴"号改装，排水量970吨，装有100毫米主炮，编属华东海军第六舰队。

"长江""洛阳"两舰相继于2月14日16点驶离上海吴淞军港。"长江"舰为指挥舰，"洛阳"舰殿后跟进。驶过吴淞防浪堤灯桩，未像平常那样向右转入长江出口航道，而是向左全速逆水而上。经过三天连续航行，17日16点驶抵汉口，靠岸泊在陆军码头。

18日，公安部部长罗瑞卿上舰检查，中央办公厅主任杨尚昆，中央军委军事运输司令员、铁道部副部长吕正操，海军副司令员王宏坤等陪同检查，罗瑞卿查看了离、靠码头操纵，看了住舱和厨房，向两舰舰长宣布："准备迎接毛主席登舰！"

江汉关大楼的钟声敲响11下，几辆轿车驶进码头，毛泽东首先走出汽车，一时，"毛主席万岁"的欢呼声响彻云霄，回荡江面。这是2月19日11点30分，毛泽东神采奕奕地向四周人群挥手致意，然后健步登舰，检阅过两舰"站坡"队伍，即回到"长江"舰。

这是他一生中罕见的一次航程，以前，他也有过许多次在长江上的航行，但那时坐的是客轮，现在，陪伴他的是人民海军的战士。他航行了四天三夜，睡粗糙的硬铺板床，吃糙米、辣椒，伙食标准为八角，不到舰上官兵海灶标准（二元六角）的三分之一。

两舰解缆起航。毛泽东走出住舱，向欢送的人群频频挥手。

他登上驾驶台，饶有兴趣地看着水兵操舵，说："大海航行靠舵手，舵手要靠罗经指向，而磁罗经是在我们祖先发明的指南针基础上改进的。"

战士越来越多，他非常高兴，掰着手指，讲述社会主义建设的宏伟目标，问大家："第一个五年计划都知道吗？"众人回答：我们正在学习，对五年计划感到十分鼓舞和充满信心。毛泽东连声说："好！好！"他说：过去帝国主义欺负我们，大都从海上来的，我们要争气，要认真对付。"一定要建设强大的海军，把一万多公里的海防线建设成海上长城。"他离开高高的驾驶台，来到高温、喧嚣的机舱各个战位，抚摸着舰艇的主炮，又到伙房品尝水兵的饭菜。

在舰上，他着重了解水利情况。9日晚，"长江"舰航经黄石市，停靠客船码头。毛泽东登岸专程视察了黄石钢铁厂，几小时后，他返回"长江"舰，两舰随即继续向东航行。

20日凌晨3点到达九江，两舰并靠在九江港码头，"洛阳"舰靠"长江"舰外舷。毛泽东上岸来到九江市区，听了江西的工作汇报，鼓励江西人民"发扬革命传统，争取更大光荣"。他沿着滨江路一直走到甘棠湖，远眺匡庐，近看柴桑，称赞九江"得天独厚"，"从今后的发展看，九江是很有前途的"。

10点30分，他从"长江"舰来到"洛阳"舰，先视察了雷达战位和驾驶台。当航海长介绍电罗经时，他兴趣盎然，把着分罗经测了一下方位，感叹道："指南针发展到磁罗经，现在又有了电罗经，科学技术不断进步啊。"他又来到前甲板主炮旁打量大炮的口径。军士长介绍：这是苏联造100毫米舰炮。毛泽东笑道：这门炮比"长江"舰的大。主炮班做了射击操演，毛泽东连声说："很好！很好！"他回头问丛树生舰长："你们舰队最大的军舰多大？装备多大口径的炮？"丛舰长回答：最大的舰是"南昌"舰和"广州"舰，1000多吨，装着130毫米舰炮。毛泽东意味深长地说："人民海军要大发展，必须发展造船工业。经过几个五年建设计划，我国能自己建造舰船了，那时我们海军就会逐渐强大起来了。"

毛泽东与大家一起走进会议室，见舱壁上挂着华东军区副政委谭震林"为太平洋和平而奋斗"的题词，他说："现在太平洋不太平，帝国主义还欺负我们，我们海军强大了，太平洋就可能太平。我们一定要建设强大的海军。"又说"干海军就应当爱军舰、爱海岛、爱海洋"。

14点，两舰起航，继续东行，19点驶达安庆市，两舰并靠在安庆港务局码头。正当春暖花开，毛泽东站在船头，默默注视着自己30年前因往返上海、武汉之间而曾多次路过的这座城市，他突然想起了中国共产党最早的领导人陈独秀。

毛泽东上了岸，召见安庆地委书记傅大章，问陈独秀的家在什么地方。傅大章顺口回答："怀宁独秀山下。"毛泽东又问：是独秀山因陈独秀而得名，还是陈独秀因山而得名？

听说是后一种情况，他释然，嘱咐要给生活困难的陈独秀三子陈松年以适当补贴（这项补贴每月 30 元，一直发到 1990 年陈松年去世）。当晚他与安庆地委负责人长谈至凌晨 2 点。

21 日，长江北岸的安庆港，瑞雪过境，万里晴空，两艘军舰静静地靠在浮码头。水兵们看到，毛泽东头戴一顶旧解放帽，穿着已经泛白的哔叽制服和旧得线迹外露的草绿色大衣，脚穿一双褪了色的黄皮鞋。

大家盘算着航程已经过半，南京港越来越近，主席即将离去。不知谁喊出了第一声"请求同主席合影"，罗瑞卿高兴地把水兵的愿望报告了毛泽东，毛泽东说："好嘛，同舟共济好多天，应该合个影。"喜讯传来，全舰沸腾。毛泽东又笑着对罗瑞卿说："舰上人多，可多分几次，多照几张，让大家都照上。"战士们翻箱倒柜，忙着烫熨新军装，擦亮皮鞋，喜迎幸福时刻的到来。

21 日上午 9 点，"长江"舰政委刘松广播了水兵们翘首以盼的喜讯："告诉大家一个好消息，毛主席要同我们合影，全舰人员到前甲板集合。"毛泽东先到"洛阳"舰照完相，然后健步返回"长江"舰。他向大家挥着手，水兵簇拥在他周围，凝视着他的面容，一双双手也伸向他。

航海兵小吕操舵时，毛泽东多次站在他身旁，他每次都激动和紧张，但还是能聚精会神操舵把定航向，那时想跟主席说话却只能憋在心里。现在，他握着主席的手，倾心喊出："主席您好，祝您健康！"

机电长在当班时，突然见毛泽东走进机舱，伸过大手握着自己来不及擦干净的油手，一直深感不安，今天，他把手洗了又洗，大胆地紧握着毛泽东的手，一时心潮翻腾、泪如泉涌。

毛泽东亲切地问大家："你们到过北京吗？"几位大连海校毕业的战士齐声说：我们参加过国庆阅兵。毛泽东高兴地说：那我们是熟人了。大家说，站队离主席太远，通过天安门又不准看主席！毛泽东笑了，特意把身体往前倾了倾，说："那现在看清楚了吧！"大家笑声四起。

舰长和摄影师催促大家赶快站好队。毛泽东随即拉了两位水兵分站在他的左右，其他人分三排随后站立。毛泽东几次转过身，问大家排好了没有，还特意问后面紧挨着他的水兵林平汉："帽子挡着你了吗？"

这个年轻水兵激动得说不出话，连连摇手说："没，没。"此时，已经照完相的人谁都不愿离开，纷纷抢占位子，他们要多看主席一会儿。于是，驾驶台、信号台和最高的瞭望哨上都站满了人。最后,摄影师完满地拍下一张毛泽东与上下四层水兵在一起的合影,显得极为壮观。

照完相,大家再次围住毛泽东。信号兵小王摸着主席已经露出织线、布满皱褶的大衣,感动地说:"主席,您的衣服还没有我们的好。"

毛泽东笑着说:"它随我服役多年,参加过开国大典,是老革命了。"欢笑又起。毛泽东摸着水兵服问大家:"穿水兵服露着脖子,航行时不冷吗?"水兵们抢着回答:"不冷,我们还有皮大衣,航行时把皮帽耳放下,可暖和了。"

毛泽东满意地点点头。轮到最后一批即舰务部门的人员照相时,他问大家:"我们在这里吃饭,你们便当不便当?"大家齐声回答:"很便当。"毛泽东又说:"厨房卫生工作很重要,这有关全舰同志的身体健康。"

毛泽东回过身,指着高处驾驶台和信号台上的水兵问:"上面的都照上了吗?"舰长王内修回答:全照上了。毛泽东笑着点头说:"那好。"

就这样,两舰水兵与毛泽东照照谈谈,共分八批,一个不落地和他合了影。在江北的二月寒冬、江风凛冽的甲板上,毛泽东整整站立了两个小时。寒风袭来,水兵们见到他紧裹了一下大衣,大衣的下摆被风吹得飞舞作响,再也不忍心让主席留在甲板上了,齐声使劲喊着:"请主席回舱休息!"

在安庆港,毛泽东还分别为两舰书写了同样的题词:

为了反对帝国主义的侵略,我们一定要建立强大的海军

21日14点,两舰先后驶离安庆港,22日凌晨3点,军舰顺利驶抵南京下关的中山码头,毛泽东特地叮嘱:"不要舰上人员送行,谢谢舰上的同志们!"4点,毛泽东与随行人员离舰登岸,他又嘱咐林一山说:"南水北调要立即派人去调查研究,三峡我是摸一个底,还不考虑正式进行这一工作。"

在南京,毛泽东与陈毅谈道:"我们要吸取太平军的教训,吸取洪秀全进南京城以后的教训,还要吸取李自成进北京的教训,把中国革命的事业进行到底!"陈毅说:"李自成和洪秀全都是农民起义军,还没有产生先进的革命思想,有很大的局限性,所以要失败。"毛泽东意味深长地说:"在西柏坡时,我就要大家看《闯王进京》,看来这出戏今后还要看。太平天国的革

命历史也要建一个博物馆,这是极有意义的。"谭震林表示说:"我们筹划一下,想办法着手办。"陈毅陪同毛泽东来到一个小山头。陈毅说:"这里是当年太平军和清军激战的天堡城,主席是不是上去看看?"

登上天堡城,俯瞰古老的南京城,眺望远处蜿蜒流淌的长江,毛泽东提起了诸葛亮概括金陵形势时对孙权说的"钟山龙蟠,石城虎踞",毛泽东说:"天堡城地势险要,是保卫南京的前哨阵地,当年太平军与曾国藩血战,坚守了两年多,真不容易。假如洪秀全不计较一城一地的得失,情况就会好得多了。"

毛泽东还在"长江"舰上时,曾提出要看看当时中国最大的军舰和海军新装备。华东军区海军急调第六舰队"南昌""广州"号护卫舰和第五舰队的"黄河"号登陆舰及舷号101、104两艘鱼雷快艇驶抵南京接受检阅。

"南昌"舰排水量1350吨,原是日本建造的护航驱逐舰"长治"号,国民党时期是第一舰队的旗舰,起义后最初改名"八一"号,后正式命名为"南昌"号,换装苏制130毫米主炮,是华东海军的指挥舰。"广州"舰是加拿大商船"元培"号改装的护卫舰,排水量1890吨,前后装130毫米舰炮,是华东海军主力舰之一。"黄河"舰即国民党"美盛"号中型登陆舰,1949年起义,编属华东海军第五舰队,排水量743吨。

23日5点,各舰由不同码头驶达吴淞口检疫锚地会合,拂晓,编队在第六舰队政委刘中华、副司令员冯尚贤指挥下起航,星夜兼程,高速航行,于24日清晨驶抵南京,停靠陆军码头,由"怒江"号登陆舰运走了全部弹药。

10点,华东海军政治部主任康志强正式宣布:伟大领袖毛主席今日上舰检阅。13点,毛泽东来到下关码头,依次检阅了"广州""南昌""黄河"三舰"站坡"的官兵和鱼雷艇中队的101号、104号鱼雷快艇。中队长介绍:鱼雷快艇只有22吨,但装有两座450毫米的鱼雷发射管,是海上猛虎,威震东海。毛泽东饶有兴趣地要走上快艇。陈毅担心安全,拉住毛泽东,请他到"南昌"舰检阅快艇操演。两艘快艇在轰鸣声中驶离"南昌"舰外舷,很快在视野中消失。

毛泽东登上"南昌"舰,走遍各个战位,高兴地与大家交谈。在甲板后主炮旁,他看见到了130毫米舰炮,仔细地询问了火炮的技术性能,又观看了舰炮瞄准、装弹操练,与每个水兵握了手,笑着询问他们的姓名、年龄、籍贯。

鱼雷艇操演开始。陈毅、罗瑞卿、张爱萍和海军负责人陪同毛泽东来到甲板上。101、104两艘鱼雷快艇以40多节的编队高速3次通过"南昌"舰接受检阅,它们的两翼掀起白浪,水面被犁出一道深沟,毛泽东高兴地挥手致意,连声说:"好!好!"

华东海军首任司令员张爱萍介绍:鱼雷艇体积小,航速快,隐蔽性好,攻击力强,是海军的"拳头"部队。毛泽东说:"鱼雷艇要多搞一些,在作战中以小胜大,发挥鱼雷的攻击威力。"

鱼雷艇操演完毕,毛泽东走进雷达室。"南昌"舰负责人代表全舰指战员请主席题词,毛泽东高兴地接过毛笔,蘸满墨汁,征求大家意见:"写什么呢?"陈毅心直口快:"主席看啥好就写啥好了。"

毛泽东一口气写下:

为了反对帝国主义的侵略我们一定要建立强大的海军

毛泽东
一九五三年二月二十四日

接着,他又为"广州""黄河"两舰题写了内容完全相同的话,加上为"长江""洛阳"两舰的题词,这是他一生中唯一的内容相同的五幅题词,足见他对建设强大海军的决心。

24日16点,舰艇编队到达长江北岸浦口水面,"南昌"舰靠上浦口码头,毛泽东由陈毅、张爱萍、陶勇和袁也烈等陪同走下舷梯,毛泽东健步走上码头。舰上水兵和岸上群众,又一次拥向毛泽东,汇聚成人的海洋,"毛主席万岁"的欢呼声响彻长江北岸。

毛泽东回首,挥手答谢,走几步,又转身,再挥手致意,又走几步,他第三次转过身来,长时间地挥帽告别[①]。之后,毛泽东来到浦口,在这里坐

---

① 一个月后,每一位"长江"舰和"洛阳"舰的舰员都收到了中共中央办公厅寄发的一张与毛泽东的合影和一张毛泽东亲笔题词的照片。

火车北上，告别了长江四省沿岸百姓，结束了长江考察之旅①。

新中国成立后毛泽东还有一次重要的坐船旅行，那就是三峡之旅。1958年，毛泽东第一次也是唯一一次来到他少年时代就在《三国演义》里熟谙于心的古蜀国都城——成都。

3月4日，他坐飞机离开北京，当日抵成都，在这里停留到3月27日，为时长达23天，召集了重要的成都会议。27日，毛泽东离开成都前往重庆。毛泽东去重庆，目的是视察三峡。28日凌晨2点，毛泽东坐专列到达重庆。这是时隔13年后，他再一次也是最后一次踏上这块土地。

接毛泽东的是一辆1948年产的"比尔克"轿车。这是一辆美国车（别克），解放初从一位金融家那里买来，平时是市委一位副书记使用。那辆轿车极为普通，也没有防弹设施，只是为迎接毛泽东的到来，对车进行了严格的安全检查，并为两边的透明车窗玻璃装上窗帘。

毛泽东从专列下来，朝轿车走过来。陪同毛泽东的是市委书记任白戈，他和毛泽东坐在后排。

车队向市委方向驶去。毛泽东问任白戈："有困难没有？重庆的情况怎样？"任白戈坦率地回答，希望小南海铁路桥能再靠近重庆一些，毛泽东当即表态，回去就给交通部交代一下。

毛泽东被安排住在市委一号楼内。这栋楼房是解放后西南局修建的新房。与之相邻的二号楼也就是他当年与蒋介石谈判的地方，在这栋楼房前，毛泽东与蒋介石留下了那张世人熟悉的合影。市委对面的桂园则是毛泽东住过的地方。真可谓故地重游！

公安部长罗瑞卿先已给他安排起居，木工师傅给毛泽东赶做了一张木板床。毛泽东照例带来了所有床上用品，还有装满一辆吉普车的书，他还借来一本《巴县志》翻阅。

重庆市方面为毛泽东准备了厨师，但掌火的还是毛泽东自己带来的厨师。他的饮食非常简单，除了辣椒，还有"回锅肉""红烧豆腐"。

29日晚，毛泽东在朝天门码头登上"江峡"轮顺长江水东下，泊白帝城，毛泽东吟诵起李白的诗句："朝辞白帝彩云间，千里江陵一日还。两岸

---

① 据陆儒德：《非凡的历史航程——纪念毛泽东主席乘海军舰艇巡视大江南北50周年》，《海陆天惯性世界》2003年第12期。

猿声啼不住，轻舟已过万重山。"

30日早饭后，"江峡"轮起航开入三峡。

毛泽东兴致勃勃地在驾驶室里观察地形和水势，他和蔼地对身旁的船员们说：看来有些地方航道仍然不好，在三峡修一个大水闸，又发电，又防洪，又便利航运，你们赞成不赞成？船员们高兴地说：太赞成了，修了水闸，航行就方便了。

通过涪陵时，船员向毛泽东汇报洪水季节和尚滩一带水情很不好，毛泽东指着和尚滩问：能不能炸掉？

快到巫峡时，毛泽东穿着睡衣来到驾驶室，欣赏两岸峡谷风光，特别留意从几个侧面观看了神女峰。白天，他看到川江两岸树木稀少，不禁感叹："从万县东下，我看这两岸多是光秃秃的。你们应发动群众，多栽树绿化长江！"

"江峡"轮驶过滩多水急的西陵峡中新滩、泄滩和崆岭滩后，江面豁然开朗，再往前驶，突然出现一座绿荫覆盖的船形小岛。这就是拟选为三峡工程坝址的中堡岛。这个岛面积约15万平方米，将汹涌澎湃的长江一分为二。离南岸约1公里远有茅坪、三斗坪两个小镇，位于中堡岛的上下两方。

"江峡"轮驶近中堡岛时，已是30日傍晚时分。轮船掉头减速，使船稳在江中。毛泽东站在船尾甲板上，举起望远镜仔细察看这座神奇的小岛。他边看边对身旁长江流域规划办公室主任林一山诙谐地说："喂！'长江王'！你能不能找个人替我当国家主席，我给你当助手，帮你修三峡大坝好不好？"林一山向毛泽东汇报说："将来三峡大坝的中轴线，就从这座小岛横穿而过。这神奇的岛上，将耸立起一座巨型水利枢纽。"

毛泽东拿着望远镜，久久地观察着中堡岛。直到快过完西陵峡，才回到舱内客厅。

3月31日，毛泽东到达武汉。这是他第一回由长江的上游重庆顺水而下来到江城，途中饱览了奇山秀水，那是无数文人墨客反复咏叹过的，也是无数苦难的纤夫曾经诅咒过的。对于文人，它是风景，对于纤夫却是付出过生命的险阻，咆哮的江水曾吞噬过无数的生命。毛泽东一面欣赏着风景，一面更多地在考虑对长江的利用和治理。这次以后，毛泽东除了游泳时先坐船到江心，就再没有过长途的坐船旅行了。

坐火车、坐船之外，毛泽东也有屈指可数的几次坐飞机。

1956年5月，毛泽东决定坐飞机去广州，这是新中国成立后毛泽东首次坐飞机。空军司令员刘亚楼对第一任专机团团长胡萍说：原来考虑让毛主席乘坐苏联顾问团的飞机，但毛主席不同意。

坐飞机当然是不太安全的，这除了飞机本身，更主要是因为政治的原因。1955年4月，周恩来到印度尼西亚出席万隆会议，坐的是印度的"克什米尔公主"号。台湾特务竟然在飞机上安放了定时炸弹，导致机毁人亡，周恩来因临时换乘另一架印度飞机，逃过一劫。这个血的教训就发生在一年前，毛泽东为什么还要坐飞机？为什么不坐火车？毛泽东说："我们有自己的飞行员，为什么要坐外国人的飞机？外国人的飞机我不坐，我一定要坐中国人自己驾驶的飞机。"

为准备毛泽东的专机，独三团挑选了最好的飞机，即苏联的里–2。里–2是小飞机，只能载十几人，这是一种活塞式双发动机运输机，最大时速325公里，巡航时速240公里，最大航程2650公里，升限6400米，载重7.65吨，载客20人至30人。

毛泽东坐的主机为8025号，机长胡萍。还有一架里–2作为副机，机长时念堂，任务是一旦主机故障，即让毛泽东坐副机。副机载毛泽东身边工作人员先飞，为主机开道，提供气象与航行资料。

1956年4月30日，汪东兴专程到机场检查准备得如何。因为毛泽东喜欢睡硬床，他要求把飞机上临时安放的软垫换成大一点的棕垫。后来，又因为棕垫装不上飞机，机场的修理厂连夜加工木板床，为毛泽东布置好卧室。

5月3日，晴朗少云。一大早，空军副参谋长何廷一主持空中试飞，检查飞机、发动机及机上设备，确认一切良好，专机在停机坪待命。刘亚楼早早来了，下达任务："今天毛主席坐专机，这是对我们空军最大的信任，你们要拿出最大的本事。今天的天气很好，我唯一担心的就是你们精神太紧张、心情太激动出差错。就像我坐你们飞机一样，情绪要放松一些，相信你们一定能圆满完成任务。"

7点30分，毛泽东来了。机长胡萍代表机组敬礼："飞机已经准备好，请毛主席上飞机。"毛泽东和机组成员一一握手，询问每个人的名字和年龄，说:"你们都很年轻啊!"刘亚楼报告飞机、航线及天气情况,然后和公安部部长罗瑞卿陪主席登机。

按计划,副机先升空,主机随后。这一天禁空,国内所有飞机一律停飞,沿途的气象、导航设备都在全力保障。胡萍让飞机保持在海拔2700米的高度。飞行过程中,刘亚楼几次到驾驶舱查看。胡萍怕自动驾驶仪工作不理想,一直和副驾驶陈锦忠轮流人工操作。副驾驶陈锦忠熟悉胡萍的飞行风格,后来他担任飞行团团长。担任领航员的是团领航主任张振民,他是专机团的领航权威,仅靠一把尺子和航行资料,就能精确计算出正确航线。通信员是柳昆尚,他也是专机团同行中的顶尖人物。

从北京到广州2000公里,因为里-2时速仅325公里左右,最大航程短,必须中途落地加油。先飞过黄河,再飞过长江,当天中午,专机到达长江以南的武汉南湖机场,吃饭、加油,再从武汉起飞,进入山区上空。

5月正处于气象学上的"华南静止锋",过了湖南长沙,基本上是在云中飞行。飞机上下晃动,颠簸得厉害,却也没有办法,毕竟里-2的飞行高度只有3000米左右。这是因为客舱里没有氧气,也没有增压设备,所以里-2爬不到云上边。

广州白云机场的云更低,海拔只有120米,水平能见度仅5公里,飞行员根本看不见机场跑道。尽管这样,时念堂还是凭着高超的技术,安全把副机降落到地面。胡萍更不在话下,他曾在云高100米、能见度2公里的恶劣条件下安全落地,加上他曾多次在白云机场落地,完全根据仪表,对正了跑道,平稳落地。

飞了近八个小时,毛泽东毫无疲态,他和江青走下飞机,与前来迎接的广东省委书记兼省长陶铸、广州军区司令员黄永胜握手。毛泽东高兴地说:"还是坐飞机快,当天就到了广州。"毛泽东提议,大家合影留念。

6月4日,毛泽东返回北京。仍由时念堂飞副机开道,胡萍飞主机。

前面航程顺利,快到北京时,让人提心吊胆的情况出现。在河北衡水上空,前面的副机飞过去了,后面的主机却遭遇大片积雨云。乌云滚滚,闪电频频,飞机剧烈地颠簸起来。罗瑞卿不放心,几次到驾驶舱询问。胡萍和领航员张振民分析天气图,得出结论:"积雨云只是局部对流,不是大范围的,我们不进入雷雨区,完全可以避开危险。"

随后，胡萍尽量保持飞机平稳飞行，先绕到河北沧州，再折向北，经天津杨村返回北京。由于受到雷电干扰，专机的无线电通信中断半小时。先期回到北京的刘亚楼守候在机场塔台，他急得不行。终于看到专机平安归来，刘亚楼从塔台跳下来，急匆匆奔向停机坪，对胡萍说："刚才我真有点担心啊！"胡萍说："开始我们也有点紧张，后来仔细观察了天气情况，认为可以绕过去。"刘亚楼没忘记鼓励："要好好总结经验，以后毛主席还要坐你们的飞机。"

毛泽东走下飞机，连声说："同志们辛苦了！"接着，他还幽默地说："祝你们腾云驾雾，在暴风雨中成长。"

1957年2月27日，最高国务会议第十一次（扩大）会议开幕，毛泽东作《关于正确处理人民内部矛盾的问题》的重要讲话，为宣讲这篇讲话，他南下去天津、济南、南京和上海、杭州，为时20天。他又坐上飞机。

他于3月17日坐专列离京，19日凌晨到达徐州，吃过早饭，即改乘飞机往南京，在空中的时间是11点至12点。

毛泽东人生旅途借助飞机的时候并不多，第一次是1945年8月的重庆之行，20世纪50年代后期，他又有过多次的高空浪漫之旅，这于他是另一种体验：一边读着古人的诗句，一边透过舷窗眺望祖国的蓝天白云，他感觉就像一只鲲鹏，俯瞰着机腹下广袤的田园和起伏的群山、蜿蜒的道路、河流……以垂天之翼掠过几千里的大地，而这一切只是在数十分钟之间。

他在飞机上怀古想今，手书了元朝人萨都剌的《木兰花慢·彭城怀古》，还手书了宋代王安石的词《桂枝香·金陵怀古》

20日，毛泽东从南京飞抵上海，当晚9点10分，改坐专列离开上海，子夜到达南行的终点杭州。

同一年，毛泽东还有一次青岛之行，也是坐的飞机。他于7月1日凌晨5点50分带着罗瑞卿和叶子龙等人从北京西郊机场乘上伊尔-18飞机，上午9点30分到达杭州。上一次他是第一回坐飞机从杭州飞回北京，这次则是第一回坐飞机从北京直飞杭州。6日下午，又坐飞机从杭州到上海。9日下午，他飞离上海，直抵南京，停留三天。12日上午6点30分，仍坐飞机离开南京，8点30分抵青岛。

此次毛泽东在青岛开会、度假达一个多月。8月11日，才乘专机回到北京。

毛泽东人生最远的一次飞机旅行是第二次出访苏联，也是在这一年。

他是应苏共中央和苏联部长会议的邀请，率中国党政代表团去参加十月革命40周年庆祝活动并出席64国共产党和工人党代表会议的。

11月2日8点半，毛泽东和代表团坐上苏共中央派来的图-104专机从北京南苑机场起飞。莫斯科时间下午3点，图-104飞机在伏努科夫机场降落。舷梯下红地毯铺路，赫鲁晓夫、布尔加宁、伏罗希洛夫、库西宁、米高扬、苏斯洛夫、福尔采娃、柯西金已在机场迎候。这是毛泽东第二次出国，也是他一生中最后一次出国。

1958年12日13点，毛泽东有一次坐飞机离京，下午到济南，9日中午飞抵南京，稍作停留即至杭州，在他的"第二故乡"差不多住了一个月。

毛泽东一生中坐飞机只有60次左右。1967年7月，他到武汉，本想协调当地武斗的各派，局势却近乎失控，他不得不于7月21日乘飞机往上海，感觉非常恼火。这是他最后一次坐飞机。

"文化大革命"后期，毛泽东有一次极为惊险的火车之旅。

1971年8月中旬，毛泽东提议在"十一"后召开因庐山会议风波而推迟的第四届全国人民代表大会。布置停当，他即登专列离京南下，他此次要到中南、华东调查、"吹风"，把话说得比过去更明白，以统一各地党政军领导干部的思想。他说："陈伯达在华北几十天，周游华北，到处游说。我这次就是学他的办法，也到处游说。"

他的专列是一台美国造蒸汽机，型号为KC887，解放战争时接收过来的，材质好、性能佳。司机勤保养，平时跑93、94次沪杭、杭沪特快和49、50次杭穗、穗杭特快，十多年来从没出过事故，被铁道部评为"劳模车"。毛泽东自北而来，887机车即开赴上海去挂他的专列；毛泽东从南往北而来，887机车则赶到金华去挂这部专列。

专列外表漆成墨绿色，与一般客车并无两样，实际上却是防弹、防核辐射的。有一个警卫连前后护卫。前为先锋车，内置可探测周围60米的安全测试仪；后为押道车，有无线电通信；毛泽东本人居中办公，一张大写字台，笔墨、纸砚齐全；还有三对沙发；四周书架上摆满书；后面一节是卧室。第一节行李车厢里还载有北京带来、斯大林送的吉斯小轿车，此车笨重，但速度快。

此次南巡，从8月15日到9月12日，历时29天，而这29天，林彪集团设计出多种谋害毛泽东的办法。或者因为设想的办法太多，更因为毛泽东的机敏和大智慧，结果是，林彪集团所有的计划都因毛泽东出神入化的应对而一个都来不及实施。毛泽东又上演了一出"四渡赤水，化险为夷"的活剧，毛泽东指挥专列改变着预定的行程，对手措手不及，毛泽东却稳稳当当地走在回北京的路上。1971年9月13日凌晨1点50分，林彪仓皇飞出国境，摔死在蒙古大草原。

平生最惊险的一次火车旅行在毛泽东的镇定之中安然度过，他的大智大勇在他的晚年又重重抒写一笔，但是，林彪事件之后，他大大减少了出行的次数，主要是这个重大的事变对毛泽东的身心打击太大，他的年龄已经到了经不住过大打击的时候。

直到1974年，毛泽东才重新踏上旅程，这一次却是告别之旅！

北没有去过新疆，南没有到过香港，这是毛泽东一生旅行的遗憾。为什么不去新疆？可能与他的一大心头之痛有关：从1937年起，他与大弟弟毛泽民就没有再见过面，后来便听说被盛世才逮捕，从此再无音信。他一直期盼着毛泽民归来，重庆谈判之后，弟媳妇带着孩子回到延安，回来的还有一批八路军驻乌鲁木齐办事处的人员，毛泽东却没有见到大弟弟。直到新中国成立之后，抓捕到刽子手，毛泽东才对弟弟惨死在新疆的细节了然！这是毛泽东心头永远的痛！

1974年6月17日晚，毛泽东登上久别的专列，离开北京。这是他在病痛中家居三年之后的首度外出，也是一生中最后的旅行。18日，他抵达武汉，下榻武昌东湖水滨，在此长住三个月。10月11日夜，他离开武汉，13日清晨，专列缓缓驶达长沙。这里是他故乡的省城，这里是奠定他学问与事业基础的地方，也是他与夫人杨开慧共浴爱河的地方，他们在这儿还孕育了岸英、岸青这两个孩子。1975年2月3日（农历腊月二十三）早晨，即"小年"前一天，毛泽东结束在长沙114天的休养，起程往江西南昌。他对大家说："我在长沙住了一百多天，你们已经很辛苦了。'客散主人安'。我走后，你们好好过个春节吧！"老人一席话，说得人们泪水涟涟。当天，毛泽东到达南昌，停留三天。2月5日离开，8日到杭州。

武汉、长沙、杭州，这是他心底里最钟爱的三个地方，是除了韶山、北京之外他住过时间最久的地方，或者说是到过次数最多的地方，也可以这样说，韶山是他早年的家，北京是他晚年的家，长沙、武汉、杭州是他旅途中的家。

毛泽东在汪庄一住两个多月，主要是检查、诊断病情。4月13日晚上8点，毛泽东由人搀扶，缓慢地走出汪庄。他步履蹒跚，送别的人都泣不成声。他疲惫的目光环视一遍周围的人，无力地点点头，算是向众人告别。这是毛泽东与杭州的永别。

毛泽东突然离开杭州，谭启龙、铁瑛措手不及，立即停止开会，迅即赶来，但毛泽东已经离去，他们又直奔杭州车站，专列正徐徐启动。他们跑着来到毛泽东坐的那节车厢窗前，见毛泽东隔着玻璃窗，向他们频频挥手告别。

1975年4月14日，毛泽东回到北京，此时，他离京已九个月，从此，他再也不能坐火车、汽车或飞机巡视他热爱的祖国大地，他将在北京中南海游泳池度过他最后的时光。

五、把"家"带在路上

带着一个水箱

为方便毛泽东外出巡视时饮水，工作人员特意制作了一个小水箱，专门用来装开水瓶、茶杯、茶叶等。

毛泽东在使用这种正规水箱之前一直用"水袋"。这种水袋是蓝布缝合而成，开口处用一根绳子穿起来，可以自由开合，暖瓶、茶杯就装在这个布袋里。

1949年10月10日，毛泽东在天安门城楼主持开国大典时，卫士李家骥就为他背着这种水袋。布制水袋既不美观也不结实，一旦磕碰上硬物还容易损坏袋中的暖瓶、茶杯。人们受医生出诊用的药箱启发，特别设计了一个水箱。

这种水箱也用深棕色人造革包面，形状式样均与药箱相近，不过体积却大许多，内部隔出大大小小的方格和圆格，可以装茶叶、白糖、食盐等；圆格则用来固定分装冷、热开水的小暖瓶和瓷杯。

毛泽东居家，每天工作十七八个小时，

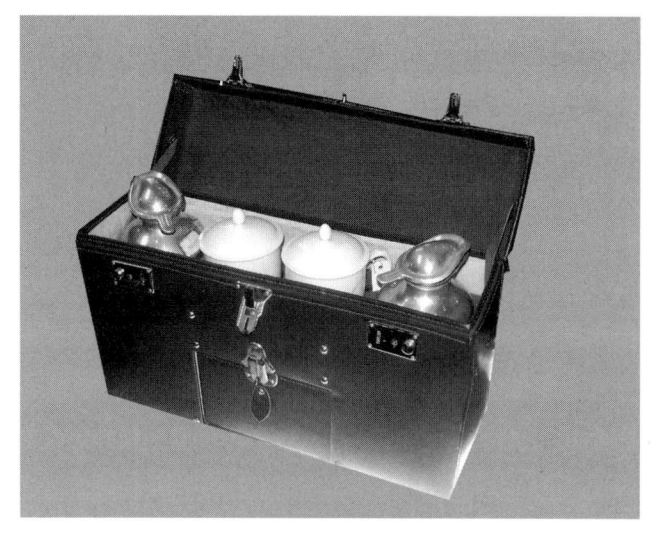

毛泽东用过的水箱

一天下来，他可以喝完一瓶多开水。工作人员每隔一定时间走进他的办公室为他新沏一杯水，隔四小时给暖瓶换一次滚开水。外出，尤其是远足荒山野岭，饮水就是颇伤脑筋的事。有了专用水箱，便可多少缓解水的"危机"。

毛泽东每次外出都是说走就走，这常常让人们没有准备行装的时间。为防止忘带水箱，大家想出一个万无一失的办法：在毛泽东常去常住的地方分别放上一个与北京的一模一样的水箱。这样，毛泽东到这些地方巡视时就不必再从北京带上水箱了。毛泽东常去的地方有长沙、武汉、北戴河、广州等，这些地方都有毛泽东的个人生活用品保存室，水箱等存放在那里。

夏天，毛泽东怕热，容易出汗，饮水大增。保健人员便在开水里加些盐，毛泽东晚年，则加些葡萄糖、柠檬汁。

毛泽东每次回湖南，家乡人都要特意到白沙井打来清澈的泉水，毛泽东称赞："白沙井的水好，家乡的水甜。"他的《水调歌头·游泳》词中："才饮长沙水，又食武昌鱼……"水就是指白沙井的水，他还曾引用民谣说"常德德山山有德，长沙沙水水无沙"。

1959年5月，毛泽东重上井冈山。行前，警卫战士专程去城外白沙井打来水，把水箱里的暖瓶灌满一冷一热的白沙井水。毛泽东一路喝着"长沙水"，乘坐灰色吉姆轿车，经湖南茶陵登上井冈山的盘山公路。

吉姆轿车行至黄洋界附近，突然抛锚。司机赵毅雍下车检查，原来，汽车水箱开锅了。"到哪儿去打水呀？"江西省委的车队来到黄洋界迎接，随行人员建议毛泽东换乘江西方面的车，毛泽东不同意，他让司机用他水箱中剩下的凉开水为汽车降温，于是，车子又开动起来。

"这根拐杖不要弄丢了，带回北京去"

"细时四只脚，大了两只脚，老了三只脚"，这是毛泽东家乡流传的一句俗语，意思是人的一生经历了"手脚并用"爬的幼年期和用双脚直立行走的成年期以及借助工具（拐杖）（三只"脚"）行走的晚年期，这句出自老百姓的话语似乎还道出了人类的进化史！

毛泽东年纪大了，有时也借助拐杖，甚至在年纪不太大，走路走得太累时也用起拐杖。拐杖在韶山用得非常多，一则韶山丛林茂密，随时随地都可以折一根棍子当拐杖；二则也是因为山水环绕，树木丛生，手中拿一根棍子并不完全是支撑身体减轻劳累之用，更是防身之用，它可以用来探路，防止野物（蛇、狗等）的伤害。韶山农户还常备着踩田棍，即在田间踩田除草时用于保持平衡的棍子，多为简单的竹棍，却也有人精选带有根雕效果的老木棍。

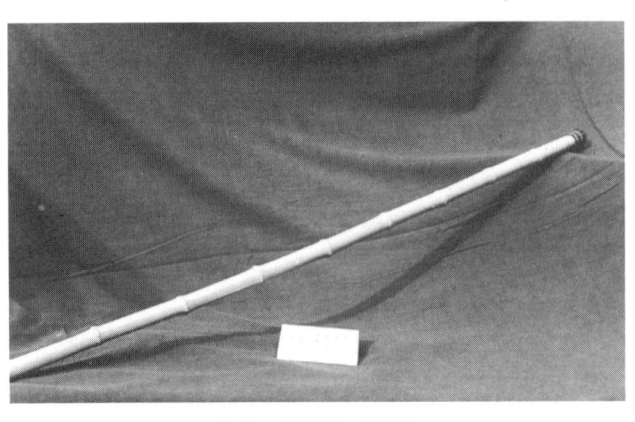

毛泽东用过的竹拐杖

转战陕北途中，毛泽东手持一根随意采自野外的树棍，探路、防身和减轻劳累，有时还用于探河水深浅。

1947年3月，毛泽东患肺炎刚愈，身体尚未复原，十分虚弱，连香烟都不敢吸。卫士们为他准备了一副担架，准备在他行军困难时使用。毛泽东却不肯坐担架，宁肯走路、骑马。

警卫员孙振国负责背干粮，弄了一根柳木棍做扁担。他看到毛泽东走着有些累，说："您就用这根柳木棍做拐杖吧，这样也许会省力一些。"毛泽东接过木棍，拄着在泥泞的小路上试走了几步："这样走起路来的确轻松多了！"

新中国成立后，毛泽东亦如通常的老人，也间或用拐杖，特别在登山的时候，拐杖必备。秋天，他去京郊登香山。毛泽东与女儿李敏、李讷一路欢笑，来到香山脚下。就要上山了，随行人员才想起忘记带拐杖，只好从附近农家弄来一根细竹竿，说："主席，将就着用……"毛泽东笑说："这根竹竿好长呀，比我还高！"

毛泽东在杭州登五云山。上山前，人们又发现没带拐杖，有人到附近农家砍了一根竹子。毛泽东拄着这根散发着清新竹香的拐棍，突然问："这根竹子有没有付钱？"工作人员说："老乡本来不收钱，但我们还是付了。"

毛泽东赞扬他们做得对。登山途中，毛泽东兴致很高，还跟大家开玩笑说："你们也要弄根拐棍嘛，三条腿上山比两条腿稳当呢！"

上山后，毛泽东坐下来休息，说："这根拐棍不要弄丢了，带回北京去！"

大家真的把这根竹棍带回北京。后来，毛泽东就一直用这根天然雕琢的竹棍了。

工作人员只是在拐棍着地的那一端绑上一块蓝色的橡胶。这样，更加防滑，也降低着地噪音。

毛泽东在湖南长沙小住，随身带着从杭州丁家山采来的那根拐杖。他常常拄着它在省委招待所大院里散步。胡志明前来会老友，每天一起散步，聊天。有一天，他突然提出交换拐杖，毛泽东看了看胡志明手里那根精致的拐杖，扬起自己手中的这根，说："就用我这根打狗棍跟你换？换不得，换不得，换了你就太吃亏了！"胡志明决意要换，毛泽东说："用金子换竹子，不合算哟，我不能让你吃这个亏。"

毛泽东邀程潜等同游岳麓山。登山前，工作人员准备了小轿，准备从山下坐轿上云麓宫。毛泽东不肯坐轿，说："轿子我不能坐，还是给老先生们坐吧！"

程潜与湖南大学的一位考古学教授坐轿上了山，而毛泽东则拄着根拐杖慢慢登上了云麓宫。

毛泽东与张治中同行到安徽，张治中请他上黄山看一看，毛泽东一辈子没上过黄山，他也想去，问："公路修到哪里了？"张治中说："修到了山下，上山可以坐轿。"毛泽东听说要坐轿，便不打算去："那就不去了，我不坐轿。"后来，毛泽东再到安徽，张治中旧事重提，毛泽东依然问："公路可修到山顶了？"张说："还没有，山下轿子很多。"

结果，毛泽东还是没有登上黄山，他晓得，凭一根竹棍，海拔1800多米的黄山，他是上不去的，毕竟他也年纪大了。他宁愿不去黄山也不坐轿，他一生只坐过一回轿，那是1925年8月，赵恒惕派兵到韶山捉拿他的时候，他不得不扮成郎中坐轿脱险。

有一副不喜欢的墨镜

毛泽东是中国第一号公众人物，随着他的画像的普及，没有人不认识他，他也乐得这样，出巡到各地，他总爱与民众待在一起交谈，与小孩逗趣，结果常常引来万人空巷。这却给安全保卫加大了难度，毛泽东的安全成了大问题，卫士和公安不得已请他戴上口罩、墨镜，毛泽东不愿意与人民隔绝，有的时候却不得不听从安排，特别是在他最后的十年间更是如此。

1952年，毛泽东准备重登黄鹤楼。1927年，他曾经在这里吟过著名的《菩萨蛮》词，如今想再去看看，那时的惆怅被今天的意气风发所代替，公安部部长罗瑞卿陪他满足了这一心愿，只是请求毛泽东戴上口罩、墨镜。保卫人员解释说："现在正当抗美援朝，美蒋特务横行，为防万一，还是请您乔装打扮一番。"毛泽东笑着认可，"化装"完毕，他笑问："这样是否就没有人认得我了？"

时值春节，黄鹤楼周围人山人海。罗瑞卿、李先念、王任重、杨尚昆、杨奇清紧紧跟随，唯恐有失。突然，一个小女孩叫了一声："毛主席？！"毛泽东听到叫喊，回头，寻觅着那声稚嫩而亲切的童音。人们都注意到领袖来到了他们身边，拦也拦不住，游人如潮水般涌向毛泽东，都想与主席握

汪东兴送给毛泽东的一副墨镜

手，至少近距离看一眼，"万岁"的声音也像海涛一样响起来。罗瑞卿面对狂热的人流，下令：保护毛主席下山！他立刻挤到毛泽东跟前为毛泽东开路，杨奇清、李先念、杨尚昆和所有的保卫人员也手挽手，将毛泽东围在中间，艰难地随着罗瑞卿，终于从人流中挤下山。毛泽东登上江岸的轮船，大家才感到松了一口气。

毛泽东伫立船头，却是异常兴奋。他干脆摘下口罩、墨镜，面向山上山下依然在涌动的人群招手致意。江岸上掌声雷动，欢呼声惊天动地……

事后，保卫部门为这次旅行向有关领导作了检讨，毛泽东却毫无责怪的意思。

毛泽东戴着墨镜到北京郊外。走在充满泥土和青草芳香的乡间小道上，他不满足于欣赏美景，更希望能到社员家中做客，与他们话家常。这使保卫人员很为难。毛泽东说："你们这也不准，那也不准，还当我是主席么？"卫士听这话，没有办法阻止，提出：请您不要在有人的地方摘下口罩、墨镜。毛泽东已走向村子。他见到一位老农，与他聊起来。农民见这位异乡人戴着个大口罩，很是新奇。他没有认出毛泽东。毛泽东问长问短，兴致渐渐高起来。突然，他伸手去拉扯口罩。卫士忙说："扯不得呀！"毛泽东狠狠地瞪了一眼，一边摘一边高声说："闭嘴！我就这么戴着口罩与人民聊天么？！"口罩摘下来，与毛泽东谈兴正浓的农民惊呆了："毛主席？！"他惊喜地大叫起来。这下不得了，农民们都拥过来，"毛主席来了"的消息传遍整个村庄。毛泽东高兴得不得了，卫士们却慌了，不容分说，立刻架起他就要走。

毛泽东留下来的照片中，我们能看到为数不多的几张戴眼镜的，而戴墨镜的却不能找到，这只存在于卫士们不多的记忆中，也因为韶山保存了一副墨镜而证实了这个记忆。

还有一架望远镜

毛泽东指挥过千军万马，却不见他有使用望远镜的"剧照"。不过，在他留下的物品中，却有这种"千里眼"。

1944年七八月间，美国军事观察组一行18人，分两批到延安访问。这个观察组的组长叫包瑞德，是当时美国驻华使馆上校武官。毛泽东对包瑞德等非常热情，多次接见，并与包瑞德长谈。包瑞德初抵延安，为了表示美国对中共坚持抗战的支持和关心，携带大量礼品。延安接受了观察组的礼物，并回赠大枣、核桃等土特产品。在分配这些礼物时，延安有关部门特意为毛泽东留下一部望远镜。

这是当时最好的望远镜，外观新颖，性能优越。此后，毛泽东便带着它转战陕北直到进入北平，可是人们极少看到他在战场上使用这架望远镜，倒是在巡视大江南北的时候，毛泽东还是用过它。

毛泽东用过的望远镜

新中国成立后，毛泽东的望远镜不再像战争年代用得那么多了。后来，工作人员又为毛泽东添置了几部新的，但他还是喜欢那架旧的。

20世纪50年代末，毛泽东乘专列南下，经过黄河铁路大桥时，他拿起了望远镜,瞭望着母亲河的百曲千回……数度游览杭州丁家山,毛泽东每每要伫立在山顶,用这部望远镜观赏景物和城市风貌。

  他坐军舰从武汉下南京,路过一个江心洲前,他让人取来望远镜,目不转睛地凝视着。他说:"我二十年代从这儿经过时,这个岛是在船的那一边,现在却到这边来了。"人们告诉他,这是解放后疏通长江航道时改变的。毛泽东感叹:"世界真是大变啊!"

  1959年,在庐山,毛泽东几次带着望远镜看山。

  毛泽东使用望远镜给人印象最深的一次当然是他从重庆沿江而下视察大三峡,因为就是在这架望远镜的视野里,毛泽东规划着"截断巫山云雨"的蓝图。

CHAPTER 8
第八章
居家交友

如果认为毛泽东的日常生活安于家居,或者一味地特立独行,那就错了。毛泽东的确有"静如处子"的时候,比如他做哲学的遨游的时候,又比如他诗词灵感来袭的时候,再如他构思大战略的时候,这些时候,别人是不能打扰的。然而,他也有"动如神"的时候,极静与极动,在他的生活中又是一对辩证法。这个"动",既指他思维的异常活跃,又指他特别注重实践,就是"行",当然也包括他在水中的挥洒自如。我们这里则要着重解析他与人的交往。家居与交际,在他是相伴相生的,他从来没有偏废过。事实上,他是一个非常注重与人打交道的人,这是他的战略,更是他的习惯,大的方面说是"合群奋斗",是"民众的大联合",是"统一战线","世界人民大团结",小的方面说则是生活调剂,是互相帮助,是友好相处,是交朋友,"我们的朋友遍天下",是"海内存知己,天涯若比邻"。

一、独特的交友观

毛泽东喜欢交友也善于交友,他把交友作为生活的重要组成部分,作为他博采众长、成就事业的要素,在他成为领导人之后,他的礼贤下士,使他的事业越做越大。值得注意的是,他的所有交往,都是建立在"诚"与"善"基础上的。多与人打交道、合群、联合、统一战线,在颇早的时候就已经成为他的生活方式、思想方法乃至智慧与谋略。

如果从生活中去寻找毛泽东这种爱交往、善交往特点之形成原因,则要把眼光投向他出生之后最早的一段生活,那就是他在外婆家的那段生活。

外婆家的生活,培植了伟人最初的胚芽——虽然这个萌芽还极其幼稚,与参天大树相差甚远，但这棵芽子的优良与否，决定它日后能否长成参天大树。我们还可以提出另外一个假设：设若毛泽东不是首先受唐家坨的培植，而是生下来便长期与父亲、祖父共处，亦即以韶山冲上屋场为他幼年的主要生长环境，那么，可以肯定，毛泽东将成为另一个样子——或者不能成为伟人，或者成为另一类型的伟人，而可以肯定的是，外婆家的生活培养了毛泽东爱热闹，喜欢与人打交道的趋向。

毛泽东在外祖母家，享受到非正统和平等的待遇。贺氏膝下，三男三女，三男又各有众多孩子，尤以文正兴子女多。唐家坨人口达到20余。按封建正统，嫁出去的女，泼出去的水，女儿尚如此，外孙更不属自家人。可是，贺氏的这种重男轻女观念非常淡薄，她不愧为一位伟大的女性，她以她的慈爱施与每一个孙子，甚至把更多的爱给予她的外孙，乃至于贺氏的嫡孙也对此有些嫉妒。这种非正统思想自然地影响到毛泽东，进入他潜意识的深处，为他日后反抗父亲，反抗族长，冲破宗族界限，打破一切正统观念奠定了原始基础。

毛泽东一生都是蔑视正统的，这种非正统又是与博爱相联系的。他的一生当中，家庭、家族观念淡薄，他心中只有全民族、全人类的大概念，不能不说与他幼年所受的非正统思想影响有关。而这种非正统观念又是直接导引出平等观念的，毛泽东一生与人交往的一个根本特点就是这种非正统和平等观念与态度，他甚至有意地与非主流的人们打交道，更花一生的时间致力于帮助弱势群体，以铸造社会的平等、公正。

在外婆家的生活也促使毛泽东大社会观念萌芽。唐家坨不是上屋场那样的小家庭。上屋场在韶山冲的山深处，如同一口深井的底部，家庭成员仅有四五人；而唐家坨处在一片较开阔的地方，人口比上屋场要多四五倍，四世同堂，和和乐乐，井井有条，生活富裕而充实，家庭成员也互相友爱——这肯定是小孩子生长的优良环境，在幼年毛泽东的心灵深处必生出美好理想的嫩芽。毛泽东一生喜欢热闹，喜欢无拘无束地作为一个普通人置身于广大民众当中，就是与这段生活有关的。他的大社会观念是与非正统观念相一致的。这种观念最终把他塑造成人民领袖。

唐家坨的生活也造就了毛泽东乐观、奋发、活泼的性格与爱好自由的价值观，这正是毛泽东个人魅力之所在，也是能够团结众人围绕在他身边的重要原因之所在。

在毛泽东外婆家寻不到家长式的专制或人与人的不平等，上下长幼男女虽有分别，却并不是尊卑关系，人人互敬互爱。这一切，也使毛泽东自小便感受到民主的空气，养成自由、活泼、无拘无束的性格。当然也助长了他的任性与倔傲——这一切，都将成为他回到韶山冲后与父亲相抗争的原始动力，也成为他以后与专制、黑暗作对的基础，同时也使他在与人打交道时有了亲和力。

要知道，毛泽东既然在外婆家过惯自由自在的生活，他便不会让这种生活就此终止。而他父亲，恰恰试图让这种生活终止——父子冲突由此爆发。随着年龄的增长，他发现，岂止他一个人的自由在受干涉？全中华民族正处在更严重的专制与践踏之中——他在形成自由、活泼性格的同时，业已注入他头脑中的非正统观念、博爱思想、大社会观念，促使他摆脱了个人自由主义的狭小圈子，起而为全人类的自由、民主、平等、幸福作斗争。这当然远不是他在唐家坨或上屋场所能做到的。唐家坨和上屋场的生活只占到他奋斗人生之五分之一；虽然只有五分之一，没有它，另外的五分之四也注定不存在。

一定程度上说，外婆家的生活奠定了毛泽东人生的基础，或者说是基础之基础。事业的成就当然还谈不上，但这段生活在铸造毛泽东的个人性格与特质乃至思想的原始基础上都是极重要的。虽然他在唐家坨形成的性格、特质或价值观还相当朦胧，不稳定，但这毫无疑问已成为他日后斗争的原始动力和基本方法。他将以此向代表正统思想、私有观念和儒家伦理道德的父亲——毛顺生挑战。在挑战中，毛泽东本人受到极大的锻炼——他的性格，特质与价值观也因此变得更加明确与坚定。

父亲是毛泽东人生的"第二位"老师。父亲为发家致富而奔波，许多时候忽略了与人为善，他时常是孤独的，甚至在家里都是孤独的，因为儿子反对他。

在人际关系交往方面，毛泽东越来越表现出他的独特个性。首先，他是与人为善的，也是喜欢帮助别人的。他回到韶山冲后，进南岸私塾读书，与同伴极友爱。那时，大家都是提着一只饭篓，挂在小阁楼下的厅屋里，中午便在这里热了吃。在诸多同学中，毛泽东的家境算是中上等，还有许多孩子，家里送来读书，千辛万苦，中餐就只能节省。其中有个黑皮伢子，为了说服父亲让他上学，便以饿肚子和中午上山捡柴来补偿学费。毛泽东发现"黑皮"一到吃饭时便不见了。他跟踪那黑黑瘦瘦的伢子上了山，真相大白："黑皮"已捡了一大堆柴，正在挖葛根，又爬上树掏鸟蛋——这便是他的中餐。毛泽东鼻子酸酸的——从来没有饿过肚子的他决定帮助可怜的"黑皮"。从此，他便把自己带去的饭分给黑皮伢子吃。

晚上，毛泽东回家吃饭，如狼吞虎咽，连着几天都这样，他的饿态让母亲奇怪起来，把儿子叫到一边问，毛泽东如实说了。母亲点点头，再给儿子盛饭时，便用大碗，还压得紧紧的。父亲察觉，母亲说："伢子正吃长饭哩！吃得多，长得结实，以后也好多帮你做事！"

少年毛泽东常把自己带的中餐分一部分给贫苦的汤子林、毛富伢子等人吃，有时发现贫穷的毛十二伢子等小伙伴没有纸、笔、墨，他就把自己的分给或借给他们用。他从来不欺侮弱小贫穷的同学，却喜欢打抱不平，与逞强的富家孩子作对。有一次轮到他帮同学蒸中饭，他拿一坨锅底烟灰放在一个富家子弟的饭中。这个孩子吃饭时发现了烟灰，大哭大闹，不愿意吃，引起老师来追问。这时，毛泽东理直气壮地站出来，承认这是他放的。老师质问他为什么要放，他回答说：这个人平日不爱惜粮食，吃饭时搞得满地都是，吃不完的也不肯分给没带饭的同学吃，也要让他饿一餐，看看是什么滋味，使他得到点教训。弄得老师啼笑皆非，只好批评了几句，同时也教育了那个学生[①]。

这些事例，都是属于源头上的一些东西，或者说是毛泽东人际交往观念的最早形态。

毛泽东喜欢静思，但他从来都讨厌甚至害怕孤独的生活。刚刚离开韶山到湘乡东山高等小学堂的时候，他曾经面临着这种孤独的生活，但他终究打破了这种孤独。

毛泽东与熊晓春同桌，据熊回忆，他与毛泽东一个多月，两人不讲话，毛泽东一天读书不歇气，别人吵嘴打架他都不作声，同住的人感到非常奇怪。

这一时期的毛泽东，远离家乡、父母，身处语言、风俗与韶山都有较大区别的湘乡，尤其初来乍到，本乡人对他含有"敌意"，他自然在短时期里陷入被"挤帮"的孤立境地，"人家不喜欢我，也因为我不是湘乡人。在这

[①] 据韶山冲桥头湾的毛少贤四阿公 1950 年在全国文联委员兼《长江文艺》主编李季前来采访时的回忆。

个学堂,是不是湘乡本地人是非常重要的,而且还要看是湘乡哪一乡来的。湘乡有上、中、下三里,而上下两里,纯粹出于地域观念而殴斗不休,彼此势不两立。我在这场斗争中采取中立的态度,因为我根本不是本地人。结果三派都看不起我。我精神上感到很压抑。"

本是活泼好动的他一时显得沉静,这实际上也是在沉默中的积累,一俟时机成熟他仍旧要爆发。在这里,他引用过别人的一首《咏蛙》诗自况:

独坐池塘如虎踞,绿杨树下养精神。
春秋我不先开口,哪个虫儿敢作声?[1]

毛泽东的沉静终于引起同窗学子的好奇。东山学校学生来源复杂,冲突风气流行,几派相争,毛泽东总是超然,故此大家都有些忌恨,但一旦明白毛泽东的为人,便又都佩服起来。

有一天,熊晓春玩够了,想起坐在对面这位姓毛的,要说他书读得好,名又列在榜的后头,要说他不发奋,又真个书不离人,人不离书。好奇心动,他离座走到自修桌的当头站着。毛泽东好像没看见他站在那儿,他只好先开口,假装恭维地说:毛学长的发奋读书,果然名不虚传,在看什么好书?借一本开开眼界罢!毛泽东仍注视他的书本,头也没转,话也没答,顺手在他的桌屉里拿一本书掷给熊晓春[2]。

毛泽东好静,喜欢读书,上课最认真,哪怕外面敲锣打鼓,他都若无其事,头都不扭一下,上课时听到有问题的地方总要发问,有时打破砂锅问到底,有时问得教员无法答复……他平时看书多,读报多,看上去沉默寡言,不大作声,但喜欢和同学议论时局,总是滔滔不绝,同学十分钦佩[3]。

毛泽东在这里结交了两个好朋友,他们是兄弟,一个是萧子升,他与毛泽东在湖南一师和创办新民学会的过程中建立了深厚的友谊,但在中国共产党成立前后,他们分道扬镳了;另一位是萧三,他们的友谊保持终身。

萧三(1896—1983),名克森,号子嶂、植蕃,笔名天光、埃米、爱梅,湘乡横铺桃坞塘人。他早毛泽东三年即于清光绪三十三年(1907年)

---

[1] "春秋"或作"春来""春雷"。有人考证此诗非毛泽东作,而多半是他当时引用。
[2] 当时毛泽东的同学熊晓春的回忆。
[3] 1953年10月,毛森品与萧三同往东山学校时的回忆。

进东山高小，毛泽东到这里时他行将毕业离校。他虽比毛泽东小三岁，却成了学长。毛泽东发现萧三（学名用的植蕃）与一般湘乡同学不同，他不"挤帮"，特别是专心治学，他那里有不少好书，其中有一本《世界英雄豪杰传》，毛泽东便去借。萧三说："我借书有三种人不借。"毛泽东说："小弟愿意领教。"萧三说："无真才实学者不借，庸庸小人者不借，我出上联对不出下联者不借。"

毛泽东笑答："小弟不敢自命才高博学，但读书心切，请仁兄出上联吧。"

萧三借题发挥：书中讲的都是英雄豪杰，上联是：

目旁是贵，瞆眼不会识贵人

毛泽东略加思索，从容应对：

门内有才，闭门岂能纳才子

萧三听到下联，满脸通红，低下头说："请恕小弟无礼，贤兄大才，愿为知己，地久天长。"[①]说完，他马上取书借给毛泽东。从此，毛、萧成为至交，他们的诗交成为毛泽东诗歌生活中最早和最美的佳话。

毛泽东交往的范围，并不限于同学、好友或上层人物，他特别爱结交社会底层的人们，在东山高等小学堂就如此，他一生的人际关系都十分明显和突出地体现着这个特点。

东山书院的老佃户易明远，人称易家三伯，住在学校的老槽门，是一般富贵学生所不齿的下人。可是，毛泽东与他合得来。毛泽东常到他家去扯家常，谈做田的事，还帮他做事。毛泽东问易明远家里有多少人，做了多少田？易明远告诉他，家有六个人吃茶饭，做了30亩田。毛泽东马上就说，六个人30亩田，吃饭就饱足了。易明远告诉毛泽东，这30亩田是学校的，还要还租的。他又问易明远要还多少租[②]。

毛泽东结识的另一位农民叫谭四爹，亦住学校附近，他常到谭家玩，帮助挑水、扫地。

---

① 参据《民间对联故事》1992年第4期唐意诚的文章，又见赵志超：《毛泽东与他的父老乡亲》，湖南文艺出版社1992年版。
② 1968年8月1日，湘乡毛主席革命活动纪建办《访问贺汉南纪要》。

到湖南一师之后，毛泽东结交了一群志趣相投的同龄人，如蔡和森、罗学瓒、陈昌、张昆弟、萧子升、萧三、周世钊等。

萧子升（1894—1976），又名旭东，湖南湘乡人。他比毛泽东小一岁，但先入一师，是第三班学生。萧子升1915年从一师毕业，先后在长沙修业、楚怡学校任教。1919年留法勤工俭学，1924年回国。曾任国民党北平市党务指导委员。1927年国共分裂后，曾任国民党政府农矿部政务次长等职，后长居国外，1976年在巴拉圭去世。

毛、萧二人初识于湖南第一师范，萧氏在他所著《毛泽东和我曾是"乞丐"》中谈到他们交往的一些情形。萧说："他笔画粗重，总是把字写到格子外。后来他自嘲地笑着对我说：'你一个小格子里能写两个字，而我写两个字得占三个格子。'真是一点也不假。"萧还说："每天清晨，我都听到毛泽东大声朗读古文。"毛、萧在湘江畔散步时，常吟诗作对[①]。

毛、萧同校三年半，彼此以兄弟相称，学业上互为增进，政治上时有争论。萧毕业后，二人仍鸿雁频传。结伴出游，是他们友谊最深的阶段，再经创新民学会，因为政见不同，渐渐分手。

特别能典型地反映毛泽东早年交友情形的一件事是他在湖南一师的"征友事件"。1915年9月27日，他写信给萧子升，谈道："近以友不博则见不广，少年学问寡成，壮岁事功难立，乃发内宣，所以效嘤鸣而求友声"，然而"至今数日，应者尚寡"。"兹附上一纸，贵校有贤者，可为介绍。"

毛泽东的这个奇想很快招来误会。省立第一女子师范校长马惕吾看到启事后，怀疑有人找女生谈恋爱，跑来一师找联系人陈昌，将陈大骂一通，又找到一师的孔校长。孔校长把毛泽东唤来，毛泽东反而振振有词，批评了一通马校长的保守、封建。

毛泽东从这个广告得到的回答一共有"三个半人"，"三个"指积极响应的罗章龙等，半个指未明白表示意见的李立三。

罗章龙（1896—1995），笔名沧海。浏阳县人[②]。他与毛泽东会见后写了一首《长沙定王台初晤二十八画生》的诗，说：《二十八画生征友启事》内

[①] 据萧瑜：《我和毛泽东的一段曲折经历》，昆仑出版社1989年版。
[②] 罗章龙后入北京大学，曾任中共中央宣传部长。新中国成立后在湖南大学等处任教，为全国政协委员。著《椿园诗草》等。

有云:"愿嘤鸣以求友,敢步将伯之呼。"吾即投函询之。旋得复书,中有云:"空谷足音,跫然色喜。"遂至定王台相晤。时在1915年春。

诗云:

> 白日城东路,娜缳丽且清。
> 风尘交北海,空谷见庄生。
> 策喜长沙傅,骚怀楚屈平。
> 风流期共赏,同证此时情。

毛泽东的"征友"有所回应,他心稍慰,写信给已到北京的黎锦熙先生,谈道:"两年以来,求友之心甚炽。夏假后,乃作一启事张之各校,应者亦五六人,近日以来稍快唯此耳。"

"团结战胜一切"是毛泽东人际交往观的核心,也是他制胜的最大法宝

"征友",已透出他"合群奋斗"的理想,毛泽东逐渐认识到个人力量的有限。这正是他的超人之处,也是他日后成功的一大秘诀。

如果要从文化的影响上去分析毛泽东"合群"的成因,则要提到墨子思想的影响。在墨子的政治思想中,"尚贤"思想不仅是整个学说的重要组成部分,也是其政治主张中最突出的一个问题,在当时及后世都产生了深远的影响。所谓"尚贤",就是任用贤能。墨子特别强调人才的重要,将人才视为"国家之珍而社稷之佐",认为"归国宝,不若献贤而进士"。墨子认为"尚贤"是国家政治组织形成的必要条件,而且是根本之所在,决定着一个国家的兴衰存亡,所以提出了"尚贤为政之本"的思想,主张"尚贤使能"。"尚贤""使能"的政治主张已经成为中华民族政治文化中的优良传统。

毛泽东早年的生活使他有了远离孤独而要合群生活、奋斗的价值取向。他在青少年时代就是一个喜欢与人打交道并懂得用合群的方式来获得生活的趣味和学业、事业成功这个道理的,而当他成为某一领域、某一局部或全部领域的领导人的时候,更容易接受和主动地奉行中国传统文化中"尚贤"的思想。他汲取了中国传统政治文化中的这一精华，一贯尊重贤能之才，十分重视与社会上贤德人士的交往。

墨子的尚贤理论最重要的内容就是反对"任人唯亲"，主张"任人唯贤"。他说："官无常贵而民无终贱。有能则举之，无能则下之"，"不辨贫富、贵贱、远迩、亲疏，贤者举而上之，不肖者抑而废之"。可见，墨子提倡"尚贤"的直接目的，就是反对"任人唯亲"的血缘宗法制度，提倡任人唯贤。在中国历史上，墨子第一个明确主张打破宗法制，提出"任人唯贤"的选拔原则。这在中国历史上一直代表着正确的用人路线。毛泽东在《中国共产党在民族战争中的地位》中说："我们民族历史中从来就有两个对立的路线：一个是'任人唯贤'的路线，一个是'任人唯亲'的路线。前者是正派的路线，后者是不正派的路线。"这是对墨子提出的"任人唯贤"路线的充分肯定。

毛泽东第一次从理论上和书面上阐述他的"交往"观、"联合"观是《民众的大联合》（一、二、三）一文，这是毛泽东发表在《湘江评论》上一组反响最强烈的文章。

他痛切地说："国家坏到了极处，人类苦到了极处，社会黑暗到了极处。补救的方法，改造的方法，教育，兴业，努力，猛进，破坏，建设，固然是不错，有为这几样根本的一个方法，就是民众的大联合。"

他深刻洞察到中国民心的松散，故提出联合的主张。在连载的第二部分，他具体地谈联合的方法，即各行各业分别组织起来，有农民的联合、工人的联合、学生的联合、女子的联合、教师的联合……他借各色人等的口，抒发他们的痛苦生活。特别值得注意的是，他把农、工排在最前面，而对教育制度的弊端，学生、教师的痛苦描绘最多，这是由他个人少年时代的经历决定的，也符合他以后改造社会的大思路。

他说："满嘴里'诗云'、'子曰'，清底却是一字不通。他们不知道现今已到二十世纪，还迫着我们行'古礼'守'古法'。一大堆古典式死尸式的臭文章，迫着向我们脑子里灌……国家要亡了，他们还贴着布告，禁止我们爱国。""'烈女祠'遍天下，'贞童庙'又在那里？""苦！苦！自由之神！你在那里！快救我们！"

较之第一、二部分论大联合、小联合，到第三部分论"中华'民众的大联合'的形势"，更是酣畅淋漓：

> 俄罗斯打倒贵族，驱逐富人，劳农两界合立了委办政府，红旗军东驰西突，扫荡了多少敌人，协约国为之改容，全世界为之震动。德人奥人捷克人和之，出死力以与其国内的敌党搏战。怒涛西迈，转而东行，英法意美既演了多少的大罢工，印度朝鲜，又起了若干的大革命。异军突起，更有中华长城渤海之间，发生了"五四"运动。旌旗南向，过黄河而到长江，黄浦汉皋，屡演活剧，洞庭闽水，更起高潮。天地为之昭苏，奸邪为之辟易。咳！我们知道了！我们醒觉了！天下者我们的天下。国家者我们的国家。社会者我们的社会。我们不说，谁说？我们不干，谁干？刻不容缓的民众大联合，我们应该积极进行！

> 如今却不同了，种种方面都要解放了。思想的解放，政治的解放，经济的解放，男女的解放，教育的解放，都要从九重冤狱，求见青天。我们中华民族原有伟大的能力！压迫愈深，反动愈大，蓄之既久，其发必速。我敢说一怪话，他日中华民族的改革，将较任何民族为彻底。中华民族的社会，将较任何民族为光明。中华民族的大联合，将较任何民族为光明。中华民族的大联合，将较任何地域任何民族而先告成功。诸君！诸君！我们总要努力！我们总要拼命地向前！我们黄金的世界，光华灿烂的世界，就在前面！

1936年，与张学良的东北军、杨虎城的西北军的联合，是红军和中国共产党在中华民族生死存亡关头的一次关键性联合，毛泽东成功地把他的交友观和联合观推进到救国救民的领域，他在给张学良的信中说：

> 先生是西北各军的领袖，且是内战与抗战歧途中的重要责任者，如能顾及中国民族历史关头的出路，即祈当机立断，立即停止西北各军向红军的进攻，并祈将敝方意见转达蒋介石先生速即决策，互派正式代表谈判停战抗日的具体条件。

毛泽东敏锐地看到，"东边"是红军的"生门"，向山西和华北进军，向东发展，是毛泽东在长征到达陕北之后的主要战略方向，也是和平解决西安事变之后，毛泽东所致力做的大事。他成功地与阎锡山建立了"联合"的关系，整个抗日战争期间，与阎氏和其他一些华北的国民党将领都保持着又打又拉的关系，中国共产党和军队得以通过山西向敌后扩展，从而，在全中国做大做强。

毛泽东在1936年10月25日写给傅作义的信中说：

日寇西侵，国难日亟。先生统率师旅捍卫边疆，今夏小试锋芒，已使敌人退避三舍。观乎报载以死继之之言，跃然民族英雄之抱负，四万万人闻之，神为之王，气为之壮，诚属可贺可敬……目前情势，日寇侵绥如箭在弦上，华北长江同时告急。但国内统一战线粗有成就，南京当局亦有转向抗日趋势，红军主力之三个方面军已集中于陕甘宁地区，一俟取得各方谅解，划定抗日防线，即行配合友军出动抗战。

毛泽东从青年时代"嘤其鸣兮，求其友声"的最早合群奋斗实践，到后来组织新民学会这样的学术与政治团体，以及进行工读互助生活和在《湘江评论》上发表《民众的大联合》对"联合"第一次进行理论阐述，到后来受李大钊、陈独秀影响与许多人一起共同创建中国共产党，他的"合群""联合"理念与思想不断地深化与扩展，渐渐演化成"统一战线"和"人民是真正的英雄"思想，成为他和中国共产党制胜的法宝。

本书无法把毛泽东人生的交往史一一地叙述，但我们可以通过几件典型的物品来述说。

二、与党内外贤人密切来往

郭沫若重庆送表

郭沫若送的手表见证了毛泽东人际交往的一方面。

毛泽东平常很少戴表，他的"时间观念"不强，差不多纯靠自己的感觉即"生物钟"来调节作息。他工作起来往往废寝忘食，甚至"颠倒黑白"，即夜晚通宵工作，到凌晨四五点才睡觉，上午10点左右方起床。这种习惯是他在少年时代开始养成的，因为那个时候，他的父亲不大赞成他读很多的书，所以白天加派了繁重的农活给他，他只得在夜深人静、父母就寝后偷偷阅读各种书籍。日久成习，后来戎马倥偬，更使他积习难改了。

令人感兴趣的是，毛泽东一生中最早的照片之一：民国八年（1919年）农历九月二十一日与他父亲的合影，在他们面前的茶几上，作为装饰品的是一台小闹钟。这大约是我们今天能知道的与毛泽东有关的最早的钟表了。

然而在战争年代，一些战役的胜负，与时间的掌握至关重要。1936年年初，毛泽东指挥的到达陕北后的东征，渡黄河是关键一招。当时指挥员用的都是作战缴获来的破旧表，快慢不一，那时又不能像现在可以通过广播电视校对时间。所以部队经常为遵守时间是否准时发生争论。有时上级批评下级迟到，下级不服，说照我的表我们还算提早到达呢！为了防止扯皮，规定了一项制度：每天定时向上级司令部机关对表。部队流行这样一句俏皮话：谁的官大谁的表准。这次东征，为了统一时间，2月19日，毛泽东即向全军发了一个电报："渡河时间不可参差，一律20号20点开始，以聂荣臻之表为准。"

按照这个时间部署，2月20日20点，红一方面军主力分别从绥德县沟口、清涧县河口等地强渡黄河，一举突破阎锡山晋绥军的防线。毛泽东本人于2月21日也从河口渡过黄河，这是他平生第一次乘船过黄河。

毛泽东与钟表可谓无缘又有缘。无缘是他一直很少戴表，在延安，窑洞灯火常常彻夜通明，而太阳已上了杨家岭的山尖，他仍在高卧。对于毛泽东来说，他往往只有"大时间"概念，即以天为基本单位而不以秒、分、时为基本单位，但是在宏观上他又穿越古今，瞻望10年、20年甚至30年之后。他的《论持久战》即是他这种"大时间"观的写真。也许有人会对此感到奇怪，但这正是他作为战略家的风格！

当然，毛泽东并不是没有机会得到一块表，直罗镇战役，红军曾缴获几样战利品：几支毛笔，一支好钢笔和一只手表。红军将领看到毛泽东需要就都送给了他，但毛泽东只留下几支毛笔，钢笔、手表都送给了别人。

熟悉毛泽东延安时期的这段生活，我们就不难理解1945年8月28日，毛泽东出现在陪都山城，他的手腕上竟空空荡荡，没有戴手表。让我们把历史的镜头对准这一天：

重庆，九龙坡机场，晨雾已慢慢散去，苍穹上映出一轮骄阳，碧空似水。午后，几百号山城人在期盼，在翘首。忽然，天空响起了惊雷，一架飞机,如鲲鹏展翅,近了,近了……终于稳稳地降落。毛泽东高大的身躯出现在舱门口,他头戴一顶灰色盔式拿破仑帽,身穿一件宽大的蓝灰色中山装,脚穿一双黑色牛皮鞋,这是到这个时候毛泽东最有"派头"的打扮了。

热烈的掌声与热烈的人们很快淹没了毛泽东,欢迎者中有周至柔、邵力子、雷震、沈钧儒、张澜、黄炎培……还有后来与毛泽东成为终生至交的著名学者郭沫若。

9月3日,毛泽东在天官府与郭沫若聚会,翦伯赞、邓初民、周谷城等文化界知名人士都在座。毛泽东热情地与郭沫若握手,并招呼他坐在身边。郭沫若较毛泽东仅长一岁,毛泽东却称他"郭老"。他对郭沫若说:"你写的《反正前后》,就像写我的生活一样。"毛泽东还谈到,人民渴望和平民主,而蒋介石阴谋发动内战,水火不容。他提醒大家面对当前形势,"丢掉幻想,准备斗争"。郭沫若听力不好,始终聚精会神地听着毛泽东的每一句话,注视着毛泽东的每一个手势。他看到毛泽东从衣袋里掏出一块老怀表来看时间,郭沫若颇为共产党的清贫所感动,马上取下自己的手表,要送给毛泽东,毛泽东愉快地收下了这份礼物。

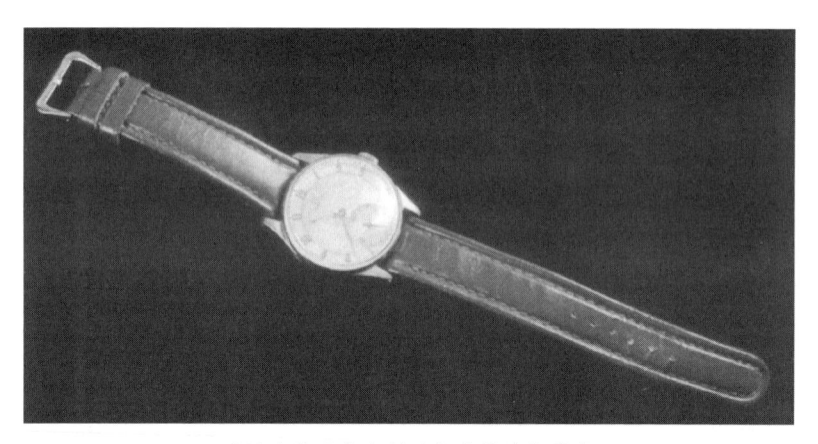

毛泽东赴重庆谈判时郭沫若送的手表

郭沫若送的这块表,外壳呈圆形,直径4厘米,为机械表,"12"数字下有"Ω"符号和"omega"字样;表带是棕色牛皮制成的。这块表产自钟表王国瑞士,关于它的来历,一说是郭沫若游历欧洲时买的,一说是郭沫若访问苏联时对方送的。本来,毛泽东是不轻易接受馈赠的,即使接受了也大多交公,但这块表陪伴了他30多年,一直戴到临终。

回想毛泽东和红军已在陕北高原度过的差不多十年的艰苦生活，这块表真说得上是雪中送炭。说来令人难以置信，毛泽东和他的红军，在延安竟不得不使用一种最原始的计时工具——石日晷。当时陕甘宁边区长期处于敌人的包围之中，经济异常困难，很多场合（如警卫战士值勤）只能以点香计时，一炷香约一个小时；干部学校的作息时间也只能用观测太阳的高低来决定。于是红军中的工匠，便仿效古人用石晷计时的办法，制成了一种延安时期的计时器——石日晷。

石日晷的制作比较简单，即在一长方形的石块上画一个半圆，在圆心部位竖一根短棍，有太阳的情况下，短棍的影子会随太阳的升降移动，在相应的位置刻出标记，写上数字。1—12表示钟点，两个数字间再刻出6个小格，1个格表示10分钟。这样，只要看一下棍的倒影在什么位置，就可以知道几点几分了。

延安的石日晷

这种原始计时方法，很难说准确；天阴无太阳时，也就不起作用，但因没有钟，也不得不广泛使用。延安的许多学校如中央党校、马列学院、自然科学院都曾用过。

毛泽东之所以接受郭沫若的馈赠，当然不是因为他正需要一块手表，而是因这块表寄托了一位文化界著名人士对一位人民领袖的景仰，也代表了国统区人民对为了和平，把个人安危置之度外，深入虎穴的毛泽东的无比敬仰。毛泽东也一直把这块表带在身边，伴随他在重庆度过了40多个日日夜夜，也伴随他度过了以后的人生岁月——他十分珍惜这一份情感。

毛泽东有了一块表，一定程度地修正了他的"生物钟"，但据他的保健医生王鹤滨回忆，毛泽东仍然常常忘记钟点。郭沫若送的表并没能起到提示他几点钟的作用，他总是不记得上发条，当他要出去开会或会见外宾时，才问一下："是什么时候了？"听到回答后，对上表，把表把紧几下，只有在这种情况下，手表才有了用处。

毛泽东常常恋旧，对这块表也不例外。"欧米茄"在他的手上戴久了，表底发黄，字母模糊，表带也破了，工作人员建议他换一块，但他不同意，说："放到表店修一修，换根表带还可以用。"后来表的机器失灵，恰逢瑞士友人送给毛泽东一块金表，工作人员趁机给毛泽东换了表，毛泽东只得将金表戴在手上，但感觉太重，仅戴了几天就取下来，吩咐上交国库，并要求把"欧米茄"再修一次，于是这块瑞士老表又重访北京亨得利钟表店，修好后毛泽东继续戴着，直到1976年9月临终。

毛泽东的这块表，在主人不在后，配上一只赭、白两色的锦缎表盒，如今珍藏在韶山并对外展出，供人们缅怀伟人那多彩多姿的人生。

齐白石北京赠砚

纸、墨、笔、砚被古今文人称作"文房四宝"，毛泽东是一位深受中国传统文化影响的学者型政治家，他一生的主要书写工具是毛笔，他的书房也总是摆着文房四宝。

毛泽东的第一方砚台是少年时代在故乡南岸读私塾时用过的。这是一方由韶山本地材料制成的青石砚，长19厘米，宽12.5厘米，底部凿有条痕，台面四周阴刻4道条框，前端略凹，以便磨墨，后端的斜槽深约1.8厘米，为积墨之用。我们今天能看到的毛泽东最早的墨迹，即《诗经》《论语》封面上的题签就是用的这方砚。

井冈山时期，毛泽东写下《中国的红色政权为什么能够存在？》《井冈山的斗争》《星星之火，可以燎原》等光辉著作用的则是一个奇特的腰圆形青石砚，其直径达26厘米。

毛泽东一生酷爱文房四宝，新中国成立后仍然如此。他每次出巡，必带着他的砚池。有一回到安徽，他带的一个铜墨盒又大又笨重。从石砚换成铜盒，是为避免碰坏，而他这次破例用了安徽省招待所给他准备好的一只墨盒。他将招待所的墨盒放在手上把玩，似乎喜欢上了它的小巧，临走他孩子气地问服务员："我跟你们换一下行不？"服务员连说："行！行！主席，您拿走就是了，我们这里铜墨盒有的是。"毛泽东说："那可不行，我不能随便拿公家的东西。我只能跟你们换。"

毛泽东用过的铜墨盒

毛泽东的砚台中最珍贵的是齐白石送给他的一方雕花砚。这块砚长 26 厘米，大的一头宽 15.5 厘米，小的一头宽 14 厘米，厚 2 厘米，外面套一个精致的楠木盒。它的表面约一半面积微凹，用于磨墨和盛墨；其余部分雕着云彩般的花纹，平添一种韵味。大师亲手在砚上镌下一行小字："片真老空石也，是吾子孙不得与人，乙酉八十九岁，齐白石记于京华铁栅屋。"

齐白石与毛泽东是同乡，出生地都属湘潭县，一个是白石铺子杏子坞，一个是韶山冲，两地相距只有 45 公里。当地民间曾传说湘潭近代出了三条龙，就是指毛泽东、齐白石、彭德怀，而且三个都是"石头"——毛泽东乳名石三，齐大师名白石、彭德怀自号石穿。这三个人贯通文武，鼎定乾坤，这真是中国人文史在地域上的一大奇观！

齐白石出生于 1864 年 1 月 1 日（农历一八六三年十一月二十二日），比毛泽东大 29 岁。他们虽然是同乡，但前半辈子并没有见过面，只是互相仰慕已久，新中国的诞生，使他们开始了亲密的忘年交。其实毛泽东本人并不爱好画画，齐白石也对政治不感兴趣，但他们都是中华传统文化的杰出传人，这使他们在晚年走到了一块。齐白石最初是从他的另一位湘潭同乡、著名学者黎锦熙那里了解毛泽东的，解放军进北京后他收到了毛泽东的一封亲笔信，邀请他以无党派人士身份参加新政治协商会议，齐白石高兴不已。不久他即出席了周恩来主持的各界人士招待会。1950年初夏，毛泽东又派秘书田家英到跨车胡同大师的住地看望，详细询问了老人的健康状况和生活情形。齐白石很受感动，他叹道："已卜余年见太平"，意思是已经估计到了人生最后的岁月，却见到了太平盛世。接着毛泽东又派人派车把老人接到中南海，两位同乡进行了几个小时的促膝长谈，并在风和日丽中品茶赏花。毛泽东还特地请来朱德元帅作陪，与齐白石共进晚餐。餐前，他特意吩咐厨师把菜煮烂些，以便老人食用。席上，毛泽东按故乡风俗不断地给老人敬酒、夹菜。毛泽东告诉齐白石，政务院将聘请他担任中央文史馆馆员。

毛泽东对齐白石的尊敬和关心，使这位年近九十的老人大有他乡遇知音的感慨，这也激发了他的创作灵感。开国大典前夕，他精心镌刻了"毛泽东"的朱、白两文寿山石名章，请文化部门的军代表、著名诗人艾青等献给毛泽东。1950年国庆前夕，他又从自己珍藏多年的国画精品中，选出一幅立轴《鹰》（作于1941年）和一副对联（作于1937年7月）送给毛泽东，联语是："海为龙世界；云是鹤家乡。"齐白石特意加上"毛泽东主席庚寅十月齐璜"和"九翁齐白石藏"的题款。上文提到的那方石砚就是这次送的。

这是一方产自湖南的花岗岩石砚，石质坚硬，发墨快而滋润，齐白石已用了40多年，非常喜爱，所以刻了"不得与人"的嘱咐，但他自己又把它送给了毛泽东。

毛泽东收到老人的礼品也很感动，回赠了一笔丰厚的"润笔费"。此后齐白石每年都送画给毛泽东，因为他知道毛主席喜欢他的画，如1950年送了立轴水墨《芭蕉图》，1951年送了《松鹤旭日》和《菊花图》，1952年又送了《梅花茶具图》，该年还与徐石雪、于非闇等创作了巨幅国画《普天同庆》，毛泽东于10月5日致信特表感谢。

1953年1月7日（农历一九五二年十一月二十二日），齐白石近90岁大寿，中国美术家协会为他举行了隆重的庆祝会，文化部授予他"中国人民杰出艺术家"称号。不久，毛泽东派人送给齐白石老人四样礼品：一坛湖南特产茶油寒菌、一对湖南五开文笔铺特制长锋羊毫书画笔、一支精装东北野山参及一架鹿茸。

齐白石送给毛泽东的砚台

1957年齐白石病重期间，毛泽东特别关心，派田家英前往探视，齐白石喃喃地说："我病好了，还要去中南海，跟毛主席照一张相。"

一位是政治巨人，一位是文化巨人，他们是如此珠联璧合！齐白石送给毛泽东的大批字画，毛泽东都上交了国库，而独留下那方"片真老空"石砚。

邓散木等为毛泽东刻印

见证毛泽东居家交友的，除了一块手表、一方砚台，还有一枚印章。

篆刻，是中国最古老的艺术形式之一。中国文字最初就是刻在乌龟壳或者野兽骨头上的。在笔产生之前，刻刀是唯一的书写工具，而篆刻正是从实用到欣赏的自然发展。毛泽东似乎天生与篆刻有缘，他乳名石三，而石正是篆刻的主要材料。毛泽东本人不曾执刀，但他极为喜爱祖国的这门古老技艺。

据统计，毛泽东的印章目前所知有14枚，包括姓氏印、姓名印、字号印、藏书印等。

毛泽东使用私人印章，目前能见到的较早资料，是1929年2月13日，红四军开到赣南宁都县，当天下午，红四军政治部将一份由军长朱德、党代表毛泽东联合签署的筹款公函，送交宁都招待处。在毛泽东签名下面，盖有一方朱文"毛泽东印"。4月10日，毛泽东与朱德共同签发给长汀县赤卫队的命令，在毛泽东的签名下，盖有同样一方朱文"毛泽东印"。

1936年7月15日，他在签署派代表去国统区协商停止内战、联合抗日事宜的介绍信上又盖上这方印。这时的毛泽东正在陕北保安，在签署这封介绍信的前后，他会见了刚刚到达的美国记者斯诺，纵谈中国共产党和苏维埃政府的对外政策。毛泽东的名字、毛泽东的真实形象，开始传播到全球。

《毛泽东自传》手书题词中的一枚朱文印章，也是上面提到多次用过的那枚印。这幅题词是毛泽东在1937年7月13日题写的，最早刊载在上海复旦大学文摘社编、上海黎明书局刊行的《文摘战时旬刊》第二号第13页，是该刊连载的《毛泽东自传（三）》的插图。时当卢沟桥事变后第六天，毛泽东在延安。据考证，此手书题词通过八路军驻上海办事处主任潘汉年转交给文摘社。

毛泽东使用印章，往往在最庄严的场合和他最喜爱的事物上，例如他的部分藏书，都亲自盖上"毛氏藏书"。说起这枚印章，还颇有一段来历。

那是1963年，毛泽东在与中国工商联首席代表陈叔通叙谈中，说起很想请人刻一枚藏书章，无论阳文、白文都要得。陈叔通笑着说："这件事好办。"陈叔通立刻想到了他的一位上海老朋友，即著名金石家吴朴堂先生。

吴朴堂（1922—1966），字朴堂，号厚庵，浙江绍兴人，西泠印社创办人吴隐重孙。幼承家学，擅金石书画，入秦出汉，不拘一家。一个星期天的下午，陈叔通穿街过巷，来到吴先生的家里，边寒暄，边说明来意，吴朴堂慨然答应。陈叔通说："我这次在上海逗留时间不长，过几天就来取，再带到北京面交毛主席。"

吴朴堂当即命笔起草印稿。"毛氏藏书"这四字看起来不复杂，但要取得最佳艺术

吴朴堂刻的印（"毛氏藏书"）

效果就不容易了。因为前两个字笔画太简单而后两个字又太复杂，如何处理这个问题，使之达到和谐统一，又如何使这枚印的风格与毛泽东的气质和地位相配，吴先生想了又想，反复构思，终于悟出最佳方案：使用铁线篆！他自己也不由得拍案叫好！第二天晚上，夜深人静，只有他的妻子王智珠在一旁观看，吴朴堂微举刻刀，凝神定气，一笔一画刻起来，到深夜，他才长舒一口气，说："行了！"

他对妻子说："毛泽东身为国家领导，藏书数不清。书多，盖印多，印面容易磨损，必须深刻，上下线条又要一致。"的确，这铁线篆是最难刻的，因为线条细，要特别小心和有耐心，还得靠手、眼的硬功夫，稍不留神，不是断就是裂。

这是毛泽东用得最多的一方印。毛泽东对这方印章非常满意，在许多藏书上都钤有这一藏书章。

"毛氏藏书"印到了毛泽东手中，毛泽东爱不释手，从此养成一个习惯，看书时，往往先仔细欣赏一番，然后运力小心翼翼地在书页上盖上"毛氏藏书"……

毛泽东对印章的喜爱还体现在他给他的著名辞章《沁园春·雪》手书钤印上。从毛泽东的手迹看，他不轻易盖印，他的大量墨迹能在落款处见到"毛泽东印"的微乎其微。这同大多数一流艺术家一样，他只对自己的少量作品满意，只有满意的他才盖印认可，而他认为不错的并不太多。1945年10月7日，他写信给柳亚子说：初到陕北看见大雪时，填一首词，似与先生诗格略近，录呈审正。

毛泽东的信和词都写在一张"第十八路集团军重庆办事处"的信笺上。

柳亚子看后赞叹："展读之余，以为中国有词以来第一作乎。"随后他发现上面没有落款和印章，第二天，他夹着一本册页去见毛泽东，毛泽东在册页上又重新写了这首词。他提出请毛泽东盖章，毛泽东说"没有"。柳亚子慨然许诺说："我送你一枚吧。"柳亚子本人不擅金石，回来请青年篆刻家曹立庵挑选了两块珍藏的寿山石，连夜为毛泽东刻了两方印章，一方为白文"毛泽东印"，一方为朱文"润之"。柳亚子用八宝朱红印泥在"毛泽东"三字的落款处全部钤上。随后，柳亚子将两方印章送到红岩村去时，未遇到毛泽东。

直到 1946 年 1 月 28 日，毛泽东写信给柳亚子时还特别提到这两枚印章：

亚子先生左右：很久以前接读大示，一病数月，未能奉复，甚以为歉……印章二方、先生的词及孙女士的和词，均拜受了。"心上温馨生感激，归来絮语告山妻"，我也要这样说了。总之是感谢你，相期为国努力。

毛泽东还与其他许多文化界名人有金石印章方面的交往。1948 年，"篆刻王"谢梅奴用家藏上乘寿山石治了两印，一方是阴文"毛泽东印"，一方是阳文"润之"印。前者为回文排列，笔画间架松而不散，紧而不板，有如汉印；后者仿周秦小玺，细文粗边，字秀笔圆。两印的高度都是两寸半，有纽，印面纹 2.2 厘米见方，嵌藏在一个红木锦缎盒子里。1951 年，湖南省人民政府把这两枚印呈献给毛泽东，现藏国家博物馆。

"润之"　　　　　　　　　　　　　"毛泽东印"

齐白石也曾精心镌刻"毛泽东"朱白文印各一方，托艾青送给毛泽东。1949 年开国大典前夕，齐白石用名贵的寿山石为毛泽东刻了"润之"朱文印和"毛泽东"白文印各一方，请当时任中央美术学院军代表的艾青转赠。齐白石所篆印章，字字留红，整体上大开大合，疏密有致。毛泽东在收到白石老人赠送的两方印章后，1950 年夏天即派秘书田家英接老人到中南海促膝交谈，朱老总也应邀前来。交谈中，毛泽东表达对齐白石赠印的谢意，还告诉他，政务院将聘请他为中央文史馆馆员。

上海解放后不久，钱君匋也给毛泽东篆刻了一方"毛泽东印"。钱君匋是当代著名篆刻家，生前因崇拜清代治印大师赵之谦（号无闷）、黄牧甫（号倦叟）、吴昌硕（号苦铁）的篆刻艺术风格，于是在他们三位名家中各取一字作为自己的斋名——无倦苦斋。国画大师潘天寿、朱屺瞻、刘海粟等皆请他治过印。他给毛泽东刻好印之后，通过文化部部长沈雁冰（茅盾）转赠给毛泽东。后来，毛泽东又通过上海博物馆找到钱君匋，请其刻了一方"毛氏藏书"朱文印。钱君匋在北京任中国音乐出版社副总编时，应邀赴中南海，毛泽东笑着与他握手说："你刻的印非常好，谢谢你。"

1949年，北京金石名家刘博琴受人之托，曾为毛泽东刻过一方长方形的朱文"毛氏藏书"印。刘博琴出身于篆刻世家，擅刻铁线篆文，风貌稳重，功力遒劲，平整中见精神，在京城琉璃厂有"博琴铁笔"之誉。刘博琴所刻的这方印章在《马克思主义经济学基础理论》等部分书籍上钤盖。

毛泽东还有一方傅抱石刻的"毛泽东印"，毛泽东从未用过。此印系傅抱石之子傅二石所收藏。1959年，傅抱石与关山月正在创作《江山如此多娇》时，听说毛泽东要亲笔题款。傅抱石就刻此印，以便毛泽东在题款时钤印。但毛泽东没有在落款后钤印的习惯，所以此印一直未使用过。直到1999年，在"庆祝中华人民共和国成立五十周年江苏书法篆刻系列大展"上才首次面世。

此外，文物专家傅大卣，金石家陈巨来、石昌明等也曾为毛泽东刻过印章。① 又据田家英夫人董边说，毛泽东的印章有两抽屉多。田家英任毛泽东秘书时负责保管这些印章，所以董边戏称田家英为"掌玺大臣"。

现藏于毛泽东故里韶山的是由大篆刻家邓散木刻的一尊"毛泽东"龙纽大印。1963年8月的一天，章士钊的秘书益知先生来到邓散木家，提起毛主席很喜欢篆刻及书法，章老请散木先生给毛泽东治一印及写几幅字。这个时候，邓散木刚刚被摘下"右派"帽子，并患多种疾病，其中他的癌细胞已扩展到肝部。但当得知毛泽东主席想请他刻一枚印时，即满口答应。他硬撑起病体，精心挑选了一块明黄色、顶部有镂空双龙的立方体石头，经过反复构思，刻就"毛泽东"印，同时他还用篆、楷、隶、草四体写了毛泽东诗词，一并托益知先生带给章士钊。章士钊对这枚大印非常满意。仔细欣赏

---

① 以上参阅《团结报》2006年6月3日周惠斌文。

邓散木为毛泽东刻的印章，为寿山石质地

着，但见"毛泽东"白文三字线条横不平、竖不直，似倚斜荒疏却自然天成，返璞归真。印的一侧，邓散木刻有苍劲的文字："一九六三年八月，敬献毛主席，散木缘时六十有六"。章老不由得赞叹出声："好个龙纽大印，刀力非凡！"

章老对四体毛主席诗词条屏却不太满意，他建议邓散木写他自己创作的诗词。邓散木接受意见，竭尽心力，写成四首五律条屏。一幅是杂有甲骨、金文和竹木简意味的篆书；一幅是隶书，用篆书结体，含有碑刻味道；第三幅是行书，金戈铁马，一往无前；第四幅是楷书，凝练老到，有金石气。落款"一九六三年第十四周年国庆前夕，俚言四首代颂，敬以各体书尘（呈）毛主席匡谬"。章老很满意，不久就把大印和书法呈给了毛泽东，毛泽东也很喜欢。

三、把朋友交到世界

西哈努克送他一个公文包

1970年以前,毛泽东一直用一个棕色牛皮包,开会、外出视察时总是随身带着。在汽车上,就放在他的身边,而爬山、走路时则由工作人员拿着。毛泽东用这个包来装铅笔、放大镜等办公用品,还用它来装烟、茶、牙签等生活用品。此包有金属拉链,左上角缝有提带,脊背上部有金属扣,以便扣住拉链上的金属锁。包里面有五层,有两个插笔圈,还有一个暗扣。

毛泽东遗物中有好几个公文包,大多已磨损,表皮发毛,甚至脱漆,拉链拉手也断了。可是毛泽东还是舍不得丢弃。毛泽东把公文包当作"百宝箱"。如果不是一位特殊的人物又送给他一个公文包,他的旧包还会继续用下去。这个特殊人物就是西哈努克亲王。

毛泽东与西哈努克的友谊是从20世纪50年代开始的。他们的交往当然不只是一般的私人情谊,而更多的是两个面积、人口相差悬殊的国家之间的友谊。新中国成立之初,西方大国对这个新生命采取孤立、封锁政策,而西哈努克的小小柬埔寨却坚持中立,实际上支持着毛泽东领导的新中国。1956年2月,西哈努克首次访华,他在机场发表演说:"我们两国

西哈努克亲王送给毛泽东的公文包

人民之间的古老关系已经有了大约1000年的历史。"他对能在独立之后与中国重建友好关系感到高兴。毛泽东多次会见西哈努克,西哈努克说:"他总有时间接见我,而且我们每次的谈话从未少过一个小时。我的初次印象就使我觉得:在我面前的是一个人类中的伟人。他慈祥而又富表情的面孔闪烁着智慧、沉着和坚毅。"这是西哈努克对他与毛泽东首次会见的回忆。

1958年8月,毛泽东又一次会见了西哈努克,他们还在游泳池边搭的一个帐篷下以及海滨避暑胜地作了长谈。西哈努克是能在一次访问中多次同毛泽东会晤的极少数政治家。在会晤中毛泽东反复阐述了一个态度:中国赞成国家不分大小一律平等的原则,很小的柬埔寨完全可以同很大的中国在平等基础上做朋友,并且在互利的基础上发展关系。

事实上,中国给予了柬埔寨不带任何条件的很大物质援助。当西哈努克提到偿还时,毛泽东说:"我们不是军火商","对于某些方面的援助,你可以把它叫作贷款,也可记记账。可是军火除外。"

毛泽东在政治和外交方面的援助,也同物质援助一样是全面的和无私的。1970年,朗诺—施里玛达集团在美国支持下发动政变,废黜了西哈努克亲王。这时,苏联也将西哈努克冷落到一边,而毛泽东却挺身而出,坚决支持他。这年4月30日,美国总统尼克松悍然宣布派遣美军和南越伪军侵入柬埔寨领土。而就在这时,毛泽东与西哈努克进行了长时间的会晤,因为这场会晤,庆祝五一国际劳动节的焰火施放推迟了一个多小时,直到毛泽东偕西哈努克亲王登上天安门城楼,焰火晚会才正式开始。

这次会见时,西哈努克不安地对毛泽东说:"主席先生!中国自己负担很重,她给了第三世界国家许

1963年2月,陈毅陪同西哈努克亲王参观韶山毛泽东故居

多帮助，而我连同我的随从人员、朋友和工作人员现在又成了额外的负担。"毛泽东却说："我请求你让我们多负担一点。相信你的人愈多我就愈高兴。到你身边来的人越多我就越喜欢。没有什么了不起嘛！让尽可能多的人来支持你。如果他们不能去战场上打仗，让他们来这里。六百，一千，两千或者更多，中国随时都准备支持他们，给他们提供一切便利。"

就这样，从1970年开始，西哈努克长期居住在北京，中国政府甚至将那个漂亮、宽敞的前法国大使馆整个儿腾出来，给了西哈努克和他的随行人员，并给予了一切的便利和设备：从临时的文书人员到一支汽车队及日常用品。

3月23日，西哈努克在北京发表声明，宣布建立柬埔寨民族统一阵线。5月20日，毛泽东向全世界宣布：我热烈支持柬埔寨国家元首诺罗敦·西哈努克亲王反对美帝及其一切走狗的斗争精神，热烈支持印度支那人民最高级会议的联合声明，热烈支持柬埔寨民族统一阵线领导下的王国民族团结政府的成立。

在中国的支持下，毛泽东逝世前约一年半，1975年4月19日，西哈努克领导柬埔寨人民赢得了反对美国及朗诺—施里玛达集团的全面胜利。

西哈努克在北京长住的五年多时间，无数次地与毛泽东会晤，他们从20世纪50年代的真诚初识到70年代的患难之交，终于从一般的国际交往发展到了个人情谊。西哈努克深感毛泽东人格与精神的伟大。毛泽东对他的援助和支持当然是无法用金钱或物质偿还的，为了略表谢意，西哈努克从法国买了一只公文包送给了毛泽东。毛泽东也不忍拂了这位老朋友的一番美意，接受了这只公文包，一直将它带在身边。每次外出视察，他就用来装文件、放大镜、铅笔等物。不过，他并不自己拿，而让卫士带着，到了住地，便放在案头上，以便随时取用。

坐在沙发上与美国总统谈笑风生

毛泽东性喜天然，一生爱睡硬板床，爱坐硬板凳。但随着年事渐高，身体状况下降，他的坐具也慢慢"软化"，他也用起了藤椅、半木半海绵的沙发。尤其在他临终前几年，毛泽东常常是坐在沙发上会见中外客人。

毛泽东住所的沙发多半是采用俄式的，既高又大。毛泽东初进中南海，卫士忙忙碌碌地搬进搬出，给主席整理卧室和办公的地方。几个人怎么也无法把一个特大的沙发弄出门来，正好毛泽东路过，他见大家累得满头大汗，哈哈大笑，说："莫非是先买了这个沙发，再砌这所房子不成？"他又半认真地说："干脆我们拆了这个门，沙发就进去了！"卫士们都听出了主席话里的意思——这是要我们动一动脑筋呀！

果然，有人提议把大沙发侧竖起来，于是就很轻松地绕出来了。

毛泽东的遗物中还有几只绿色沙发。这也是一些很普通的沙发，长75厘米，宽92厘米，高87厘米，木底架漆成绿色，而扶手、底座、坐垫、靠背都蒙着墨绿色的灯芯绒布。

它们原来一溜儿摆在菊香书屋客厅，这四个绿沙发中，左边第二个是毛泽东的"专座"，只有这个沙发谁也不去坐。别的几个，孩子们、工作人员都随意坐。当然，并没有谁作硬性的规定，但经过许多年也就成了一种默契和自然的事，而毛泽东每到客厅，也会不由自主地走向他的"专座"。他通常是在这里吃饭。每天，他起床后，洗完脸，就来到客厅，在这个沙发上坐一会儿，稍作休息，之后到桌前用饭。

毛泽东常常感叹："做沙发的人不考虑中国人个子矮的多，只想到高个子。"就是他这样身高达1.83米的人，晚年也不适合坐这种高大沙发了。毛泽东老了，以至于他坐在沙发上时，身子不由自主地往下滑，而不能把握住重心。他行走不便，往往在沙发上一坐就是一天，甚至几天。这样，皮肤上都起了褥疮，看到这种情形，卫士、护士、保健医生都很忧虑，他们商量重新给主席设计制作一个沙发。为此，他们专门向主管部门打了个报告。中央警卫局副局长毛维忠亲自到南郊木材厂加工了一个样品。

这个样品改变了原来的弹簧垫而用上乳白色的海绵，下面钻了许多蜂窝状的小孔，以减少臀部接触的地方，也便于通风透气。它的高度是1米，长0.7米，宽0.9米，基本适合老年人坐。为了装饰，还在底座上蒙了褚红色的毛料布面，在木脚架上刷上阳干漆，再套上米黄色布和绿、黄相间的草席，看上去虽然不洋气却也实用。

毛泽东坐在这个沙发上，发现身体不再下滑了，他摇了摇，高兴地说："这就好多了，这就好多了。"

毛泽东诸事关心他人。他会客时，总要把一个按中国传统礼仪属"上位""大位"的沙发给客人留着，大有古代圣主礼贤下士之风。这次他得到了一个合意的沙发，立刻想到了他的亲密战友周恩来，他考虑到：原来那种沙发像他那样高的人还勉勉强强，两只脚可以踩到地上，但像总理坐上去，他的腿就只能悬着，很不舒服。毛泽东吩咐："总理现在生病，给总理也送一个去。"周总理真的也就得到一个同样的沙发，他去世后，这个沙发曾在中国革命历史博物馆展出。

这沙发的重大意义在于，它见证了中美两国国家首脑的会晤。

尼克松还未到达时，护士长吴旭君给毛泽东念外电评论：尼克松是打着白旗到北京来的。毛泽东笑了："我来给尼克松解解围。"毛泽东一得到尼克松抵达的消息，即把吴旭君叫到床头：我要立刻见尼克松。吴旭君扶他在卧室的沙发上坐好，然后，小跑着出屋告诉张玉凤，又跑去告诉理发师周福明，再跑到值班室，通知警卫李连成，由他报告中央办公厅主任汪东兴、副主任张耀祠和中南海西门门卫，另外还通知了秘书徐业夫。又要生活管理员吴连登准备点食物，因为她担心老人家会见时有可能出现低血糖。最后，她跑到常驻中南海游泳池的医疗组，告诉他们即将会见的消息，请大家随时待命。办完这些事情，吴旭君赶回卧室，把毛泽东扶到会见厅，安排他坐好。自己又到医疗组，再一次检查医疗器械和急救物品。吴旭君忙碌的同时，毛泽东也相应做些准备，阅读相关资料。

毛泽东注意到，《参考资料》2月21日上午版刊登了尼克松抵达中国前，在临时落脚地关岛对记者发表的讲话。其中有两句："总统说，他期望同共产党主席毛泽东和周恩来总理的谈话从哲学的角度来进行，而不是只集中讨论眼前的问题。""尼克松说，毛和周都是有哲学头脑的人物，他们不是仅仅讲究实际的、注意日常问题的领导人。"

同日，该报刊登"中华民国总统"蒋介石在"国民大会"第五次会议开会典礼中的致辞："今天国际间任何与恶势力谋求政治权力均衡的姑息举动，绝不会有助于世界和平，而适以延长我七亿人民的苦难，增大全世界的灾祸！我们对任何有损于'中华民国'主权利益的行动，保有高度的警惕！"

毛泽东理了发。自从月初会见巴基斯坦总统布托以后，他卧病在床，一直没理过发，此时他郑重其事地理了发。

1972年2月21日中午11点30分,美国总统尼克松和夫人一行乘专机抵达北京,周恩来、叶剑英等到机场欢迎。

尼克松刚刚参加完周恩来为他举行的接风午宴到宾馆,准备休息,突然就得知毛泽东当天要会见他——这时他到北京仅仅四个小时。与毛泽东主席会面,是尼克松此次访华的重要日程,但尚未具体安排在哪一天。人们都料不到毛泽东这么快就要见美国客人,无论是尼克松还是基辛格都既兴奋又很感意外,因为他们也知道毛泽东正卧病在床。

毛泽东坐过的沙发

毛泽东的卧室这时非常零乱,客厅里摆了一张大床,还有病人用的各种物品。毛泽东本人的头发也又长又乱,胡子也许久没剃了。但他既已发话,就得赶紧做准备——理发师给他剪了发,并擦上头油,胡子也剃清爽了。护士给毛泽东换上那套灰色中山装。会客室也经过整理，特意把那个特制的大沙发也放妥当——毛泽东就要坐在这个沙发上进行一次历史性的会见。

就是这次会晤，毛泽东打开了长期处于敌对状况的中美关系大门，从而也改变了世界政治形势的大格局。

同一年的9月27日，毛泽东又坐在这个大沙发上会见了日本内阁总理大臣田中角荣。1974年2月22日，也就是他去世前一年多，他又坐在这个沙发上会见了赞比亚共和国总统卡翁达，提出了关于三个世界划分的理论，这是毛泽东人生最后的辉煌之笔。

尼克松送他一张名片、一个高脚酒杯

理查德·尼克松在美国现代史乃至世界外交史上都是一位极著名的人物，他于1969年1月20日就任美国第三十七任总统，着手花大气力于改善美国和中国的关系。在中国，毛泽东也早就有与美国接近的心愿。毛泽东作为一个大战略家，在他的青年时代就预见到战后中美的接近，共同推动全世界的和平与发展。

1916年7月25日，23岁的毛泽东在写给好朋友萧子升的信中说：

思之思之，日人诚我国劲敌！感以纵横万里而屈于三岛，民数号四万万而对此三千万者为之奴，满蒙去而北边动，胡马骎骎入中原，况山东已失，开济之路已为攫去，则入河南矣。二十年内，非一战不足以图存，而国人犹沉酣未觉，注意东事少。愚意吾侪无他事可做，欲完自身以保子孙，止有磨砺以待日本……愚意此刻非彼用武之地。彼之时，乃十年以后；其地，则太平洋耳。日美战争之说，传之已久。十年之后，中国兴会稽之师，彼则仗同袍之义，吾攻其陆，彼攻其海。既服三岛，东西两共和国亲和接近，欢然为经济食货之献酬，斯亦千载之大业已。

在大半个世纪中，毛泽东一直是按照中美最终走向和平、进行商贸经济友好往来这一思路来规划他的外交的，尽管自中华人民共和国成立后，美国操纵着西方世界，对中国采取封锁、压制的政策，且1950年到1953年间，中国与美国还直接在朝鲜半岛发生了一场空前的大血战，但毛泽东建立中美和平关系的思路一直没有变。

美国也渐渐看到了这一点：与中国为敌是行不通的，一个强大的中国已经屹立在世界民族之林！

中美的走近，从"乒乓外交"开始。同年7月，尼克松特派总统国家安全事务助理基辛格博士秘密访华，为尼克松本人的访华探路。1972年1月，总统国家安全事务副助理黑格率先遣队到中国做总统访华的准备。

1972年2月21日11点27分（美国东部标准时间晚上10点30分），尼克松与夫人帕特及随同人员坐"76精神"号专机抵达北京机场。

尼克松为他的访华做了精心准备，他不仅阅读了大量有关中国和她的领导人的书刊、资料，而且根据他个人对中国礼仪的了解，准备了许多礼品。

尼克松一行下榻在钓鱼台国宾馆。他吩咐把所带礼品分列齐备，以便随时派上用场。刚吃过午饭，尼克松就接到毛泽东要会见他的消息。本来，按中国的惯例，毛泽东是要等到外宾将离华前一两天才出面会见的，何况这时的毛泽东正重病在床！显然，毛泽东把中美关系看得相当重要，他急于要会见这位美国总统，以便在他人生最后不多的日子里把中美关系"搞定"。

这样，尼克松就在周恩来的陪同下驱车前往中南海，美国方面还有基辛格博士——他们两人成为新中国成立以来，第一批进入神秘的中南海的美国高官。

会见地定在游泳池。这个地方与丰泽园不同，建成不久，新式建筑，外宾的车可一直开到门口，下车后即直接进入室内，无须如丰泽园那样在古老的院门前下车，再穿过庭院到毛泽东的书房。

下午2时许，尼克松由周恩来陪同来到毛泽东的住地。他随王海容走入一间小会客室，再穿过一间乒乓球室，球室空荡荡的，有一张球桌，显然久未使用。

王海容推开乒乓球室的门，对面就是毛泽东的书房。

尼克松、基辛格走进毛泽东的书房，这是一间中等大小的房间，四周墙边的书架上、书桌上摆满古书。基辛格后来描述："这房间看上去更像是一位学者的隐居处，而不像是世界上人口最多的国家的全能领导人的会客室。"

尼克松第一眼看见的是一排摆成半圆形的沙发，都有棕色的布套。每两张沙发之间有一张铺着白布的 V 字形茶几，正好填补两张沙发扶手间的三角形空隙。毛泽东身旁的茶几上堆着书，只剩下一个放茉莉花茶茶杯的地方。

从书房看不到外面的景色。巨大的窗户都藏在厚厚的大红窗帘之后，书房顶部装有日光灯，沙发旁边还有落地灯。落地灯圆形的灯罩大得出奇。此外，房间内的陈设就和屋子的外观一样，简单朴素。

周恩来陪同客人进入书房，坐在沙发上等候的毛泽东被搀扶着站起来。他努力站直了身子。

1971 年 10 月 8 日，毛泽东在会见塞拉西时，曾不无调侃地提出这样一个问题："社会主义魔鬼与资本主义魔鬼见面，到底好不好呢？"现在，世界人口最多的社会主义国家领袖与世界最大的资本主义国家领袖在同一间房子里见面了。[①] 毛泽东与这位到访的美国总统握手，说："我说话不大利索了。"

两位大国元首的手握住约 1 分钟之久。尼克松感到，毛泽东有一种非凡的幽默感。尽管他说话有些困难，他的思维仍然像闪电一样敏捷。尼克松本来料想这次谈话只会进行 10 分钟或 15 分钟，实际上却延续将近 1 个小时。毛泽东从哲学问题谈起。对台湾问题、越南问题、亚洲及世界其他地区局势等，毛泽东却说：这些问题我不感兴趣，那是他（周恩来——引者注）跟你谈的事。毛泽东说："来自美国方面的侵略，或者来自中国方面的侵略，这个问题比较小，也可以说不是大问题，因为现在不存在我们两个国家互相打仗的问题。你们想撤一部分兵回国，我们的兵也不出国。"尼克松说："主席先生，我知道，我多年来对人民共和国的立场是主席和总理所完全不同意的。我们现在走到一起来了，是因为我们承认存在着一个新的世界形势。我们承认重要的不是一个国家的对内政策和它的哲学，重要的是它对世界上其他国家的政策以及对于我们的政策。"毛泽东说："就是啰。"尼克松称赞："毛主席的著作感动了全国，改变了世界。"毛泽东笑道："没有改变世界，只改变了北京附近几个地方。"

[①] 参阅孔东梅：《改变世界的日子——与王海容谈毛泽东外交往事》，中央文献出版社 2006 年版。

尼克松送给毛泽东的名片（背面）

毛泽东回顾了20多年中美关系的状况后，特别谈到最近两年中美接触的过程和背景，肯定了尼克松、基辛格所起的重要作用，并对尼克松说：你当选我是投了一票的。我喜欢右派。我比较高兴这些右派当政。又说："我们办事也有官僚主义。你们要搞人员往来这些事，搞点小生意，我们就死活不肯。十几年，说是不解决大问题，小问题不干，包括我在内。后来发现还是你们对，所以就打乒乓球。"最后，毛泽东告诉尼克松："我跟早几天去世的记者斯诺说过，我们谈得成也行，谈不成也行，何必那么僵着呢？"

此行，尼克松赠给毛泽东一张他本人的名片和一只象征和平的瓷质天鹅，还有一对水晶玻璃花瓶，毛泽东欣然接受（他后来只留下名片，别的东西上交国库）。

毛泽东回赠尼克松的礼品非常耐人寻味，那是他在紧张工作的闲暇书写的三幅书法作品，上面写着这样三组富于哲理意味但又很难准确解释的话：

老头坐凳　嫦娥奔月　走马观花

这几句话一出，史学家的理解各种各样。或许是这个意思吧：中美两国为了人类共同的和平进步，走到了一起，但毛泽东已是白发苍苍的老人，他只能坐在凳子上观望这一切了；尼克松来到中国，也只能走马观花，这不能不令人多少有些遗憾！

毛泽东用他惯用的浪漫、诗歌形式抒写了他对已老的人生和不能在他手上最终确立正常的中美关系的遗憾，同时他也对未来抱有乐观！

2月25日，尼克松离开北京前夕，在人民大会堂举行了答谢宴会。这个宴会使用的餐具和食品都是从美国空运过来的。尼克松高举起高脚酒杯，频频向周恩来等中国领导人敬酒致谢。

毛泽东已不能出席尼克松的盛宴，但他在时刻关心着尼克松的情况。尼克松回国后，参与接待的唐闻生、王海容向毛泽东汇报了尼氏访华期间的趣闻逸事。毛泽东听得很开

留在毛泽东家里的尼克松从美国带到中国的酒杯

心。两位细心的女外交官还给毛泽东带来了一个宴会上用的美国酒杯，上面有尼克松的签名手迹。毛泽东接过去看了许久许久。他联想起尼克松给他送的名片，感叹不已，他不禁陷入了对近一个世纪以来中美关系的遐思……

后 记

　　本书作者是韶山人。毛泽东故乡的文化、习俗至今犹存，作者早年也曾经像毛泽东一样生长在乡村，也做过许多农活，对毛泽东生活的习惯有非常真实的理解。又，毛泽东早年大量的生活物品都保存在韶山，他晚年的大部分生活用品则回归韶山。作者从1993年开始系统地接触这些物品并加以深入研究，还具体担负这些物品的保管、保护之责长达七年（从1996年到2003年）。每天与这些物品打交道，清理、分类、登记、修复、维护，都是这七年的日常工作，特别是为了搞清这些物品的来龙去脉和背后发生的故事，作者曾经带着这些物品的照片，去北京、西安、景德镇、醴陵等地，上门访问了毛主席的亲属和身边工作人员以及毛主席用瓷的设计者陆如、李人中等人，作者还在不同的场合专门就毛泽东生活方面的一些疑难问题请教过他们，恭听他们对那位已逝去的可敬老人的讲述。2011年12月，为了获得对毛泽东在延安和陕北13年家居生活的切身体会，作者专程到志丹（原保安县）、子长县瓦窑堡和延安凤凰山、杨家岭、枣园、王家坪实地了解、体验毛泽东留下的足迹，把目光投向毛泽东在这些地方家居生活的遗存。至于唱着信天游驱车过南泥湾、洛川和中华母亲河——黄河的秦晋大峡谷、壶口大瀑布，到黄帝陵拜祖，看毛泽东亲拟的祭文，这一切都有助于作者形成对毛泽东人生经历和他的家居生活的准确理解。

　　非常感谢中共党史出版社、韶山毛泽东同志纪念馆和湘潭大学毛泽东思想研究中心对作者所做的这项工作的大力支持，使作者的思考有了与读者共享的机会。

　　感谢贺秋云先生为本书提供了韶山冲全景照，感谢文霞为本书提供了韶山毛泽东故居、中南海毛泽东故居各细部照并提供了毛泽东的家具素描作品，也感谢龙奕瑭拍摄了韶山毛泽东故居上屋场的雪景和母亲河湘江的船。

　　感谢我的亲人、同事和朋友们！

龙剑宇
2013年1月于韶山